全国高职高专规划教材·人文素质系列

交 流 与 表 达

Jiaoliu Yu Biaoda

主　编　卢锦明

副主编　丛炜莉　张燕如

参　编　何兰玉　胡　梅　刘海霞

北京大学出版社
PEKING UNIVERSITY PRESS

内 容 简 介

本教材的内容是在对高职院校许多专业、学生进行大量调查的基础上设置的，主要介绍普通话基础、交谈、面试、答辩、谈判、推销、竞聘演讲等口头交流与表达以及日常事务文书、行政事务文书、会议事务文书、科技事务文书、财经事务文书、宣传事务文书、规章制度等书面交流与表达的知识和技巧，培养和提高高职学生的汉语运用与表达能力和水平。

本书适合于高职院校各专业学生使用。

图书在版编目（CIP）数据

交流与表达/卢锦明主编．—北京：北京大学出版社，2010.8

（全国高职高专规划教材·人文素质系列）

ISBN 978-7-301-17276-6

Ⅰ．①交… Ⅱ．①卢… Ⅲ．①汉语—表达（语言学）—高等学校：技术学校—教材 Ⅳ．①H1

中国版本图书馆 CIP 数据核字（2010）第 101658 号

书　　名：交流与表达
著作责任者：卢锦明　主编
策 划 编 辑：胡伟晔
责 任 编 辑：胡伟晔
标 准 书 号：ISBN 978-7-301-17276-6/G·2867
出　版　者：北京大学出版社
地　　　址：北京市海淀区成府路 205 号　100871
电　　　话：邮购部 62752015　发行部 62750672　编辑部 62765126　出版部 62754962
网　　　址：http://www.pup.cn
电 子 信 箱：zyjy@pup.cn
印　刷　者：河北滦县鑫华书刊印刷厂
发　行　者：北京大学出版社
经　销　者：新华书店
787 毫米×1092 毫米　16 开本　20 印张　528 千字
2010 年 8 月第 1 版　2019 年 7 月第 10 次印刷
定　　　价：39.00 元

前　　言

高职院校语文课程的教学应该教给学生什么？应该达到什么培养目标？目前一些高职院校的做法大致有两个方向：一是以开设“大学语文”为主，着重于学生的人文素质培养；二是以开设“口才与写作”为主，着重于学生的语文实际应用能力培养。由于处于探索、实践阶段，加之学生自身素质和实际需求等因素，很难定论哪种方向比较科学。最为理想的格局是在教学中兼顾培养学生的综合人文素养与提高学生的语文实际运用能力，但这样又与有限的课时产生矛盾。

作为语文课程，既要适应高职教育的应用性、实用性特点，又要充分发挥语文教学素质教育与实际应用的功能，就必须突破传统语文课程教学模式，在有限的学时内，结合学生的学习、生活、工作实际，着重强化对学生的口头、书面交流与表达等实用能力的训练，凸显语文课程的工具性作用；同时利用课余时间开设文学鉴赏等选修课程，引导学生提高自身的人文素养，从而化解教学目标与学时限制之间的矛盾。

本教材编写内容侧重于交流与表达的能力培养，在编写过程中坚持遵循工具性、实用性的原则，将课程分成口头交流与表达能力训练、书面交流与表达能力训练两大模块，在明确每一章节的知识目标与能力目标的基础上，通过情境设置与案例导入，结合高职学生的语文综合能力实际和工作、社交场合进行能力讲解，同时链接相关的能力基础平台和能力拓展自主训练，引导学生通过学习与实践切实提高汉语交流与表达运用水平。

我们根据各位参编人员的工作经验和业务专长进行了任务分工。

一、口头交流与表达应用能力训练部分

概述、第一章由卢锦明执笔；第二章、第三章、第四章由胡梅执笔；第五章、第六章由丛炜莉执笔。

二、书面交流与表达应用能力训练部分

概述、第一章、第四章由卢锦明执笔；第二章、第六章、第七章由何兰玉执笔；第三章、第五章由丛炜莉执笔；附录由刘海霞执笔。

全书由卢锦明、丛炜莉、张燕如统稿。

使用本教材施教时，可根据专业人才培养要求进行取舍与整合，建议按社交（含普通话，交谈，介绍，书信、条据写作等）、毕业答辩（含答辩，科技文书写作等）、求职面试（面试，求职书、个人简历写作等）、日常办公（行政文书、宣传事务文书、规章制度、会议文书写作等）、业务工作（谈判与推销，竞聘，经济事务文书写作等）5 个情境进行有所侧重的教学，使用本教材建议安排 40～48 学时，其中：社交情境部分 10～12 学时，毕业答辩情境部分 6～8 学时，求职面试情境部分 6～8 学时，日常办公情境部分 10～12 学时，业务工作情境部分 10～12 学时。

卢锦明

2010 年 5 月 20 日

目　　录

口头交流与表达应用能力训练

本模块的内容是在对相关院校的经贸、艺术、纺织、染化、外语、服装、机电、信息、建筑工程等专业进行大量问卷调查研究的基础上设置选择确定的，主要结合高职学生的学习、生活、工作、社交实际，以普通话能力训练为平台，通过交谈、介绍与解说、面试与答辩、推销与谈判、竞聘演讲等工作与社交情境模拟训练，培养学生的口头交流与表达能力。

普通话运用能力是口头交流与表达能力的基础，只有掌握普通话的语音常识和发音要领，熟练运用比较标准的普通话，才能在口头交流与表达时较为准确地传达意图，从而达到与人交流的目的。

交谈能力是日常工作、学习、生活、社交等场合与人交往的基本能力，掌握和运用交谈技巧，针对上级、同事、同学、亲朋好友等不同对象进行得体的交谈，是显示个人谈吐魅力的最主要途径和载体。

介绍与解说能力是日常工作、社交中常常运用的一种语言表达能力，如人际介绍、产品介绍与解说、展品介绍与解说、旅游景点介绍与解说等，掌握和熟练运用技巧，抓住对象的特点和重要信息进行介绍与解说，是每一个社会人必须掌握的一项语言表达技能。

答辩能力是高职学生在毕业论文、毕业设计答辩时必须掌握的一项技能，也是职场课题项目论证答辩时经常运用到的能力。而面试能力对求职者来说是一项至关重要的能力，在一定意义上可以说它是每一个求职者求职时的敲门砖，熟练运用面试技巧，可以帮助求职者给用人单位留下深刻印象，从而达到求职的目的。

谈判与推销能力是每位职业人彰显个人语言魅力、创造业绩、实现社会价值和经济价值必不可少的重要技能。竞聘演讲则是在职位升迁竞争中显示个人语言表达实力和业务实力、达到职位晋升目的、谋求更高能力发展空间的最佳载体和手段，掌握本项技能对个人将来的发展显得尤为重要。

在本模块教学时，应该根据学生的实际和专业人才培养目标的需要进行内容的选择并有所侧重。

第一章

普通话能力训练

学习目标

知识目标： 了解普通话的内涵及普通话与方言之间的关系；
掌握普通话的声母、韵母、声调音变等语音常识；
熟悉普通话水平测试的流程。

能力目标： 掌握普通话声母、韵母、声调的发音技巧；
能针对自身普通话存在的发音缺陷进行正音训练；
较熟练掌握运用普通话轻声、儿化、变调的技巧；
掌握普通话水平测试应试技巧。

第一节　普通话与方言

案例导入

某记者到某县采访。该地因受方言影响，普通话发音较奇特，比如“局”发音成为“猪”。该记者先到县委宣传部，联系到人事局采访。宣传部的工作人员打电话替记者预约。

宣传部工作人员问：“喂，你人是猪（人事局）吗？”

对方回答：“不是，你搞错了。我不是人是猪（人事局），我娘是猪（粮食局）。”

第二天参加一个县政府的汇报会。会前点名。

主持人：“哪些单位到了？”

参会者一个个地自报家门：

“我是公阁猪（公安局）。”

“我叫肉猪（教育局）。”

“我有点猪（邮电局）。”

“我是典型猪（电信局）。”

普通话发音不标准，会给我们的生活、学习、工作、社交带来麻烦，甚至会闹出笑话。因此学好普通话十分必要。

知识讲解

一、关于普通话

（一）普通话的定义

普通话是现代汉语的标准语，是现代汉民族各方言区之间进行交流的语言工具，也是我国各民族之间进行交流的语言工具，是国家的通用语言。普通话是以北京语音为标准音，以北方话为基础方言，以典范的现代白话文著作为语法规范的现代汉民族共同语。《中华人民共和国宪法》总纲第十九条明确规定：“国家推广全国通用的普通话。”2001年1月1日起施行的《国家通用语言文字法》明确了普通话作为国家通用语言的地位。

（二）普通话的特点

1. 以北京语音为标准音

一个地区的语音能够成为国家通用语言的标准音，除该地区的语言有相当广的使用范围外，还要求该地区的政治、经济、文化地位在全国有着相当大的影响。自13世纪以来，北京一直是中国政治、经济、文化的中心，其政治中心作用和经济、文化辐射作用延续不衰，而近代以来流行的“官话”就是主要以北京语音为基础的。

普通话以北京语音系统为标准，并不意味着照搬北京的所有字词的发音，考虑到普通话的全国通用性，必须要排除一些土音成分，使之更具规范性和通用性。一般认为《新华字典》和《现代汉语词典》的最新版本标注音是普通话字词的标准读音。凡涉及异读字词，应以 1985 年国家语言文字工作委员会公布的《普通话异读词审音表》规定的读音为准。

2. *以北方话为基础方言*

以北方话为基础方言，主要指的是普通话的词汇来源。北方话并不等于普通话，它仅是普通话词汇的基础。普通话除了以北方话为基础方言外，同时吸收了古代汉语词汇（如“若干”、“因此”、“而已”等）、其他方言词汇（如“尴尬”、“垃圾”、“打烊”、“发廊”、“炒鱿鱼”、“发烧友”等）、外来词汇（如“沙发”、“克隆”等）以丰富自己。

3. *以典范的现代白话文著作为语法规范*

“典范”主要是指得到广泛公认的、具有代表性的优秀作品。这些作品作为普通话的语法规范。但即使是典范作品，如果其中出现某些过时的或不够成熟的用例也不应作为规范。“现代白话文著作”主要是指：一不是文言文，二不是早期白话文，三不是不规范的白话文，四不是用方言写成的作品。

二、关于方言

汉族社会在发展过程中出现过程度不同的分化和统一，因而使汉语逐渐产生了方言。现代汉语有各种不同的方言，它们分布的区域很广。当前我国语言学界对现代汉语方言划分的意见还未完全一致，大多数人的意见认为现代汉语有七大方言。

1. *北方方言*

北方方言是现代汉民族共同语的基础方言，以北京话为代表，内部一致性较强。在汉语各方言中它的分布地域最广，使用人口约占汉族总人口的 73%。

北方方言可分为四个次方言，即：（1）华北、东北方言，分布在京津两市，河北、河南、山东、辽宁、吉林、黑龙江，还有内蒙古的一部分地区；（2）西北方言，分布在陕西、甘肃等省和青海、宁夏、内蒙古的一部分地区；（3）西南方言，分布在四川、云南、贵州等省及湖北大部分（东南角咸宁地区除外），广西西北部，湖南西北角等；（4）江淮方言，分布在安徽省、江苏长江以北地区（徐州、蚌埠一带属华北、东北方言除外）、镇江以西九江以东的长江南岸沿江一带。

2. *吴方言*

在江苏南部、安徽南部、上海和浙江大部分地区使用。典型的吴方言以苏州话为代表。使用人数大约为总人口的 8.4%。

3. *客家方言*

在中国南方的客家人中广泛使用，包括广东东部、北部、福建西部、江西南部、广西东南部等地，以梅县话为代表。客家话是在北方移民南下影响中形成的，因而保留了一些中古中原话的特点。使用客家话的人数大约占总人口的 4%。

4. *闽方言*

在福建、海南、广东东部、台湾地区及东南亚国家与其他海外的一些华人中使用。又分为闽南方言（以厦门话为代表）、闽北方言、闽东方言（以福州话为代表）、莆仙方言和闽中方言。使用闽方言的人数大约为总人口的4.2%。

5. 粤方言

以广州话为代表，在广东省、香港、澳门地区和海外华人中使用。使用粤方言的人数大约为总人口的5%。

6. 湘方言

湘方言以长沙话（新）及双峰话（老）为代表，使用者约占总人口的5%。

7. 赣方言

以南昌话为代表，主要用于江西大部、湖南东南部。使用人数约占总人口的2.4%。

三、推广普通话的意义和目标

方言先于普通话而出现，普通话以方言为基础而产生，推广普通话的目的不是消灭方言。各民族语言平等共存，各民族都有使用和发展自己语言的自由。在处理普通话与汉语方言的关系上，坚持社会语言生活主体化和多样化相结合的原则，一方面，公民普遍具备普通话应用能力，并在必要场合自觉使用普通话；另一方面，承认方言在一定场合具有自身的使用价值。

积极推广普通话，对我国的政治、经济、文化建设具有重要意义。推广普通话有利于消除语言隔阂，促进社会交往；有利于营造良好的语言环境，促进人员的交流、商品的流通和建立统一的市场；有利于教育现代化，提高中文信息处理水平；有利于各民族、各地区的信息自动化建设；有利于增进各民族、各地区的交流，维护国家统一，增强中华民族的凝聚力。

在新时期我国推广普通话工作的目标是：2010年以前，普通话在全国范围内逐步普及，交际中的方言隔阂基本消除，受过中等或中等以上教育的公民具备普通话的应用能力，并在必要的场合自觉地使用普通话，与口语表达关系密切的行业工作人员的普通话水平达到相应的要求；21世纪中叶以前，普通话在全国范围内普及，交际中没有方言隔阂。

平台链接

江苏地区方言概况

江苏方言分为两大方言区：北方方言区和吴方言区，其中北方方言区主要包括江淮方言和华北、东北方言两个次方言区（详见图1-1）。

1. 江淮方言区。分布于南京、扬州、镇江、淮阴、盐城市和南通、连云港两市的一部分，使用人口3600余万。本区分扬淮、南京、通泰三片。

2. 吴方言区。分布于苏州、无锡、常州市和南通、镇江、南京三市的一部分，使用人口1800余万。本区分苏州、常州两片。

3. 华北、东北方言区。分布于徐州和连云港、淮安、宿迁的一部分，使用人口900余万。本区分徐州、赣榆两片。

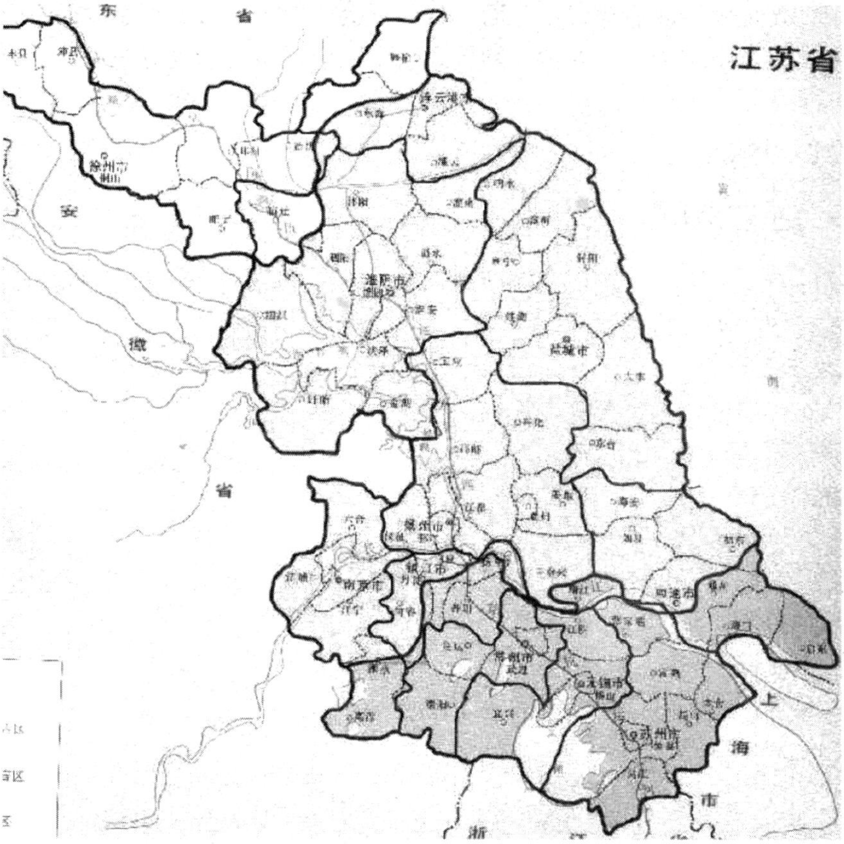

图 1-1　江苏方言分区

自主拓展

1．结合自己的方言，试分析与普通话在语音、词汇、语法等方面的差异。
2．结合所学专业和就业岗位要求，了解自己普通话水平测试须达到的等级标准。

第二节　普通话语音

案例导入

某学院普通话水平测试时，一位考生声音嘶哑，向测试员致歉："对不起，老师，我这几天失 shēn 了，可能会影响测试。"测试员感到奇怪："失身怎么会影响普通话水平测试呢？"

普通话水平测试结束后，某考生到普通话水平测试站向工作人员问询成绩。工作人员告之："成绩早就出来了，你到 wǎn 上查询。"该生一脸困惑，为什么到晚上查询，白天就不能查询吗？工作人员指着计算机，说："到 wǎn 上查询。"

案例中主要是由于前后鼻音不分而导致的误会。对大多数普通话学习者来说，最大的障碍主要是声母系统中的平卷舌、韵母系统中的前后鼻音的区分与发音。

知识讲解

一、关于普通话声母

普通话的声母共21个（不含零声母W、Y）皆由辅音充当。声母的发音主要是由发音部位和发音方法决定的。

1. 从发音部位分

声母从发音部位分主要有以下几类：

（1）唇音——b、p、m

（2）唇齿音——f

（3）舌尖前音（平舌音）——z、c、s

（4）舌尖中音——d、t、n、l

（5）舌尖后音（翘舌音）——zh、ch、sh、r

（6）舌面前音——j、q、x

（7）舌根音（舌面后音）——g、k、h

2. 从发音方法分

声母从发音方法分主要有以下几类：

（1）塞音——b、p、d、t、g、k

（2）擦音——f、h、x、s、sh、r

（3）塞擦音——j、q、z、zh、c、ch

（4）鼻音——m、n

（5）边音——l

此外，还可以从发音时是否有气流通过分为送气音（p、t、k、q、c、ch）、不送气音（b、d、g、j、z、zh）；从发音时声带是否颤动可以分为浊辅音（m、n、l、r）、清辅音（其余的17个皆为清音）。

二、关于普通话韵母

韵母一般分为单元音韵母、复元音韵母、鼻音尾韵母。

单元音韵母也称单韵母，分别由单元音充当，共10个：a、o、e、ê、i、-i（前）、-i（后）、u、ü、er。

复元音韵母也称复韵母，由两个及两个以上元音构成，共13个：ai、ei、ao、ou、ia、ie、ua、uo、üe、iao、iou、uai、uei。

鼻音尾韵母也称鼻韵母，分别以n和ng作为韵尾，共16个：an、ian、uan、üan、en、in、uen、ün、ang、iang、uang、eng、ing、ueng、ong、iong。

三、关于普通话声调

普通话的声调通常用调值来表示。调值是指音节的高低、升降、曲直、长短的变化形式，也就是声调的实际读法。按传统习惯，可以将声调分为以下几个调类：

（1）阴平调（高平调），又称第一声，声音较高，基本没有升降变化，调值为55调。如“高”、“低”的声调。

（2）阳平调（中高调），又称第二声，是一个高升的调子，调值为35调。如“来”、“回”的声调。

（3）上声调（“上”读音为shǎng），又称第三声，声调由半低音降到低音再升到半高音，调值为214调。如“友”、“好”的声调。

（4）去声调，又称第四声，由高音降到低音，调值为51调。如“世”、“界”的声调。

能力讲解

一、普通话声母发音纠正

1. 平舌音（z、c、s）和卷舌音（zh、ch、sh）

平、卷舌音不分主要是受方言的影响而造成的。江苏大部分地区只有平舌音，没有卷舌音。只有北方方言区、江淮方言区中北部的连云港、东海、灌云、沭阳、泗阳和西南部的南京、江宁、江浦、六合，以及吴方言中的无锡、常熟、张家港有卷舌音，但这些地方的卷舌音字比普通话的卷舌音字少，发音也与普通话不一样。我们总结了几种方法以供学习参考。

（1）掌握正确的发音方法。平舌音发音时，舌尖抵在或接近上齿背，然后发音；卷舌音发音时，舌尖接近硬腭与软腭相连的位置。需要注意的是，发音时舌尖不能太靠前，否则动程不够，变成似卷非卷的音；舌尖的位置也不能太靠后，否则发音夸张。

（2）针对能正确发音但无法辨别一个音节是否是卷舌音的情况，建议先牢记常见的卷舌音节，如“这”、“是”、“时”、“着”、“水”、“石”、“长”、“只”、“者”、“常”、“说”等，在普通话测试中，这些字是高频字，在各项试题中经常出现。

（3）结合《现代汉语词典》“zh、ch、sh”部分所列的汉字，根据偏旁进行类推记忆。

2. 鼻音n和边音l

江淮方言区大多存在鼻音n和边音l不分的现象。鼻音和边音的发音区别在于前者气流从鼻腔通过，后者气流从舌头两边通过。如果捏住鼻子，n的音无法发出而l的音基本不受影响。

（1）掌握正确的发音方法。

（2）不能正确辨别哪些字的声母是n，哪些字的声母是l，可以通过偏旁类推进行记忆。大致有这样一个规律：带有鼻音字根的字大多还是发鼻音，如“宁”——泞、咛、柠，“奴”——努、驽、弩、怒；带有边音字根（或相同字根）的字大多发边音，如“连”——涟、琏、链，“撩、燎、僚、潦、镣”、“琅、狼、粮”、“晾、凉”，等等。借助这一规律，我们举一反三，可以区别一部分鼻音字和边音字。

（3）记住在日常生活中出现的常用字：如鼻音字“牛、奶、女、那、你、尿”，边音字“立、力、料、拉、鲁、路”等。

3. 唇齿音 f 和舌根音 h

f 和 h 混淆不是普遍现象。在部分吴方言和江淮方言区中，唇齿音 f 和舌根音 h 是不分的，比如将“花生”发成“发生”。唇齿音 f 的发音方法是：上齿与下唇接触，气流通过成音。舌根音 h 的发音方法是：舌根后缩，气流通过成音。

4. 舌尖前音 z、c、s 和舌面音 j、q、x

舌尖前音 z、c、s 在发音时，舌尖抵住或接近上齿背，舌面音 j、q、x 在发音时，舌头平伸，气流从舌面通过。如果两者混淆，就会出现咬舌音或女国音。如“江”的拼音是 jiang，不能发成 ziang，“凶”的拼音是 xiong，不能发成 siong 或 song。

5. 舌尖中音 l 和舌尖后音 r

盐城地区的学生通常不能区分这一组音，往往将“人”发成“lén”，将“肉”发成“lòu”。提醒该地区的学生特别加以注意。

二、普通话韵母的纠正

1. 单元音韵母 er

在发音时，舌面中央升到中间高度，同时舌尖卷起，对着硬腭，嘴唇微微张开。普通话中“儿、耳、二、贰、尔”等就是这个音。但有些学生所在的方言区没有这个音，结果发成英文字母a或汉语拼音 e 的音。这个韵母如果不能正确发音，会导致儿化音发不出来等一系列问题，从而造成较多失分，应该掌握正确的发音方法，发音时尤其要注意舌头的位置。

2. 复元音韵母 üe 和 ou（iou）

üe 发成 ue，东北、华北次方言区的应试者可能会出现这个问题。比如江苏省徐州一带的学生，往往将“学”的韵母 üe 发成 ue，这是“徐州腔”的一大标志。在发 üe 音时，应先保持撮口的口形，类似于吹口哨，然后发 e 的音，之所以发成 ue，是因为发音时开始保持的是圆唇口形。还有些学生往往将 ou（iou）发成 e，主要是因为在发音时未归音到 u 这个圆唇音上而导致的错误，比如将“ǒu rán（偶然）”发成“ě rán”。

3. 前鼻韵母an、en、in 和后鼻韵母ang、eng、ing

前鼻韵母an 发成后鼻韵母ang，主要是江苏南通地区的学生常发生的错误。就江苏省内而言，除徐州地区外，en 和 eng、in 和 ing 不分是较为普遍的现象。

（1）前鼻韵母在发音时口形较扁，舌头较平；后鼻韵母在发音时舌根后缩，舌头肌肉紧张。可以先发前鼻音，然后将舌根后缩，大致就成了后鼻音。发音区别就在此。

（2）对大多数应试者而言，难点在于如何区别哪些字是前鼻音，哪些字是后鼻音。从造字法的角度来看，现代汉语中 80%以上的汉字是形声字，掌握了这一点，只要能找准声旁，基本上就能辨别或类推出该字是前鼻韵母还是后鼻韵母。常见的汉字如“安”、“分”、“申”、“林”等，加上形旁后大多还是前鼻音，安——按、晏、案、桉，分——吩、纷、芬、份、粉，申——伸、审、绅、呻，林——淋、琳、霖等；“逢”、“令”、“青”、“朋”加上形旁大多还是后鼻音，逢——缝，青——睛、晴、菁、清，令——领、伶、玲，朋——崩、绷、蹦等。

（3）常见的前鼻音字有：本、奔、宾、愤、奋、根、痕、很、金、仅、紧、尽、进、近、禁、晋、肯、邻、临、门、民、您、盆、森、深、文、闻、温、问、新、信、印、阴、隐、阵、震、真等；常见的后鼻音字有：冰、并、丙、病、灯、等、丁、定、丰、风、奉、更、哼、京、经、晶、井、景、净、竟、冷、灵、另、蒙、猛、梦、名、明、鸣、能、平、僧、生、升、省、疼、厅、听、翁、兴、幸、星、应、英、婴、营、迎、争、正等。

三、普通话声调的纠正

普通话是用 5 度值来表示声调的，阴平（第一声）的调值为 55 调，阳平（第二声）的调值为 35 调，上声（第三声）的调值为 214 调，去声（第四声）的调值为 51 调。

在普通话测试中，声调常发生的错误主要表现为：第一声调值发成 44 调或 66 调，第三声发成 211 调或 2143 调，一、四声调不分等。纠正的方法是：

（1）第一声的调值在四声中最高，应发 55 调，起音不能太低。

（2）第三声不能只发半上声（211 调），也不能发成 2143 调（俗称唱调），尤其是在第一项读单音节字词时，一定不能如此，否则将被视为缺陷而扣分。一、四声不分，在测试中被视为错误扣全分，应该多看相关的工具书，平时勤加学习。

（3）一、四声不分，二、三声不分，主要是受方言影响而导致的。纠正时应该从常用的汉字正音练习开始。

平台链接

普通话的音节

音节是人们自然感受到的最小语言单位。对普通话而言，一般一个汉字就是一个音节。

普通话的音节结构主要由声母、韵母、声调构成。如分析“光”这个音节的结构：声母是 g，韵母是 uɑng，声调是阴平，其中韵母又可分成韵头 u，韵腹ɑ，韵尾 ng。表 1-1 是一些汉字的音节结构分析。

表 1-1 一些汉字的音节结构分析

例字	声母	韵母				声调
		韵头	韵腹	韵尾		
要		i	ɑ	o		阴平
庄	zh	u	ɑ		ng	阴平
雪	x	ü	e			上声
远		ü	ɑ		n	上声
白	b		ɑ	i		阳平
水	sh	u	e	i		上声
欧			o	u		阴平
恶			e			去声

由表 1-1 可以发现：

（1）一个音节最多有四个音素，最少有一个音素；

（2）元音占优势，一个音节中至少有一个元音；

（3）一个音节可以没有辅音，辅音只在开头或结尾出现；

（4）汉字音节不能没有声调。

自主拓展

1．声母正音：

来临　流利　来年　老农　留念　努力　内陆　奴隶　能量　暖流　男女　恼怒
驻扎　转折　残存　草丛　搜索　松散　驰骋　霎时　常识　拆除　事实　争执
栽种　诅咒　遵照　沼泽　铸造　正宗　操场　存储　私塾　申诉　世俗　生死
发放　非凡　花卉　昏黄　发还　风化　返还　挥发　回复　豪放　忍让　软弱
热浪　锐利　日历　机组　及早　起草　细丝　急促　起诉　清早　确凿　谴责

2．韵母正音：

暗淡　参看　反叛　辗转　反常　繁忙　擅长　站岗　帮办　当晚　商贩　浪漫
商场　本分　粉尘　门生　深层　恒温　胜任　增生　声称　拼音　殷勤　尽情
引擎　精品　清新　定性　零星　暧昧　败北　悲哀　内在　胚胎　高手　招收
解决　节约　灭绝　学业　确切　对外　最坏　嘴快　冷冻　供奉　通风　正宗

第三节　普通话音变

案例导入

一位有方言口音的老师在讲台上，很有感情地为大家朗读了一首题为《卧春》的词，并且要学生记在笔记本上，这首词是这样的：

卧　春

暗梅幽闻花，卧枝伤恨底，遥闻卧似水，易透达春绿。岸似绿，岸似透绿，岸似透黛绿。

一位学生的笔记竟然是这样写的：

我　蠢

俺没有文化，我智商很低，要问我是谁？一头大蠢驴！俺是驴，俺是头驴，俺是头呆驴。

在一些地区某些音节的读音会发生音变，但与普通话的读音有很大的差别。其实普通话也存在音变现象，主要包括变调、轻声、儿化等。

知识讲解

一般来说，每个音节都有相对固定的发音，但由于在说话时常常连续发出许多音素或音节，从而形成了**语流**。在发音的过程中，音节之间会相互影响，产生语音变化，即**音变**。普通话的音变主要包括：变调、轻声、儿化和语气词“啊”的音变。

一、普通话的变调

所谓的**变调**是指受语流的影响，音节的声调调值发生变化。根据普通话水平测试的要求，本书主要介绍上声的变调和“一”、“不”的变调。

（一）上声的变调

（1）上声音节后接的是非上声音节，该上声读成半上，调值由214变成211。口诀：“上声加非上，上声变半上”。如：

上声+阴平——打开　纺织　手机　火车

上声+阳平——每年　小学　仿佛　考察

上声+去声——打仗　法律　土地　感动

上声+轻声——打扮　脊梁　脑袋　骨头

（2）上声音节后接的是上声音节，前上声读成阳平，调值由214变成35。口诀：“上声加上声，前上变阳平”。如：

保管　腐朽　假使　好转　旅馆　可以　采取　处理　典礼　起码

骨髓　老虎　美好　所有　舞蹈　也许　阻止　土匪　想法　小姐

（3）三个上声相连，首先要对其加以分析，将其拆解成“单音节+双音节”或“双音节+单音节”，然后再根据规则进行变调。

①“单双格”变调规则是：第一个上声变成半上，第二个上声变成阳平，第三个上声不变（214+214+214——211+35+214）。如：

好厂长　小两口　海产品　小拇指　有理想　李小姐　女选手

②“双单格”的变调规则是：前两个上声变成阳平，后一个上声不变（214+214+214——35+35+214）。如：

勇敢者　管理组　手写体　洗脸水　蒙古语　导火索　讲演稿

（4）三个以上上声的相连，也应对其结构进行分析，再根据上述规则进行变调。如：

岂有此理（岂有+此理）　　　　　　　手表厂李厂长（手表+厂+李+厂长）

请你给我找找演讲稿（请你+给我+找找+演讲+稿）

种马场养有五百匹好母马（种马+场+养有+五百+匹+好+母马）

（二）“一”、“不”的变调

1.“一”的变调

“一”的本调是阴平，调值为55，在单独念或处于句子末尾以及表示日期、序数时，读本调。如：

一、二、三　九九归一　五月一号　第一

“一”的变调有三种情况。

（1）“一”后接去声，“一”变阳平。如：

一半　一共　一个　一定　一律　一并　一向

（2）“一”后接非去声，“一”变去声。如：

一般　一生　一边　一条　一同　一头　一口　一起　一早

（3）“一”夹在重叠式动词之间，“一”变次轻。如：

听一听　说一说　谈一谈　想一想

2. “不”的变调

“不”的本调是去声，调值为51。变调情况如下。

（1）“不”后接去声，“不”变阳平。如：

不必　不错　不顾　不过　不用

（2）“不”夹在重叠式动词或动补词语之间，“不”变次轻。如：

好不好　来不来　完不成　打不开　起不来　看不起

二、普通话的轻声

某些字长期处于口语轻读的地位，失去了原有声调的调值，听上去显得轻短模糊，就形成了轻声。有人把轻声的音节当成一个调类来认识。其实，轻声并非一个独立的声调。它随着相组合的音节声调不同而变化，通常取决于前一个音节的声调调值。因此，普通话的四声有相对固定的调值，而轻声没有，也不标调号。

1. 轻声的规律

普通话的轻声有以下几种情况。

（1）单音节语气词，如：

他呀　起吧　来啦　你呢

（2）助词“着、了、过、的、地、得”等，如：

哭着　好的　快得很　来了　说过　悄悄地

（3）后缀“子、头、么、巴”等，如：

椅子　石头　那么　多么　桌子　尾巴　嘴巴

（4）方位词后缀，如：

后面　地上　外头　屋里　那边

（5）表示趋向的动词，如：

过来　下去　起来　干起来　跑出去

（6）重叠词或叠音词后一个音节，如：

哥哥　爷爷　姐姐　爸爸　星星　看看　试试　劝劝

（7）常用的双音节词后一个音节（应以《普通话水平测试用必读轻声词表》及《现代汉语词典》收录的词条为准），如：

窗户　云彩　眼睛　知道　生意　头发　痛快　豆腐　葡萄　石榴　黄瓜

2. 普通话轻声的读法

（1）非上声+轻声时，轻声的调形是短促的低降调，调值为31。如：

巴掌　称呼　灯笼　冤枉　能耐　柴火　和尚　白净　凑合　地道　钥匙

（2）上声+轻声时，轻声的调形是半高平调，调值是44。如：

我的　起来　奶奶　老实　马虎　耳朵

三、普通话的儿化

普通话的儿化现象是由词尾“儿”演化而来的。词尾“儿”由于长期处于轻读地位，失去独立性，使两个音节融合成一个音节，前一个音节带有卷舌色彩，就是**儿化**。

普通话的儿化并不是简单地加上一个er音，其中包含了一系列音变现象，如增音、脱落、更换、同化等。儿化规律如下。

（1）直接卷舌：在除i、ü外的主要元音加上卷舌动作。如：

红花儿　哥儿们　岁数儿　没谱儿　火炉儿　豆芽儿　翻个儿

（2）增音：在以i、ü为主要元音的后面加上er。如：

小鸡儿　粉皮儿　金鱼儿　小曲儿

（3）脱落：韵尾为i或鼻辅音n时，韵尾脱落，在主要元音上加卷舌动作。如：

小孩儿　纸牌儿　跟前儿　影片儿

（4）更换：如韵母为舌尖元音i，将原韵母换成央元音[ə]。如：

瓜子儿　咬字儿　高枝儿　消食儿

（5）鼻化：韵尾为后鼻韵尾ng，儿化时，原韵尾脱落，主要元音保留鼻化色彩。如：

小样儿　帮忙儿　脖颈儿　香肠儿

特别提醒：以ɑo、iɑo、u、ou、iu 为韵母的音节儿化时，应保持口形，直接加上卷舌动作。如：

小刀儿　走道儿　小鸟儿　跑调儿　小手儿

小偷儿　加油儿　一溜儿　眼珠儿　火炉儿

四、语气词“啊”的音变

“啊”作语气词时，出现在句尾，由于处于语流的末尾，读音受到前边音节的影响发生变化。音变规律如下。

（1）当前一个音节的韵母或韵尾是ɑ、o、e、i、ü、ê时，“啊”读 yɑ，书面上也写作“呀”。如：

回家啊　节约啊　快来啊　广播啊　下雨啊　祝贺啊　注意啊

（2）当前一个音节的韵母是ɑo、iɑo、u、ou、iou 时，“啊”读作 wɑ，也可以写作“哇”。如：

保守啊　发愁啊　真高啊　害羞啊　加油啊　真巧啊　肥猪啊

（3）当前一个音节的韵尾是-n 时，“啊”读作 nɑ，也可以写作“哪”。如：

好远啊　好人啊　小心啊　没劲啊　郁闷啊　真准啊　没完啊

（4）当前一个音节的韵尾是-ng 时，“啊”读作 ngɑ，仍写作“啊”。如：

太脏啊　完成啊　一样啊　真疼啊　漂亮啊　大娘啊　劳动啊

（5）当前一个音节的韵母是舌尖后音-i 时，“啊”读作 rɑ，仍写作“啊”。如：

好诗啊　太迟啊　可耻啊　节日啊　老师啊　快吃啊　汤汁啊

（6）当前一个音节的韵母是舌尖前音-i 时，“啊”读作[zɑ]，仍写作“啊”。如：

写字啊　工资啊　自私啊　几次啊　好词啊　公司啊　各自啊

平台链接

普通话水平测试必读轻声词表

2003 年，国家语言文字工作委员会出版了《普通话水平测试实施纲要》（以下简称《纲要》）一书，其中附录的《普通话水平测试用必读轻声词表》共列举了 545 个必读轻声词，要求普通话学习者必须掌握，在普通话水平测试时必须读作轻声。《纲要》同时指出，如《现代汉语词典》中注明可读作轻声而《纲要》中没有标引的词，在普通话水平测试中应试者也可以读作轻声，不作发音错误处理；如《纲要》和《现代汉语词典》中均未注明可读轻声的，应试时读作轻声，则视为发音错误。

《纲要》中所列的词条，大多有"子"、"巴"等轻声后缀标志，普通话学习者基本都能掌握，下面从《普通话水平测试用必读轻声词表》中挑选出一些容易被忽视的轻声词，以帮助普通话学习者正音。

爱人	帮手	棒槌	包涵	扁担	别扭	柴火	打量	耽搁	提防	动静
动弹	风筝	高粱	告诉	骨头	行当	核桃	萝卜	记性	交情	结实
精神	客气	快活	厉害	利索	篱笆	痢疾	粮食	马虎	忙活	骆驼
麻烦	冒失	眉毛	累赘	麻利	苗头	木匠	难为	你们	蘑菇	模糊
疟疾	牌楼	朋友	屁股	便宜	片子	铺盖	欺负	亲戚	勤快	清楚
石匠	黄瓜	舒坦	使唤	收成	算计	首饰	挑剔	思量	妥当	挖苦
跳蚤	委屈	先生	学生	妖精	钥匙	应酬	扎实	折腾	指甲	招牌
主意	庄稼	状元	字号	自在	祖宗	作坊	琢磨	学问	行李	稳当

自主拓展

1. 练习本节所列的变调词的发音。
2. 练习本节所列的轻声词的发音。
3. 练习本节所列的儿化词的发音。
4. 结合普通话水平测试60篇朗读作品，练习语气词"啊"的音变发音。

第四节　普通话水平测试

案例导入

曾经有一份贼拉子纯的爱情，搁在俺跟前，俺没咋当回事，直到整没了，俺才发现，世界上最憋屈的事也就这样了。如果老天爷再给俺一个机会，俺愿意对那个汉子说："俺稀罕你！"如果非要给这件事整个年头的话，俺希望这个年头是——一万年！（辽宁版《大话西游》）

说借话可是那阵了，有一份倍儿真的感情摆在我眼皮底下，我倒霉催的，愣没当回事，等没了吧倒醒过闷来了，唉没法儿啊，世界上最点背的事儿也就借意思了，你内刀片子赶紧在我脖子上拉吧，肉呼嘛？！——不过如果老天爷能再让我来一回的话啊，我跟你说我豁出去了我非跟那闺女说仨字儿："我耐你！"如果非死乞白赖要在前面弄个头的话啊，我估摸着大概其是——一万年！（天津版《大话西游》）

在好多年前啰，原来有一个嘛多闷（么）好多闷好的幺妹爱我哟~。不糟得郎个搞地，我这个脑壳没打转转。哦豁，等都飞都飞起走地那嘈，我嘛，嗯（硬）是恼火得不得了，追都追不回来搭。聂（这）一辈子最让我痛苦的事就是聂个啰。要是说老天爷舍得再给我聂个龟儿子个机会嘛，我晓得要跟那个妹说"我一辈子都跟你，扯都扯不断"，要是嗯要在前头加个杠杠——那再郎个也要个万把年嘛！（重庆版《大话西游》）

摘自：http://www.xici.net

在普通话水平测试中，如何避免出现方言词汇是一些应试者颇感困惑的难题。从上面案例可以看出方言词与现代汉语规范词在口头语言表达时存在较大的差异。普通话水平测试主要考察应试者普通话语音标准程度，应试者在测试中应该尽量避免出现方音、方言词汇和语法不规范现象。

知识讲解

普通话水平测试是在教育部、国家语言文字工作委员会（简称“国家语委”）的领导下，根据统一的标准和要求，在全国范围内开展的一项测试，它不是普通话语音知识的测试，不是文化水平的测试，也不是口才的评估，而是对应试人员运用普通话所达到的标准程度的检测与评定，是一种资格证书的考试。

计算机辅助普通话水平测试是指考生采用上机模式参加测试，“单音节字”、“多音节词语”和“朗读”三项由计算机辅助普通话测试系统自动评分，“说话”部分由省测试中心调配优秀测试员通过网络在线评分。

国家语委组织研制的计算机辅助普通话水平测试系统，主要为了减轻普通话人工测试的工作量，提高测试质量与效率，促进普通话学习和测试手段的现代化。这是我国推广普通话历史上重大的技术创新，是普通话水平测试模式的根本性改革，测试手段发展进程中的历史性跨越。经教育部批准，江苏省自 2008 年 4 月 1 日起采用计算机辅助方式进行普通话水平测试。

一、普通话水平的等级划分

根据《普通话测试等级标准（试行）》规定，普通话水平共分三级，每一级中又分为甲、乙两个等级。

（一）一级

一级是标准的普通话，为一级甲等和一级乙等两个等级。

1. 一级甲等

一级甲等是标准纯正的普通话，要求在朗读和交谈时语音标准；语法词汇正确无误；语调自然流畅；不允许有系统性语音错误和语音缺陷，允许有偶然出现的语音错误或缺陷。一级甲等的测试总失分率在 3%以内，得分在 97 分或 97 分以上。

2. 一级乙等

一级乙等也是标准的普通话，总体要求与一级甲等相同，但其语音标准程度特别是语音面貌比一级甲等略差。也不允许有系统性语音错误和语音缺陷，允许有少量的语音错误或缺陷出现。一级乙等的测试总失分率在 8%以内，得分在 92 分或 92 分以上，97 分以下。

（二）二级

二级是比较标准的普通话，分为二级甲等和二级乙等两个等级。

1. 二级甲等

二级甲等，要求在朗读和交谈时，声母和韵母以及声调的发音基本标准；表达时语调基本流畅；少数难点音有时出现错误或存在两类以上语音缺陷；语法词汇偶有失误。二级甲等的测试总失分率在 13%以内，得分在 87 分至 92 分之间（不含 92 分）。

2. 二级乙等

二级乙等，在朗读和交谈时，声母和韵母难点失误较多；声调有系统缺陷；使用了方言词汇和方言语法，带有较明显的方言语调。偶有失误。二级乙等的测试总失分率在 20%以内，得分在 80 分至 87 分之间（不含 87 分）。

（三）三级

三级是学习和使用普通话的初级阶段，也分为甲、乙两个等级。

1. 三级甲等

其基本特征是：声、韵、调发音失误较多，有较多的系统性语音错误和缺陷；词汇、语法同时出现较多的失误；方音较重，表达不流畅。总失分率在 30%以内，得分在 70 分至 80 分之间（不含 80 分）。

2. 三级乙等

其基本特征与三级甲等相同。总失分率在 40%以内，得分在 60 分至 70 分之间（不含 70 分）。

基本属于方言语调，或普通话水平测试成绩得分低于 60 分者，不能获得普通话水平等级证书。

二、计算机辅助普通话水平测试流程

计算机辅助普通话水平测试流程包括：候考——考场叫号——备考——上机测试（如图 1-2 所示）。考生根据准考证规定的考试时间，适当提前到达考试地点，经工作人员检查、核对身份后进入候考室候考，此时工作人员将考试的纸质试卷发放给考生。备考时间结束，工作人员将安排考生进入考试室并指定机位，同时收回先前发放的纸质试卷（如图 1-3 所示）。

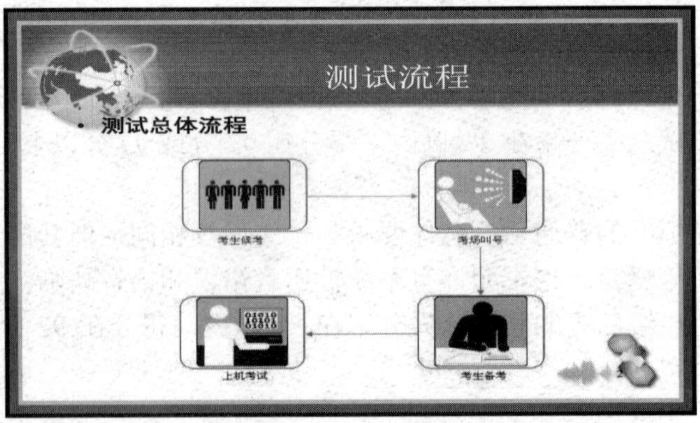

图 1-2　测试流程

备考时提醒考生不要在纸质试卷上答题或做记号，以便后面的考生使用。考生进入测试场地后，不得夹带任何与考试相关的材料，否则一经发现，将被视为作弊，取消考试资格。

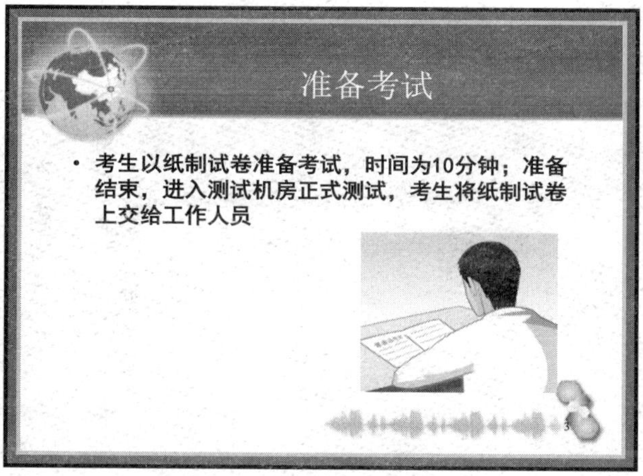

图 1-3　准备考试

考生在测试机位就座后，按正确的方法佩戴好耳机，调整好麦克风。麦克风应在左侧，调整麦克风至距嘴巴 2～3 厘米的位置，避免麦克风与面部接触，测试时手不要触摸麦克风。然后根据计算机屏幕显示单击“下一步”按钮（如图 1-4 所示）。

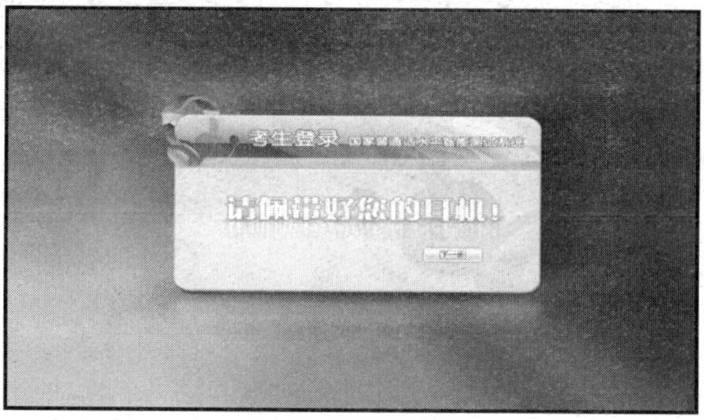

图 1-4　考生登录系统

此时计算机屏幕提示要求输入准考证号（如图 1-5 所示），测试系统一般只要求考生输入准考证 3～4 位数字，考生可根据系统提示准确输入信息。

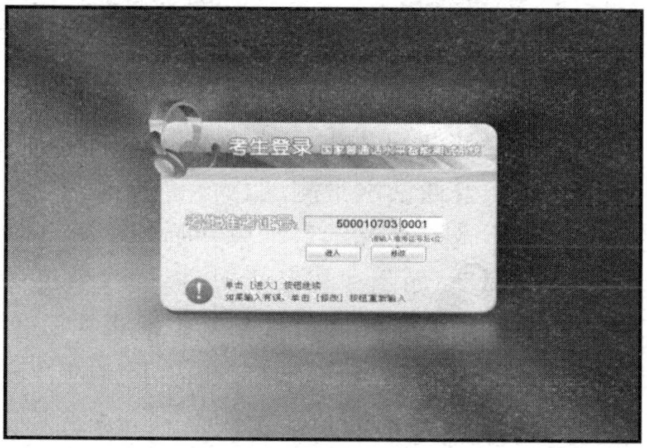

图 1-5　系统提示输入准考证号

系统会自动显示考生的身份信息，考生进行确认（如图 1-6 所示）。如信息无误，单击“确定”按钮。如果输入错误，单击“返回”按钮，重新输入。

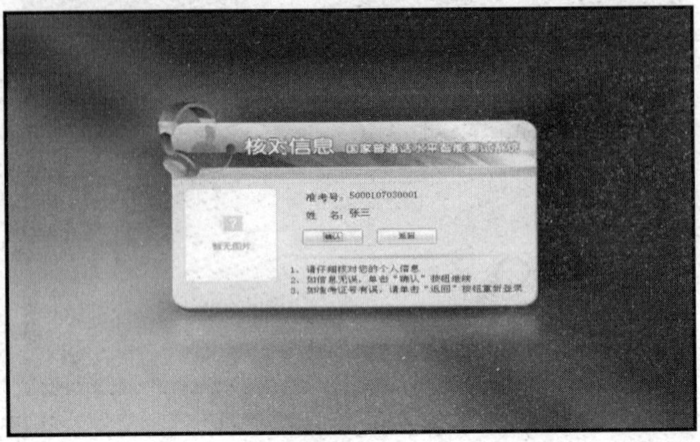

图 1-6　核对信息

考生信息准确输入后，测试系统要求考生试音。考生应根据计算机屏幕显示的内容进行朗读，如“我叫×××，我的准考证号是×××××××”（如图 1-7 所示）。提醒考生注意屏幕右下角的音量显示条，应该将音量控制在黄色条区间内，音量过低，音量条显示为绿色，音量过高显示为红色。音量过低或过高都将影响测试系统对考生的声音识别。

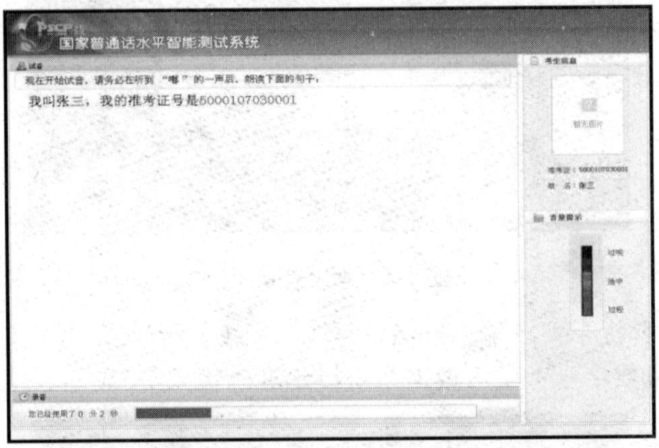

图 1-7　试音

如果系统提示“试音失败”，考生可根据系统提示重新进行试音，直到系统能准确识别为止。试音成功，将正式进入普通话水平测试。

每一题开始前都有一段提示音，在提示音结束并听到“嘟”的一声后，考生再开始朗读。第一项为“读单音节字词”（如图 1-8 所示）。提醒考生每一行均应从左到右横向朗读，同时注意右下角的音量提示，过高或过低都将影响考生测试成绩。

第一项内容测试完毕，考生无须等待，及时单击右下角的“下一题”按钮，进入第二项测试。

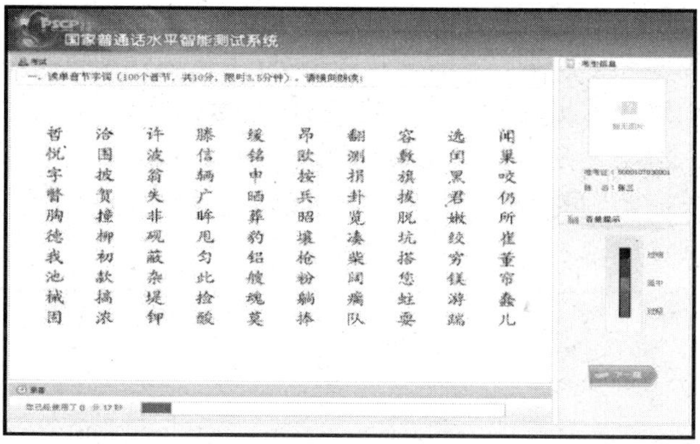

图 1-8　第一项测试题

第二项测试为“读多音节词语”（如图 1-9 所示）。第二项内容测试完毕，考生直接单击右下角的“下一题”按钮，进入第三项测试。

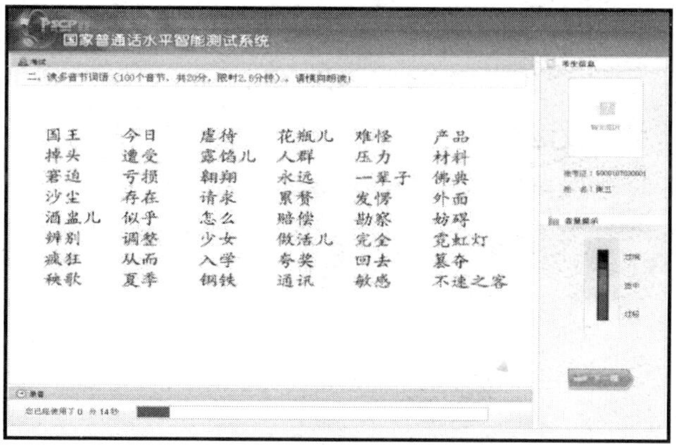

图 1-9　第二项测试题

第三项测试为“朗读短文”（如图 1-10 所示）。朗读完毕后，直接单击右下角的“下一题”按钮。

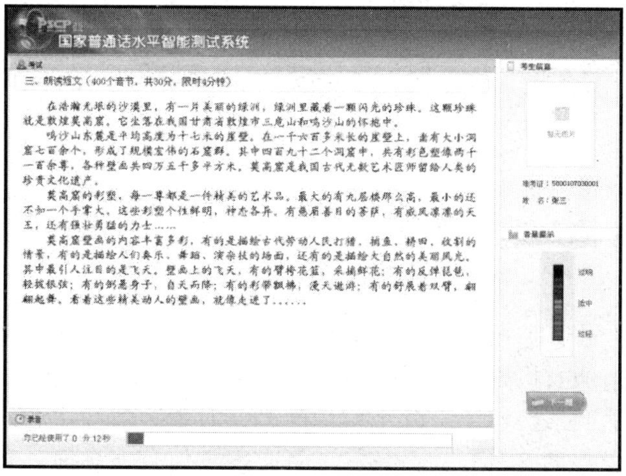

图 1-10　第三项测试题

第四项测试为“命题说话”项（如图 1-11 所示）。测试系统共给出两个话题供考生选择。考生应根据自己的兴趣选择一个话题开始测试：“我选择的话题是××××××××”，然后围绕话题说话。提醒考生在测试中只能选择一个题目，不能说完一个话题后发现时间未到又说第二个话题，否则测试员将视为无效语料而扣分。还要提醒考生要立即选择话题，时间不能太长，否则系统将视为缺时而记录进评分项。另外考生应该尽量说满 3 分钟，系统提示测试完成，再提交试卷，否则也被认定为缺时。

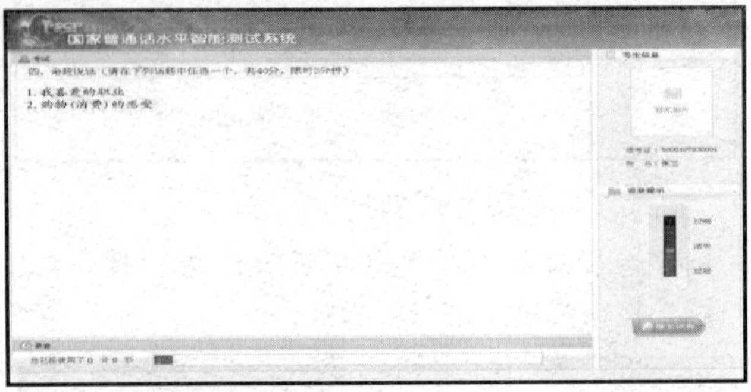

图 1-11　第四项测试题

测试完毕后，考生根据屏幕显示（如图 1-12 所示），提交试卷，结束测试，摘下耳机，离开考场。离开时要保持安静，不要影响其他考生测试。

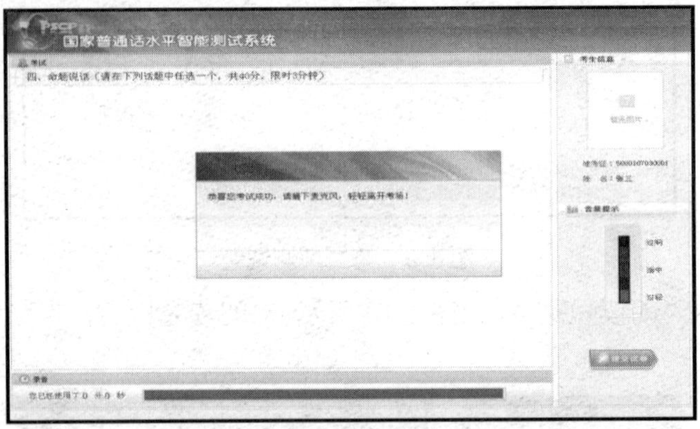

图 1-12　测试完毕后的系统提示

能力讲解

一、“读单音节字词”项应试技巧

1. 字正腔圆

所谓字正腔圆，就是要读准声母、韵母、声调。

声母中容易混淆的有以下几个方面。一是平卷舌音不分。如果应试者平卷舌音不分，那么测试成绩很难达到二级以上。除个别地区外，对大多数应试者而言，主要是卷舌音的发音问题。具体表现为：没有卷舌音；发音时舌尖位置太靠前，介于似卷非卷之间；发音时舌尖位置太靠后，卷舌音夸张。二是鼻音 n 和边音 l 不分。三是唇齿音 f 和舌面后音 h 不分。四是 r 和 l 不分。r 和 l 发音部位比较接近，而且都是浊声母，音色也比较近似。要分清这两个声母的发音，首先要摆正舌头的位置：发 r 音时舌尖要上翘，略向后移；发 l 音时舌尖接触的位置略向前。五是舌尖前音 z、c、s 和舌面音 j、q、x 不分。主要是舌面音 j、q、x 发音部位太靠前，接近舌尖前音 z、c、s。在普通话语音系统中齐齿呼、撮口呼只能与 j、q、x 相拼，不能与 z、c、s 相拼，也就是说， i、ü前的声母只可能是 j、q、x，而不可能是 z、c、s。

韵母系统容易出现问题的主要有：一是前鼻韵母和后鼻韵母不分，南通地区的应试者在an—ang 这一对韵母上容易出错，而对其他方言区的应试者而言，最难区分的是en—eng、in—ing 这两对韵母。二是 uan 和üan 不分。uan 和üan 的区别在于 uan 是合口呼，üan 是撮口呼。一般而言，üan 只能和 j、q、x 相拼，如“绢、圈、选、卷、全、宣”等，或者零声母，注音写作 yuan，如“远、冤、院、圆”等；uan 不与 j、q、x 相拼。三是 eng 和 ong 不分。一些方言区的应试者很容易将“风”feng 读成 fong，“朋”peng 读成 pong。要解决这一问题，只要记住一条规律：普通话的声母 b、p、m、f 不能和 ong 相拼。四是ai、ei、ao、ou：发音时要注意不能发成单元音；注意发音时动程要到位；注意归音时要轻短模糊。

声调中经常出现的问题有：一、四声不分；音高不到位；上声读成半上（214 读成 211）；二、三声不分等。

2. 速度适中

读单音节字词时，有些应试者的速度过快，导致音节的发音不到位、动程不够，从而使测试员来不及作出评判。这种挑战测试员耐心的做法十分不可取，因为这样会由于测试员的误判使测试成绩受到影响。有些应试者语速过慢，结果因超时而被扣分。

正确的方法是：将每一个音节的声、韵、调发音到位后，略作停顿，再读下一个音节，这样使测试员有时间对应试者的发音进行正确评判。

3. 允许更正

根据普通话水平测试大纲的规定，在第一、二项中，允许应试者进行更正，但只允许更正一次，以第二次的读音为准。有些应试者由于心理紧张等原因导致发音走型或对自己的发音不满意时，会下意识地对发音进行更正。这种更正是允许的。测试员评判时以应试者的第二次发音为最终发音。如果第一次发音错误，第二次发音正确，该音节不扣分；如果第一次发音正确，第二次发音错误，该音节扣 0.1 分。有的应试者会更正三、四次，第二次以后的发音均为无效音。

4. 生僻字的处理

普通话水平测试不是汉语知识水平的考试，试卷所选的汉字大多是常用字。但由于应试者的汉语文化程度不同，在应试时可能会出现一些生字。当应试者遇到生字时，一般有以下两种处理方法：一是放弃发音，直接跳过去；二是根据印象、感觉或该音节的结构进行发音尝试。我们鼓励第二种做法。因为根据汉字造字法，现在通用的汉字中有80%以上都是形声字。只要找准声旁，一般来说，基本就可以读准这个音节了。

二、“读多音节字词”项应试技巧

1. 读准词语

从本部分开始出现语流，词语的读音受到语流的影响而发生一定的变化。除特殊的现象外，一般词语的声母、韵母、声调读音要求与上一节单音节字词的要求相同。但是不能出现蹦读，一个词的字和字之间应该读得紧凑一些，如果肢解，则被视为缺陷，每个词语扣 0.1 分。如：“城池”读成“城、池”，该词语就要被扣 0.1 分。同样，在应试时，速度也不宜过快或过慢，过快可能导致测试员误判，过慢可能会超时。

在本部分也可能会遇到一些生僻字，有些应试者会选择放弃，我们认为不可取。因为本项中每个音节 0.2 分，而一个词中一般只有一个字比较生疏，如果选择放弃，则该词语的所有音节都会被扣分。如：“尺蠖”、“苤蓝”、“镍币”、“姘头”、“鼻衄”等。

同样，本项测试也允许应试者更正一次，以第二次读音为评分的依据。

2. 注意音变

关于变调的常识，本教材前面已有详细讲解。需要补充说明的是：在本项测试中，需要变调但没有变调的，则会被判错误。在本部分中，轻声词语不少于 3 个。其中一些有特殊标志的轻声词比较容易辨别，另外一些轻声词的辨识要依赖于应试者通过练习后的掌握程度以及应试者的普通话语感。

一般来说，现代汉语中大多数词是双音节词，如“鸟儿”、“牛儿”等词语应该读成“niao’er”、“niu’er”，使其成为两个音节，而不能读成单音节“niaor”、“niur”；如果是“小鸟儿”、“蜗牛儿”应该读成“xiao niaor”、“wo niur”，使其成为两个音节，而不能读成“xiao niao’er”、“wo niu’er”。但是诸如“这儿”、“那儿”、“哪儿”、“准儿”、“人儿”等还是应该读成带儿化的单音节词。

三、“朗读短文”项应试技巧

本项测试主要测查应试者使用普通话朗读书面作品的水平。在测查声母、韵母、声调读音标准程度的同时，重点测查连读音变、停连、语调以及流畅程度。应试者朗读的短文作品从《普通话水平测试用朗读作品 60 篇》中随机抽取。评分以所读作品的前 400 个音节为限（作品中用“//”标注），但应试者应该将第 400 个音节所在的句子读完整。朗读作品见附录一。

1. 读准音节

朗读短文中语音错误主要包括：声母、韵母、声调误读；轻声、儿化、变调、语气词“啊”音变不合规律；增读、漏读、颠倒等。另外注意有些字有口语音和书读音之分。

2. 注意音变

音变包括变调、轻声、儿化、语气词“啊”的音变。其语音变化规律在第一章中已有说明。这些现象在朗读短文中常常出现，应试者应该多加练习。

3. 控制语速

语速过快有两种情况：一是作为母语的方言就非常快；二是思维敏捷，普通话熟练造成的。方言因素引起的语速过快，必然会带出很多方言语音成分；思维敏捷语言流畅引起的语速过快，也会影响音节的完美，出现动程不够、归音不到位。这两种情况都会在测试中被扣分。

朗读短文一定要避免语速过快，这样既避免在语音偏误中被扣分，又避免因语速而产生声韵缺陷而在声韵系统缺陷中被扣分。

4. 发准轻重音

轻重音格式是语调的重要部分。有时我们按照每个字的声韵调不折不扣地读出来，听起来反而觉得生硬、不自然，其主要原因是轻重音格式不对。轻重音格式不对，会让人觉得普通话说得不地道，即使错误较少，也很难进入较高等级。

5. 停连适当

在普通话测试中有一个扣分指标就是“停连不当”。所谓**停连不当**是指：由于不恰当的停顿或连读造成对词语的肢解或对语义的误解。因换气需要或个人理解造成的短暂停顿，如未对原文造成曲解，不视为停连不当。

停连不当不同于不流畅。前者会引起歧义，而不流畅则是受方言、心理、生理等影响，并不造成歧义。如：“朋友新烫了//个头……”、“前几天有个朋友给我打//来电报……”，如果在“//”处停顿，就被视为停连不当而失分。

6. 保持流畅

有三种情况被视为不流畅。

（1）回读：有许多应试者在普通话水平测试朗读短文时，都有读错了回过头去纠正的习惯，这是作品不熟练或心理紧张的标志。在普通话水平测试中回读会被扣分。应试者应该在测试前熟读作品，测试时克服心理紧张情绪，放松心态。

（2）停顿过多：虽然朗读时可以停顿的地方很多，如句子中间、句子末尾、段落之间都可以停顿，但实际上这些停顿并没有造成句子表达的不连贯。有些应试者因为作品练习少，不太熟悉作品，在一句话中停顿次数太多，影响了表意的连贯性，在测试中被视为不流畅。

（3）按音节蹦读：一些应试者由于不熟悉作品，在朗读短文时，经常是嘴里发着一个音节，眼睛看着下一个音节，心里想着这个音节的正确发音，听起来好像是一个音节一个音节或一个词一个词往外蹦，大大影响了朗读的流畅度，当然也会被扣分。

四、“命题说话”项应试技巧

本部分是普通话水平测试的重点，占总分的40%。测试的主要目的是测查应试者在无文字凭借的情况下说普通话的水平，重点测查应试者的语音标准程度，词汇、语法规范程度和自然流畅度。命题说话的题目从《普通话水平测试用命题说话话题》中选取（见附录二）。

（一）常见问题

1. 语音错误和语音缺陷过多，方音明显

应试者的说话接近平时的语言状态，语音错误和缺陷更容易暴露出来。有文字凭借时，应试者可以先看到要读的字，对其发音会提前有所准备。而命题说话时应试者对即将发出的音节无法充分准备，一边说话，一边斟酌发音，一边搜肠刮肚考虑说话的内容，组织恰当的语句，这样更容易导致语音错误和语音缺陷。

2. 语法词汇不规范

方言词汇主要是只在应试者所在方言区使用的词汇，语法错误主要包括搭配不当、内容矛盾、句子不完整、语序不当、句子杂糅等。有些应试者在说话时会不自觉地使用一些方言词语，有些应试者由于受方言的影响，说话时会带有方言语法格式。

3. 无效语料

有些应试者由于准备不充分，命题说话时没有具体内容，或者只开了个头就无话可说了，只好东拉西扯、简单重复相同的内容。如反复纠错、简单重复、信息量过低等。

4. 表达不流畅

有的应试者说话时找不到合适的词语，话语不清晰，不流畅，结结巴巴，断断续续。主要原因是平时普通话说得太少，一旦开口说话，就不知道如何表达了。

5. 心理紧张，情绪波动

在测试本项时，有些应试者会过度紧张，从而导致语音失真，思维停滞，语句混乱，语句不流畅，语音错误增加，或感情波动太大，以致影响了测试进程。

6. 缺时

不少应试者在说话时不能说满 3 分钟而被扣缺时分。缺时的主要原因：一是准备不充分，不得法；二是不了解测试规则，以为只要说一段话，说完就停止了，虽然时间还没有到，也不往下讲了。

（二）应试技巧

1. 应试前充分准备

命题说话的题目可以归纳成三大类型：一是叙述类，二是说明类，三是议论类。而这些话题还可以合并。比如《我的学习生活》、《我的业余生活》、《我的假日生活》等就可以合并成一个话题，说话时，可以说“我的学习（业余、假日）生活丰富多彩。我最喜欢的就是读一些文学名著。我最喜欢的是××作家的××作品……”。

在普通话测试前，应试者会有约 10 分钟的准备时间，对给定的话题再在头脑中将事先准备的内容、题材、事例等默想一遍，就能轻松自如地对付了。另外在平时或测试前准备时，应试者应该根据自己的普通话声、韵、调系统中存在的问题进行自我纠正，也可以选择回避这些错误或缺陷。比如，有的应试者平卷舌音方面存在问题，在说话时就可以尽量避免出现平翘舌音，将“知识”换成“学问”，将“事实上”换成“客观上”等。

2. 注意口语化

口语化表现在：多用常用的口语词汇；可以适当使用语气词“吧”、“吗”等；慎用文言词和书面色彩较浓的词语；多使用简单句子和短句，避免使用结构复杂的长句；力求通俗浅显、灵活流畅。口语化要注意避免使用过多的口头禅，如“这个这个”、“那个”、“嗯……嗯”等。

3. 控制语速，合理利用时间

说话不足 3 分钟会被扣缺时分。应试者应该努力说满 3 分钟，如果说完准备的内容而时间还没有到，可以联系相关的内容继续往下说。如《我喜爱的动物》这个话题，应试者说：“我喜爱的动物是狗。从前我家里就养了一只狗……”说完“狗”后，如果时间还没到，应试者可以接着说：“除了狗之外，我还喜爱猫。我家以前也养过一只猫……”

为了顺利说满 3 分钟，又减少不必要的错误，应试者还应该控制语速。语速适中，发音从容，可以提高语音的标准程度。如果语速过快，不仅会影响语音的准确程度，错误率上升，而且会导致在规定的时间里说话的音节增加，事先准备的内容不能说满 3 分钟，同时也增加了错误的几率，将会直接影响本项的得分。另外应试者说话的语速也不能过慢，因为语速过慢会影响语句的完整，使人听起来别扭，不像是日常说话了。

平台链接

朗读与朗诵

关于朗读

朗读是把文字作品转化为有声语言的创作活动，也就是朗读者在理解作品的基础上用自己的语音塑造形象，反映生活，说明道理，再现作者思想感情的再创造过程。在“普通话水平测试”中，朗读是对应试者普通话运用能力的一种综合检测形式。日常朗读活动中，决定朗读者朗读水平高低、朗读效果优劣的因素是多方面的。

普通话朗读除了要求应试者忠于作品原貌，不添字、漏字、改字外，还要求朗读时在声母、韵母、声调、轻声、儿化、音变以及语句的表达方式等方面都符合普通话语音的规范。

朗读时要把握作品的感情基调。任何一篇作品，都会有一个统一完整的基调。朗读作品必须把握住作品的基调，深入分析、理解作品的思想内容，力求从作品的体裁、作品的主题、作品的结构、作品的语言，以及综合各种要素而形成的风格等方面入手，进行认真、充分和有效的解析，在此基础上，朗读者才能产生出真实的感情，鲜明的态度，产生出内在的、急于要表达的律动。

朗读的基本技巧要从以下几个方面把握。

1. 停连适当

朗读时，有些句子较短，按书面标点停顿就可以。有些句子较长，结构也较复杂，句中虽没有标点符号，但为了表达清楚意思，中途也可以做些短暂的停顿。要避免出现停顿不当而破坏句子结构的现象。正确的停顿有以下几种类型：

（1）标点符号停顿。标点符号是书面语言的停顿符号，也是朗读作品时语言停顿的重要依据。标点符号的停顿规律一般是：句号、问号、感叹号、省略号停顿略长于分号、破折号、连接号；分号、破折号、连接号的停顿时间长于逗号、冒号；逗号、冒号的停顿时间又长于顿号、间隔号。另外，在作品上的段落之间，停顿的时间要比一般的句号时间长些。

（2）语法停顿。语法停顿是句子中间的自然停顿。它往往是为了强调、突出句子中主语、谓语、宾语、定语、状语或补语而做的短暂停顿。

（3）感情停顿。感情停顿不受书面标点和句子语法关系的制约，完全是根据感情或心理的需要而做的停顿处理，它受感情支配，根据感情的需要决定停与不停。它的特点是声断而情不断，也就是声断情连。

2. 轻重适宜

重音是指那些在表情达意上起重要作用的字、词或短语在朗读时要加以强调的技巧。重音是通过声音的强调来突出意义的，能给色彩鲜明、形象生动的词增加分量。重音有以下几种情况：

（1）语法重音。语法重音是按语言习惯自然重读的音节。这些重读的音节大都是按照平时的语言规律确定的。一般语法重音不带特别强调的色彩。

（2）强调重音。强调重音不受语法制约，它是根据语句所要表达的重点决定的，由于表达目的不同，强调重音就会落在不同的词语上，所揭示的含义也就不相同，表达的效果也不一样。

（3）感情重音。感情重音可以使朗读的作品色彩丰富，充满生气，有较强的感染力。感情重音大多用来表现内心节奏强烈、情绪激动等情况。

3. 快慢适度

应试者在朗读时，适当掌握朗读的快慢，可以造成作品的情绪和气氛，增强语言的表达效果。一般来说，当表达热烈、激动、愤怒、惊恐等情绪时要快读，表达平静、冷淡等情绪时读慢一些，表达悲痛等情绪时可以读得更慢一些。

4. 高低得体

语调指语句里声音高低升降的变化，其中以结尾的升降变化最为重要，一般是和句子的语气紧密结合的。如能注意语调的升降变化，语音就有了动听的腔调，听起来便具有音乐美，也就能够更细致地表达不同的思想感情。语调变化多端，主要有以下几种。

（1）高升调。高升调多在疑问句、反诘句、短促的命令句，或者是表示愤怒、紧张、警告、号召的句子里使用。朗读时，注意前低后高、语气上扬。

（2）降抑调。降抑调一般用在感叹句、祈使句或表示坚决、自信、赞扬、祝愿等感情的句子里。表达沉痛、悲愤的感情，一般也用这种语调。朗读时，注意调子逐渐由高降低，末字低而短。

（3）平直调。平直调一般多用在叙述、说明或表示迟疑、思索、冷淡、追忆、悼念等的句子里。朗读时始终平直舒缓，没有显著的高低变化。

（4）曲折调。曲折调用于表示特殊的感情，如讽刺、讥笑、夸张、强调、双关、特别惊异等句子里。朗读时由高而低后又高，把句子中某些特殊的音节特别加重加高或拖长，形成一种升降曲折的变化。

关于朗诵

朗诵就是把文字作品转化为有声语言的创作活动，它要求用清晰、响亮的声音，结合各种语言手段来完善地表达作品思想感情的一种语言艺术。

和朗读相比，朗诵要求语调更加生动，感情更加强烈，通过生动形象的语言，同时辅之以恰当的态势语言，将文字化为视觉形象，充分演绎作品中的感情，从而感染听众。

朗诵是口语交际的一种重要形式。朗诵不仅可以提高阅读能力，增强艺术鉴赏，更为重要的是，通过朗诵，大者可以陶冶性情，开阔胸怀，文明言行，增强理解；小者，可以有效地培养对语言词汇细致入微的体味能力，以及确立口语表述最佳形式的自我鉴别能力。因此，要想成为口语表述与交际的高手，就不能漠视朗诵。

自主拓展

1．掌握下列生僻字的读音：

拗 ào，niù	焙 bèi	庇 bì	殡 bìn	摈 bìn	惩 chéng	侈 chǐ	储 chǔ
串 chuàn	窜 cuàn	蹿 cuān	挫 cuò	舵 duò	诲 huì	窥 kuī	赁 lìn
抡 lūn	蔫 niān	辜 gū	揪 jiū	鳌 áo	痹 bì	鳖 biē	瞥 piē
憋 biē	篡 cuàn	纂 zuǎn	攥 zuàn	濒 bīn	钵 bō	埠 bù	蹭 cèng
搀 chān	掺 chān	抻 chēn	炽 chì	踹 chuài	皴 cūn	嫡 dí	滇 diān
梵 fàn	甫 fǔ	摒 bìng	鬓 bìn	髻 jì	歼 jiān	淬 cuì	秸 jiē
撅 juē	厥 jué	穴 xué	撂 liào	捋 lǚ	绺 liǔ	摞 luò	攮 nǎng
锹 qiāo	罄 qìng	祛 qū	缫 sāo	舐 shì	噬 shì	螫 shì	吮 shǔn
嗣 sì	佟 tóng	剜 wān	铣 xǐ	霰 xiàn	癣 xuǎn	轧 yà，zhá	掖 yē
禹 yǔ	咂 zā	憎 zēng	蘸 zhàn	褶 zhě	臻 zhēn	盅 zhōng	拙 zhuō
卓 zhuó							

2．练习 60 篇朗读作品，要求熟练、流畅。

3．练习 30 个命题说话题目，要求说满 4 分钟。

第二章 交　谈

学习目标

知识目标：
- 了解交谈的含义特点；
- 掌握交谈的基本要求；
- 熟悉交谈的常见模式。

能力目标：
- 掌握交谈的基本要领；
- 能选择合适的话题与别人成功展开交谈；
- 较熟练掌握话题的控制技巧；
- 掌握运用交谈的表达技巧。

案例导入

有年轻人想要出家，长老问年轻人为什么要出家。

年轻人 A：我爸叫我来的。

长老：这样重要的事情你自己都没有主见，你走吧。

年轻人 B：是我自己喜欢来的。

长老：这样重要的事情你都不和家人商量，你走吧。

年轻人 C：（不做声。）

长老：这样重要的事情想都不想就来了，你走吧。

年轻人 D：我受到法师的感召，我很喜欢来，我爸也很支持我来！

在四个年轻人与法师的交谈中，出家是双方共同的交谈话题。四个年轻人对话题的处理方式不同，效果也不同。

知识讲解

一、交谈的含义和特点

交谈是社交活动的重要手段，是两个或两个以上的人为实现多种不同目的而进行的口语双向表述活动。成功的交谈是双向式的交流，单向式的谈话易给对方造成居高临下的压抑感。

根据谈话者在交谈活动中相对地位的不同，我们大致可以把交谈参与者分为主动方和被动方。主动方往往是交谈活动的中心，说话的分量与多少、话题的选择与改变等都由主动方左右，而被动方则较多地附和主动方。

一次成功的交谈要靠主动方与被动方的共同积极参与才能实现，这是交谈的双向性的体现。此外，人们可以在不同场合采用不同方式通过有意无意的交谈实现不同的目的，且交谈的内容和过程随机性都很大，还可能会受到人的心情、肢体语言、周围环境等因素的影响。因而，交谈又具有相当的灵活性和目的性。

二、交谈的分类与要求

根据交谈内容和目的的不同，交谈可分为两类：一种灵活性较强，交谈的内容、形式等都非常灵活，交谈者任意而为；另一种目的性较强，这主要表现在交谈的内容方面。无论何种交谈，交谈者在交谈过程中都必须遵循以下几点要求。

（一）自然大方，诚恳得体

交谈双方的态度是决定交谈能否成功的关键因素之一，诚恳得体的态度能帮助交谈者建立信任，创造良好的交谈氛围。诚恳得体的态度主要表现在人的表情、语言动作以及其他体态语的协调与配合中。举手投足之间、语气语调之中都得讲究得体，甚至在与对方发生冲突的情况下也要保持基本的礼貌态度。坦诚待人，不用有色眼镜看人。例如：

拿破仑是一个非常厌恶虚伪奉承的人，在一次聚会中，来宾大多是一些谄媚逢迎的人，见到拿破仑一开口就是恭维话："将军真是武功非凡！""您对国家贡献十分伟大，没有您，我们如何能享受如此丰盛的晚宴呢？"这些话让拿破仑十分不舒服。这时，正好有位客人走过来敬酒，并说："将军您最讨厌逢迎巴结的话，今天这个聚会一定使您很难受吧！"拿破仑十分惊讶，顿了一会儿便对这位客人微笑，然后无奈地摇摇头。

又如：

一个研讨会开始时总体气氛还是比较融洽的，但这一切都被一名专家给搅乱了。这位专家在探讨到自己涉及的领域时显得十分激动，滔滔不绝，其他与会者发表意见时常遭到他的打断，整个会场只有他一人口若悬河地发表意见，引起了大家的不满，研讨会在很尴尬的气氛中草草结束。

（二）准备充分，讲究策略

交谈都有一定的目的性，要想实现交谈的目的就要在交谈前做好充分的准备，交谈时还要注意采用一定的策略。要准备的内容包括对交谈对方的相关情况，如年龄、职业、性格、爱好、经历等；交谈的场合，如时间、地点、场所、环境等。在对相关情况进行了解后还要不失时机地选择合适的交谈方式和交谈策略。在不同的场合与不同的人交谈，内容与方式、策略都要有所不同，力图营造一种愉悦的交谈氛围。例如：

1980 年 8 月奥林埃娜法拉奇成功采访邓小平同志，可谓典范。为了采访的成功，她住进饭店后，既不上街，也不打电话，也不找意大利驻华使馆的人汇报情况，而是阅读大量的文字材料，一心准备采访提纲。采访是这样开始的：

法拉奇："明天是您的生日？"

邓小平："我的生日？我的生日是明天吗？"

法拉奇："不错，邓小平先生，我从您的传记中知道的。"

邓小平："既然你这样说，就算是吧！我从不记得什么时候是我的生日。就算明天是我的生日，你也不应该祝贺我啊！我已经七十六岁了，七十六岁是衰退的年龄啦。"

法拉奇马上说："邓小平先生，我父亲也是七十六岁了，如果我对他说那是一个衰退的年龄，他会给我一巴掌呢！"

邓小平笑着说："他做得对。你不会这样对你父亲说的，是吗？"

接着采访便在十分轻松的气氛中展开了。

显然，法拉奇事先做了精心准备，以采访日期紧挨邓小平生日，再联想到邓小平与她爸爸是同龄人，巧妙地构思了这个轻松、友好、富有人情味的开场白，既调节了现场气氛，又缩短了双方的距离。又如：

卧谈会开始了。舍友因第一次把男朋友介绍给各位姐妹，想征求各位的意见。小王说：太瘦了，像个豆芽菜。小马说：不瘦不瘦，还可以。小蒋说：瘦是瘦了点，但很精神，很有气质。小胡说：蛮帅的。

显然，小蒋的话最中听。

（三）用心倾听，准确回应

交谈活动双方在交谈时不仅要会说，还要善听。善听首先要求用心倾听，要善于观察对方，这也是良好交谈态度的体现。其次要求能听懂对方语言的含义，善于从别人的话里找出他没有能明白表达出来的意思，避免产生误解。也可用一两个字暗示对方，你不但完全理解他的话，甚至和他趣味相投。再次还要能较准确地品评对方语言的正误、高下、雅俗等。此外，倾听是否用心还体现在人的体态语上。善于倾听，是谈话成功的一个要诀。在倾听对方谈话时，应与说话人交流目光，适当地点头或做一些手势动作，表示自己在注意倾听。听者应轻松自如，除非对方在讲一件骇人听闻的消息，不时表示“哦”、“嗯”等则可以引起对方继续谈话的兴趣。还可通过一些简短的插语和提问，暗示对方你确实对他的话感兴趣。当然，如果你对对方的话不感兴趣，且十分厌烦，那你就应设法转变话题，或启发对方，以引出你感兴趣的话题。交谈中，我们常常不自觉地犯这样那样的错误，碍于礼貌，一般交谈的对象不会公开地提醒我们，这只有靠我们自己留心自己的讲话，注意对方的反应，这样才能发现自己不适当的话题和词句并及时做相应调整。用心倾听是准确回应的前提，回应要能正确地、有针对性地围绕对方话题。例如：

一位学生上课时双手抱胸，教授从上课开始就一直看着他，下课后，教授又走到他面前对他说：“这位同学，你是否对我的课有质疑？”学生很惊讶地问：“没有啊，教授您为什么会这么问？”教授答道：“因为你的姿势代表拒绝。”

显然，学生不礼貌的举止给教授造成了不专心听讲的感觉。

三、交谈的技巧

不管什么形式的交谈都是围绕一定的话题展开的，话题往往反映交谈的动机，限制了交谈的内容和范围。交谈的技巧往往就体现在谈话者在交谈过程中对话题的处理方式上。这里主要从交谈的主动方角度谈交谈中话题的处理技巧。

（一）话题选择技巧

严格意义上说，话题的选择不一定发生在交谈活动中，但毫无疑问，话题的选择与交谈的成功与否直接关联，因此，在这里我们也把话题选择技巧作为交谈技巧的一部分。一般情况下，交谈的话题是无所不包的，但一个合适的话题必须与交谈的场合、对象、目的等相适，最重要的是话题要让人爱听且易应对，不要令对方难以应对，如超乎对方知识水平的学问、技术问题等；也不应询问对方难以启齿的隐私，以及大家都忌讳的问题等。这就要求用一定的技巧来选择合适的话题。合适的话题不外乎以下几类。

1. 共同感兴趣的话题

这是最能调动交谈双方积极性的话题。正如俗语所说“酒逢知己千杯少，话不投机半句多”。人们普遍关注的新生事物、共同的兴趣爱好等都属于这类话题。要注意的是老生常谈的内容（如天气）虽然大家都很熟悉，但不易引起谈话者的兴趣，如果你用“今天天气很好”来开始谈话，对方除了“确实不错”似乎没有什么话可以回应。但是如果在“天气”的寒暄中加入自己的意见，如“这种天很适合郊游，你觉得呢？去哪里好呢？”这样，话题就容易继续了。例如：

优秀服务员李淑贞的接待语言是因地因人的范例。知识分子进店时，她说：“同志，您要用餐，请这边坐，来个拌鸡丝或溜里脊，清淡利口，好不好？”工人同志进店时，她说：“师傅，今儿过来，想吃过油肉，还是丸子？”乡下老大娘进店，她说：“大娘，您进城来了，趁身子骨还硬朗，隔一段时间就来转转，改善改善生活，您想尝点啥？”

又如：

小张和小李是朋友，平时爱开玩笑，几天没见，一见面一个说：“你还没‘死’啊？”另一个说：“我等着给你送花圈呢！”两个人哈哈一笑了之。后来，小张生了重病，小李去看他，一见面想逗他，又说：“你还没死啊？”这一次，小张变了脸，不客气地把小李赶走了。

2. 对方关心的话题

这是比较能引起对方兴趣的话题。这类话题的提出基于对对方的了解，了解可以事先准备，也可以从对方的言谈中分析得出。需要注意的是，如果自己对该话题不熟悉或不感兴趣，则可能陷于被动接受。例如：

见到罗斯福的人，没有一位不对他广博的见闻佩服得五体投地。一位拜访过他的人曾说过：“不论来访的是牛仔、勇敢的骑兵队员，还是政治家、外交官，罗斯福都能找到适合对方身份的话题，让彼此的交谈十分愉快。”

为什么罗斯福能和每一位初次见面的人相谈甚欢？原因很简单，每当有人来访时，罗斯福就会于前一天晚上查阅有关当事人的资料，所以会谈时双方都有共同的话题。

3. 自己熟悉对方也有兴趣的话题

许多人从事专门职业，在交谈时因而喜欢用与自己专业领域有关的话题。这种话题对他们自己而言可能只是家常便饭，十分易懂，但交谈对象却有可能一无所知。这一现象要尽可能避免，双方都熟悉、有兴趣的话题是最好的选择。例如：

卡耐基有一次租用某家饭店的大礼堂来讲课。有一天，他突然接到通知，租金要增加三倍。卡耐基去与经理交涉。他说：“我接到通知，有点震惊，不过这不怪你。如果我是你，我也会那样做。因为你是饭店的经理，你的职责是尽可能使饭店获利。”紧接着，卡耐基为他算了一笔账：“将礼堂用于办宴会、晚会，当然会获大利。但你撵走了我，也等于撵走了成千上万有文化的中层管理人员，而他们光顾贵饭店，是你花五千美元也买不到的活广告。那么哪样更有利呢？”经理一听，马上取消了增加租金的要求。

又如：

面包商图维一直试着将面包卖到纽约某家饭店，可连续 **4** 年都失败了，最后图维决定改变策略。他打听到经理是“美国招待者协会”的主席时，就和他谈论他的“招待者协会”，这一下打开了经理的话匣子，反应异乎寻常。经理在图维离开办公室之前，“卖”给了他一张协会的会员证。图维只字未提面包销售之事。几天后，饭店的人主动打电话要他送面包样品和价格单。

当然，以上几种技巧都是建立在对交谈对象了解的基础上，事实上，生活中我们也经常会遇到要和陌生人打交道的情况。在对对方一无所知的情况下，主动跟别人打招呼或作自我介绍也不失为一种方法。当然，招呼和介绍的目的还是为了获取对方的信息，而这需要谈话者的敏锐反应。另外，一些不适宜交谈的话题要注意避免。如：①有关谈话者自己的话题。有的人谈来谈去总是围绕着自己的生活，开始人们也许还有兴趣听，时间久了人们便失去了兴趣甚至躲着这样的谈话者了。②有关禁忌的话题。如夫妻关系、家庭成员之间的矛盾、不愿谈及的疾病等。如有的人不愿意别人打听自己的经济来源或经济状况等。所以这些话题最好不要触及，除非对方主动提及。③可以简单回答的问题，这类话题往往使交谈不易继续。查户口式的一问一答只能窒息友善的空气。提问的人应对发问进行方式设计。比如，来了一位东北客人，你若这样问："你是东北人吧？""你刚到北京吧？""东北比北京冷吧？"等，对方恐怕只好一次又一次地重复"是"。这不能怪客人不健谈，而是这种笨拙的提问至多只能回答到这个程度。如果你换一个问法："这次到北京有什么新的感触？""东北现在建设得怎么样？有什么新闻？"这样的话，对方不但可以介绍一些你所不了的新鲜事，还会使客人能充分叙述自己的感受而使气氛自然融洽。

（二）话题提出技巧

提问是引导话题、展开交谈的一个好方法。提问有三种功能：一是通过发问来了解自己不熟悉的情况；二是将对方的思路引导到某个要点上；三是打破冷场，避免僵局。不管处于什么交谈的目的，话题的提出都要根据具体的交谈场合、对象、目的等进行。常见的话题提出技巧有：

1. 开门见山

这是日常生活中应用最广泛的一种提问方法，即谈话者直截了当地提出话题，不掩饰自己的观点，不回避面对的问题。这种方法较适用于交谈双方相互信任，有交谈意愿的情况。例如：

列宁同志于1918年8月23日在阿列克谢也夫民众文化馆群众大会上的讲话是这样开头的："今天我们党召开群众大会，主要来谈谈这个题目：我们布尔什维克人为什么而奋斗。对于这问题，可以作一个简单的回答，为了停止帝国主义战争，为了社会主义。"

又如：

2003年3月6日下午3时，第十届全国人大一次会议在人民大会堂三楼中央大厅举行记者招待会，外交部部长唐家璇就国际形势和中国的外交政策回答中外记者提问。会议主持人姜恩柱首先介绍说："女士们，先生们，下午好。我们非常高兴地邀请外交部长唐家璇先生同大家见面，并回答大家的提问。现在先请唐外长讲几句话。" 唐家璇说："女士们，先生们，朋友们，非常欢迎大家参加今天的记者招待会。现在就请大家提问。"

2. 迂回曲折

当对方对话题比较敏感或有所忌讳时，不宜直接提出话题，可采用从熟悉的相关或相近话题启发诱导对方提出话题，或者投其所好，从对方感兴趣的话题开始，营造良好的交谈氛围，然后引出正题。如果你提的问题对方一时回答不上来或不愿回答，不宜生硬地追问或跳跃式地乱问，要善于调换话题。如果对方仅仅是因为羞怯而不爱谈话，你就应先问点无关的事，比如问问他工作的情况或学习的情况，等紧张的空气缓和了，再把话题纳入正轨。在对话题不能完全把握或对对方意图不十分明了的情况下，暂时回避话题也不失为一种好方法。例如：

中央电视台主持人赵忠祥有一次到精神病医院采访一位患者，节目编导原定的一个提问是："你什么时候得的精神病啊？"赵忠祥觉得这问话太刺激患者，便改问："您在医院住了多久了？"

又如：

汉武帝晚年时迷信长生不老术。一天，他对侍臣说："相书上说，一个人鼻子下面的人中越长，命就越长，人中长一寸能活百岁。不知是真是假？”东方朔听了后，心理揣摩劝谏之辞。汉武帝见他面有不悦之色，喝道：“你敢笑我？”东方朔答道：“我怎敢笑皇上呢？我是在笑彭祖的脸太难看了。”汉武帝问：“为什么笑他？”答曰：“据说彭祖活了 800 岁，如果真像皇上说的，人中该有 8 寸长，那脸岂不是有丈把长？”汉武帝听了哈哈大笑。

东方朔用迂回曲折的策略巧妙地对汉武帝进行了谏言。

3. 激将法

当对方不愿就某一话题进行交谈或就某话题犹豫不决时，有意识地用刺激性的语言激发对方自尊心，以调动其潜在积极性，激起其交流的冲动，但这种方法的使用要因人而异，适可而止。一般说来，激将法适用于社会经验不太丰富、易感情用事的人，不太适用于做事非常理智或谨小慎微的人。另外，“激将”不能“激僵”，要注意分寸，防止过度或不及。例如：

一位老总到香港开会，来到一家珠宝店，对一只钻戒很感兴趣，准备买回去送人，但嫌价格太贵，有些犹豫不决。接待小姐见此情景，笑着对他说：“您真有眼光，昨天有位欧洲的王子也是一眼就看中了这只戒指，后来因为贵没买。”这位老总听后，马上掏出信用卡买下这枚钻戒，而且还得意非凡。

又如：

一次，小明考了全班第四名，妈妈很高兴，夸奖他说：“真不错，竟然考了全班第四名，期末考试能不能保住第四名呢！”小明骄傲地说：“当然能，我还能考第一呢！”妈妈微微一笑：“是吗？妈妈只要你能保住全班第四名就行了。”看到妈妈很不相信，小明的好胜心骤然增长了起来，说：“妈妈，我一定能考第一名，你等着看吧。”就这样，小明学习自觉多了，期末考试果然考了全班第一名。

接待小姐和小明妈妈都成功地运用了激将法。

（三）话题展开技巧

话题的展开意味着交谈的深入，既需要双方的谈兴，也需要一定的技巧。

1. 保持谈兴

一般认为，保持谈兴最有效的方法就是找出共同话题，谈论彼此都有兴趣的事情。交谈时，由于时间、环境或内容、方法的原因引不起对方的兴趣，会导致冷场。冷场的避免不仅要求有适宜的时间、场所，交谈者说的内容对方感兴趣，能够倾听对方也很重要，而且某种程度上学会倾听比自己会说更重要。倾听意味着坦诚、理解、宽容，在交谈中则具体表现为全神贯注和积极回应，因为谁都不愿意和一段木头打交道。全神贯注主要通过目光的接触、合宜的体态来表现，而适时的赞美或中肯的评价则可看做是对对方的积极回应。例如：

王先生在同事中绘声绘色讲着一个笑话，大家都为精彩的情节高兴得大声笑着，而小李却不以为然地说：“这个笑话确实有趣，但我早就在某杂志上见过。”

大家的笑声是对王先生的鼓励，能调动王先生继续讲下去的积极性。小李的做法虽然可以让同事们知道他比他们都高明，但却夺去了王先生为赢得大家的笑声而得到的满足，也扫了大家的兴。

2. 逐步深入

话题的展开意味着对话题的深入，深入话题的主要方式包括商讨、补正、充实、设疑等。例如：

47 岁的梅杰成为 20 世纪最年轻的首相时，有人对此颇为疑惑，曾当面对他讲："先生，你太年轻了，还不够老练。"梅杰却说："如果一个人成熟了，也应衰老了。我认为社会应该支持我在未老之前成就大业。"

梅杰就"老练"一词与质疑者展开了深入探讨。心理学研究表明，人都有排他心理，都不喜欢别人说话用强迫、命令的口吻。为了赢得对方的好感，说服他人时应尽量用商量语气。商讨意味着交谈双方就话题展开商量讨论，在此基础上做相应的补正和充实，能够使交谈的内容正确而丰富，而设疑则能使交谈进一步深入。这些方法都能调动交谈双方的积极性。例如：

新转入某班的李同学，作业马虎潦草。老师把他叫到办公室，拿出一本字迹工整的作业递给他说："你觉得写得怎么样？"李同学看了一眼，没说什么。老师又拿出一本字迹潦草、错误较多的作业给他看，并说："你看这本怎样？"李同学看了说："跟我的差不多。"老师又说："你再看两本的名字。"李同学发现竟然都是张同学的，大生疑惑。老师趁势说："差的是去年的，好的是现在的，你现在跟差的较接近，努力一下将来定能赶上甚至超过张同学现在的水平。"

显然这位老师采取的交谈策略比直接批评更易令人接受。

3. 合理控制

对话题的合理控制有助于话题的充分展开。话题的展开意味着交谈过程中常常会出现偏题的现象，为了达到交谈的目的，通过直接或间接的手段予以谈话者适当的提示，但如果话题已进入到比较尴尬的境地，大家已无谈兴或不宜继续交谈时则需及时转换话题。

话题的提示因人而异，因情而异，应选择合适时机有礼貌地提出，可以直接提出，也可以通过点拨引导来提示，还可以把话题改头换面地提出来，使交谈取得预期的交际效果。

直接提出是常见的转换话题的方式，直接转换话题往往建立在对已交谈的情况进行总结的基础之上。此外，话题的转换可以通过对原话题的引申、过渡来实现。例如：

一位美国客人参观完毛泽东故居后，在附近一家个体饭店吃饭。老板娘的一手正宗湘菜让他非常满意。付款后这位客人突然发问："如果毛泽东主席还在，会允许你开店吗？"老板娘略加思索后，答道："如果没有毛主席，我早就饿死了，哪里还能开店？"

又如：

古月成功扮演毛泽东后，一位外国记者采访他时问："'文革'给中国带来了重大损失，这会不会影响他的形象？"古月沉思后反问记者道："你觉得维纳斯美吗？"记者回答说："很美。""维纳斯的胳膊都断了，难道还算得上美吗？"古月接问道。记者说："虽然断了胳膊，但这并不影响维纳斯的整体美。"古月抓住时机，说道："你的答案已经回答了你的提问。"而球王贝利创造进球 1000 的纪录时，有人问他："您最漂亮的进球是哪一个？"贝利的回答意味深长："下一个。"

这几则故事中的主人公都对别人的提问话题做了巧妙转移。

（四）话题结束技巧

天下没有不散的宴席，交谈的话题终会结束，即便是非正式场合下的闲聊，出于礼貌，话题的结束工作也不容忽视。常见的话题结束技巧有以下几点。

1. 总结提炼

将交谈的内容归纳出重点，这种方式条理清晰，中心突出。例如，座谈会上，与会者各抒己见后，主持人发言："今天，围绕这一主题大家都谈了自己的看法，有的还很有见地，希望大家能够就这个问题达成某种共识，把这方面的工作做好。"

2. 强调关照

将双方就某一问题达成的共识或共同关心的问题提出来，给予特别关照以加深印象。例如："小张，我要讲的都讲了，全是心里话。有关小王的事你千万不要告诉别人，不然会闹出大乱子。"

3. 征询客套

用征询意见或客套的方式来终结话题。征询可以表现出谦逊，还可以给对方补正的机会，能使交谈更为圆满，客套则是适用范围很广的又一交谈结束语。例如："你看，还有什么问题没有谈？"或"与君一席话，胜读十年书。"

（五）话题应答技巧

从交谈的被动方角度看，交谈的技巧主要体现在回答问题的技巧上。回答问题的技巧主要表现在间接回答方面。常见的间接回答技巧包括以下几点。

1. 答非所问，无效回答

这是一种回避技巧，适用于基于某些原因不能不回答，又不便直接回答对方提出的问题的情况。表面上好像做了回答，实际上并无实质性回答。例如：招生现场上，一考生问某高校招生负责人道："我的名字登在招生名册上是不是就被录取了？"那位工作人员回答道："我的名册上是登记了不少考生名字，你的也在上面，能不能录取，去看我校录取新生名单吧！"

2. 以退为进，避重就轻

就某些不太好直接回答的提问，可以先承认问者的话，然后予以适当反击；或者避重就轻，从比较容易突破的方面作答。例如："你长得这么漂亮，怎么还没找到对象呀？""是的，因为我挑得比你仔细。"

3. 诱导否定，以虚击实

当对方提出不合理的要求时，先让对方明白这点很重要。例如：美国总统罗斯福就任总统前在海军任职，一次他朋友问他关于工作的计划，而罗斯福的工作计划都是带有保密性的，罗斯福在回答前问："你能保密吗？"对方："能。"罗斯福说："我也能。"

平台链接

交谈礼仪

1. 与人交谈时，首先应保持衣装整洁。
2. 交谈时，用柔和的目光注视对方，面带微笑，并通过轻轻点头表示理解客人谈话的主题或内容。

3. 站立或落座时，应保持正确站姿与坐姿。切忌双手叉腰、插入口袋、交叉胸前或摆弄其他物品。

4. 他人讲话时，不可整理衣装、拨弄头发、摸脸、挖耳朵、抠鼻孔、搔痒、敲桌子等，要做到修饰避人。

5. 严禁大声说话，手舞足蹈。

6. 在客人讲话时，不得经常看表。

7. 多人交谈时，要使用大家均听得懂的语言。

8. 不得模仿他人的语言、语调或手势及表情。

9. 讲话时，"请"、"您"、"谢谢"、"对不起"、"不用客气"等礼貌语言要经常使用，不使用粗言秽语或蔑视性、污辱性的语言。不开过分的玩笑。

10. 不得以任何借口顶撞、讽刺、挖苦、嘲弄客人，不得与客人争辩，更不允许举止鲁莽和语言粗俗。不管客人态度如何都必须以礼相待，不管客人情绪多么激动都必须保持冷静。

11. 称呼客人时，要多称呼客人的姓氏，用"某先生"或"某小姐或女士"，不知姓氏时，要用"这位先生"或"这位小姐或女士"。

12. 几人在场，在与对话者谈话涉及在场的其他人时，不能用"他"指他人，应称呼其名或"某先生"或"某小姐或女士"。

13. 无论何时从客人手中接过的任何物品，都要说"谢谢"；对客人造成的任何不便都要说"对不起"；将证件等递还给客人时应予以致谢，不能将证件一声不吭地扔给客人或是扔在桌面上。

14. 客人讲"谢谢"时，要答"不用谢"或"不用客气"，不得毫无反应。

15. 任何时候招呼他人均不能用"喂"。

16. 对客人的问询不能回答"不知道"，确不清楚的事情，要先请客人稍候，再代客询问；或请客人直接与相关部门或人员联系。

17. 不得用手指或笔杆为客人指示方向。

18. 在服务或打电话时，如有其他客人，应用点头和眼神示意欢迎、请稍候，并尽快结束手头工作，不得无所表示而冷落客人。

19. 如确有急事或接电话而离开面对的客人时，必须讲"对不起，请稍候"，并尽快处理完毕。回头再次面对客人时，要说"对不起，让你久等了"，不得一言不发就开始服务。

20. 如果要与客人谈话，要先打招呼，如正逢客人在与别人谈话时，不可凑前旁听，如有急事需立即与客人说时，应趋前说"对不起，打扰一下可以吗？我有急事要与这位小姐商量"。如客人点头答应，应表示感谢。

转引自：http://www.028beauty.cn/article-1801.html

自主拓展

1. 你有一个崇拜的偶像，你对他（她）的情况了如指掌，他（她）却对你一无所知。现在，你有一个机会跟他（她）单独交谈，你打算跟他（她）怎么开始交谈？打算谈些什么？你和他（她）的交谈能给他（她）留下深刻印象吗？

2. 到公共场所找一个陌生人，尝试与他（她）展开成功的交谈。

3. 下面所举的是一些不好的听话习惯，应设法加以改正：① 一边听一边想或演习该自己讲话时怎么说；② 一边听一边想谈话者多么糟糕，换一个人（或者自己）来谈就会好得多；③ 一边听一边想一些无关的琐事；④ 为了一有停顿就抢过话头拼命注意谈话者说的每一个词；⑤ 拼命写下谈话者所说的每一句话。

为了提高自己的"听力"，可以利用电视机来练习。选择一个谈话节目，坐下来注意地听，不要记笔记。一发现自己走神，就赶快回到节目上来。不断地练习直到您能坚持认真听完一个半小时长的节目为止。

第三章

介绍与解说

学习目标

知识目标： 了解介绍与解说的适用范围；

掌握人物、旅游景点等的介绍解说常识；

熟悉解说词的相关内容。

能力目标： 能针对不同对象熟练运用介绍与解说技巧；

较熟练掌握旅游景点的介绍解说技巧；

掌握人物介绍、展品解说的要点与技巧。

第一节　介绍与解说

案例导入

1860年，林肯作为美国共和党候选人参加总统竞选，他的对手是民主党人大富翁道格拉斯。道格拉斯租用了一辆豪华富丽的竞选列车，车后安放一尊大炮，每到一站，就鸣炮30响，加上乐队演奏，其声势之大，史无前例。道格拉斯洋洋自得地说："我要让林肯这个乡巴佬闻闻我的贵族气息。"

面对此情此景，林肯毫不畏惧，他照样买票乘车，每到一站，就登上朋友们为他准备的耕田用的马拉车，发表竞选演说。他说："有人写信问我有多少财产。我说我有一个妻子和三个儿子，都是无价之宝。此外，还租有一间办公室，室内有办公桌一张，椅子三把，墙角还有一个大书架，架上的书值得每人一读。我本人既穷又瘦，脸还很长，不会发福。我实在没什么可依靠的，唯一可依靠的就是你们。"

林肯以其朴实的作风，真实幽默的自我介绍为其倡导的政治主张加分，最终在大选中获胜，成为美国第16任总统。掌握介绍的相关技巧对我们的日常生活同样会有帮助。

知识讲解

一、介绍

介绍的本意是指通过某种媒介使双方相识或发生联系，也指引进带入新的人或事物，使相关人物了解、熟悉。介绍于生活之中无处不在，有人物介绍、事情介绍、物品介绍、景点介绍等。不论是介绍人物、景物、器物，还是事件、场景，都要符合生活的真实，令受众信服。抓住特征，突出重点，事物就会被描绘得活灵活现，生动形象，使受众如见其人、如睹其物、如临其境。例如：介绍事情时，要把握叙事的线索，事情发生的时间、地点、人物、原因和结果，要求层次分明、顺序清晰、详略得当，一般不必加入个人的评议，只是进行比较客观的讲述，同时要注意给大家留下思索的余地；介绍景点或环境时，对每一处所的名称、用途、规模、历史、特点要掌握熟悉，介绍时要讲得方位明确、层次分明、重点突出。根据交际的需要，介绍可长可短，可详可略。介绍可以口头语言为媒介，也可以书面语言为媒介。根据教材编写的要旨，这里重点介绍以口头语言为媒介的人际交往中的人物介绍。

在社会现实生活中，人物介绍是人们在社交交际活动中互相了解的基本方式，是人们互相认识、建立联系不可缺少的手段。在日常生活中，人与人之间需要进行必要的沟通，以寻求理解、帮助或支持，因而少不了介绍或被介绍。大方、得体、恰当的介绍不仅可以使不相识的人们彼此认识，还可以显示介绍者良好的交际风度。常见的人物介绍方式有自我介绍、他人介绍。

（一）自我介绍

在社交场合中，由于人际沟通的需要，不认识的人们初次见面时常要作自我介绍。自我介绍是向别人展示个体的一个重要手段，是自我推销的一种形式，自我介绍的好坏，甚至直接关系到个体给别人的第一印象的好坏及以后交往的顺利与否。自我介绍要根据自己的特点，考虑到场合和对象，有选择、有主次地加以介绍。

1. 介绍的程序和原则

自我介绍的基本程序是先向对方点头致意，得到回应后再向对方介绍自己的姓名、身份和单位，也可同时递上事先准备好的名片、介绍信、工作证等作为辅助介绍，以增强对方对自己的了解和信任。自我介绍总的原则是简明扼要，一般以半分钟为宜，情况特殊也不宜超过三分钟。具体实践中，应根据不同的交往对象确定内容的繁简程度。该说的事情、成绩要说清，但用语要留有余地。一般不用“很”、“极”、“特别”、“第一”等表示极端的词自我赞美，以免引起对方的反感。自我介绍要以自己诚实和坦率的态度获取对方相同的感情回报，使对方愿意结识你，从而实现自我介绍的目的。

2. 介绍的内容和风格

自我介绍时所讲的内容要适合具体的生活情境，总体要求是条理清晰，简洁明快，重点突出。根据介绍目的的不同，自我介绍的内容、风格特点也略有不同，可分为应酬式、工作式、社交式、礼节式、问答式等类型。

在某些公共场合和一般性的社交场合下，自我介绍多出于应酬的目的，往往只介绍姓名一项即可，如“你好，我叫××”，“你好，我是××”，最为简洁。

而在工作场合的工作式介绍一般包括本人姓名、供职单位及所在部门、所任职务或从事的具体工作等。如“你好，我叫××，是××公司的销售经理”，“我叫××，在××学校读书”。

在社交活动中，出于与交往对象进一步交流与沟通的目的，或者在对方表现出有认识自己的愿望的情况下，可在说出本人姓名、供职单位、职务的基础上，再简略地介绍一下自己的籍贯、学历、兴趣、专长及与某人的关系等。如“你好，我叫××，在××工作。我是××的同学，都是××人”。

在讲座、报告、演出、庆典、仪式等一些正规而隆重场合的礼节性自我介绍通常在介绍姓名、单位、职务等的同时还要加入适当的谦辞、敬辞。如“各位来宾，大家好！我叫××，是××学校的学生。我代表学校全体学生欢迎大家光临我校，希望大家……”

在应试、应聘和公务交往中的问答式自我介绍，通常是有问必答，问什么就答什么。

3. 介绍的时机和方式

自我介绍要选择恰当的时机。最好选择在对方有兴趣、有空闲、情绪好、干扰少、有要求之时。如果对方兴趣不高、工作很忙、干扰较大、心情不好、没有要求、休息用餐或正忙于其他交际之时，则不太适合进行自我介绍。自我介绍的具体方式也因不同的场合而异，可分为主动式和被动式两种。

在交际场合，如果想结识某人，可采取主动的自我介绍方式，如“您好！我叫×××，见到您很高兴”，以引起对方的回应。如果应邀参加一个宴会，因为迟到，宴会已经开始，而主人又没能把你介绍给来宾，在这种情况下，应该走到宾客面前主动作自我介绍："大家好！各位，很抱歉来迟了。我叫某某，在公司做公关工作。"这样一番介绍，可免除别人想要和你谈话，但却不知是谁的尴尬局面。

被动式的自我介绍通常先婉转地询问对方："先生您好！请问我该怎样称呼您呢？"待对方做完自我介绍再顺势介绍自己。这种方式通常适用于对方不善言辞或羞于开口但却有明显交际欲望的对象。这一细节需要在具体的社交活动中仔细地观察和把握。在很多的集体活动中，活动的组织者要关注这类对象，通过被动式自我介绍可以尽量调动他们的参与积极性，从而使活动更成功。

4. 介绍的态势语言

在把握了合理的程序原则的基础上，选择适宜的介绍方式和介绍内容的同时，自我介绍时通常要起立，充满自信，微笑目视对方，态度要不卑不亢，语速和声高要适中。当然，如果客观条件造成起立不便，也可不起立。

（二）他人介绍

在社交场合，如想结识某人，除自我介绍外，还可通过他人介绍这一途径。他人介绍是第三者为彼此不相识的双方引见的介绍方式。在一般情况下，他人介绍都是双向的，即第三者对被介绍的双方都作一番介绍。有些情况下，也可只将被介绍者中的一方介绍给另一方。但前提是前者已知道、了解后者的身份，而后者不了解前者。善于为他人作介绍，可以在朋友中享有较高的威信和影响力。

他人介绍在不同场合由不同人承担。通常，社交活动中的东道主，家庭聚会中的主人，公务交往中的礼仪专职人员，正式活动中地位、身份较高者或与被介绍人双方都相识的人都是各种社交场合中适宜的介绍人。

为他人作介绍，首先要了解双方是否有结识的愿望，最好先征求一下双方的意见，以免为原来就相识者或关系不好者作介绍。介绍时，根据实际需要的不同，介绍内容也有所不同。一般只介绍双方的姓名、单位、职务。有时为了推荐一方给另一方，介绍时可以说明被推荐方与自己的关系，或强调其才能、成果，便于新结识的人相互了解与信任。介绍具体的人时，要用敬辞。如"张小姐，请允许我向您介绍一下，这位是金小姐。"同时，应该礼貌地用手示意，而不要用手指去指点。作为被介绍者，应表现出结识对方的热情，目视对方。除女士和年长者外，被介绍时一般应起立，但在宴会桌上和会谈桌上只需微笑点头有所表示即可。

1. 介绍的顺序

介绍人在介绍之前必须了解被介绍双方各自的身份、地位以及对方有无相识的愿望，或衡量一下有无为双方介绍的必要，再择机行事。介绍的先后顺序应坚持受到特别尊重的一方有了解对方的优先权的原则，应把男士介绍给女士，把晚辈介绍给长辈，把客人介绍给主人，把未婚者介绍给已婚者，把职位低者介绍给职位高者，把本公司职务低的人介绍给职务高的客户，把个人介绍给团体，将晚到者介绍给早到者。在口头表达时，先称呼长辈、职位高者、主人、女士、已婚者、先到场者，再将被介绍者介绍出来，尔后介绍先称呼的一方。这种介绍顺序的共同特点是"尊者居后"，以表示对"后来居上"的对方的尊敬之意。当两位客人正在交谈时，切勿立即给其介绍别的人。如果为身份低者或宾客，当尚未被介绍给对方时，应耐心等待；当将自己介绍给对方时，应根据对方的反应做出相应的应答。

2. 介绍的态势

作为介绍人在为他人作介绍时态度要热情友好，语言清晰明快。在介绍一方时，应微笑着用自己的视线把另一方的注意力吸引过来，手的正确姿势应掌心向上，胳膊略向外伸，指向被介绍者，不宜用手拍被介绍人的肩、胳膊和背等部位，更不能用食指或拇指指向被介绍的任何一方。被介绍时，除女士和年长者外，一般应起立并面向对方。但在宴会桌上、谈判桌上可不必起立，被介绍者只要微笑点头，相距较近可以握手，远者可举右手致意。如果对方主动伸手，被介绍者也应及时伸手相握，并适度寒暄。

3. 介绍的表达

介绍人在作介绍时要先向双方打招呼，使双方有思想准备。介绍人在介绍时语言宜简明扼要，并且使用敬辞。在较为正式的场合，可以说："尊敬的×××先生，请允许我向您介绍一下××。"或说："×××先生，这就是我和你常提起的××。"在介绍中要避免过分赞扬某个人，以免给人留下厚此薄彼的感觉。在介绍别人时，切忌把复姓当作单姓，常见的复姓有"欧阳"、"司马"、"司徒"、"上官"、"诸葛"、"西门"等。当介绍人为双方介绍后，被介绍人应向对方点头致意，或握手为礼，并以"您好"、"很高兴认识您"等友善的语句问候对方，表现出结识对方的诚意。介绍人在介绍后，不要随即离开，应给双方交谈提示话题，可有选择地介绍双方的共同点，如相似的经历、共同的爱好和相关的职业等，待双方进入话题后，再去招呼其他客人。

（三）商务介绍

商务介绍是指目的在于建立某种贸易性往来关系，以发展自身的业务的介绍。在这种介绍中，不分男女老少，只凭社会地位的高低作为衡量的标准，遵从社会地位高者有了解对方的优先权的原则，在任何场合都是将社会地位低者介绍给社会地位高者。如介绍时可说："王总经理，请允许我将我的秘书李小姐介绍给您。"然后才说："李小姐，这位是×公司的王总经理。"在商业界，当男士被介绍给比他地位低的女士时，无须起立，只有当两个人的社会地位相同时，才遵循先介绍女士的惯例。

商务介绍可以是自我介绍，也可以是他人介绍。自我介绍和他人介绍的要点和注意点同样适用于商业性介绍。

二、解说

（一）解说

解说是一种解释说明事物、事理的表述法，多指口头上的解释说明。解说常用言简意赅的文字，把事物的形状、性质、特征、成因、关系、功能等解释说清。它是说明文的主要表述方法。议论文和记叙文中也常用到。介绍与解说从表达的角度看有很多的相似之处，可解说的对象事物一般都可作介绍，因此教材中将两者集中起来进行说明和练习。

与介绍一样，解说的对象也可以是生活之中的方方面面。只是与介绍相比，解说一般是作为图文影像以及实物资料的辅助说明手段出现，解说的对象多为观众或听众不太熟悉甚至是陌生的事物，因而解说对象的特点、解说的目的和要求在很大程度上会影响到解说的方式、内容。

1. 解说的方法

解说的总的方法原则是抓住对象的特征和解说的主题用精练、准确、口语化的语言进行解说。具体到操作层面，解说和介绍一样都可以根据实际使用情况采用下定义、分类别、做比较、打比方、列数字、举例子等方法来进行，以反映展品的特征和展览的主题。在实际的解说现场中，还有一些方法细节值得重视。

在展览活动中，组织者使观众通过聆听解说、观看图文资料以及解说者的情感表达来获得相应的信息，明确展览的主题，从而达到主办者施教的目的。展览的图片、实物、文字说明是静止的，解说员的解说词则是动态的、稍纵即逝的，两者相辅相成，从不同的角度展示了展览主题。因此，解说员还要利用语音的方法技巧使静态的展览生动起来。

解说员应在字正腔圆的基础上正确运用音调的变换和语言的抑扬进行声情并茂的解说。坚定的声音可以使人奋发，柔和清脆的声音可以使人愉快，低缓忧郁的声音可以使人悲哀。在解说中，声、情的运用要根据展览内容和需要来进行配置和取舍。声音的高低、强弱，情绪的高亢与平和都要精心设置、合理运用，以取得最佳的解说效果。同时，为避免观众误听误解，在解说词汇的选择上要力避音同字不同的术语。

2. 解说的技巧

解说员在整个解说过程中要能够掌握主动，灵活应对讲解现场出现的各种情况，对解说现场实施有效控制。这就需要一些技巧。

（1）因人施讲，详略得当。不同的观众对解说的要求也不尽相同。如在展览开幕仪式上，来参展的领导干部多工作繁忙，如果日程安排紧迫，就要根据主要领导的注意力或意图决定解说的详略；对文化知识程度高、理解能力强的观众，可以只讲展览要点、精彩点、背景信息，多让他们自己看；而对知识文化程度和理解能力一般的观众，例如中小学生，则须详细解说，以帮助其了解相关知识。

（2）避免冷场，活跃氛围。冷场是展览解说不可避免也是十分忌讳的现象，因此解说员要调动多种手段以活跃现场氛围，尽量避免冷场。解决冷场问题的常见策略有：①变换解说词。套路式的讲解多是对展板文字的简单重复，常令观众觉得乏味、沉闷，尤其是讲解已然进行了一段时间之后。这时，如果解说员能将原来准备的内容弃置不用作即兴解说，或将内容揉进观众感兴趣的内容里，则可以有效地调动观众的情绪。②插科打诨。在庄重、严谨的讲解中可不时穿插取乐、逗笑的言辞、神态、动作，使观众情绪得以调整，从而吸引观众的注意力，活跃现场气氛。但这一技巧要视展览情况而定，不宜多用，以免影响展览主题。③精简内容。只拣要点、关键之处讲，客套、应景话不讲。

（3）随机应变，灵活主动。解说过程中有时会有外在因素给解说的效果造成影响，这时解说员要主动适应，变被动为主动。如遇外面噪音大，可提高声音，加大话筒音量。当然，解说员还要制定应付故意捣乱搅场以及其他突发紧急情况的预案，避免出现安全事故。

3. 解说的态势

解说员是观众对展览的第一印象。有亲和力的外在形象至少可以增加号召力，吸引观众的注意力，从而起到提高展览效果的作用。解说员的得体穿着与装扮可以给观众留下良好的印象。对于解说员来讲，服装的款式要与其年龄、体形吻合；色彩、款式要与展览的主题协调，喜庆色彩的展览要穿暖色调的衣服，庄重主题的展览要穿冷色调或中和色的衣服；妆容要以自然青春美为主，适当施以淡妆，少戴或不戴饰物。

除了服饰，解说员的仪态也很重要。**仪态**是指姿势和风度，包括站立行走的姿势、对人的态度、面部的表情等。仪态是人内在的品质、知识、能力的真实流露。在这些中，最重要的是目光。目光是表情的核心，是一种真实、含蓄的语言。良好的仪态，应当是目光平视，表现出对观众的尊重，而非冷漠、轻视、左顾右盼，更非挤眉弄眼。解说员还要练好如何手执解说工具，如教鞭、扩音器等，以表现自己自然、大方的态势，为完美的解说做好衬托。

4. *解说员的能力要求*

除了基本的语言表达能力技巧和合宜的解说仪态，一个成功的解说员还须具备两种能力：①知识应用能力。解说员要有丰富的知识和学识，而且能将知识灵活运用。如果相关知识匮乏，就不能够使解说充实、生动。一个成功的解说员之所以能旁征博引、妙语惊人，之所以能把生动、具体、精彩的事例自如地组织到解说中，之所以表现出成竹在胸、自信自强的风度和气质，就是因为他们知识丰富且应用能力强。②组织能力。一个展览，如果观众寥寥无几，影响力就低，那就谈不上成功。一般情况下，对于一些常设的展览，观众源也是相对稳定的，但如果是自办展览，且展览只是暂时性的，那么展览的成功性很大程度上将取决于观众源。设计再怎么精美丰富的展览，如果无人欣赏也是失败的。这就要求解说员主动与相关部门加强协调与联系，以取得他们的支持，组织一定的观众源，也可以通过举办多种活动的形式吸引一定的观众参与展览活动，以发挥展览的最大效用。

（二）解说词

通常情况下，事先准备好的实物和一些大型活动的解说都有事先准备好的解说词。**解说词**，顾名思义就是解释说明的文字，是对人物、画面、展品或旅游景观等进行讲解、说明、介绍的一种应用性文体，采用口头或书面解释的形式，或介绍人物的经历、身份、所作出的贡献（成绩）、社会对他（她）的评价等，或就事物的性质、特征、形状、成因、关系、功用等进行说明。因此，解说词具有提示和引导观察、补充和深化、提炼和概括、渲染和烘托画面、过渡场景等的作用。解说词不是看图说话式的简单重复，凡是观众能够看清的原则上不必再加以解释。画面本身无法表达之处，如人物的心情，事物的性质、特点、作用、使用方法，事情中的何时、何地、何人、何事、为何（即“五W”）等，都需要用解说词来说明。解说词从事实方面和知识方面补充了画面不可能说清的内容。

解说词是解说客观事物的，而客观事物是复杂的，只有仔细地观察、深刻地研究，才能把它如实地反映出来，介绍给听众。因此，要写好解说词，就要认真观察、研究被解说的事物，准确地把握它们之间的关系。物与物之间可能存在并列、先后、总分、主次等关系，这些关系，有分有合，分则相对独立，合则相互联系，在一定的范围内组成一个有机的统一体。解说词既要便于讲解，又要便于观众一目了然。所以解说词宜用简洁的文字把实物介绍给观众，使观众在观看实物或图画时，借助于合理的文字介绍对实物或图画获得深刻的认识。解说词有补充视觉和听觉的作用，可帮助观众在观看实物和形象的过程中，发挥视觉作用的同时也发挥听觉的作用，一般用不多的文字把实物介绍给观众，使观众借助简明的文字介绍，对实物或图画获得深刻的认识。因此要求读起来上口、听起来顺耳。解说词太多则会影响听众对所解说对象的观察欣赏。

解说词一般是按照实物陈列的顺序或画面推移及场景转换的顺序编写的。陈列的各实物或各画面有相对的独立性，反映在解说词里，应该每一件实物或画面有一节或一段文字说明。在书面形式上，或用标题标明，或用空行表示。全篇结构不苟求严谨，段落之间不苟求紧扣。解说词写作的形式多样，方法灵活，可用平实的语言，也可用文学的语言；可用散文形式，也可用韵文形式。解说词多是向不了解某一事物的人进行解说的，因此，先说什么，后说什么，怎样说才便于理解，要通盘考虑。一般有由总到分、由上而下、由下而上、由远及近、由浅入深、由表及里等安排方法。在具体说明某一事物时，又可以按对象、概念、分类比较、分析、小结等步骤进行。即首先说明要介绍的事物是什么（概念、定义、范畴、领属关系、分类状况、固有特征等），然后再说明需要怎样、应该怎样的问题。有的还要按照生产过程介绍。解说词的语言要求形象、精练、准确、口语化，少用冷僻的生词，多选用现代词、口语词，避免因读音相近而相混，造成误听误解。解说词的主要表现方法是叙述和说明，有时是叙述、说明、描写、抒情、议论相结合，以在介绍、说明的同时产生一定的感染力，从而引起强烈的共鸣。解说词要表达强烈的感情，除了形象的语言外，还可以运用排比、对偶、反复等修辞手段，并注意语言的音韵与节奏。优秀的解说词，往往是夹叙夹议兼抒情的散文或散文诗。

解说词范例 3-1

中共中央总书记、国家主席、中央军委主席胡锦涛乘坐检阅车，驶出天安门城楼，穿过金水桥，来到天安门广场，这是他第一次在这里检阅三军。

身着中山装的胡锦涛主席乘车牌号为京 V02009 的国产红旗牌检阅车，穿过天安门城楼、跨过金水桥、驶上长安街。

阅兵是一个国家对武装力量进行检阅的仪式。通常在国家重大节日、迎送国宾和军队出征、凯旋、校阅、大型军事演习时举行，以示庆祝、致敬，展现部队建设成就，并可壮观瞻，振军威，鼓士气。胡锦涛主席乘坐的检阅车，是中国自主研发的最新型红旗轿车，长度超过 6 米，全铝车身，有三排坐椅，采用全手工精心制造。

“同志们好——”“首长好!”“同志们辛苦了——”“为人民服务!”胡锦涛主席的亲切问候和受阅官兵的响亮回答，响彻十里长街。

解放军从 1927 年 8 月 1 日创建，走过了 82 年光辉历程。在中国共产党的领导下，解放军适应世界军事变革趋势，按照建设信息化军队、打赢信息化战争的战略目标，不断深化改革，以增强打赢信息化条件下局部战争能力为核心，努力提高应对多种安全威胁、完成多样化军事任务能力。

在中华人民共和国成立 60 周年的时刻，人民军队接受祖国的庄严检阅。中华人民共和国成立以来，人民军队曾 13 次在天安门广场向祖国母亲汇报。这次国庆阅兵是新中国成立 60 年特别是改革开放 30 年来国防和军队建设成就的集中展示，是对建军 82 年，特别是对新世纪、新阶段中国人民武装力量建设发展的庄严检阅。

胡锦涛乘车检阅完毕，阅兵式结束。在胡锦涛讲话后，将开始阅兵分列式。

胡锦涛主席结束对 14 个徒步方队、30 个装备方队的检阅，乘红旗牌检阅车开始原路驶回天安门。

分析：这段是首都各界庆祝中华人民共和国成立 60 周年大会解说词（阅兵部分），内容涉及的画面切换比较少。由于胡锦涛主席出发去阅兵以及阅兵结束后返回主会场都有一段车程，解说词就在这两段时间里穿插了对大阅兵的历史、意义，解放军的历史以及本次阅兵的意义的介绍，使听众更深入地了解了大阅兵，对画面起了很好的补充介绍作用。从语言风格看，这段解说词以严谨庄重见长，适合国庆阅兵这一有着非常意义的政治活动。

解说词范例 3-2

希腊对德国的篮球小组赛，解说员说到某球员时说："这是一个完全用脑子打球的球员。"

"这位男选手腿部肌肉很发达，像穿着一个马裤一样……"

中国和西班牙篮球比赛一中国球员受伤，嘉宾主持人说："如果只是脸部鼻子受伤，哪怕眼眶裂开也没关系，只要不是脚受伤就行。"

"如果一定要用一个字形容现在的心情，那就是高兴！"

"这个队员还没有拿奖牌的实力，冲击一下金牌倒差不多！"

中国男篮对西班牙，眼见大势已去，主持人一声长叹："幸福曾经离我如此之近……"

"她终于打破了金牌！拿到了纪录！"

"为啥菲尔普斯这么厉害？嗯，看来得找些医生对他进行解剖，找找原因。"

"俄罗斯的伊佐托娃，哦，是伊佐托夫。"

"韩国选手朴泰桓现在处在第一位，紧随其后的是朴泰桓！"

分析：这是体育比赛现场的部分解说词。由于比赛现场的不确定性，其解说词没法事先准备，因此对解说员的反应速度、知识水平、应变能力等都有较高的要求。稍有不慎，就有可能出现失误。从语言风格来看，这一类解说词一般口语化色彩比较浓重。

平台链接

介绍的礼仪

根据公关礼仪的惯例，地位低者先介绍。比如，主人要先向客人把自己介绍一下；公关人员要把自己向贵宾作一个介绍；男士要把自己向女士作介绍；晚辈要把自己向长辈作介绍。位低者先介绍，这是非常重要的一个细节。当然有的时候也没有必要过分地拘谨，如果对方位低，但他忘了介绍了，位置高的人，先作个自我介绍也没有什么。但是，应该位低的人先作介绍，这是介绍的顺序，这一点很重要。这是对地位高者的一种尊重。

自我介绍时先递名片为佳。训练有素的公关人员要养成名片使用规范化的习惯。先递名片有三个好处，其一，少说很多话。我什么头衔，什么职务，就都没有必要说了。其二，加深对方印象。其三，表示谦恭。不仅作自我介绍的时候地位低的先介绍，交换名片的时候，也是地位低的人先递名片。

在专业的场合就不同了，公务介绍含有四个要素。哪四个要素？姓名、单位、部门、职务。例如：您好，我是中国人民大学国际关系学院金正昆教授。在此单位、部门、职务、姓名全出来了。但要注意，父母给你起名是如何浮想联翩，而你的名字跟你坎坷人生如何相关，这都属于废话，进行自我介绍莫谈这些。此外，自我介绍时务必使用全称。当你第一次介绍你的单位和部门的时候，别忘记使用全称。在报单位时，要报清楚，该报全称时报全称，该报简称时报简称，否则会产生麻烦，自称的话招人笑，称别人的话不礼貌。

在公关交往中，往往需要介绍别人，向他人介绍。介绍别人时，比较重要的问题有以下几个。

第一，谁当介绍人呢？家里来了客人的话，一般是女主人当介绍人。家里来了客人，客人之间彼此不认识的话，女主人有义务把大家作个介绍。单位来了客人一般是谁当介绍人呢？单位来的客人一般是三种人。第一种人，专职人员，公关，文秘，办公室主任。第二种人，对口人员。比如我找你销售部李经理，你李经理就有义务把我跟其他在场的不认识的人作个介绍。同样的道理，假定你李小平在宿舍，你是学生，我到你集体宿舍找你去，我是你叔叔或者你伯伯，那我找你的话你是不是有义务把我跟你同学作个介绍呀。“叔叔，这是我的同学谁谁谁，这是我的好朋友谁谁谁”。你一定要及时地介绍一下。否则我们大眼瞪小眼，这是谁呀？都互相猜忌。我找的是你，你就有义务介绍。第三种人，本单位的领导。单位来了贵宾的话，由谁来作介绍？本单位职务最高者。比如你是公司董事长，我是省长，我省长到你那儿视察工作去了，那你这个董事长就有义务把我这个省长和你的员工作介绍，你就别拿公关经理来招呼我。说实话，公关经理认识我，我可不认识他呀。这是对贵宾的一种尊重。总而言之，谁当介绍人的问题很重要。

第二，要征得双方的同意。我当介绍人，我介绍双方认识的时候，我得先征得双方同意，否则好心不得好报。我就遇到过这种事：有人说老金我跟你介绍一人，可我跟被介绍人早认识了，早认识你来介绍不是画蛇添足吗？被介绍者在介绍者询问自己是否有意认识某人时，一般不应拒绝，而应欣然应允。实在不愿意时，则应说明理由。

第三，要关注其先后顺序。具体操作时，你要注意次序问题，就是把谁介绍给谁。按照礼仪，标准的做法是先介绍主人。这种介绍不分男女，不论老幼，也不看职务高低，这是一种宾主介绍。进行宾主介绍要先介绍主人，为什么呢？因为客人拥有优先知情权。换而言之，先介绍的人应该是地位低的，比如介绍男人和女人时，先介绍男士，后介绍女士。介绍晚辈和长辈时，先介绍晚辈，后介绍长辈。介绍上级和下级时，先介绍职位低的，后介绍职位高的。介绍主人和客人时，先介绍主人，后介绍客人。有时候，宾主双方都不止一个人，那你还要注意，还是要先介绍主人，介绍主人的时候，具体应该按照职务高低排序，先介绍董事长和总经理，然后再介绍部门经理。介绍客人时，也按照职务高低排序，先介绍职务高的，后介绍地位低的。

第四，要注意准确回应。例如，都应起立，以示尊重和礼貌；待介绍人介绍完毕后，被介绍双方应微笑点头示意或握手致意。在宴会、会议桌、谈判桌上，视情况介绍人和被介绍人可不必起立，被介绍双方可点头微笑致意；如果被介绍双方相隔较远，中间又有障碍物，可举起右手致意，点头微笑致意。介绍完毕后，被介绍双方应依照合乎礼仪的顺序握手，并且彼此问候对方。问候语有“你好，很高兴认识你”、“久仰大名”、“幸会幸会”，必要时还可以进一步作自我介绍。

第五，对长辈不可直呼其名。如“这位是我父亲×××”，只介绍说“这位是我父亲”就可以了。介绍平辈晚辈时，不可不介绍姓名，反之则是无礼的。如介绍哥哥时就不应简单地说一声：“这是我哥哥。”而应说“这是我哥哥×××。”不介绍姓名，有轻视被介绍人之嫌。

人们在交往介绍时常常需要与别人握手为礼。在国内外，目前握手都是最常见的会面礼节。在学习有关握手的礼节时，以下几点必须注意。

首先，要注意握手时伸手的先后顺序。握手前后顺序是很重要的，一般做法是地位高者首先伸手。那么，男士和女士握手，女士先伸手；长辈和晚辈握手，长辈要先伸手；上级和下级握手，上级先伸手。宾主握手有点特殊。宾主握手的一般做法是：客人到来时主人先伸手，主人先伸手表示欢迎。

其次，要表现得专心致志。握手时要专心致志。专心致志一般有具体要求：其一，要面含微笑地注视对方，不能敷衍了事。你得看着对方，而且面含微笑。其二，要寒暄几句。届时要说“欢迎光临”，“很高兴认识你”，“我们又见面了”。对生人的话，一般打个招呼“欢迎光临”。跟熟人的话，则可以讲：我们又见面了，您今天气色不错。其三，握手时要稍微用力，并握住对方的手掌。千万不要握人家指尖，这是个别年轻姑娘爱犯的错误。只握人家指尖不合适，显得很矜持。握手的时候要稍微停留一下，停留应该那么三五秒钟左右，上下晃动晃动，并且稍许用力，握力为两公斤左右最佳。也别敷衍了事，一碰人家就跑了。时间太短，不用力，不合适。当然凡事过犹不及，如果说女孩子跟人家握手时，容易犯的错误是，一碰人手就跑了，那么有的男人就是另外一个极端，抓住人家的手不放，而且上去两只手。第一次见面的客人或者异性客人，切勿与其双手相握。双手相握叫手套式握手，有套近乎之嫌。你是一个小姐，我跟你不认识，第一次见面，你伸一只手，我扑上去两只手，等于做一个汉堡包，似有占小便宜之嫌了，你会感觉不舒服。

最后，握手四忌应当予以避免。在与人握手时，下述几种表现均为失礼。

第一，忌不注意先后顺序。和外人握手时一定要注意，伸手的前后顺序不能搞错了，搞错了会很尴尬。

第二，忌用左手。要注意握手只用右手，一般不用左手，除非没有右手。特别在对外交往中，有些国家、有些民族，有特殊的宗教和民族习惯，他一般是用右手的，你伸左手去跟他握就不合适了。顶多左手起个辅助性作用，托一托。有些著名的政治家、企业家，他明明是左撇子，像克林顿总统，他签字时都是用左手的，但是握手用右手，因为这是基本的常识。

第三，忌戴手套、墨镜与帽子。握手时一般不戴手套、不戴墨镜、不戴帽子的。此举表示一种尊重。戴帽子的话，把帽子摘下来；戴手套的话，把手套摘下来，表示专心致志。公众场合，戴着墨镜不摘的人，不是盲人、警察、保安、便衣，就有黑社会之嫌。

第四，忌交叉握手。到国外去，特别到西方国家去跟别人握手，则要避免交叉握手。基督教有个忌讳，十字架这个图案不吉利。看过最近一个片子吗？*The Passion of the Christ*，就是《基督受难记》，梅尔·吉布森演的一部影片，讲基督在十字架上被钉死的故事。因为十字架钉死过基督不吉利，所以欧美人对那个刀叉放成十字，交叉握手、交叉干杯，都非常忌讳。他们认为：所有类似十字架的图形，都是不吉利的。

转引自：金正昆《礼仪金说》，陕西师范大学出版社 2008 年出版。

自主拓展

1. 你在一个新交的朋友家客厅坐着，朋友去厨房给你倒饮料。这时，朋友的父母亲回来了，你怎么介绍你自己？如果事先没打招呼你就带了朋友回家，你又打算怎样介绍你的朋友和你的父母认识？

2. 就学校食堂就餐的场景做现场解说。

第二节　导游口语与导游词

案例导入

××市××旅行社的地陪小王接了一个团，该团到××市时已是行程倒数第二站了。带团过程中，小王发现不管是在餐厅，还是在景点，有一位姓施的游客与其他的团友总是不合群。小王很纳闷，他想，一位游客如果不合群，那出门旅游还有什么乐趣可言呢？小王想解开这个谜，于是他去问全陪。全陪告诉他，这个旅游团的游客，除施先生外，其他都是一个单位的员工。施先生到旅行社报名时，刚好这一团成行，且行程也一样，于是旅行社便把他安插进了这个旅游团。知道原委后，小王采取了一些措施，如在用餐时，他特意询问该游客，饮食是否符合胃口；在游览过程中，他故意与他走在一起并与他聊天等，目的是以此引起其他游客的注意，但因为行程已近尾声，收效不大，其他游客与他的交往很少。

导游的职责就是让每一位游客都能开心地游览，如果小王与全陪能够早些沟通情况并及早采取措施，那么施先生的旅程应该会更开心些。

知识讲解

一、导游口语

（一）导游口语表达的原则

当今世界资讯发达，足不出户即可了解世界，但仍有很多人依然选择出游，除追求亲身体验外，还要享受服务，包括旅行社服务、景区服务等。服务是旅游业的本质，其中导游为旅游业的窗口，是与游客打交道的最前线人员，其服务质量直接代表着旅游业的发展水平。因此，导游首先要考虑的是游客的情绪反应，其次才是传达内容。很多情况下，导游怎么说比说什么更重要。这就要求导游的口语表达遵循两个原则。

1. 亲和原则

导游与游客绝大多数是第一次见面，导游的语言表达要有亲和力，必须主动与游客建立亲切融合的关系，例如对游客称谓尽量使用“我们”、“咱们”、“我们大家”，“大家”、“各位”也可，少用“你”、“你们”，尽量拉近游客与导游的距离，争取游客最大限度的理解和支持，建立同舟共济的关系。还有会讲方言，也是博得游客认同的有效方式。

2. 尊重原则

导游与游客是服务与被服务的关系，导游在语言表达上要尊重游客，信任游客，让游客觉得自己是贵宾。例如介绍景点时，不论游客是有备而来，还是一无所知，都要假设游客是“知道”的，尽量用“大家一定有所了解”、“大家可能知道”、“大家也许注意到”，千万不要居高临下，咄咄逼人，像老师教学生那样，不停地“考”游客。

（二）导游口语的特点

德国诗人海涅说：“言语之力，大到可以从坟墓唤醒死人，可以把生者活埋，把侏儒变成巨人，把巨人彻底打垮。”美国名人戴尔·卡耐基说：“一个人的成功，约有15%取决于知识和技术，85%取决于人类工程——发表自己意见的能力和激发他人热忱的能力。”中国也有这样一句古语：“听君一席话，胜读十年书。”导游界更有一句名言：“祖国山河美不美，全凭导游一张嘴。”也就是说，同样的旅游景点，同样的导游讲解内容，有经验的导游解说和没有经验的导游解说，效果是完全不一样的。可见导游口语讲解在导游活动过程中的重要作用。

导游口语包括书面导游口语讲解和口头导游口语讲解。从狭义的角度定义，**导游口语讲解**就是导游人员引导旅游者游览参观时运用的讲解语言，也就是人们常说的导游语言，号称旅游的第二风景。游客通过精彩的导游语言，可以增强游览的兴致，加深观光的印象，减轻旅途的疲劳和寂寞，了解到在风景名胜区看不到的许多知识，感受到宾至如归的浓郁人情味，从而留下深刻美好的记忆。

1. 现场性

这一特点是依靠一系列表达手段来实现的，主要有使用具有鲜明现场感的词语、具有鲜明现场感的导引语、现场操作提示语以及面对面的设问等手法。

① 具有鲜明现场感的词语主要是指导游口语讲解中的现场时间名词、时间副词以及近指代词等。时间名词主要有“现在”、“今天”、“刚才”、“此时此刻”等；时间副词主要有“刚”、“刚刚”、“正在”、“立刻”、“马上”、“将要”等；指示代词主要使用近指代词，如“这”、“这里”、“此”、“此处”、“这会儿”、“这么”、“这样”、“这么样”等。② 现场导引语主要是指面对旅游者的引导或提示旅游者的一些用语，例如“请大家往上看”、“请大家顺着我手指的方向看”、“现在大家看到的是……”、“现在我们所处的位置是……”、“我们面前的……”、“映入我们眼帘的就是我们神驰已久的……”等。此外，还有引导旅游者参与的导引语，如“请大家试着……”、“现在请大家猜一猜……”、“哪

位朋友愿意（做）……”等。③ 现场操作提示语就是附着在导游口语讲解中的具有指示作用或指导导游人员现场操作作用的说明用语，有提示游览地点的说明或指导导游人员进行操作的建议，具有极强的现场感。④ 现场的面对面设问就是根据旅游者思路的设问和直接提问旅游者的设问。主要表达方式是“来到（讲到）这里，大家可能会问……”、“……大家一定会产生这样的疑问……”、“刚才有位朋友问……”、“这位朋友问……”等。这种设问要点并不是在“问”，而在于集中旅游者的注意力，收拢旅游者的思路，使导游讲解有效进行，而且也使人们在异地听到导游口语讲解的时候，仍然会有如闻其声、如临其境、鲜明生动的感觉。

导游口语的现场感决定了导游还要注意调动肢体语言、服饰语言等非语言因素，真诚又艺术地与游客进行有效沟通，并将其贯穿于招呼、介绍、致辞、问候、讲解、交谈、引导、说服、叮嘱、拒绝、道歉、安慰、赞扬、告别等诸多环节。

2. 知识性

导游口语能够给旅游者提供与游览景观有关的种种适量的知识信息。优秀的导游口语讲解，不仅能使旅游者得到美的享受，激发他们的兴趣，而且能够巧妙地传授适量的知识。游览景观很多，范围相当广泛，可以说有多少游览景观，也就有多少与它们有关的知识信息。但是旅游毕竟不同于专门学习，所以导游口语讲解中给旅游者提供的有关知识信息的量一定要适度。这虽然没有十分具体的衡量标准，但大致讲应该以旅游者不感到有负担、不感到枯燥厌烦为宜。导游口语讲解中所涉及的特定的知识信息应辅以轻松的气氛、有趣的话题，在旅游者的好奇心被激发起来之后，被不知不觉地传递给旅游者，因而导游口语讲解提供的知识信息具有潜移默化、轻松愉快、易于理解与把握的特征。

导游口语必须对游览景观自身所蕴涵的知识进行必要的、得体的解释。用这种方法进行解释的知识信息是导游口语讲解中出现频率最高的知识信息类型。在这种情况下，游览景观本身就是一种知识源点，要讲解这个游览景观，就不能不涉及与之相关的知识，如寺庙类景观所蕴涵着的宗教教义以及相关的神物、宗教建筑等；文物古迹中所蕴涵着的历史、地理、伦理、哲学、文学、建筑等方面的知识；当地地方概况、风土人情、风物特产等；绘画、雕塑、音乐等相关的专题知识等。本体阐释的表达有以导游人员思路为主的直接表述，也有从旅游者思路进行的假托表述等形式。

导游口语还可以适当援引与游览景观相关的史料、典故、诗文以及各种相关材料，以使导游讲解内容更加有说服力，更加广博。通过对与游览景观有密切关系的史料、典故、诗文以及各种相关资料的征引和说明，对其中所蕴涵的典故以及对与其相关联的事物等各方面知识的巧妙而得体的相关征引，使旅游者在潜移默化之中愉快地得到了景点文化的熏陶，使他们对特定景观的认识与理解上升到一个新的高度。

导游语言生动也绝非信口开河，夸夸其谈，它必须具有一定的科学性与逻辑性，景点讲解具有知识性，涉及天文、地理、历史、文艺等，都需要用严谨的语言深入浅出地一一道来。

3. 趣味性

导游口语具有使旅游者感到轻松愉快、妙趣横生、吸引力强、引人入胜的特性。导游口语的趣味性特征的形成应以语法、修辞、逻辑为基础，以语言技巧的巧妙运用为手段，以幽默豁达为基本目的。研究表明，语言最受欢迎的要素是幽默，但它绝非滑稽那样单纯引人发笑，那些黄段子也算不上幽默，幽默是引人发笑而意味深长，是人生智慧的体现。这样，导游语言的趣味性才能够具有真正意义上的吸引力和感染力，而不至于沦为一般性的诙谐或滑稽。使导游口语具有趣味性的技巧表现在语言方面的修辞技巧和言语表达方面的表达艺术。修辞技巧方面，主要是巧妙运用口语词语、口语句式、顺口、双关、反语、移时、顶真、回文、夸张、换算、补正等技巧增强导游口语讲解的趣味性。表达艺术方面，主要是运用设问、反问、正问、疑问等质疑技巧，运用设身处地、引导旅游者参与、巧设悬念等缩短旅游者与被游览客体之间心理距离的技巧以及升华概括、剖析内涵、强调突出等点化技巧增强导游口语讲解的趣味性。

以上只是增加导游口语讲解趣味性的几种方法，实际表达中还有很多种方法都可以有效地增加导游口语讲解的趣味性，在导游讲解中可以灵活发挥运用。

4. 针对性

游客背景不同，景区特点各异，旅游线路五花八门，游程不同阶段的游客心理状态存在差别，导游口语应根据对象、地点、时间做出有针对性的设计，例如面对年轻人要轻松活泼，老年人要细腻严谨，专家学者要规范大方，文化水平较低者则要通俗易懂，等等。导游安排游客吃、住、行、娱、游、购，服务烦琐具体，更要耐心细致，以理服人。

（三）导游口语的要求

1. 语音标准

口头表达的语言具有即时性，稍纵即逝，不像有形文字一样可以让人慢慢琢磨。游客来自五湖四海，方言各异，口音有别。因此，接待国内游客时唯有从字音、词汇到句式都力求标准的普通话才能使游客及时地领略到准确的意思。同样，给外籍游客进行导游时，相关外语的运用也力求标准，以保证有关信息的准确传播。

2. 主动灵活

一接触游客，导游就需要进入状态，问候之后，接着便得主动提出话题来讲，使游客的情绪很快亢奋起来，游兴很快浓烈起来。季节、天气、山川、花鸟……皆可作为话题，生发开去，经过步步引导，层层推演，最后归纳到旅游这个话题上来。而不是像小学生背书似的，把事先记熟的介绍景点的“台词”说完了事。当然，一个话题讲完，应注意留出适当时间让游客回味、联想，不能为自己过瘾而喋喋不休。讲解过程中，大可调动身上的幽默细胞，诙谐风趣，真正做到谈笑风生，而不是信口胡诌、打情骂俏以致流于低俗。

3. 内容准确

对地名、物名、人名、朝代、日子、尺寸、斤两、方位、里程这些具体内容表述上要完全准确，切忌张冠李戴，晨昏错位。对风俗人情、民族习惯、历史典故等情况的介绍，也须据实、客观，讲清年代和范围，切忌随意编造，误导游客，也不可张扬甚至蔑传某个区域某个民族的隐私，以满足个别游客的变异胃口。不懂的东西，就老老实实地承认不懂。

（四）导游口语表达技巧

1. 穿插故事

讲解一个景点，不能只用干巴巴的几个枯燥的数字介绍眼前的实体，而是要不失时机地穿插具有趣味性的传说和民间故事，以激起旅游者的兴趣和好奇心。但是，选用的传说和故事必须是精华，与景观密切相关，不得胡编乱造；使用时要灵活，要与新讲解的内容紧密结合，切忌生搬硬套。例如，介绍北京香山的双清别墅，可插入这样一段传说：

“相传金代第六帝章宗来此游览时，突然感到疲乏，席地而卧，就进入了梦乡。梦中他看见一群大雁在头顶上空盘旋鸣叫，便拈弓连发两箭，大雁惊飞，但在两箭跌落的地方顿时涌出两股清泉，他十分高兴，就命名为‘梦感泉’”。

这一段传说使景点增添了神秘色彩，更引人入胜。

2. 丰富语言

生动形象是导游语言美之所在。生动形象的语言可以将旅游者导入意境，给他们留下深刻的印象。词汇贫乏的导游词让人听了昏昏欲睡，而词汇丰富多变的导游词其效果则截然相反，它让旅游者感到优美动听，从而激起盎然兴趣。例如，在号称“海天佛国”的普陀风景区，导游员带着游客登上佛顶山，俯瞰大海。这时，导游员在一旁启发似地感慨道：

“朋友们，眼前这锦鳞片片、白帆点点的水面就是东海，多少年来，这海拥抱着、冲刷着佛顶山，以它特有的气势启迪着人们：海是辽阔的，胸怀无比宽广，海是厚实的，什么都能容纳，海是深沉的，永远那么谦逊……常看大海，烦恼的人会开朗，狭隘的人会豁达，急躁的人会沉稳……”

听着这些充满人生哲理的话语，游客们获得的又岂止是山水美景？

3. 恰当修辞

导游词中，恰当地运用比喻、比拟、夸张、象征等手法，可使静止的化为活动的，使无生命的变为有生命的，使抽象的成为具体的，可使死的景观变为活生生的画面，从而产生浓厚的趣味性。例如《说话长江》这一段导游词中用四个生动的比喻提示出长江三峡内在的美：

有人说三峡像一幅展不尽的山水画卷，也有人说，三峡是一条丰富多彩的文化艺术长廊。我们说，三峡倒更像一部辉煌的交响乐。它由瞿塘雄、巫峡秀、西陵险这三个具有各个不相同旋律和节奏的乐章所组成。

4. 幽默诙谐

幽默风趣是导游词的艺术性的重要体现，它可使导游词锦上添花，可使听者欢笑，轻松愉快，气氛活跃，增强游兴。例如，在苏州西园的五百罗汉堂里，导游人员指着那尊“疯僧”塑像逗趣说：

“朋友们，这个疯和尚有个雅号叫‘九不全’，就是说，有九样毛病：歪嘴、驼背、斗鸡眼、招风耳朵、瘸瘸头、烧脚、鸡胸、斜肩脚，外加一个歪鼻头。大家别看他相貌不完美，但残而不丑，从正面、左面、右面看，你会找到喜、怒、哀、乐等多种感觉……另外，那边还有五百罗汉，大家不妨去找找看，也许能发现酷似自己的‘光辉形象’。”

风趣的介绍，逗得游客乐此不疲，游兴顿增。

5. 随机应变

导游员在导游讲解时要随机应变，临场发挥，要灵活运用多种导游手法，如问答法、引人入胜法、触景生情法、创造悬念法等，这样的导游讲解就会生动自然，趣味浓郁。编写导游词，不仅要显示导游员的渊博知识，也应反映出他的导游技能。当然，不同的导游场合还要注意运用不同的导游语言，尤其要注意导游语言的针对性，既要为旅游者提供个性化的心理服务，又要考虑旅游者的语言文化背景。同时，旅程中各种情况不停变化，意外情况时有发生，这就需要导游语言随机应变，及时调整，如畅游桂林，晴天则讲奇峰倒影举世闻名，雨天则讲漓江烟雨天下一绝，等等。例如，有位导游员在杭州九溪十八涧以谜语的形式引发游客的兴致，他是这样说的：

“这儿的路处处曲，路边的溪水叮咚响，远近的山峦绿葱葱。清代文人俞樾到这里时，诗兴大发，挥笔写道：‘曲曲环环路，叮咚叮咚泉，远远近近山’，前面已用了叠词，朋友们猜猜看，第四句写树时，俞樾用的什么叠词？”

游客们议论纷纷，有的说“郁郁葱葱树”，有的说“大大小小树”，最后在导游员的启发下猜出是“高高下下树”，大家都惊叹俞樾用词的精妙。这“高”和“下”贴切传神，写活了沿山而长的树林。

由于地理的、历史的、民族的、文化的以及宗教信仰的差异性，导游员要把每个游览景观解释得使外国游客容易理解，并非易事，而用游客熟悉的事物进行类比，则可以帮助游客理解和加深印象。例如，一批日本客人在参观乾陵壁画时，导游指着仕女壁画对日本客人说：“中国盛唐时期美女的特征和在日本高松家古坟里发现的壁画非常相似。”到此的日本客人仔细一看，发现的确如此，经过对比，从而对乾陵壁画有了具体的了解。在讲解西安半坡文化村时，如果导游员加上这么一句话：“半坡人的生活在很大程度上和当今美国居住在‘保留地’的印第安人的生活习性很相似。”这样讲解，美国客人就会恍然大悟。又如：在讲解北京故宫的建造时间时，对外国游客，如果只说“它始建于明代永乐四年，也就是公元 1406 年”，他们并不会有多少印象，一下子也难以感到北京故宫历史的悠久。如果采用类比式，对美国游客说“故宫在哥伦布发现新大陆 70 年之前就已建成”，对英国游客说“故宫的建造时间是在莎士比亚诞生之前的 140 年”，这样一比较，他们就能更好地感受到中国文化的悠久历史。

二、导游词

（一）导游词的性质与作用

导游主要是依靠语言完成各项接待任务的，因此必须讲究语言表达艺术。介绍与解说是导游行业最常使用的口语表达方式。导游们通过介绍与解说将旅游过程中的注意事项、景点的信息等传递给游客，形成了导游行业独具特色的导游口语。导游词则是导游口语的核心内容。

导游词是导游人员引导旅游者进行游览观光的讲解词。因此，导游词可以看做是一种特殊的介绍或解说，既有浓重的口语化色彩，也富有文学性和艺术性。导游词的作用主要是引导旅游者观光游览和宣传旅游景点。旅游者来到一地，人生地不熟，不懂当地人的审美观，因而不知道怎样去欣赏景观的美妙之处，很难体会人文景观的内在神韵，更无从领略风俗民情的无穷奥妙。所以，他们希望有熟悉当地情况的人为他们指点和介绍。导游员的工作就是通过内容丰富、妙趣横生的导游讲解告诉旅游者应具有的审美观，并介绍相关知识，如成因、特点、历史及现状等，告诉他们美在何处，指点他们去欣赏某一景点的美，帮助他们获得美的享受，使观光游览活动达到最佳效果，同时也宣传了旅游景点的绝胜之处。

（二）导游词的结构

1. 习惯用语

包括游览前的问候语、欢迎语、介绍语、游览注意事项的介绍，结束时的感谢、惜别、征求意见、祝愿等。例如：

欢 迎 词

游客朋友们：

大家好！首先请允许我代表×××市全体市民对各位的到来表示热烈欢迎！我是某某旅行社导游员。我的名字叫×××。这位是×××师傅，开车的技术非常娴熟。在今后的几天里将由我和×××师傅为大家服务，伴随各位游客朋友一起度过这段游览时光。能为大家服务，我感到很高兴。在服务过程中，如果有什么不周到的地方，请大家多提宝贵意见；同时也希望这次通城之行能给大家留下深刻的印象。祝愿大家旅途愉快！谢谢各位！

欢 送 词

女士们、先生们：

通城之旅接近尾声了，在此我代表×××旅行社全体员工再次感谢各位朋友的光临。同时我们也真诚地希望大家有机会再来观光这座美丽的城市。这次旅游圆满结束，首先要感谢×××旅行社×××先生（小姐或女士）的通力合作。感谢诸位朋友给予的支持和配合，我再次谢谢大家了。

最后，祝各位朋友旅程愉快，一路顺风！

2. 整体介绍

用概述法介绍旅游景点的位置、范围、地位、历史、现状及发展情景等，帮助旅游者对新游览的景点先有个总体了解，引起旅游者游览的兴趣。概括介绍要根据时间和游客情况，可详可略，可长可短。

3. 重点讲解

重点讲解游览线路上的重点景观，从景点成因、历史传说、文化背景等方面进行详细的讲解，使游客对游览目的地有全面正确的了解。重点景观是一次游览活动的主要内容，因而也是导游词的最重要的组成部分。

（三）导游词的写作要求

要写好导游词，至关重要的是掌握丰富的资料，包括现实的、历史的。只有在大量资料的基础上，导游才能整理加工，去伪存真、去粗存精，进行再创造，编写成具有自己特色的导游词。书本知识和实际情况时有差异，所以认真的导游往往会到实地考察，从而写成符合实际的导游词，并在以后的导游讲解过程中不断修改、丰富。

导游词和导游口语的关系可以说是密不可分，只是导游词还可以书面文字的形式单独传播。因此，一般情况下，导游口语的表达技巧同样也适用于导游词的写作。此外，一篇优秀的导游词除结构严谨、层次清晰、主次分明、文字流畅等对一般好文章的要求外，还必须注意下述六个方面。

1. 强调知识性

一篇优秀的导游词必须有丰富的内容，融进各种知识并旁征博引、融会贯通。这样的导游词才能吸引旅游者的注意力，满足其求知欲，做这样导游讲解的导游员也会受到旅游者更多的尊重。导游词如果语言十瘪、知识贫乏，就无法引导旅游者进入审美意境。如陈蔚德的《四川的茶馆》导游词，从历史到现实，从传说到民俗，挥洒自如，娓娓而谈，把中国的茶文化介绍得淋漓尽致。导游词的内容必须正确无误，令人信服，切忌弄虚作假，张冠李戴。导游词如果传递错误信息，旅游者一旦发现，就会感到受蒙蔽、被愚弄、继而就有可能全盘否定一国、一地的旅游服务。导游词不能只满足于一般知识的介绍，而要重视深层次的内容，例如，与他物的比较，同类事物的鉴赏标准和方法，诗词的点缀，自己的感受，自己及他人的评论等。这样写就可提高导游词的水平，旅游者也欢迎这样的导游词。

2. 讲究口语化

导游语言是一种具有丰富表达力、生动形象的口头语言，这就要求导游在导游词的口语化上下工夫。为使导游词口语化，就要多用口语词汇，当然也要有浅显易懂的书面语词汇，但要避免难懂的书面语词汇和音节拗口的词汇；多用短句，不用长句，以便说起来利索、顺口，听起来轻松、易懂。强调导游词的口语化，并不意味着就可信口开河，不要语言的规范化了。编写导游词时导游员必须注意语言的品位。如《蓬莱仙洞解说词》里有这么一段："是仙人送子，你看她，左手抱一个，背上驮一个，前面跪一个，身后还跟着一大群，哭哭啼啼，一片凄惨景象，真是儿多母苦啊！"有位游客看了说："还是计划生育好哇！"游客们开怀大笑。这一段话全用口语词、短句子，显得生动活泼，便于讲解，听起效果很好。而另一句解说词"更以巨幅立体的山水壁画、洁白透明的罗纱帐、晶莹奇特的石花和玻璃管状的天丝等'四绝'著称"，用的是长句，又用了许多书面语词汇，念起来费劲，听起来也不轻松。

3. 注重趣味性

导游词应该生动形象、通俗易懂并能够多方面调动旅游者的注意力，激发游客的游兴。怎样才能吸引旅游者，激发他们的游兴呢？这要求导游员在导游词的趣味性上做文章。幽默的语言、有趣的传闻、绘声绘色的语言表达都是增强导游口语趣味性的有效途径。

4. 突出重点处

每一个景点都有代表性的景观，每个景观又都有反映其特色的内容，导游词必须在照顾全面的情况下将具有特色的内容作为突出重点。面面俱到、没有重点的导游词是不成功的。

5. 要有针对性

在实地导游讲解时，导游员必须从实际出发，因人、因时而异，有的放矢，即根据不同的听众，他们当时的情绪以及周围的环境进行导游讲解，避免不管听众千差万别导游词只有一个的现象。编写导游词，一般都应有假设对象，某一层次、某一职业的旅游者以及某种特定的背景，导游员就应根据特定背景下的特定对象写出有针对性的导游词。

6. 重视其品位

编写导游词，必须注意提高品位。一要强调思想品位。导游讲解是向国内外旅游者介绍壮丽的中国大地、勤劳的中国人民及其伟大创造；宣传古老中华文明和各地民族风情；还要宣传社会主义革命和建设的伟大成就，以帮助外国旅游者更多地了解中国，帮助国内旅游者更好地认识祖国和人民，因此，弘扬爱国主义精神是导游员义不容辞的责任。如陈蔚德《四川的茶馆》导游词，深情地宣传了中华古老灿烂的文化，充满了浓郁的乡情；何琳《郑州黄河游览区导游词》不但介绍了黄河源远流长的雄伟壮丽，而且通过新中国成立前后对比，突出了"治黄河者治国家"的主题。二要讲究文学品位，导游词的语言应该是规范的，文字是流畅的，结构是严谨的，内容介绍是符合逻辑的。这是对一篇导游词的基本要求。如果你在导游词的关键地方适当地引经据典，得体地用上一两句诗词或名人的名言，就会使导游词的文学品位提高不少。但是，你若故弄玄虚，过多地引经据典，满篇的诗词名句，将导游词搞得高深莫测，其结果定会适得其反。导游词的语言应该是文明的、友好的语言，富有人情味的语言，应该言之有情、言之有礼，让旅游者听后赏心悦目，感到亲切温暖。

平台链接

导游工作流程

一、接待前准备工作

1. 熟悉接待计划。领取接团计划书并了解旅游团的基本情况，包括：① 组团社，联络人姓名电话，团队种类（全包、半包、自费），费用结算方法（现结还是汇款），团队等级（豪华、标准、经济），团名，代号，人数，住房，用车，餐饮标准等；② 旅游团成员的基本情况，即客源地、领队、旅游者概况及民族宗教信仰等；③ 旅游线路和交通工具；④ 交通票据情况；⑤ 该团的特殊要求和禁忌。

2. 落实接待事宜及物质准备。在接团计划无疑义后，去财务处领取派团单、门票结算单、住房及用餐签单、团队备用金、游客意见反馈单、导游旗及话筒。

3. 在待接待团队情况及所有单据准备完毕后，应与对方团队全陪、领队或司机电话沟通，告知你为该团队地接导游，并落实该团队抵达大致时间及接团地点与方式，以便双方能够及时准确地接头。

二、接站

1. 导游在团队抵达当天应密切地与该团全陪沟通，以便及时掌握团队运行情况，并在该团抵达前30分钟到达约定接团地点等候；若该团为火车团，应及时与地接司机联系，在该团正点到站前30分钟到达火车站约定集合地点等候。并与该团队下榻宾馆及用餐餐厅沟通入住及用餐时间，避免团队抵达宾馆或餐厅后因客观原因而不能及时入住或用餐而造成的服务质量与客人满意度下降。

2. 在团队顺利抵达后，应与全陪及时确认该团队是否为自己所接待团队，以防错接。并落实所接团队实际情况与确认书是否有出入，尤其是客人（儿童）数量及用餐与住宿人数。若有出入，应与全陪落实多出或减少的客人的付费方式是旅行社结算还是客人直接结算，并及时告知餐厅、宾馆及该团负责经理实到人数，以便于旅行社及时掌控该团情况。

3. 待所有情况落实完毕后，致欢迎词，并通告团队的游览时间及行程安排和注意事项，让客人准确了解该团队的游览内容和时间安排，以免造成客人因不知情而造成的满意度下降。若客人、全陪或领队对行程提出小的修改意见或要求增加新的游览项目时，应及时向旅行社该团队负责经理反映，对合理又可满足的项目应尽量安排；若其提出的要求与原日程不符且又涉及地接规格时，应婉言向其说明费用的变更，并告知多出的费用需要自理。如果客人明确表示不愿增加费用，导游应该委婉拒绝，并适时转移话题；若客人或全陪手中的接待计划与地接接待计划有出入，应安抚其情绪，并及时报告旅行社负责经理查明原因，分清责任。如果是本旅行社的责任，导游应实事求是地代表旅行社说明情况并道歉，如果是对方旅行社的责任，导游应积极协助全陪及旅行社向客人解释问题原因，以免为客户旅行社造成更大的损失。如果是客人原因，应由全陪出面解释，并积极协助全陪做好客人工作，使整个团队旅游活动顺利进行。

4. 赴宾馆途中要向旅游者介绍所住宾馆的名称、地理位置等宾馆详细信息，以便于游客单独行动时可以方便地回到住地。

三、入住酒店

协助办理入店手续：到达宾馆后，嘱咐客人注意夜间住宿安全，贵重物品可以寄存到宾馆前台，以免发生丢失，影响旅游心情。介绍宾馆周边环境，通告客人第二天的活动安排及起床与集合时间、地点等，协助领队或全陪办理入住登记手续（客房押金是由全陪或领队来付，地接导游不要擅自垫付），协助全陪或领队分配房卡，将自己的联系方式及房间号告知全陪或领队，以便团队发生事情尽快联系到你，并记下客人的房间号码。安排宾馆服务员叫早。

四、参观游览

1. 出发前地接导游应提前 10 分钟到达集合地点，核实清点人数，问候早到的旅游者，准点集合登车出发。

2. 途中要重申当日活动安排和注意事项，叮嘱大家一定要遵守时间，不要擅自行动，以免耽误全团计划。介绍途中风光和当日所要游览的景点（导游词未涉及），组织适当的娱乐活动活跃气氛。

3. 抵达景点后，下车前地接导游要讲清并提醒游客记住旅游车的标志（车牌、颜色等）和停车地点、开车时间，提醒大家关好车窗带好随身物品，看好自己的贵重物品等。进入景点后，在景点示意图前地接导游应讲明游览路线、所需时间及游览过程中应注意的事项等。若行程紧凑，可让全陪跟在队伍的最后面，以免后面的游客走散耽误时间。进景点检票口时，可让全陪先进，带领客人在门口等候你签单。

4. 返回饭店途中应带领游客回顾当天活动，并尽量避免原路返回，做好沿途风光导游。如果客人表示明显劳累，可适当放些轻音乐，让客人休息。

5. 快抵达宾馆时叫醒大家，宣布次日活动，提醒注意夜间安全，保管好贵重物品。

6. 安排宾馆服务员叫早。

五、用餐

在适当时候暗示客人旅游团队餐的口味可能众口难调。

地接导游应提前落实本团当日的用餐（尤其旺季中，在到达餐厅前 1 小时或 30 分钟要及时和餐厅沟通，确定好本团用餐时间，以免团队抵达后等待用餐时间过长）。对午、晚餐的用餐地点、时间、人数、标准、特殊要求逐一核实并确认；用餐过程中要巡视旅游团的用餐情况一到两次（看餐厅是否按标准上菜、菜量是否够吃，及时提醒服务员添加主食）。在全陪之前结束用餐，以腾出时间与餐厅签结算单，结算单的签订及内容不能让全陪或客人看到。

六、送团

若所接待团队为火车团，则需要提前核实，确认交通票据情况。送团至火车站后，请客人填写意见反馈单并移交交通票据，致欢送词，待团队安全登车后再离开。

若为自带车，则需要与全陪领队及客人商定出发、叫早和早餐时间，协助宾馆结清与游客的有关费用。

协助办理退房手续（中午 12:00 前）提醒游客检查行李，别落下东西。

集合登车请客人填写意见反馈单并致欢送词，下车后向客人挥手，目送旅游车走远后方可离开。

转引自：http://www.edu-hb.com/Html/200911/05/20091105111512.htm

自主拓展

1. 你的朋友从外地到南通来看你，顺便游览一下通城。为尽地主之谊，你打算做一次全程导游。你会怎样介绍南通的景点呢？试写出一系列游览南通的导游词。

2. 就某一集体活动的场面做现场解说。

第四章

答辩与面试

学习目标

知识目标：
- 了解答辩和面试的程序；
- 掌握答辩的要领；
- 熟悉面试的常见模式。

能力目标：
- 掌握答辩过程的技巧；
- 能成功答辩；
- 较熟练掌握面试的相关要领；
- 掌握面试应答技巧。

第一节 答 辩

案例导入

本来安排在周六的预答辩，结果突然提前到周四，加上之前被许多事情干扰，小李仓促中准备的答辩用PPT颇多缺憾。虽然说相关内容早已烂熟于胸，之前也在组内和实验室中已介绍过。但是小李发现突然要将其上升到毕业论文程度，还是有些含糊不清。加上PPT刚做完，内容都还不熟悉，小李在介绍的时候结结巴巴。前面冗余，重要部分介绍过于简单。介绍到后来的时候，小李已然满头大汗，恨不得快速结束。讲完之后，小李自己都觉得太失败了。

没有充分准备，内容不太熟悉、口头陈述欠佳的答辩，注定不是成功的答辩。

知识讲解

一、答辩的定义

答辩既特指在法庭上为答复一种陈述、告发或起诉所作的辩护，如律师在法庭上为他人答辩，又指为自己的科研成果或论文进行解释并答复专家等的提问，如论文答辩。有时，申请一些重大的审批项目，项目主持人也被要求就申报书相关内容进行答辩。虽然各种答辩的目的和形式不尽相同，但从表达与交流的角度看，答辩者在进行答辩陈述时，其主要的注意点和应对技巧是大致相似的。对每一位即将毕业的同学而言，完成毕业论文（设计）后都要参加毕业答辩，这是完成学业的教学环节中的重要组成部分。如何准备和参加毕业论文（设计）答辩，是每位同学十分关心的事情。因此，本教材重点介绍毕业论文答辩的相关内容。

二、毕业论文答辩的程序和目的

答辩前，学生首先将经指导老师认可的毕业论文提交答辩委员会，答辩委员会的主考老师在仔细阅读论文的基础上拟出提问的题目（保密），然后举行答辩会。答辩会的程序一般分两步。

1. 简要陈述论文

在毕业论文答辩时，答辩老师首先要求答辩者简要叙述其毕业论文的内容，因此，答辩者要事先准备好一份毕业论文答辩稿。叙述中要将毕业论文的构思（提纲）、论点、论据、论述方法梳理清晰。答辩人的答题时间一般会限制在一定的时间内，除非答辩老师特别强调要求展开论述，否则都不必展开过细。直接回答主要内容和中心思想，去掉旁枝细节，简单干脆，切中要害。答辩老师则通过答辩者的叙述，了解其对所写论文的思考过程，考察其分析和综合归纳能力。

2. 进行现场答辩

答辩老师听完陈述之后将就论文提出 2～3 个问题，答辩者则须精神高度集中，同时，将提问的问题一一记在本上。一般第一个问题主要是针对论文中涉及的基本概念、基本原理提出的，以考查学生对引用的基本概念、基本原理的理解是否准确。第二个问题一般针对论文中所涉及的某一方面的论点，要求结合工作实际或专业实务进行论述，以考查学习的专业基础知识对学生实务工作的联系及帮助，即理论联系实际的能力。第三个问题则提出专业理论或实务中的问题，引导学生以社会实践中遇到的案例和实务，研讨理论依据或当前所学专业发展中的诸多问题及热点问题，以考查学生专业方面的潜在能力。答辩者要对提出的问题在短时间内迅速作出反应，以自信而流畅的语言、肯定的语气，不慌不忙地回答每个问题。

毕业论文答辩的目的，就是检查毕业生是否认真、独立地完成毕业论文，同时考查毕业生综合分析能力、理论联系实际能力和专业方面的潜在能力。整个答辩过程由答辩专家组组长负责主持，并设有答辩秘书专门负责记录答辩过程。最后，答辩委员会根据论文的质量以及答辩的情况协定评语并评定成绩。

三、毕业论文答辩的准备工作

1. 熟悉内容

作为将要参加毕业论文答辩的同学，首先而且必须对自己所著的论文内容有比较深刻的理解和比较全面的熟悉。所谓“深刻的理解”是对论文有横向的把握。这两方面是为回答答辩委员会成员就有关论文的深度及相关知识面而提出的问题所做的准备。例如，题为《创建名牌产品发展民族产业》的论文，答辩委员会成员可能会问“民族品牌”与“名牌”有何关系。尽管论文中未必涉及“民族品牌”，但学生必须对自己的论文有“比较全面的熟悉”和“比较深刻的理解”，否则，就可能会出现尴尬局面。

2. 预设问题

在答辩前就毕业论文的内容提出 10～15 个问题（一般提问数量在 3～6 个问题）模拟答辩现场进行演练，最重要的是准备好这些问题的答案。例如，软件项目的答辩问题通常围绕以下问题：某个功能是如何实现的？使用了怎样的技术？采用了何种数据结构？哪些是自己编写的？哪些是由软件完成的？这个项目的意义是什么？对实际工作有哪些指导和价值？

3. 准备图表

毕业答辩委员会成员长时间地听述，听力难免会产生疲劳，进而影响对答辩者论述内容的接纳吸收。这样，必然对答辩者的答辩成绩有所影响。而图表不仅是一种直观的表达观点的方法，更是一种调节答辩会气氛的手段。而任何毕业论文，无论是文科还是理科都或多或少地涉及用图表表达论文观点的可能。所以，应该在答辩过程中适当穿插图表或 PPT 以提高答辩成绩。需要注意的是，这些内容都需要事先准备并烂熟于心，操作过程也应该熟练自如，否则反而可能会影响到答辩效果。

4. 整理物品

首先，学生参加答辩会要携带论文底稿和主要参考资料。如前所述，在答辩会上，主答辩老师提出问题后，学员通常可以准备一定时间后再当面回答，在这种情况下，携带底稿和主要参考资料的必要性是不言自明的。答辩时虽然不能依赖这些资料，但带上这些资料，如果一时记不起来，稍微翻阅一下有关资料，就可以避免出现答不上来的尴尬和慌乱。其次，学生参加答辩还应带上笔和笔记本，以便把主答辩老师所提出的问题和有价值的意见、见解记录下来。通过记录，不仅可以减缓紧张心理，而且还可以更好地吃透老师所提问题的要害和实质，同时还可以边记录边思考，使思考的过程变得自然。

四、毕业论文答辩的表达技巧

1. 主题明确

在校园中进行毕业论文答辩，往往辩手较多，因此，对于答辩委员会成员来说，他们不可能对每一位的论文内容有全面的了解，有的甚至连题目也不一定熟悉。因此，在整个答辩过程中要听明白题意，抓住问题的主旨，弄清答辩教师出题的目的和意图，充分理解问题的根本所在，然后在较短的时间内作出反应，要充满自信地以流畅的语言和肯定的语气把自己的想法讲述出来，不要犹犹豫豫。回答问题，一要抓住要害，简明扼要，不要东拉西扯，使人听后不得要领；二要力求客观、全面、辩证，留有余地，切忌把话说“死”；三要条分缕析，层次分明。此外还要注意吐字清晰，声音适中等。避免答非所问。不论是自述，还是回答问题，都要注意掌握分寸。自述强调重点，略述枝节；对提出的疑问，须审慎地回答，对有把握的疑问要回答或辩解、申明理由；对拿不准的问题，可不进行辩解，而实事求是地回答，态度要谦虚。另外，委员们一般也容易就题目所涉及的问题进行提问，如果能自始至终地以论文题目为中心展开论述就会使评委思维明朗化，对论文加以首肯。

2. 语速适中

进行毕业论文答辩的同学一般都是首次。无数事实证明，他们在众多的老师和同学面前答辩时，说话速度往往越来越快，以致答辩委员听不清楚，影响了答辩成绩。故答辩学生一定要注意在答辩过程中的语流速度，要舒缓有致，轻重有别。过快会让答辩小组成员难以听清楚，过慢会让答辩老师感觉答辩人对这个问题不熟悉。

3. 体态合宜

虽然毕业论文答辩同其他答辩一样以口语为主，但适当的体态语运用会使答辩效果更好。特别是手势语言的恰当运用会显得自信、有力、不容辩驳。同时，通过眼神与答辩委员会成员及会场上的同学们进行心灵的接触也是吸引评委注意力的一种手段。如果在答辩过程中表情呆滞、体态僵硬，答辩效果也会大受影响。

4. 态度诚恳

答辩的过程也是学术思想交流的过程。答辩人应把它看成是向答辩老师和专家学习、请求指导、讨教问题的好机会。因此，在整个答辩过程中，答辩人对自己论文的缺点和不足之处应坦诚相告，不要试图为自己的不足作强词夺理的辩解。因为这既说明你对自己论文的认识非常清醒，还可以避免主考老师抓住你的缺点不放。另外，还应该尊重答辩委员会的老师，言行举止要讲文明、有礼貌，尤其是在主答辩老师提出的问题难以回答，或答辩老师的观点与自己的观点相左时，更应该如此。答辩结束，无论答辩情况如何，都要从容、有礼貌地退场。答辩过程中如果你与主考老师的观点有冲突，那么答辩结束后你可以试图与其沟通，以你的谦虚与诚恳去尽可能地获得对方的认同。

5. 应答有方

对不太有把握的提问，答辩人应审慎地试着回答，即使讲得不很确切也不要紧，只要是同问题有所关联，老师会引导和启发你切入正题；如果确是自己没有搞清的问题，就应该实事求是地讲明情况，切不可强词夺理，进行狡辩。答辩中，有时主答辩老师会提出与你论文中基本观点不同的观点，然后请你谈谈看法，此时就应全力为自己的观点辩护。主答辩老师的提问中，有的是基础知识性的问题，有的是学术探讨性的问题，对于前一类问题，是要你作出正确、全面的回答，不具有商讨性，如果论文中有错，就必须承认。而后一类问题，是非正误并未定论，持有不同观点的人可以互相切磋商讨。如果你所写的基本观点是经过自己深思熟虑，又是言之有理、持之有据，能自圆其说的，就要坚持与答辩老师适当展开辩论以维护自己的观点。不过，与答辩老师展开辩论要注意分寸，运用适当的辩术。一般来说，应以维护自己的观点为主，反驳对方的论点要尽可能采用委婉的语言，请教的口气，用旁说、暗说、绕着说的办法，不露痕迹地把自己的观点输入对方，让他们明理而诚服或暗服。让提问老师接受你的意见的同时自尊并没受到伤害。这样的辩论，答辩老师不仅不会为难你，相反会认为你有水平，基础扎实。

6. 控制时间

一般在比较正规的答辩会上，都对辩手有时间要求，因此，毕业生在进行论文答辩时应重视时间的掌握。对时间的控制要有力度，到该截止的时间立即结束，这样，显得有准备，对内容的掌握和控制也轻车熟路，容易给答辩委员会成员一个良好的印象。故在答辩前应该对将要答辩的内容有时间上的估计。当然在答辩过程中灵活地减少或增加也是对时间控制的一种表现，应该加以重视。另外，在答辩人数较多的情况下，个人不要占用太多别人的时间，也防止言多必失。

7. 妙用人称

在毕业论文答辩过程中必然涉及人称使用问题，建议尽量多地使用第一人称，如"我"、"我们"，即使论文中的材料是引用他人的，也用"我们引用"了哪里的数据或材料，特别是毕业论文大多是你自己做的，所以要更多而且是果断地、大胆地使用第一人称"我"和"我们"。这样会使答辩委员会成员形成这样的印象：这个学生研究工作做了不少，论文成果可靠。

平台链接

论文答辩的技巧与方法

当老师久了，从硕士生导师熬到博士生导师，如今又过了好多年，不知有多少莘莘学子在我们面前"过堂"。所谓"过堂"，也就是答辩，其核心无非就是一问一答。问答看似简单，但结果却是因人而异的。有的顺顺当当，安然而过；有的跌跌撞撞，侥幸脱险；有的折戟沉沙，铩羽而归。

要想顺利通过答辩，确实得琢磨答辩的门道。因为问有问的技巧，答有答的高招。我曾经在一次到外地参加答辩的路途中总结了一些学生答辩的经验，称为"答辩十二法"，并将其传授给众弟子。这十二法是：察言观色法；删繁就简法；扬长避短法；偷梁换柱法；狐假虎威法；溜须拍马法；含糊其辞法；自问自答法；自我检讨法；见好就收法；低眉顺眼法；留待将来法。他们使用后普遍认为不错，并一再要求我把它们写下来，以使更多的学子受益，但我顾虑良多。一是因为这些经验在学生们看来也许实用，但是在老师们看来却是负面的，因为基本上是教学生如何"忽悠"答辩委员的，如果流传开来，其后果不堪设想。二是有些法子是群众自发创造出来的，效果更加明显，却没有被我收录。比如趁着某个评委老师有比较危急的情形，如接电话、上厕所或者烟瘾上来而离席，或者浑然入睡而理智全无的时候，赶紧把他的问题一梭子不歇气地回答完，这种法子用比较专业的说法就是“乘人之危法”；又比如情急之下，也就顾不得斯文了，眼泪一把，鼻涕一把，以此博得老师们的同情恻隐之心的，姑且叫做“痛哭流涕法”吧。总体而言，一是因为它们的片面基本都是反面的，二是因为它们的片面即不全面，所以总是觉得难登大雅之堂。于是就一直憋着，没有写出来。

一个时期以来，我认真地而且是从正反两个方面观察、总结、思考、提炼了一些论文答辩的技巧和方法，自认为比以前的十二法是有进步了，也更加全面了，至少是不那么片面了。所以心下就有些释然，而且觉得可以写出来了。以下就是论文答辩的“十四问法”、“十四答法”和“十二忌”。

十四问法：①请问；②发问；③提问；④试问；⑤借问；⑥质问；⑦责问；⑧反问；⑨诘问；⑩追问；⑪纠问；⑫盘问；⑬讯问；⑭拷问。前 12 个都是老师们常用的，后两个则是因为时代进步了，刑讯逼供被法律禁止了，所以用得少了。前面的问法是比较客气的，越到后来就越严肃，这大致可以从问话者的面部表情上看出来。

十四答法：①察言观色，见风使舵；②歌功颂德，讨好卖乖；③避重就轻，避实就虚；④扬己之长，克己之短；⑤偷梁换柱，移花接木；⑥含糊其辞，蒙混过关；⑦装聋作哑，装疯卖傻；⑧乘人之危，一吐为快；⑨悬崖勒马，回头是岸；⑩坦白从宽，抗拒从严；⑪巧言善辩，推卸责任；⑫借力打力，分化瓦解；⑬痛哭流涕，认罪伏法；⑭坚贞不屈，视死如归。当然，如果真的要用最后一种法子了，那就是两个字：死定了！

十二忌：一忌过于自信，目中无人；二忌疏忽大意，丢三落四；三忌轻重不分，虚实莫辨；四忌彷徨犹豫，心中无数；五忌言简意赅，贻误战机；六忌纠缠不清，短兵相接；七忌执迷不悟，愈陷愈深；八忌负隅反抗，顽固到底；九忌惊慌失措，语无伦次；十忌多言失语，授人以柄；十一忌自投罗网，自找麻烦；十二忌沉默不语，呆若木鸡。

也许有人要说，前面的问答都是十四个，为什么就不是十四忌呢？其实还有两忌，都是针对以上的问法与答法的。一忌信以为真，本本主义。以为书上已然登了这些法子，就全是真理了，可以依仗着走遍天下了。二忌偏听偏信，一叶障目。凡事都是一分为二的，你以为已经洞察了答辩的韬略，可以高枕无忧了，殊不知，仙外有仙，天外有天。学界一如武林，高手云集，英才辈出，更何况还有那些修炼数十载、功夫高深莫测的学界大师、泰斗呢？以上区区雕虫小技，岂能逃得过他们的火眼金睛，又岂能敌得过他们的神功大法？所以奉劝各位后辈，还是好好学习、天天向上、写好论文、认真准备是最重要的。而且我也是一个坚定的历史唯物主义者，相信群众的智慧是无穷的。至于上面的那些计谋么，择其善者，相机而用就是了。

最后需要补充说明的是，本文所讨论的技巧方法也基本适用于所有的口试、面试等场合。

（作者为北京师范大学法学院教授，本文摘自《法学家茶座》）

转引自：http://www.jcrb.com/fxy/kaoshi/200806/t20080613_22667.html

自主拓展

试分析下列答辩场面的情况，并试回答相关老师的提问。

（1）同学拿着写了 25 页的关于 USB 技术的论文上去答辩。老师开口就问：“请你用一句话介绍一下 USB 技术。”同学立即回答：“一句话？一句话可以说清楚我写 25 页干嘛？一句话可以说清楚我站在这里干嘛？”整个答辩场集体沉默了 2 分钟……

（2）毕业论文是个有关电梯的东西，他什么都没做过，论文是抄的。老师答辩的时候问什么，他都不知道，最后老师急了，问道：“那么你知道什么？”他说：“我知道这个电梯按向上的按钮它会上去，按向下的它会下去。”

（3）规定答辩时间是 20 分钟，一个同学到了 20 分钟时老师还在继续提问，只见她看了下表，说了声时间到了，然后就收拾东西走人。

（4）一个同学答辩，在作介绍时，说话声音不清晰，下面有位老师听不清楚，于是转头与另一位老师小声交谈，此同学见了，立刻停下来，大声地问他的同伴："老师在说什么？"一时间全场爆笑，老师尴尬无语。他自己做了一个 PPT，最后一个部分是致谢，其内容基本上叙述了指导老师一生的事情，还深情地说自己很喜欢和老师讨论问题等事情，当他的致谢还没有读到一半，导师"唰"地一下站起来，面容扭曲地说："我不是让你删掉这些吗！？"

（5）老师："你的论文怎么这么多错别字。"学生："没办法，我用的是紫光输入法。"

（6）老师："你的电动机怎么没有保护啊？"同学："这个……这个不在我设计的范围内。"老师："那么电动机电流过大，我们就任由它烧掉了？"同学："嗯……很抱歉，看来我们只好任由它烧掉了。"

第二节　面　　试

案例导入

张小姐和杨小姐都是刚毕业的学生，学的都是英语专业，学习成绩都很突出，两人同时应聘一家独资公司的高级秘书职位。人事经理看了简历以后，难以取舍。于是通知两人面试，考官让她们分别做一个自我介绍。

张小姐说："我今年 22 岁，刚从某大学毕业，所学专业是英语。浙江人。父母均是高级工程师。我爱好音乐和旅游。我性格开朗，做事一丝不苟。很希望到贵公司工作。"

杨小姐介绍说："关于我的情况简历上都介绍得比较详细了。在这我强调两点：我的英语口语不错，曾利用假期在旅行社做过导游，带过欧美团。再者，我的文笔较好，曾在报刊上发表过 6 篇文章。如果您有兴趣可以过目。"

最后，人事经理录用了杨小姐。

面试介绍时需要抓住岗位的特点，强调自己能力的适应性。

知识讲解

求职与面试是应聘者（用人单位）为获得工作岗位（员工）而进行的活动。一般情况下，求职过程包括递交求职材料、笔试、面试三大环节。本教材重点介绍材料环节和面试环节。

一、求职与求职材料

众多的社会事例告诉我们，求职过程中求职者的语言艺术至关重要。这种语言艺术既包括书面语言，也包括口头语言。书面语言艺术主要体现在求职材料的写作中，口头语言艺术则主要体现在面试阶段。

（一）求职前的准备工作

成功的求职离不开求职前的充分准备。很多情况下，人们在求职时总会花不少的时间去准备求职材料。事实上，求职材料固然很重要，但在准备求职材料前其实还有准备工作要做。

1. 了解社会用人观

随着社会的发展，当今社会的人才观也在发展变化。除了较强的工作能力之外，个人自主学习能力、团队协作能力、敬业精神以及忠诚度等素养也日益为用人单位所重视。对求职者而言，及时了解社会上人才观的发展趋势，就可以相应地调整自己的学习培养计划，以更好地适应社会需求。

2. 了解用人单位情况

为确定一个适合自己的工作单位并确保面试成功，求职者在求职前应对用人单位作多方面的了解。既要了解单位的性质、规模、潜力、声誉等基本状况，还要了解用人单位招聘岗位的工作性质、员工福利等。了解这些是为了避免盲目求职，避免浪费不必要的财力、精力。

3. 分析自身情况

兵法云："知己知彼，百战不殆。"不仅要了解社会需求和用人单位状况，还要了解求职者自身的情况。这样做的目的是为了给求职者自身一个准确的定位，以拟定一个既适合社会、单位需求又适合自身的求职目标。要知道适合你的才是最好的，个人的专业、能力、兴趣、个性甚至追求都应在考虑之列。

（二）求职材料的准备

准备工作做好以后就可以着手准备求职材料。求职材料一般包括求职信、个人简历以及相关的证明材料等，这里着重谈求职信和简历。

1. 求职信的写作

求职信是用来向某一单位求取一份工作的信函，又称自荐信。求职信往往是求职者与用人单位的第一次接触，直接影响到给用人单位的第一印象。

求职信在格式上与普通信函相类似，包括称呼、正文、结尾、署名、日期。正文内容与普通信函相比，目的性更为明确，即求职。一般包括三个部分：第一部分说明从哪里得到关于这份工作的信息；第二部分主要是推销自己，表达自己对应聘职位的兴趣并介绍自己的能力和条件；第三部分是表达希望，例如希望能得到面试的机会。当然，我们也不排除有的求职者只是投求职信碰碰运气，求职者对应聘职位并没有太多的了解，这时可以特别表达愿意接受新挑战的愿望，并强调自己在适应新环境、处理人际关系等方面的能力。但这种做法缺乏针对性，我们不提倡。

写求职信要注意以下几点：第一，称呼要正规，措辞要礼貌。第二，简洁明了、实事求是地说明自己的能力和条件。因为求职信通常是跟简历一起寄给用人单位的，所以在信中提到自己的能力和条件时，不要简单重复简历中已有的内容，而是要用简洁、明了、具体的语言提出自己特别突出的或者可能引起用人单位特别注意的能力和条件。第三，写明要求取的工作岗位以给用人单位一个考虑选择的机会。第四，要适当突出招聘者的利益，不要一味强调自己的需要和期望。

2. 简历的制作

个人简历是求职者学习、工作等经历的概括。写好个人简历非常重要。一份适合职位要求、翔实和打印整齐的简历更易使求职者获得聘用单位面试的机会。个人简历一般很少单独寄出，它总是作为求职信的附件，呈送用人单位。

常用的简历格式有两种：一种是按年月顺序列出自己的学习工作经历，另一种是根据需要有选择地列出自己的学习、工作经历，充分表现自己的技能、品德。但对于刚从大学毕业的求职者来说，采用第一种格式更好。

一般来说，简历的主要内容应包括四个部分：第一部分为个人基本情况，包括姓名、性别、年龄、籍贯、政治面貌、学校、系别及专业、婚姻状况、健康状况、身高、爱好与兴趣、家庭住址、电话号码等。第二部分为学历情况，包括学习单位及起止时间、所学主要课程及学习成绩、在校所任职务、在校所获奖励和荣誉。第三部分为工作资历情况，包括曾工作的单位、日期、职位、工作性质等。第四部分为求职意向，即求职目标或个人期望的工作职位以及你的奋斗目标，可以和个人特长等合写在一起。

制作简历时应注意几点：一是修饰适当，字符大小适宜；二是真实反映自身情况，突出自己的优点；三是篇幅尽量要短。另外，工作经历应从现在所从事的工作写起，招聘人员最关心的是你所受的最高教育和最近的工作，这样写简历才会提高应聘的命中率。

二、面试

通常情况下，能够进入到面试环节就意味着求职成功了一半，在整个求职过程中，面试无疑是最具有决定性意义的一环。面试是求职者全面展示自身素质、能力、品质的最好时机。面试发挥出色，可以弥补先前笔试或是其他条件如学历、专业上的一些不足。但在求职应聘的几个环节中，面试也是难度最大的，尤其是对于应届毕业生来说，由于缺乏经验，面试常常成为一道难过的坎儿。有很多毕业生顺利通过了简历关、笔试关，最后却在面试中铩羽而归。因此，要重视学习面试的基本知识。

（一）面试的种类

面试有很多形式，依据面试的内容与要求，大致可以分以下几种：① 问题式。由招聘者按照事先拟定的提纲对求职者进行提问。其目的在于观察求职者的表现，考核其知识，判断其解决问题的能力，从而获得有关求职者的第一手资料。② 压力式。由招聘者有意识地对求职者施加压力，就某一问题或某一事件作一连串的发问，详细具体且追根究底，直至无以对答。此方式主要观察求职者在特殊压力下的反应、思维敏捷程度及应变能力。③ 随意式。招聘者与求职者漫无边际地进行交谈，气氛轻松活跃，招聘者与求职者自由发表言论，各抒己见。此方式的目的在于在闲聊中观察求职者谈吐、举止、知识、能力、气质和风度，对其做全方位的综合素质考查。④ 虚拟式。由招聘者事先设定一个情景，提出一个问题或一项计划，请求职者进入角色模拟完成，其目的在于考核其分析问题、解决问题的能力。⑤ 综合式。招聘者通过多种方式考察求职者的综合能力和素质，如用外语与其交谈，要求即时作文，或即席演讲，或要求写一段文字，甚至操作计算机等，以考查其外语水平、文字能力、书面及口才表达等各方面的能力。另外，安排应聘者在单位确定的岗位上实习一段时间，以达到对应聘者综合能力和素质的考察，这也是一些单位面试的方式。

按照面试时的出场人数分，面试又可以分为：① 一对一（one-on-one）。招聘人员与应聘者一对一地“过招”。这是最常见的面试模式，面试的内容方式因此也会比较灵活。② 多对一（group interview）。两个或两个以上的招聘经理共同面试同一个应聘者，这个方式也比较常见。采取这种面试方法多是出于节省时间的考虑，招聘单位可以在很短的时间完成多项面试内容，几个面试考官一轮下来就可以对面试者进行现场综合评定。在这种情况下，你要注意谁是最主要的一位面试考官。这在中资机构中很容易看出，在外企中通常也能通过察言观色猜测出来。面试者应该对主要的面试考官有所重视，但也不能忽略其他人员，显得厚此薄彼。③ 小组游戏（game play）。面试考官同时考察一组人，这时招聘人员的人数是不确定的。这么做的目的通常有三个：一是可以横向比较面试者，统观全局，大致地了解每个人的特色；二是考察小组成员的团队合作精神；三是节省时间，因为招聘工作时间紧，常常来不及一个个面试。基于前两种原因，这种面试会配有程序化的设计，往往会要求大家分析案例或者要求大家共同参与一个小游戏。这一模式当中，面试者要注意如何在群体中表现得当，既要积极活跃，又不能抢尽风头，对别人构成压力或威胁，还要摆正自己的位置，使人觉得你是集体中的一员，容易相处，并能为集体作出贡献。

以上是对面试的大致分类。在实际应用中，招聘者可能采取一种或同时采取几种面试方式，也可能就某一方面的问题对求职者进行更广泛、更深刻的考察，其目的在于能够选拔出优秀的应聘者。对求职者而言，提高自己的综合素质是应对各种面试的不二法门。

（二）面试的技巧

1. 面试前的充分准备

求职者接到面试通知后要进行积极充分的准备，包括信息了解、知识准备、心理调适、仪容修饰几个方面。

如果在求职之初你对应聘单位还不甚了解，这时就很有必要补上这一课。单位的性质不同，对求职者面试的侧重点也会不同。例如公务员考试侧重于时事政治、经济管理、服务意识等方面，而公司却对从业经历、个人能力、对公司的认同感更有兴趣。同时，求职者还应了解当天对你进行面试的考官的有关情况和面试的方式、过程以及面试时间安排，索取可能提供给你的任何说明材料。认真阅读你所收集到的所有信息并牢记它们。

虽然面试前你可能已经参加过笔试，但这并不意味着你可以忽略专业知识的准备。面试过程中，可以通过你对知识的掌握和理解来表达你希望进入这一职业工作的愿望。与应聘岗位相关的专业知识、业务技能等务必要熟知。应聘跨国公司或知名企业，还应有外语流利应答的充分准备。

面试不仅在测试每个人的能力，也在测试每个人的心理素质。因此，要取得面试成功，首先，要充满信心，以良好的精神状态去从容应对。其次，要注意谈吐。考官可能会从面谈中了解求职者的性格及人际关系，并从谈话过程中了解求职者的情绪状况、人格成熟度。

此外，面试时的仪表风度很重要。面试前应聘者还应注意修饰自己的仪表，使穿着打扮与年龄、身份、个性等相协调，与应聘的职业岗位相一致。曾有某公司招聘经理说过，招聘者对求职者的印象常常在前 30 秒就已经形成了，所以招聘者们都强调求职者一定要注意自己的着装和精神风貌。以前都认为面试时一定要穿正装，比如男孩要西装革履，女孩必须一身职业装，其实着装主要看公司的风格和职位特点，像一些网络公司着装都比较随意。所以，对于应届毕业生来说，着装不强调西装革履，但一定要整洁干净。

2. 面试中的交谈技巧

作为交谈的一种，面试交谈也有其自身的特点。一般情况下，求职者在面试中以回答问题为主，但也可以适当提问。

跟日常生活中的应答一样，面试中回答问题时也首先要准确明白。但面试中的应答更强调：第一，把握重点，条理清楚。一般情况下回答问题要结论在先，议论在后，先将中心意思表达清楚，然后再作叙述。切不可简单地仅以“是”或“否”作答，有的需要解释原因，有的则需要说明程度。第二，确认提问，有的放矢。面试中，招聘者提出的问题过大，以致不知从何答起，或求职者对问题的意思不明白是常有的事。将问题复述一遍，确认其内容，才不致南辕北辙、答非所问。第三，冷静对待，宠辱不惊。考官中不乏刁钻古怪之人，可能会故意提出不礼貌或令人难堪的问题，其意在于“重创”应试者，考察你的“适应性”和“应变性”。你若反唇相讥，恶语相对，就大错特错了。第四，知之为知之，不知为不知。面试中常会遇到一些不熟悉、曾经熟悉现在忘了或根本不懂的问题。面临这种情况，回避问题是失策，牵强附会更是拙劣，诚恳坦率地承认自己的不足之处，更易赢得考官的信任和好感。

面试中考官有时会问你有没有问题，千万不要轻易说“没有”。通过提问的方式进行自我推销是十分有效的，但所提问题必须是紧扣工作任务、紧扣职责的。例如：应聘职位所涉及的责任以及所面临的挑战？在这一职位上应该取得怎样的成果？该职位与所属部门的关系以及部门与公司的关系？该职位具有代表性的工作任务是什么？要注意不要随便提薪酬，即使对方主动提出也要注意避免直接回答。不要问一些通过事先了解能够获得的有关公司的信息，这会让人对你的面试目的是否明确表示怀疑。

3. 面试结束技巧

面试不是闲聊，也不是谈判。从某种意义上讲，面试是陌生人之间的沟通。谈话时间的长短要视面试内容而定。考官认为该结束面试时，往往会说一些暗示的话语，如：“我很感激你对我们公司这项工作的关注。”“谢谢你对我们招聘工作的关心，我们一旦作出决定就会立即通知你。”“你的情况我们已经了解了。你知道，在作出最后决定之前我们还要面试几位申请人。”求职者听了诸如此类的暗示语之后，就应该适时地主动告辞。

面试过程中的礼节也是公司考察录用的一个砝码。文明礼貌是对别人的尊重，是引起别人重视的第一印象。礼貌的具体表现反映在语言和衣着上。面试开始时，常使用“您好”、“请多关照”等语句，面试结束时常使用“谢谢”、“再见”等语句。不要在考官结束谈话前表现出浮躁不安、急欲离去的样子，也不能催促对方给你答复。告辞时应感谢对方花时间同你面谈。走时，如果有秘书或接待员接待过你或招待过你的话，也应向他们致谢告辞。曾经有这样一个典型事例，某公司到某学校选拔学生，学生依次面试，当按姓名叫到一个学生不在时，立即有一位同学去找，去找的这位同学回来后说：“对不起，没找到。”负责选拔的总经理当场说：“就凭你这句‘对不起’，你这样的学生我们要了。”

面试结束并不等于求职过程的结束。面试结束后，及时回顾你在其中的得失，甚至向招聘者请教你有哪些欠缺以便今后改进也是有必要的。在面试后的一两天内，你可以给某个具体负责人写一封短信。在信里应该感谢他为你所花费的精力和时间，感谢他为你提供的各种信息。哪怕他们已经暗示你可能落选了，寄一封短信说明你即使没有成功但也很高兴有面试机会。这样做不仅是出于礼貌，而且还能使接见者在其公司出现另一个职位空缺时心里想着你，创造出一个潜在的求职机会。

平台链接

面试自我介绍的注意点

1. 自我介绍不要太短，更不要太长，重点要突出，要有中心思想。在面试前，最好对应聘企业的文化、产品、岗位需要的技能做一定的了解，然后组织好自己的语言。在介绍时，通过描述，塑造自己在别人心目中的印象，比如应聘文员，你需要判断那个岗位需要的是细心、有热情、文字功底强等，你就需要在自我介绍中主要介绍你这方面的能力和成绩，不要想着介绍从自己小学开始一直讲到大学毕业。为了提高效率，在作自我介绍的同时，可利用名片、介绍信等资料加以辅助。

2. 介绍最后需要强调你与这个岗位的符合性，比如“我认为我在文字功底方面的能力很强，也有相关的经验和良好的成绩，我非常符合您的岗位要求”，这样不仅是继续提醒考官注意你这方面的能力，也表达出了你非常好的自信和加入公司的兴趣。

3. 介绍切勿有一句答一句，有些面试者惜字如金，有一句答一句，考官面试没多久就会失去兴趣，但也切勿滔滔不绝，会让人产生不切实际、浮躁的印象。

4. 态度整体上讲求落落大方，笑容可掬。充满信心和勇气。要敢于正视对方的双眼，显得胸有成竹，从容不迫。语气自然，语速正常，语音清晰。

5. 准备好了面试介绍后，最好找你熟悉的人练习一下，这样多练习几次，不仅会减少你的紧张，而且也会得到一些建议。

大学生求职面试的注意点

近日，吉林省一些高校就业指导教师提醒，大学生获得面试机会不容易，值得珍惜，所以面试时须注意一些事项，以免出现意外。

一是个人信息要保护。毕业生在填写个人简历时，不要在规定的表单以外的地方填写自己的联系方式，这样会导致不安全情况发生，其中尤其建议求职者只留本人联系电话并保持畅通，若非必要最好不留家庭电话。

二是面试地点要留意。大学生在面试时一定要认真确认面试地点，正规单位招聘一般会将招聘地点设在单位的办公室、会议室，一些以租用房间作为应聘地点的单位要警惕。不要轻信招聘者在指定的街道或酒店的接待，应该自己主动找到招聘单位所在办公地址或办事处。

三是遭遇“强制性”体检时要注意。如遇到单位要求必须体检才能上岗的，提醒求职者注意：单位不应当指定某医院，而此类医院也不应该是私立医院或者诊所。如遇到此类情况，请不要相信，发现被骗应及时报警。

四是非法费用不要交。任何招聘单位，以任何名义向求职者收取抵押金、服装费、产品押金、风险金、报名费、培训费等行为都属非法行为。招聘单位培训本单位的职工，也不准收取培训费。求职者遇到此类情况，要坚持拒交，并向招聘单位所在地区举报，以确保自己的合法权益不受侵害。

五是不要轻信外地上岗的承诺。对外地企业或某外地分公司、分厂、办事处的高薪招聘，不论其待遇多么好，求职者千万要保持清醒的头脑和高度的警惕，不要轻信他的口头许诺。一是不去，二是到劳动保障部门咨询，并办理相关的手续，否则会吃大亏，悔之晚矣。

六是签订劳动合同须谨慎。与用人企业签合同时，求职者要“三看”：一看企业是否经过工商部门登记以及企业注册的有效期限，否则所签合同无效；二看合同字句是否准确、清楚、完整，不能用缩写、替代或含糊的文字表达；三看劳动合同是否有一些必备内容，包括劳动合同期限、工作内容、劳动保护和劳动条件、劳动报酬、社会保险和福利、劳动纪律、劳动合同终止的条件、违反劳动合同的责任等。必须签书面合同，试用期内也要签合同。

转引自：http://hr.wtojob.com/hr147_46502.shtml

自主拓展

1．先阅读招聘材料，后自行讨论可能会提的问题，再由学生分别扮演聘者和应聘者进行问和答，并由聘者点评学生点评及教师点评。

2．先组织一次模拟面试，后分析评价其中各人的表现。

第五章 谈判与推销

学习目标

知识目标：
- 熟悉谈判的过程及应对策略；
- 了解谈判中东西方的文化差异；
- 熟悉推销的过程。

能力目标：
- 能够运用谈判的语言技巧；
- 掌握推销中的语言技巧。

第一节　谈　　判

案例导入

我国某冶金公司要向美国购买一套先进的组合炉，派了一位高级工程师与美商谈判，为了不负使命，这位高工做了充分的准备工作，他查找了大量有关冶炼组合炉的资料，花了很大精力对国际市场上组合炉的行情和美国这家公司的历史和现状、经营情况等了解得一清二楚。谈判开始，美商一开口要价 150 万美元。中方工程师列举各国成交价格，使美方目瞪口呆，终于以 80 万美元达成协议。当谈判购买冶炼自动设备时，美商报价 230 万美元，经过讨价还价压到 130 万美元，中方仍然不同意，坚持出价 100 万美元，美商表示不愿再继续谈下去了，把合同往中方工程师面前一扔，说："我们已经做了这么大的让步，贵公司仍然不能合作，看来你们没有诚意，这笔生意就算了，明天我们就回国了。"中方工程师闻言轻轻一笑，把手一伸，做了一个优雅的"请"的动作。美商真的走了，冶金公司的其他人有些着急，甚至埋怨工程师不该抠得这么紧。工程师说："放心吧，他们会回来的。同样的设备，去年他们卖给法国只有 95 万美元，国际市场上这种设备的价格 100 万美元是正常的。"果然不出所料，一个星期后美方又回来继续谈判了。工程师向美商点明了他们去年与法国公司的成交价格，美商又愣住了，没想到眼前这位中国人如此精明，于是不敢再报虚价，只得说："现在物价上涨得厉害，比不了去年。"工程师说："每年物价上涨指数没有超过 6%，一年时间，你们算算，该涨多少？"美商被问得哑口无言，在事实面前，不得不让步，最终以 101 万美元达成了这笔交易。

从上面案例我们可以看出，中方取得谈判胜利的原因首先在于对对方信息充分的收集整理，用大量的客观依据给对方施加压力，其次还在于对多种谈判技巧的准确运用。

知识讲解

一、谈判与谈判语言

谈判就是谈判者为实现消除分歧、改进关系、谋求共同利益等目的而进行的交换看法和反复磋商的交往活动。正如美国谈判学会会长尼尔伦伯格所言：只要人们是为了改变相互关系而交换观点，只要人们是为了取得一致而磋商协议，他们就是在谈判。一般来说，谈判的双方既有利益冲突又互有所求，因此，谈判双方既合作也竞争，追求双方利益的最大化是谈判双方追求的目标。但事实上，这种共赢的目标也只能是相对的。

谈判的分类方法有多种：从谈判规模看，可分大、中、小型谈判（一般 12 人以上为大型，4～12 人为中型，4 人以下为小型）；从参加谈判的组织和个人的多少看，分双边谈判与多边谈判；从人数看，谈判分个人谈判和团体谈判；从内容看，可分政治谈判、经济谈判、文化谈判等；从透明程度看，分公开谈判和秘密谈判；从方式看，分正式谈判和非正式谈判……

谈判是现代社会的普遍现象，大到政治军事、小到日常琐事都可以成为谈判的内容。谈判既是竞争手段、斗争艺术，也是智慧的较量，而口才又是谈判者思想和智慧的表达工具，因此，谈判与口才密切相关。良好的口才便于沟通并获得信息，从而能更好地说服对方。

谈判语言是一种目的性非常明确的语言交流，带鲜明的目的性，要准确明白、通俗易懂。谈判语言作为智慧的较量方式，也带有策略性，语言要有一定的弹性，以给双方一个回旋的余地。谈判作为一个动态过程，其语言又具有随机性，必须根据谈判的进展调整表述。

二、谈判的过程及策略

1．谈判准备阶段

成功的谈判依赖于事先充足的准备，包括收集谈判资料、确立谈判目标、拟订谈判方案。资料收集过程中，不仅要收集谈判对手的详细情况，还要收集与谈判内容有关的政治、法律、经济、技术等方面的情报资料。谈判目标是建立在对双方情况的理性认识上的，目标的拟定要有一定的弹性，既有最佳期望目标，也有立意达成目标，还有最低限度目标，这样可以为谈判提供较多的选择机会以保证谈判的成功。谈判方案不仅要紧紧围绕目标，还要有应变方案以应对未曾预料到的情况。

情境案例 5-1

在某次交易会上，我方外贸部门与一名客商洽谈出口业务。在第一轮谈判中，客商采取各种招数来摸我们的底，罗列过时行情，故意压低购货的数量。我方立即中止谈判，搜集相关的情报，了解到日本一家同类厂商发生重大事故停产，又了解到该产品可能有新用途。在仔细分析了这些情报以后，谈判继续开始。我方更据掌握的情报后发制人，告诉对方：我方的货源不多；产品的需求很大；日本厂商不能供货。对方立刻意识到我方对这场交易背景的了解程度，甘拜下风。在经过一些小的交涉之后，乖乖就范，接受了我方的价格，购买了大量该产品。

在商业谈判中，口才固然重要，但是最本质、最核心的是对谈判的把握，而这种把握常常是建立在对谈判背景的把握上的。

2．谈判开局阶段

谈判的主体开始磋商之初即谈判的**开局**。一般而言，谈判双方都要试图营造一种和谐、宽松的谈判气氛，通过谈判各方的自我介绍（包括谈判人、谈判宗旨）来促使彼此的熟悉是最常用的方法。开局还要注意不能过于保守或冒进，要大胆提要求。

情境案例 5-2

某工艺雕刻厂原是一家濒临倒闭的小厂，经过几年的努力，发展为产值 200 多万元的规模，产品打入日本市场，战胜了其他国家在日本经营多年的厂家，被誉为“天下第一雕刻”。有一年，日本三家株式会社的老板同一天接踵而至，到该厂订货。其中一家资本雄厚的大商社，要求原价包销该厂的佛坛产品，这应该说是好消息。但该厂想到，这几家原来都是经销韩国、中国台湾地区产品的商社，为什么争先恐后、不约而同到本厂来订货？他们查阅了日本市场的资料，得出的结论是本厂的木材质量上乘、技艺高超是吸引外商订货的主要原因。于是该厂采用了“待价而沽”、“欲擒故纵”的谈判策略。先不理那家大商社，而是积极抓住两家小商社求货心切的心理，把佛坛的梁、榴、柱，分别与其他国家的产品作比较。在此基础上，该厂将产品当金条一样争价钱、论成色，使其价格达到理想的高度。

首先与小商社拍板成交，造成那家大客商产生失落货源的危机感。那家大客商不但更急于订货，而且想垄断货源，于是大批订货，以致订货数量超过该厂现有生产能力的好几倍。

本案例中该厂采用了保留式开局策略，其成功的关键在于其策略不是盲目的、消极的。首先，该厂产品确实好，而几家客商求货心切，在货比货后让客商折服；其次，是巧于审势布阵。先与小客商谈，并非疏远大客商，而是牵制大客商，促其产生失去货源的危机感。这样订货数量和价格才有大幅增加。

3. 谈判摸底阶段

谈判摸底阶段是指实质性谈判开始后到报价之前的这一阶段。在这个阶段，谈判双方通常会交流各自谈判的意图和想法，试探对方的需求和虚实，协商谈判的具体议程，进行谈判情况的审查和倡议，并首先对双方无争议的问题达成一致，同时评估报价和讨价还价的形势，为其做好准备。摸底阶段，虽然不能直接决定谈判的结果，但是它却关系着双方对最关键问题谈判的成效；同时，在此过程中，双方通过互相的摸底，也在不断调整自己的谈判期望和策略。

4. 谈判磋商阶段

谈判各方就实质性事项进行磋商的阶段是谈判过程的中心环节。在磋商初期阶段，谈判者一般不会轻易亮出底牌，而是设法让对方先开口讲话，引诱对方暴露真实情况。随着谈判的深入，谈判各方在立场、利益上的分歧逐渐暴露明显，彼此都想为己方获得尽可能多的利益而据理力争，但又要使谈判不致破裂。为避免谈判处于胶着状态，适当让步既可以表现诚意和大度，也可以取信对方，保证了谈判的继续。毕竟，失败的谈判对任何一方都无好处。当然，让步也是有限度的、逐步的，这样才能最大可能地争取利益。因此，保证有利于谈判的良好氛围在这一阶段尤为重要，这就需要一定的技巧。在谈判开始后，先讨论容易解决的问题，然后再讨论容易引起争论的问题。把正在争论的问题与已经解决的问题联系起来更容易说服对方。把正面消息先传递给对方而负面消息次之，强调双方立场的一致性较之强调差异，强调有利于对方的条件等做法都有利于说服对方。

5. 谈判结束阶段

切莫以否定性的话语结束谈判，否则会使双方已经达成的谈判协议告吹。在谈判结束时，应给予对方正面的评价，并互致谢意。

能力讲解

一、谈判语言的重要性

商务谈判行为集中表现为语言交流行为，因而语言艺术水平的高低往往决定着谈判双方的关系乃至谈判的成败。谈判语言运用的重要性主要体现在以下三点。

1. 有利于谈判的成功

成功的谈判都是谈判双方出色运用语言艺术的结果。如在谈判中同样要表述的一个问题，恰当地运用语言艺术可以使对方听来饶有兴趣，乐于聆听，否则就可能让人产生乏味、反感。

2. 有利于处理双方人际关系

谈判中双方的人际关系变化主要是通过语言交流来体现的，双方各自的语言都表现了自己的愿望和要求。语言艺术性的高低可能使双方人际关系得以调整、改善、巩固和发展；也可能导致解体、破裂，进而使谈判失败。如果开局时就能运用语言创造一种轻松、自然、和谐、愉快的气氛，那就是为谈判成功创造了一个好的前提。

3. 有利于阐明观点，实施策略

在谈判中，双方要想把自己的判断、推理、论证等思维成果表达出来，就必须出色地运用语言艺术。要想使自己的谈判策略有效实施从而获得成功，也要运用语言艺术。

二、谈判语言的一般要求

由于谈判语言受多种不同因素的影响，因此在不同的谈判活动中，针对不同的谈判对象运用的语言也截然不同。但不论采用何种谈判语言都必须注意以下一般要求。

1. 文明性

谈判语言必须符合职业道德的要求，讲究文明礼貌。无论在何种情况下都要保持冷静和理智，不能口出污言秽语、攻击侮辱对方的人格。对某些不恰当的语言应理智、明白、幽默地予以批评，对某些恶意挑衅的语言，应坚决、果断、无情地予以反击。

2. 清晰性

在谈判中要努力做到咬字准确、吐词清晰、口齿伶俐、语音纯正、语言流畅。结巴口吃、哼哈呢喃、习惯性尾语等不良习惯都应该戒除。同时应注意语言的标准化，讲普通话，尽可能采用对方能够听清、听懂、理解的语言，尽量少用地方话和生造歧义语言。

3. 简洁性

在谈判中应用最简练的语言表达最丰富的信息，用尽可能少的句子表达更多的意思，做到紧扣主题、干净利落，没有闲言废语，不节外生枝。同时词语的使用要尽可能准确，不能模棱两可、含糊错乱、词不达意，妨碍信息的交流。

4. 准确性

谈判双方必须准确地把己方的立场、观点、要求传达给对方，帮助对方明了自己的态度。如果谈判者传递的信息不准确，那么对方就不能正确理解你的态度，势必影响到谈判双方的沟通和交流，致使谈判朝着不利的方向转化，谈判者的需要便不能得到满足。如果谈判者向对方传递了错误的信息，而双方又将错就错地达成了协议，那么还会招致巨大的经济损失。因此，谈判语言必须准确。

5. 针对性

谈判者要针对不同的谈判对象，采取不同的谈判对策，因人施语。谈判对象由于性别、年龄、文化程度、职业、性格和兴趣的不同，接受语言的能力和习惯使用的谈话方式也完全不同。因此，面对不同的谈判对象，谈判者必须细心区别，深入了解，从对方的实际情况出发，寻找适合其特点的谈话方式和语言材料。

6. 灵活性

根据谈判的动态变化，谈判者要及时、灵活地对自己的语言进行调整，转移或继续话题，重新设定说话内容、说话方式，甚至终止谈判，以保证语言更好地为实现谈判目的服务。如果谈判中发生了意料之外的变化，那么切不可拘泥于既定的对策，可以来个以不变应万变。不妨从实际出发，在谈判目的规定的许可范围内有所变通，以适应对方的反应。如果思想僵化、死板，不能及时以变化的方式去对付变化了的形势，那么必将在谈判中失去优势，处于被动挨打的地步。

三、谈判中的语言技巧

谈判的过程是充满智力较量的谈话过程，其主要表达技巧可从以下几方面展开介绍。

1. 倾听的技巧

富兰克林曾经这样说过："与人交谈取得成功的重要秘诀，就是多听，永远不要不懂装懂。"多听是谈判者所必须具备的一种修养。谈判中的听，不仅是运用耳朵的听，而是也要运用眼睛去观察对方的表情和动作，运用心灵去为对方的话语作设身处地的构想，运用大脑去研究对方话语背后的动机。这种耳到、眼到、心到、脑到的听，称之为**倾听或聆听**。

谈判中潜心的听往往比滔滔不绝的说更为重要，首先，倾听是了解对方需要，发现事实真相的最简捷的途径；其次，倾听使人更真实地了解对方的立场、观点和态度，了解对方的沟通方式、内部关系，甚至是小组内部成员的意见分歧，从而使你掌握谈判主动权；再次，倾听会给人留下好印象，改善双方关系；最后，倾听让人了解掌握许多重要语言的习惯用法，这些习惯用法在谈判中，往往会成为人们运用谈判策略的技巧之一。

2. 叙述技巧

叙述要准确易懂，简明扼要。语言要具有条理性且富有弹性。要根据对方的学识、气质、性格、修养和语言特点，调整洽谈用语，以缩短双方距离，实现平等交流。发言要紧扣主题、措词得体，不要转弯抹角，以和缓的语言表达自己的意见，同时注意语调、声音、停顿和重复。

3. 提问技巧

提问是使自己"多听少说"的一种最有效的方法，也是获取对方信息的最常用方式之一。通过提问，可以引起对方的注意，对双方的思考提供既定的方向，可以获得自己不知道的信息、不了解的资料，可以传达自己的感受，引起对方的思考，可以控制谈判的方向，使话题趋向结论。要使发问取得效果，发问前必须明白问什么、怎么问、何时问，即要适时巧妙地问到点子上。一般情况下，提问不应打断对方的讲话。

情境案例 5-3

有一位教徒问神父："我可以在祈祷时抽烟吗？"他的请求遭到神父的严厉斥责。而另一位教徒又去问神父："我可以吸烟时祈祷吗？"后一个教徒的请求却得到允许，悠闲地抽起了烟。

4. 回答技巧

谈判者回答的每一句话都负有责任，都被对方理所当然地认为是一种承诺。一般情况下，针对对方提出的问题要做实事求是的正面回答，但是，由于谈判中的提问都是对方精心营构之后所提，其中有谋略、有圈套、有难测之心，因此要运用一定的回答技巧。回答时应将提问者的范围缩小，或者在不作正面答复的前提下加以修饰说明，以防在进一步的谈判中陷于被动。有时提问者为获得非分的效果，有意识地含糊其辞，使问题模棱两可，回答这类问题时，一般要先进行认真分析，针对对方的心理作答。此外，回答问题时要特别注意不要让对方抓住某一点继续发问，对一些不值得答复的问题要礼貌地拒绝。

情境案例 5-4

在一次外交部举行的记者招待会上，周恩来介绍了我国经济建设的成就及对外方针后回答记者提问。一位西方记者提问道："请问，中国人民银行有多少资金？"这实际上是讥笑我国建国初的贫穷。周恩来正色作答："中国人民银行货币资金嘛，有 18 元 8 角 8 分。"全场愕然，鸦雀无声。

周恩来以风趣的语调解释说："中国人民银行发行面额为 10 元、5 元、2 元、1 元、5 角、2 角、1 角、5 分、2 分、1 分的 10 种主辅币人民币，合计为 18 元 8 角 8 分。"

周恩来一语惊四座，巧妙地避开了对方的话锋，使对方无机可乘，被传为佳话。

5. 说服技巧

谈判的最终目的就是要说服对方，要在谈判中达到说服对方的目的，必须先与对方建立相互信任的关系，向对方诚恳说明要他接受你的意见的利弊得失。谈判中要充分了解对方，以对方习惯的能够接受的方式、逻辑去展开说服工作。谈判过程中按照问题由易到难的顺序展开讨论，强调与对方立场、观点、愿望的一致，能够避免过多提高对方的共识程度与接纳程度。不要奢望对方一下子接受你提出的突如其来的要求，要先作必要的铺垫。

情境案例 5-5

某商场休息室里经营咖啡和牛奶，刚开始服务员总是问顾客："先生，喝咖啡吗？"或者是："先生，喝牛奶吗？"其销售额平平。后来，老板要求服务员换一种问法，"先生，喝咖啡还是牛奶？"结果其销售额大增。原因在于，第一种问法，容易得到否定回答，而后一种是选择式，大多数情况下，顾客会选一种。

情境案例 5-6

有一次，一个贵妇打扮的女人牵着一条狗登上公共汽车，她问售票员："我可以给狗买一张票，让它也和人一样坐个座位吗？"售票员说："可以，不过它也必须像人一样，把双脚放在地上。"

售票员没有否定答复，而是提出一个附加条件：像人一样，把双脚放在地上，去限制对方，从而制服了对方。

谈判范例

澳大利亚 A 公司、德国 B 公司与中国 C 公司，谈判在中国合作投资滑石矿事宜，中方 C 公司欲控制出口货源，但又不能为该合作投入现金，只想用人力与无形资产投入。

A 公司和 B 公司代表来华欲参观考察矿山，C 公司积极派人配合并陪同前往，整个日程安排周到，准备有效，在有限的时间里满足了 A 公司和 B 公司的该次访问的要求。

双方在预备会和小结会上对合作投资方式进行了讨论。

A 公司：我公司是较大的滑石产品的专业公司，产品在国际市场占有相当份额，尤其在精细滑石产品方面。

B 公司：他们在中国投资过，但失败了，正在纠纷中，但他们认为中国资源丰富，潜在市场大，很想找一个合作伙伴再重新干。

C 公司：贵公司算找对人了。谢谢贵方这么看重我公司，贵方欲与我公司怎么合作呢?

A 公司：我公司计划是在中国找一个有信誉有能力的大公司，一起投资中国矿山。

C 公司：我公司是出口滑石的公司，若要投资则须集团审批，据我集团的近期发展规划看这个行业不是投资重点。

B 公司：贵公司的情况，我们理解，不过 A 公司却有成心在中国投资，由于第一次的失败，使这次投资十分犹豫。

C 公司：的确，中国是个投资环境不平衡的地方。有的地区发达，有的地区不发达，要钱时，说得很好，钱到手后就不是那么回事了，尤其是采矿投资，与地质条件关系很大，而当矿床跨越不同村镇时，还会发生所有权的问题。过去，我们已遇到这类问题，作为外国投资者需要解决地质探测、矿山合伙人选择、国家政策、人文、商务法律、市场等问题。这些均影响投资成本和成败。

A 公司：贵公司讲的正是我们担忧的，我们希望像贵公司这样的公司可以解决这些问题。

C 公司：我公司是国际化的公司，按国际规范进行工作，尽管我们是中国人，但我们认为，使中国企业按国际规范与外国投资者合作是中国经济发展的重要条件。

B 公司：若贵公司能参与合作，将是有意义的。

C 公司：刚才我们已谈到贵方这样投资的问题所在，但我们十分赞赏贵公司对中国投资的勇气，作为中国公司，我们很愿意提供帮助，不过，我方将不以现金投入，而可以我们的商誉和协助解决上述问题的义务投入。

A 公司：贵方这种投入也是有意义的。

C 公司：如贵方认为是有价值的，那么我建议贵方可以将它罗列出来，并予以作价。当贵方与中方矿山谈判合资时，我方可与贵方作为一方谈判。我方在合资企业的股份，将从贵方所占份额中划出。

B 公司：贵方的建议可以考虑。

C 公司：若贵方同意我方合作的方式，那么，请贵方提供协议方案以确定双方关系，便于以后的工作。

C 公司：待我回国汇报后，将书面回答贵方。

A、B 公司代表回国后三周，给 C 公司来电，同意 C 公司以其商誉和服务入股。C 公司为保出口货源和不出现金入股的方案谈判成功。

分析：这是一则成功的商务谈判案例，谈判三方都完成了其预定目标。在此次谈判过程中，中方 C 公司运用了很多策略，并以其严谨、缜密的语言成功地完成了谈判。

平台链接

谈判中的东西方文化差异

世界上，地区不同，谈判的方式也不尽相同。在西欧，谈判者必须拟定一项清晰务实的谈判议程，严格遵守时间表；在北美，只要有好的谈判结果，个人关系并不重要。在拉丁美洲和地中海国家，先社交后工作，当面接触是最好的方式，不要通过电话和传真谈判；在阿拉伯世界里，谈判被认为是社交活动，讨价还价是快乐和生活的一部分，但他们绝不会说“不”字；在东亚，谈判者应该懂得，个人友谊、长期合作和礼尚往来是至关重要的。东西文化分属于不同的类别，差异明显，在谈判中的主要表现如下。

一、关系和感情

中国、日本等东方国家的谈判者非常重视人际关系，在谈判的开始阶段，往往强调合作，提倡友谊，不会开门见山直接进入主题，而是耐心认识和熟悉对方，并期待像朋友一样的亲密关系。在西方商人则分清生意与朋友，信奉“生意归生意，朋友归朋友”，谈判过程中不会受任何感情因素的影响。

以中国为例，西方商人常常不习惯于中国对手的再三宴请，其实这就是中国商人在谈判桌下发展感情的常用方式。宴请总离不开喝酒，“干杯”和谈判之间往往大有奥秘关系。“干杯”在西方只不过是热情而空洞的口语；在中国，“干杯”的背后则有丰富的文化寓意。一杯酒可以化干戈为玉帛，使陌生变得“熟悉”；一杯酒既可以预祝谈判成功，也可以作为完美的终结。因此，当西方谈判者觉得这些仪式和谈判毫无关系时，中国的“干杯”值得重视，这往往是打开交易的大门的开始。

二、面子和利益

在西方的谈判技巧里，对中、日、韩以及东南亚的谈判有 3 个要点：避免公开对峙；发展个人关系；重视礼仪在亚洲文化中的重要地位。西方人丢“面子”也许是令人尴尬的，东方人的丢面子则可能是灾难性的。

在谈判桌上，如果要在体面和利益这两者中间作出选择，中国人往往会选择体面，而西方人会选择利益。

三、原则和细节

按照中国文化的特点，在谈判时，一般注重“先谈原则，后谈细节”；而西方正好相反，他们比较注重细节，避免讨论原则。

中国人喜欢在处理麻烦问题时先就双方关系的一般原则取得一致意见，把具体问题安排到以后的谈判中去解决。在这种思维定式下，可使我方在讨价还价以后取得有利地位。西方人在这样的谈判中往往不适应，最后结局往往有利于中国人。

西方人习惯于一个问题一个问题地接着谈，中国人则把敏感问题留到最后。

四、含蓄和直率

商业规范不同，要求的谈判力度也不一样。西方的节奏快，视时间为金钱，对谈判也要求速战速决。如美国人崇尚奋斗和独立，性格外向，充满自信，热情奔放。所以，他们对表面的、仪式的东西看得极淡，而对实质性的东西比较敏感，对直率的谈判对手怀有好感。

东方人则比较含蓄内敛，即使有利，也不会盛气凌人，锋芒毕露。日本人即使是拒绝，也不会直接说不，而是迂回陈述自己的观点，或者支支吾吾，面露难色。

五、中庸与冒险

西方商人为谋求实际利益，善于采用策略，玩弄各种方法，精于讨价还价，有时不惜铤而走险。东方文化，大多奉行中庸之道，量力而行，谋求互帮互利。但是，这并不妨碍他们使用各种谈判策略。

六、实用与规范

西方人严谨，有板有眼，往往有备而来，计划缜密。而中国人则是非线性的思维，更有跳跃性，更注重实际的利益，不太计较形式、规范。

七、集体与个体

东方的谈判者往往要考虑到内部集体的和谐，甚至地方政府行为；西方的谈判者则注重个人的机动性。如果谈判时遇到突发事件，东方人的灵活性将会受到考验，因此西方的谈判者往往要找到最终的决策者。

八、伦理与法制

在中国，“伦理至上”的观念深入人心，一旦发生纠纷，首先是想到如何获得周围舆论的支持，“得道多助，失道寡助”在中国有很深的内涵。于是，很多应该用法律来解决的问题，中国人感到不习惯，而是通过组织讨论这样的方式来发挥道德的作用。

日本人谈判时也不习惯有律师参与，他们认为一开始就考虑到最后的纠纷是一种没有诚意的体现，宁可发生纠纷重新协商，也不习惯采用法律手段。

西方人则不同，他们对于纠纷的处置，惯用的是法律，而不是良心。西方有很多公司和个人都有自己的法律顾问和律师，遇到纠纷则由律师出面。

又如，美国人的法律观念根深蒂固，他们谈判时往往要带上自己的律师。他们常说的一句话是：我要征求律师的意见。

自主拓展

下面是一个保健品项目合资合作谈判的相关内容，组织两组同学分别担任 A、B 方，在班级进行模拟谈判。

谈判 A 方：某品牌绿茶公司（卖方）

谈判 B 方：某建材公司（买方）

A 方背景资料：

1．品牌绿茶产自美丽而神秘的某省，它位于中国的西南部，海拔超过 2200 米。在那优越的气候条件下生长出优质且纯正的绿茶，它的茶多酚含量超过 35%，高于其他（已被发现的）茶类产品。茶多酚具有降脂、降压、减少心脏病和癌症的发病几率的作用。同时，它能提高人体免疫力，并对消化、防御系统有益。

2．已注册生产某一品牌绿茶，品牌和创意都十分不错，品牌效应在省内正初步形成。

3．已经拥有一套完备的策划、宣传战略。

4．已经初步形成一系列较为顺畅的销售渠道，在全省某一知名连锁药房及其他大型超市、茶叶连锁店都有设点，销售状况良好。

5．品牌的知名度还不够，但相信此品牌在未来几年内将会有非常广阔的市场前景。

6．缺乏足够的资金，需要吸引资金，用于：

（1）扩大生产规模。

（2）扩大宣传力度。

7．现有的品牌、生产资料、宣传策划、营销渠道等一系列有形资产和无形资产，估算价值 300 万元人民币。

（除以上内容外，谈判代表还应自行查找一些相应的茶产品、茶叶市场等一系列资料，以供谈判使用）

A 方谈判内容：

1．要求 B 方出资额度不低于 50 万元人民币；

2．保证控股；

3．对资产评估的 300 万元人民币进行合理的解释（包含：品牌，现有的茶叶及制成品，生产资料，宣传策划，营销渠道等）；

4．由己方负责生产、宣传以及销售；

5．B 方要求年收益达到 20%以上，并且希望 A 方能够用具体情况保证其能够实现；

6．B 方要求 A 方对获得资金后的使用情况进行解释；

7．风险分担问题（提示：例如可以购买保险，保险费用可计入成本）；

8．利润分配问题。

B 方背景资料：

1．经营建材生意多年，积累了一定的资金。

2．准备用闲置资金进行投资，由于近几年来保健品市场行情不错，投资的初步意向为保健品市场。

3．投资预算在 150 万元人民币以内。

4．希望在一年内能够见到回报，并且年收益率在 20%以上。

5．对保健品市场的行情不甚了解，对绿茶的情况也知之甚少。但 A 方对其产品提供了相应资料（详见 A 方背景资料 1）。

6．据调查得知 A 方的绿茶产品已经初步形成了一系列较为畅通的销售渠道，在全省某一知名连锁药房销售状况良好，但知名度还有待提高。

（除以上内容外，谈判代表还应自行查找一些相应的茶产品、茶叶市场等一系列资料，以供谈判使用）

B 方谈判内容：

1．得知 A 方要求出资额度不低于 50 万元人民币；

2．要求由 A 方负责生产、宣传以及销售；

3．要求 A 方对资产评估的 300 万元人民币进行合理的解释；

4．要求 A 方对如何保证资金的安全，对资金的投入是否会得到回报的保障措施进行相应的解释；

5．B 方要求年收益达到 20%以上，并且希望 A 方能够用具体情况保证其能够实现；

6．B 方要求 A 方对获得资金后的使用情况进行解释；

7．风险分担问题（例如可以购买保险，保险费用可计入成本）；

8．利润分配问题。

谈判目标：

1．解决双方合资（合作）前的疑难问题。

2．达到合资（合作）目的。

第二节　推　　销

案例导入

艾富赖德·佛勒，18 岁时只身到波士顿打天下。他怕人家嫌他年龄太小，就谎称自己 21 岁。然而，虚报岁月并没有给他带来幸运，连换了三四个工作，都被人辞退了。

做什么好呢？佛勒计算一下自己的本钱，几乎没有适合他做的生意。于是，他徘徊街头，在街上漫无目的地走着。无意中，一家小工厂门前的一堆杂乱的东西引起了他的注意，那是些扫帚、拖把、刷子之类的清洁用具。这些小玩意，尤其是刷子竟然在他脑里闪现出奇异的光彩。佛勒走过去，对这些东西仔细地看了又看。

“对，就干这个。”他高兴地叫了起来。于是，他毫不迟疑地开始了小贩的工作。小佛勒背起一大捆各式各样的刷子，开始挨家挨户推销。

他来到一家门口，轻轻地按响了门铃，门开了，从店里出来了一位善良的中年妇女，脸上露出了亲切的笑容，心情紧张的佛勒一下轻松了许多。这位妇女和善地对他说：“孩子，真难为你了，你这样做，不知能为我们这些家庭主妇带来多少方便。”

小佛勒鼻子一酸不知该说些什么好。这位慈善顾客的话，使他懂了一个道理，就是处处要为顾客的需求着想。

佛勒善于开拓新市场，每找到新客户时他总说：“除了我现有的产品，您日常生活中，是否还需要特殊用途的刷子？”佛勒不断拓宽刷子的用途，他发现，一把小小的刷子，也有着千变万化的形式，而且永远不必担心没有生意做。

第二次世界大战初期，佛勒看到士兵们用布条擦枪，极不方便又辛苦，于是他想，如果改用刷子擦不就轻松了？他把这个想法跟军方说了，军方马上接受了这个建议，并同佛勒公司签订了合同，由公司提供4 000万把各式各样的刷子。佛勒时刻为顾客着想，刷子的销量越来越大。

目前，世界各地的佛勒公司的推销员，每天约有10 000人要分别去拜访25万个客户。

佛勒是上门推销出身，所以他对推销有着特别的体验。他常把自己以前的亲身经历告诉他的推销员们：

1. 当你按响门铃听到有人出来开门时，一定要后退五六步，不可靠门站着（因为女人怕陌生人）。

2. 访问新顾客时，要给主妇送一点实用的小礼物，不管他买不买（可冲淡打扰人家所引起的反感）。

3. 必须怡然大方、服装整洁，不让人误认为你是落魄人。

4. 利用机会为各户做点小事情，如放在门下的报纸，你不妨把它拾起，叠好交给主人。凡是应拾起的东西，都应顺手代劳。

5. 不经客户允许，决不进入顾客家里。

有人问佛勒，除了这5个守则外，一个推销员还有些什么成功的秘诀？

“很简单，”佛勒脱口而出，“如果你按的门铃够多，你推销的东西就一定少不了。”

佛勒认为，做生意要树立独特风格，还要依靠各种不同的服务。推销员不但要使顾客记住产品，还要使他们想起你的服务。

“在我搬到哈特福特的第一年，我遇到了一件很有意思的事，”佛勒说，“一位经常买我东西的主妇问我，‘你会不会看孩子？’我当时一愣，笑着回答说‘可以凑合’。于是，我替她看了两个小时的孩子。”

“原来那位主妇急等着到市场去买东西，怕她那个一岁半的男孩乱跑乱抓，所以请我替她代看一会儿。经过这件事之后，这位太太就成了我们最佳的义务宣传员。”

佛勒常说，做家庭主妇们的生意，一定要在小地方争取她们的好感。甚至你不妨主动地问问她们，有没有什么需要帮忙的工作。例如女人力气小，某种东西她们拿不动，你就不妨帮帮她们。

佛勒相信：任何一个有雄心的年轻人，都能走上成功之路，但必须要勤奋；不但要手勤脚勤，更要脑筋。在生意场上，佛勒不相信幸运者。“也许有人有较好的发展机会，但问题的关键是，你有没有能力把握住这一机会？即使机会把你送上一步，你有没有能力再往上爬，能不能保证不摔下来？一辈子都想靠运气成功，那是痴心妄想。”

转引自：郎灵管理培训网

现代社会，已经不是“酒香不怕巷子深”的时代了，这个时代不是缺少商品，而是商品缺少市场，所以推销便应运而生了。优秀的推销不仅是一门技术，更是一门艺术。

知识讲解

一、推销的概念与基本特征

推销有广狭义之分。广义的**推销**是指推销主体在一定的推销环境里，运用各种推销艺术，说服推销对象接受推销客体所进行的各种相互关联的活动。狭义的**推销**是商业经济学术语，专指推销员（营业员）运用各种推销手段来销售产品（或商品）的行为和活动。推销的关键是“相互获益”，推销的重要手段是说服。推销人员就是要从双方获益的目标出发，通过直接的对话，说服顾客接受他所推销的商品或服务。

与其他销售方式和促销手段相比，推销具有以下四个主要特征：

1. 推销行为具有主动性

推销行为的主动性贯穿于推销的全过程。在推销开始前，推销人员必须主动寻找到合适的推销对象并与之建立联系；推销活动开始之后，推销人员又必须主动了解潜在购买者的实际情况，运用行之有效的推销策略和方法，逐渐促使推销对象产生购买欲望；在推销的最后阶段，推销人员还须主动把握时机使顾客的潜在购买欲望转化为实际的购买行动，并最终获得满足。即使在推销活动结束之后，优秀的推销人员还应想到主动地创造更多的机会，扩大推销的范围。可以说，没有推销人员的积极主动，就不可能获得销售机会；没有推销过程中的主动行为，也不可能保证推销过程的顺利进行。

2. 推销对象具有多样性

推销对象即推销过程中所接触到的顾客，包括已经、正在或可能购买产品的任何个人或组织。不同的人群之间在购买动机、购买决策方式、购买态度、购买能力等方面都存在着差异，具有不同的特征，这就使得同一时间内的推销活动所面对的推销对象各不相同。另外，企业和推销人员为了占有更多的市场份额，需要不断地开发新的顾客，所以，不同时期内的推销对象在范围和构成上都是不断变化的。这些都使得推销对象具有多样性的特点。

推销对象的多样性要求推销人员必须具备较高的素质和能力，如观察能力、判断能力、适应能力和应变能力等，必须充分了解推销对象的情况并以此为依据确定适宜的具体的推销对象，制定有针对性的推销策略，从而取得推销的最终成功。

情境案例 5-7

太平洋的一个岛屿，这天来了两个分别属于英国和美国的皮鞋厂的推销员，他们在岛上分头跑了一圈，发现岛上竟无人穿鞋，于是第二天分别给工厂发了电报，英国推销员的电文说：“此岛无人穿鞋，我于明天飞返。”而美国推销员的电文却是：“此岛无人穿鞋，皮鞋销售前景极佳，我拟驻留此地。”

第二天，英国推销员飞离此岛，美国推销员则留下来张贴“广告”。他的广告没有文字说明，只是画着一个当地人模样的壮汉，脚穿皮鞋，肩扛虎、豹、狼、鹿等猎物，威武雄壮，煞是好看。当地的土著看了这张广告，纷纷打听在哪儿能弄到那广告画面上的壮汉脚上穿的东西，于是美国推销员所推销的皮鞋逐渐打开了销路。

3. 推销过程具有互动性

互动性是推销活动最显著的特征。在推销过程中，一方面，推销人员向顾客提供有关的产品信息、市场信息及服务信息等，促使顾客采取购买行动；另一方面，推销对象也通过自己的行为和语言等对企业传递新的信息，为企业作出正确的经营决策提供依据。买卖双方就是通过这样连续不断的信息互相影响、互相适应。

4. 推销目的具有双重性

推销活动是由推销者和购买者共同参与完成的，但双方通过这个过程所要达到的目的是不同的。推销者总是希望以尽可能有利于自己的条件销售商品，购买者则希望以尽可能有利于买方的条件，满足其需求。对推销者来说，首先，要认识到产生这种差异是很正常的，推销过程就是逐渐缩小差异、努力求得一致的过程；其次，必须在推销过程中充分考虑到顾客的利益追求，设法帮助顾客解决“问题”。

二、推销语言的概念和目的

语言是传递推销手段的重要媒介。推销语言以能满足推销对象的需求为前提，不仅要求准确地传递推销信息，还必须能引起推销对象的愉悦反应。因此，推销语言应遵循真诚、耐心、风趣、有利的原则。

推销语言运用的目的主要有以下两点。

（1）持续强化顾客对产品的兴趣，并竭力进行推销介绍。推销介绍时推销员不能作主观的强迫推销，而要与顾客协商，帮助顾客发现、理解自己的需要之所在，然后再作适当的推销建议，将产品推荐给顾客。

（2）使顾客的兴趣转化为购买欲望，进而作出购买决定。兴趣是顾客心理上因为注意而引起的情感状态，它只表示对推销员所提供的产品的一种关切心态，但未必保证他一定会购买。所以，推销员在引起注意、激发其兴趣之后，还要让顾客充分认识产品所具有的满足其需要和解决其问题的功能及价值，进而加强顾客对产品的信心，坚定其购买信念。

能力讲解

一、推销的过程及艺术

（一）开口说话阶段

有礼貌的寒暄是建立良好人际关系时不可缺少的因素。问候、赞扬之类的寒暄语是最常用的接近顾客的方法。但寒暄不宜冗长，应尽快进入推销的主题。当然，推销员要对拒绝有足够的心理准备，更不能期待顾客说“我买”。

（二）商谈阶段

这一阶段推销人员要做的工作就是吸引顾客的注意并设法消除对方的拒绝倾向。吸引顾客可以从产品特征、顾客需求两个方面展开。消除拒绝倾向要靠真诚地为对方着想。推销员在向顾客提出成交要求之前，一定要审核顾客是否具备以下成交条件。

1. 顾客必须完全了解所推销的产品

通过推销员的介绍，顾客对所推销的产品的功能、质量、价格以及产品给自己带来的利益和好处，都有了全面的了解，并作出了积极的反应。

2. 顾客必须完全信赖推销

顾客必须对推销员及推销员所代表的公司持完全的信赖态度才会同意成交。即使你推销的产品质量是最好的，价格在同类产品中最有竞争力，但顾客不会从他所不信任的推销员手中购买任何产品。推销产品之前首先推销自己是推销活动的普遍真理。

3. 顾客有较高的购买欲望

顾客接受产品、对推销员产生信赖感并不一定意味着购买。导致顾客作出购买决定的关键因素不是产品的质量好或价格便宜，而是顾客确实需要该产品并有较高的购买欲望，是他相信购买该产品一定能给他带来确切的利益和好处。

4. 顾客有购买决策权

目前的顾客如果没有购买决策权，则你的推销努力完全是浪费。因此，在推销前一定要做好顾客资格审查工作，确定顾客确实具有购买需要、购买能力、购买决策权，才可以开始实施推销活动。

（三）结束阶段

在整个推销过程中，顾客的购买欲望有一个从无到有或从低到强的变化过程。随着推销员对产品的成功介绍、演示或示范以及对顾客疑问的满意解答，顾客的购买欲望会越来越强烈，当顾客的购买欲望达到高潮的瞬间是成交的最佳时机。这时候推销员应终止推销谈话，果断提出成交建议。

1. 直接请求成交法

推销员直截了当地向顾客提出明确的成交要求。如“经理先生，该解决的问题我们都已谈妥了，我们签合同吧。”这种方法适用于购买意向相当明显的顾客，可以节省推销时间，提高推销效率，是一种基本而常用的成交方法。

2. 假定成交法

推销员假定顾客已经同意购买产品而与顾客讨论相关问题以促成交易的方法。如“您打算一次进多少货？”“用现金还是支票付款？”这种方法假定顾客肯定要进货，只是在进货数量、时间等方面还不能确定，可以有效减轻作决策给顾客带来的心理压力，把成交信号直接过渡到成交行动。该方法适用于受示型及决策能力低的顾客，以及中间商和老顾客。对于武断的、决策能力强以及不熟悉的顾客要慎用。

3. 选择成交法

选择成交法是假定成交法的特例，即推销员在假定顾客已经同意购买的前提下给顾客提出一个有效的成交选择。如“您要 20 件还是 40 件？”“您要大包装还是小包装的？”不问顾客要不要买，而直接问顾客买多少，给顾客一种强烈的心理暗示而使其下意识地产生购买行为。该方法具有假定成交法的全部优点，使用时要注意把选择限制在有效和有限的范围内。

4. 优惠成交法

优惠成交法指推销员通过向顾客提供进一步的优惠条件而促使顾客产生购买行为的方法。最常用的说法是“如果您现在购买我的产品，我可以给您一个特别优惠：降价 3%。”对于一些求利动机较强的顾客，该方法特别有效。

5. 总结成交法

在推销面谈的后期，推销员将前面提到过的购买理由加以简单总结，意在提醒顾客该产品最能满足他的需要，然后提出成交要求。这种方法所含的心理压力比较小，在与比较内行的采购员或老练的顾客打交道时，可以采用这种方法。

6. 试用成交法

推销员把产品留给顾客，使顾客通过对产品的使用而产生较深刻的理性认识之后再促成顾客购买的方法。这种方法适用于一些没有主见、犹豫不定的顾客，也适用于一些价值较低的食品或结实耐用的日用工业品。

二、推销的语言艺术

1. 从赞扬的角度说话

自然得体的赞扬，能适当满足对方的自尊，使之产生自己人的认同感、信任感，从而能够较顺畅地接受你发出的信息、观点。

当然，以赞美的角度说话并不是美言相送，随随便便夸上几句。正确的做法是要恰如其分、有感而发，切忌信口开河、无端夸大；否则，会使对方觉得你别有用心。

2. 从对方的立场说话

要想使对方接受你的观点，就不仅要考虑到自己，更要转到对方的立场上，考虑能为对方解决什么问题，满足对方哪些需求，这样说话会使对方对你的想法产生认同感。推销中最重要的不是推销者说了什么，而是对方相信了什么；不在于告诉对方所要推销之物如何十全十美，而在于让对方了解其有什么适合自己的好处。

3. 不逆向说话

真正的推销精神不是争论，争论的结果往往是你驳倒了对方，也未必能使之接受你的推销，其内心也有不服气的感觉。最好是尽可能使他多说，从中了解他的需求，把握主动，在适当时加以引导，强调双方的共同点，使对方尽可能不说“不”。

4. 巧说应变话

推销被很多人认为是丰富多彩充满挑战的，其中一个重要原因就是推销的对象和实际所碰到情况的多变性。酝酿成熟的既定方案，在推销的过程中往往会遇到突如其来的变化，把原来的构思方案都打乱了，这就要求推销者有较强的应变能力，有高超的口才，能随机应变。

推销实例

华尔菲亚电器公司是生产自动化养鸡设备的，经理威伯先生发现宾夕法尼亚州的销售情况不妙。当他到达该地区时，推销员代表皱着眉头向他诉苦，咒骂当地富裕的农民：“他们一毛不拔，你无法卖给他们任何东西。”“是吗？”威伯先生微笑着，盯住推销员的眼睛。“真的，”推销员的眼睛没有躲闪，“他们对公司意见很大，我试过多次，一点希望也没有！”“也许是真的，”威伯先生说，“让我们一起去看看吧。”推销员笑了。他心里想：你们这些当官的，高高在上，平常满口理论，这下可得让你尝尝厉害，他特地选了一家最难对付的农户。“笃笃笃”，威伯先生轻轻地敲那家农舍的门。门打开一条小缝，屈根保老太太探出头来。当他看见站在威伯先生后面的推销员时，“砰”地一声关上了大门。威伯先生继续敲门，屈根保老太太又打开门，满脸怒色，恶狠狠地说：“我不买你的电器，什么电器公司，一班骗子！”“对不起，屈根保太太，打扰您了。”威伯先生笑着说，“我不是来推销电器的，我是想买一篓鸡蛋。”屈根保老太太把门开大了一点，用怀疑的眼光上下打量着威伯先生。“我知道您养了许多‘美尼克’鸡，我想买一篓新鲜鸡蛋。”门又打开了一点，屈根保老太太好奇地问：“你怎么知道我的鸡是良种鸡？”“是这样的，”威伯先生说，“我也养了一些鸡，可是，我的鸡没有您的鸡好。”适当的称赞，抹掉了屈根保老太太脸上的怒色，但她还有些怀疑：“那你为什么不吃自己的鸡蛋呢？”“我养的来杭鸡下白蛋，您的美尼克鸡下棕蛋，您知道，棕蛋比白蛋营养价值高。”到这时，屈根保老太太疑虑全消，放胆走出来。大门洞开时，威伯先生眼睛一扫，发现一个精致的牛栏。“我想，”威伯先生继续说，“您养鸡赚的钱，一定比您先生养牛赚的钱要多。”“是嘛！”屈根保老太太眉开眼笑地说，“明明我赚的钱比他多，我家那老顽固，就是不承认。”深谙“人际关系技巧”的威伯先生一语中的。顽固的屈根保老太太竟骂她丈夫是“老顽固”。这时，威伯先生成了屈根保老太太受欢迎的客人，她邀请威伯先生参观她的鸡舍，推销员跟着威伯先生走进了屈根保老太太的家。在参观的时候，威伯先生注意到，屈根保老太太在鸡舍里安装了一些各式各样的小型机械，这些小型机械能省力省时。威伯先生是“诚于嘉许，宽于称道”的老手，适时地给予赞扬。一边参观，一边谈，威伯先生“漫不经心”地介绍了几种新饲料，某个关于养鸡的新方法，又“郑重”地向屈根保老太太“请教”了几个问题。“内行话”缩短了他们之间的距离，顷刻间，屈根保老太太就高兴地和威伯先生交流起养鸡的经验来。没过多久，屈根保老太太主动提起她的一些邻居在鸡舍里安装了自动化电器，“据说效果很好”，她诚恳地征求威伯先生“诚实的”意见，问威伯先生这样做是否“值得”……两个星期之后，屈根保老太太的那些美尼克良种鸡就在电灯的照耀下，满意地“咕咕”叫唤起来。威伯先生推销了电器，屈根保老太太得到了更多的鸡蛋，双方皆大欢喜。

平台链接

拜访客户的注意事项

一、初次访问时应注意的事项

1. 自我介绍。双方见面的第一句寒暄话通常是“你好”。推销员在见到顾客后，必须以谦虚的态度、开朗而又有分寸地作自我介绍。如果态度粗暴，对方必定断然拒绝与你交谈，或不肯为你传达事情。当顾客与推销员见面时，他难免会有戒心，这时，推销员一定要面带微笑，自我介绍的目的，是在于解开对方“这个人是谁？来做什么？”的疑问，因此须以清晰的声音、柔和的语调赶紧道出公司和自己的名字，以及为何事而来的目的，同时一面递上名片一面说：“抱歉，打扰一下，我是××公司的××。(这时递上名片) 关于××事，能不能给我五分钟的时间……？”

2. 确认对方。如果你与之交谈的人没有决策权，或对有决策权者不具影响力，你向他推销是白费心思。推销员刚一接触顾客时，不知道谁是决策者，因此，推销员必须了解面对的是何人，接着再确定具有决策权者是谁。

“你是董事长吗？”

“请问，关于××的事情，是不是找总务科长？”

3. 推销自己。推销员必须靠第一印象或最初五分钟面谈，判断是否可能坦诚相待。如果推销员明显地表露出推销东西的姿态，极易吃闭门羹。推销员必须给对方亲切、良好的印象，同时让对方感觉出你是个有利于他的人。关键是推销员多建议一些对对方有益的事情，推销员所推销的是对方的利益。

4. 递名片的方法。名片可放于名片夹或衬衫口袋里。如果左手提着公文包，便以右手的拇指和食指夹着名片的左上端，朝对方能清晰看到姓名的方向递去。这时，右手肘应稍弯曲。如果能够使用双手，最好双手奉上。

接受对方名片时，必须双手接住，同时微微鞠躬道谢。

如果看不懂对方的姓名，应该当场请教：“抱歉，请问这该怎么念？”但不必过于谦虚说自己头脑不好、才疏学浅等。

5. 坐下的位置。推销员走进顾客办公室，找到的是一位具有决策权或有影响力的人，而且对方肯继续与你交谈，推销员就应一面取出说明书，一面说“打扰了”，接着找个可坐的地方选择接近对方的位置坐下。注意，不可坐在对方的正前方，必须是坐在左侧或左斜方。如果可明显分出上下座时，应坐在下座。以上是根据心理空间管理的理论而确定。

所谓的心理空间管理，包括：①理性空间——面对面或在正前方时，会在本能上摆出对立的架势。②情感空间——在斜侧方或侧面时，由于双方无法相互正视，因此容易协调。③恐惧空间——超越自己视野范围内的背后空间。④神秘空间——头顶上方的空间。

推销员在被请入会客室或被带到主管办公桌附近的沙发椅旁边时，出于礼貌，在对方还没有说请坐以前，绝不可坐下。坐下后，也不可跷起二郎腿或两手靠着椅背。

6. 介绍访问。如果客户好意打电话把推销员介绍其他准顾客时，推销员应先打听出那位准顾客方便的时间，然后再登门拜访。然后自我介绍“我是××介绍的××”。

7. 公文包的放置。不可将公文包放置在地板上，应放到自己的腿上。如果对方肯交谈，必须先得到对方的允许，再将公文包放在旁边的桌子或椅子上。勿使用过于寒酸的公文包。

二、第二次、第三次访问时应注意的事项

彼得·德鲁克有句名言说："必须向对方发问、观察对方，努力了解对方的行动，如此才能发掘出一位客户。"

第二次访问的目的在于了解客户的行动，初次访问时，彼此若已有坦诚交谈的经验，那么在第二次访问时，就必须向客户发问，观察对方对你的态度。以下是具体的做法：

1. 第二次访问。

（1）打电话联系访问时间——如果初次访问已在对方的脑海里留下良好印象，或对方对你有所期待，第二次访问便能发挥出效果。打电话时说：

"请问您是张总吗？我是××公司的××。前几天贸然拜访，承蒙接待，十分感激。我已经根据您的意见，准备好您所需的各种资料，这些资料能提供给您很大的利益，您看过以后就会一目了然。明天我想前去拜访您，不知是上午方便还是下午方便？"

（2）准备推销工具。如与其他公司产品相比优劣点比较表、商品价格与利益一览表等。以客户的利益、便利为依据所准备的推销工具最能发挥出效果。

（3）根据准顾客卡片重新反省。初次访问结束后，应将被访问者的姓名填入准顾客卡片中，同时也回忆一下自己告辞时的情形。比如，自己是否在对方的心目中留下好印象，访问结束时是否应对得当等。初次访问结束后，必须立即寄出信函，对被访问者的接待表示感谢。当这封感谢信寄到对方手上时，应打电话约定再度访问的时间。

2. 第三次访问。

前两次的访问是为了建立良好的人际关系，到第三次访问时，必须采取具体的做法开始谈生意。

自主拓展

1．一位对销售品性能非常熟悉的推销员向推销经理汇报时说："对顾客的每一点异议，我都进行了反驳，并且把事实和数据都告诉了他。我还对他说，这些反对意见是毫无根据的。我们大概谈了3个小时，可以说所有的问题都涉及了。直到最后阶段，顾客还是认为他是正确的。我们几乎花了整整1个小时讨论防震问题，而这又偏偏是个次要问题。然后我就告辞了，再拖延下去也是白白浪费时间。"推销经理听完他的申述，生气地说："你早就该告辞了，在业务洽谈进行到15分钟时，你就该离开那儿了。"推销员对经理的话感到迷惑不解："我不能认输呀！"你认为他们两个人谁对，为什么？

2．一位推销员总是从容不迫、平心静气地向顾客提出3个问题："如果我送给您一套有关个人效率的书籍，您打开书会发现十分有趣，您会读一读吗？""如果您读了之后非常喜欢您会买下它吗？""如果您没有发现其中的乐趣，您可以把书重新塞回这个包里给我寄回，行吗？"后来，这3个问题被该公司全体推销人员所采用，成为标准的接近法。请说明这种接近顾客的语言技巧好在哪里。

第六章

竞 聘 演 讲

学习
目标

知识目标： 了解演讲的一般常识；

了解竞聘演讲的特点及要求。

能力目标： 掌握竞聘演讲稿的写作；

掌握竞聘演讲的演说技巧。

第一节 谈 判

案例导入

某单位公布了一份中层干部竞聘上岗实施方案，其中一项竞聘程序是这样的：竞聘演讲和答辩——组织竞聘演讲和答辩，由报名者根据拟聘岗位职责发表竞聘演讲并答辩。演讲、答辩评比实行现场开票。具体步骤如下。

（1）评委会：组成由竞聘领导小组、机关在职中层干部、部分所属企业总经理（5 名，事前抽签确定）参加的评委会，对演讲和答辩进行打分。设两名记分员，两名监督员。

（2）抽签：由竞聘者抽签确定演讲、答辩顺序。

（3）演讲：按抽签顺序，竞聘者首先就过去工作的总结、对竞聘岗位的认识和工作思路进行演讲，时间原则上不超过 20 分钟；然后答辩 3 个问题，所答辩的问题是针对每个竞聘岗位而设计的。

（4）评分方法：每一位竞聘者演讲答辩完毕，由各评委对其演讲答辩现场打分，填写《演讲答辩评分表》，统一交记分员统计出每位竞聘者总得分值，监督员进行监督。评价总分值为 100 分，累计后计算的平均得分值为竞聘者演讲答辩综合评价成绩。由记分员填写《演讲答辩评分汇总表》，交评委会主任、监督员、记分员签字后现场公布结果。综合评价成绩：5 分（分值 85～100 分）、4 分（分值 75～84 分）、3 分（分值 60～74 分）、2 分（分值 60 分以下）。

A. 工作总结评价（40 分）

主要从以下两个方面进行评价：以往工作业绩表现（20 分）；职业态度及操守（20 分）。

B. 竞聘岗位认识和工作思路评价（50 分）

主要从以下六个方面进行评价：岗位的认识（5 分）；工作思路和设想（15 分）；资源整合能力（5 分）；专业性（10 分）；创新性（5 分）；方案可行性（10 分）。

C. 演讲答辩过程评价（10 分）

主要考察演讲答辩现场竞聘者的表达能力、思维逻辑和说服应变力。

当今时代，竞聘上岗、择优选拔人才已经成为一种趋势，人才竞争过程中，除了其他环节的考察外，常常需要竞聘者发表演讲，考评者由此对竞聘者增加了解，考察谁是岗位合适的人选。

知识讲解

一、演讲的定义

演讲即讲演，指演讲者以感召听众为目的，以有声语言和体态语为主要手段，有针对性地就某一问题公开向听众发表见解的一种口头表达形式，具鼓动性。演讲又是讲和演的结合，带有一定的艺术性。这些都是讲演区别于其他口头表达形式的地方。

从传播学的角度看，演讲活动可以看做是一个信息传播活动。演讲者作为信息的传播者，与受众（即演讲活动的听众）之间的信息传递是双向的。听众对演讲的反应会形成反馈信息通过传播媒介传递给演讲者，从而对演讲信息的再输出产生影响。因此，演讲活动并不只是演讲者的活动，听众也是演讲活动的参与者。只是，他们在演讲活动中的地位有主次之分。

依据不同的标准，演讲有不同的分类。最常见的分类以演讲准备情况为依据，可分成：命题演讲和即兴演讲。

二、竞聘演讲的定义和特征

竞聘演讲有时也叫竞职演讲，它是指参加竞聘者为了实现竞争上岗，就自我竞聘条件、未来的施政目标和构想所发表的公开演讲。事先为这种演讲写成的书面材料就是竞聘演讲辞。竞聘演讲越来越有实用价值，引起了越来越多的领域的重视。要想在竞争的年代实现自我奋斗目标，能够做好竞聘演讲是十分重要的。总的来说，竞聘演讲有以下几个特征。

（一）目标的明确性

目标的明确性，是竞聘演讲区别于其他演讲的主要特征。这一方面表现在演讲者一上台就要鲜明地亮出自己所要竞聘的目标（或厂长、或校长、或秘书、或经理），另一方面，其所选用的一切材料和运用的一切手法也都是为了一个目标——使自己竞聘成功（使听众能投自己一票）。而其他类型的演讲则不同，不管是命题演讲还是即兴演讲，虽然都有一定的目的，但其目标却有一定的"模糊性"、"概括性"和不具体性。

（二）内容的竞争性

在其他的演讲中，内容尽管可以海阔天空地谈古论今，说长道短，但一般都不是来显示自己的长处。即使在事迹演讲中，也忌讳毫不客气地为自己"评功摆好"。但竞聘演讲则不同，它的全过程都是听众在候选人之间进行比较、"筛选"的过程，竞聘者如果"谦虚"、"不好意思"说自己的长处，表示自己也是"一般般"，就不能战胜对手。因此演讲者必须"八仙过海，各显其能"，而"竞争性"说白了，也就是演讲者无论是讲自身所具备的条件，还是讲自己施政的构想，都要尽最大可能显出"人无我有"、"人有我强"、"人强我新"的胜他人一筹的"优势"来，有时，甚至还要把本来是"劣势"的东西换一个角度讲成"优势"。

情境案例 6-1

在一次竞聘厂长的演讲中，一个年轻工人在介绍自己时这样说："我一没有党票，二没有金灿灿的大学文凭，三没有丰富的阅历，我只是一个初涉人世的 25 岁的小伙子。你们有百分之百的理由怀疑我是否能担得起化肥厂厂长的重任。然而，同志们，朋友们，请你们仔细地想想，我们化肥厂长期处于瘫痪的状态，难道是因为历届的厂长没有党票、没有文凭、没有阅历吗？"（掌声）接下来他又讲了听众心中有而口中无的改革措施，最后竟以大多数票获胜。

（三）主题的集中性

所谓**主题的集中**，是指所表达的意思单一，不枝不蔓，重点突出。这就是说，在表达意思时，必须突出一个重点，围绕一个中心，而不要搞多重点，多中心，不能企图在一篇演讲中解决和说明很多问题。

比如，在一次小学校长竞聘演讲会上，一位很有“希望”的老校长就由于谈得太面面俱到而让人产生了反感。他在介绍自己时，不仅详细介绍了自己大半生的经历，而且在说获奖情况时，把在某晚报征文比赛获纪念奖这样的与竞聘条件无关的奖励都说上，罗列了不下20个，说得听众直笑。在说措施时，又从如何抓学生学习、体育、德育到如何开办校办工厂，从如何管理教学，到如何关心教工生活，其措施几乎是“全方位”的。结果造成了立意分散，让人听了好像什么都说了，而又摸不清他到底说了些什么。对比之下，另一位年轻的女教师就围绕“如何把学校教学水平搞上去”这一中心问题讲，讲得有情有理，头头是道，给人们留下了深刻印象，使自己竞聘成功。因此，在做竞聘演讲时，一定要“立主脑”、“减头绪”，这样才能在听众心中燃起共鸣之火。

（四）材料的实用性

实用性，是指所选材料既是符合实际的，又是对自己竞争有利的，也就是无论讲自己所具备的条件还是谈任职后的构想，都要从自我出发、从实际情况出发。竞聘演讲是竞争，但并非是比赛谁能“吹”。听众边听你的演讲，边在掂量你的话是否能在现实中发挥作用取得效果。比如在讲措施时，那种凭空喊“我上台后如何给大家涨工资，如何给大家建楼房”的演讲者，听众一般是不买账的，而那种发自肺腑讲实际的措施才是听众最欢迎的。

情境案例 6-2

有个工人在竞聘演讲中是这样说的：“恕我直言，我无力为你们迅速带来财富，提高你们的工资，增加你们的奖金，我能做到的只能是：第一，诚恳地倾听你们的呼声，热忱地采纳和奖励你们的合理建议，我准备成立一个由新老工人和技术人员一起参加的‘智囊团’，让大家提出优良的改革方案和科学的管理措施。第二，现在咱厂瘫痪的原因是因收不上来几百万的外欠款，我要是当了厂长，我一方面要用法律解决问题，一方面设立奖励制度，谁要是能完成任务，就奖励20%，当面点清，说话算数。第三，目前当务之急是把积压产品销出去。这就要调动全厂工人的积极性，要把专业推销员和业余的结合起来，按效益提成。第四，在扩大销路的同时，还要扩大生产，在资金短缺的情况下，我们要先拿出点资金让工厂的机器转起来，我先拿出准备给儿子娶媳妇的两万元进行集资入股。第五条，在工厂扭亏为盈之前，我先不拿工资。盈利之后，我的工资和奖金也拿全厂平均数。我当厂长只有一个心愿，那就是和全厂工人们一起，让咱们厂起死回生，扭亏为盈！如果两年之内不能实现这个目标，我就立即自动下台。最后，我还要说，我平生最恨的就是贪污腐败，我要是当厂长，我保证捧着一颗心来，不带半根草去，如果发现我有一分钱不干净，大家可以把我家的全部东西都拿走。”（掌声）

因为他所讲的都是真诚的、切实可行的，所以工人们都投了他的票。

（五）思路的“程序”性

思路，就是演讲者的思维脉络，程序是指演讲中先讲什么后讲什么的顺序。竞聘演讲不像一般演讲那么自由，它除了题目和称呼外，一般分为五步。

第一步，开门见山讲自己所竞聘的职务和竞聘的缘由。

第二步，简洁地介绍自己的情况：年龄、政治面貌、学历、现任职务等一些自然情况。

第三步，摆出自己优于他人的竞聘条件，如政治素质、业务水平、工作能力等（既要有概括的论述，又要有“降人”的论据。比如，讲自己的业务能力时，可用一些获得的成果和业绩来证明）。

第四步，提出假设自己任职后的施政措施（这一步是重点，应该讲得具体翔实，切实可行）。

第五步，用最简洁的话语表明自己的决心和请求。

当然，以上几步也只是简单的模式，实践中演讲者还可根据实际需要稍有变化，而并非填表式。

（六）措施的条理性

演讲者在讲措施时一定要注意条理清楚，主次分明。不能讲到哪儿算哪儿，让人听了如一团乱麻。为了把措施讲得有条理，可用列条的方法，如“第一点”、“第二点”或“其一”、“其二”等表示。除此之外，在每一步之间要用“过渡语”来承上启下。如，当自我介绍之后，可以说：“我之所以敢于来竞聘，是因为我具备以下条件”来引起下文；讲完条件后，可以再搭一个“桥”：“以上我说了应聘的条件，那么，假如我真当了校长（或乡长、厂长），会采取什么措施呢？下面就谈谈我的初步设想。”这样不仅条理清楚，而且使演讲上下贯通，浑然一体。

（七）语言的准确性

准确，一般是指要恰如其分地表情达意。但竞聘演讲中的准确除此以外还有另外两层意思：一是所谈事实和所用材料、数字都要“求真求实”，准确无误，比如，介绍经历时，是大专毕业生，就不能说是大学毕业；在谈业绩时，三次获奖，就不能虚说“曾多次获奖”（最好把在什么时间什么范围什么奖项说得清楚明白）；如涉及数字也要尽量具体。二是要注意分寸，因为竞聘演讲的角度基本上是以“我”为核心，如掌握不好分寸，夸大其辞，就会让人产生逆反心理，从而使演讲失败。

能力讲解

一、竞聘演讲辞的写法

竞聘演讲要做到成功，在很大程度上依赖于竞聘演讲辞的好坏。竞聘演讲辞由于要考虑多种临场因素与竞争对象，它的结构就必须灵活多样，但就其基本内容而言，仍可分为以下几个部分。

（一）标题

竞聘演讲辞的标题有三种写法。一种是文种标题法，即只标“竞聘演讲辞”；一种是公文标题法，由竞聘人和文种构成或竞聘职务和文种构成，如《关于竞聘××公司经理的演讲》；还有一种是文章标题法，可用单行标题拟制，也可采用正副标题形式，如：《让收音机制造厂腾飞起来——关于竞聘收音机制造厂厂长的演讲》。

（二）称谓

称谓即对评委或听众的称呼。一般用“各位评委”、“各位听众”即可。

（三）正文

1. 开头

为制造友善、和谐的气氛，开篇应以“感谢给我这样的机会让我参加演讲”、“恳请评委及与会同志指教”等礼节性致谢词导入正题。紧接着阐明自己发表竞聘演讲的理由。开头应写得自然真切，干净利落。

2. 主体

这是全文的重点和核心。应围绕以下几个方面展开：

（1）介绍自己应聘的基本条件。所谓基本条件就是政治素质、业务能力和工作态度等。这一部分实际上是要说明为什么要应聘、凭什么应聘的问题。竞聘者在介绍自己的情况时，一定要有针对性，即针对竞聘的岗位来介绍自己的学历、经历、政治素质、业务能力、已有的政绩等。并非要面面俱到，而应根据竞聘职务的职能情况有所取舍。

（2）简要介绍自身的不足之处。竞聘者在介绍自己应聘的基本条件时，要尽可能地展示自己的长处，但不是对自身的不足之处闭口不言。

情境案例 6-3

某竞聘者的表述：

我从没有担任过班干部，缺少经验，这是劣势，但正因为从未在“官场”混过，一身干净，没有“官相官态”、“官腔官气”；少的是畏首畏尾的私虑，多的是敢做敢为的闯劲。正因为我一向生活在最底层，从未有过“高高在上”的体验，对摆“官架子”看不惯，弄不来，就特别具有民主作风。因此，我的口号是“做一个彻底的平民班长”。

（3）表明自己任职后的打算。评选者更关心的还是竞聘者任职后的打算。因此，竞聘者在竞聘演讲时，一定要用简明扼要的语言亮明自己的观点，也就是说，要紧紧围绕着听众关心的热点、难点问题，提出明确的工作目标和切实可行的措施。

情境案例 6-4

某竞聘老干部处副处长职务竞聘人的演讲：

总结我自身的情况，我认为我有条件、有能力胜任副处长的工作。如果我能竞聘成功，我将做好以下几项工作：

第一，协助处长继续做好老干部工作。解决老干部亟须解决的问题。如老干部的政治生活待遇问题，老干部的晚年教育问题。

第二，积极组织老干部开展积极健康的文化和健身活动，使他们老有所乐。

第三，积极开展家访工作，特别是要加强对孤寡老人的服务工作，安排工作人员与他们结成帮助对子，使他们感受到组织的温暖。

第四，设立一个意见箱，了解老人的思想状况，了解他们的需求，并将了解到的情况及时向局领导汇报，并及时解决问题。

3. 结尾

好的结束语能加深评选者对竞聘者的良好印象，从而有利于竞聘成功。竞聘演讲常见的结尾方法有：

（1）表明对竞聘成败的态度。这种方法能使评选者感受到竞聘者的坦诚。例如：

作为这次竞聘上岗的积极参与者，我希望在竞争中获得成功。但是，我绝不会回避失败。不管最后结果如何，我都将“堂堂正正做人，兢兢业业做事”。

（2）表达自己对竞聘上岗的信心。例如：

我今天的演讲虽然是毛遂自荐，但却不是王婆卖瓜，自卖自夸。我只是想向各位领导展示一个真实的我。我相信，凭着我的政治素质，我的爱岗敬业、脚踏实地的精神，我的工作热情，我的管理经验，我一定能把副处长的工作做好。如果各位有疑虑，那就请给我一个机会，我决不会让大家失望。

（3）希望得到评选者的支持。例如：

各位领导、各位评委，请相信我，投我一票！我将是一位合格的处长。

二、竞聘演讲辞的写作要求

竞聘演讲辞的写作质量不仅取决于竞聘者的文字水平，也是其政治素养、理论水平、业务能力等诸多方面的综合反映。因此，除了观点鲜明、内容充实、语言通顺外，还要注意以下问题。

1. 实事求是，明确具体

竞聘者应实事求是，言行一致。每介绍一段经历、一项业绩都必须客观实在。给国家作出什么贡献，给单位创造什么效益，给职工提供什么福利等，一定要讲清楚，不能吞吞吐吐，模棱两可。要言而有信，不说过头话。能够办到的就说，办不到的就不要开“空头支票”。

2. 调查研究，有的放矢

竞聘演讲是针对某岗位而展开的，因此，写作前必须到招聘单位了解情况，可以通过调查摸底、群众访谈等方式，切实弄清楚单位的历史、现状，尤其对于当前存在的焦点、难点问题及其存在的根本原因要问清查透，力争找到解决问题的最佳途径，以便在演讲时击中要害，战胜对手。

3. 谦虚诚恳，平和礼貌

竞聘者是通过答辩实现被聘用目的的，只有给人以谦虚诚恳、平和礼貌的感觉，才能被认可和接受。评审人员及与会者是不会接受狂妄傲慢、目中无人的竞聘者并委以重任的。所以，竞聘演讲辞十分讲究语言的分寸，表述既要生动，有风采，打动人心，同时又要虔诚可信，情感真挚。

三、竞聘演讲的技巧

1. 做好充分准备

林肯说过：“即使是有实力的人，若缺乏周全的准备，也无法做到有系统、有条理的演说。”一次成功的演讲离不开演讲前的精心准备。演讲者不仅需要了解听众的年龄、性别、职业、文化程度、宗教、政治、价值观、人数等信息，还要了解演讲场合（如聚会）的目的、地点、时间、设备等因素，在此基础上初步确定演讲的主题。然后，围绕主题，通过多种途径收集一些具体感人、真实新鲜且具典型性的材料，并根据掌握材料的情况综合确定演讲的内容、方式。

情境案例 6-5

印度总理尼赫鲁之女甘地夫人在其自述中记载过两次截然不同的演讲经历：一次是她在英国学习时应邀参加一次会议，会上，英国国防部长克·梅农突然当众宣布她讲话，她在毫无准备的情况下前言不搭后语地结束了她的“演讲”，发誓今后不在公众面前讲话。另一次是她在南非参观铁路工人生活区，非洲铁路工人的艰苦生活深深触动了她，使她如鲠在喉，非一吐为快不可，竟然改变初衷，进行了一次演讲，并且很成功。

2. 演讲时注意共性之下强调个性

每一位竞聘者都要对将来的工作表示自己的态度。如，全心全意为人民服务，勤勤恳恳，清正廉洁，不谋私利……这些属于共性的内容，是需要表达的。但是仅仅说这些，好话也可能成为套话，因为没有特点，缺乏个性。共性的话题之外，更主要的是说说与竞聘岗位相联系的内容。如，竞聘行政职务的正职，要表达自己对主管工作性质、作用的认识，对开创总体局面的设想，体现出“一把手”的眼界，并表明自己有哪些优点与此相适应，以显示竞争的优势。如竞聘副职岗位，就要谈谈这个职务的特点，对分管工作进行分析，提出设想、措施，并表达与其他副职配合合作的愿望。

3. 语言周到得体

演说要注意语境的差别，诉求目标的不同，诉求对象（听众）不同，说话的语气就要有区别。学校里竞聘学生干部时，每一个竞聘者都可以强烈地突出自我：“我是最优秀的，请投我一票！……给我一个杠杆，我能够撬起地球!”豪迈语气出于学生之口，表现出青春的朝气和自信，是成功的。但在单位的岗位竞聘中却不太适宜用这样的语气。比较得体的语气是平实之中有气势。比如，说到自己以往的工作经历和成绩时，要实实在在，忌过分拔高，因为以往的工作已成事实，领导和群众都清楚，自己把话说到位甚至语带谦虚，并不降低别人对你的评价。而给自己贴金过多，通常会产生负效果。但在涉及未来的工作设想时，语气则可以豪迈些，但不要流于吹嘘（二者的区别还是要先想想听众的心里感觉，以此为标准）。同时还要表达对于竞聘能否成功的态度，对其他竞聘者的祝愿。这些，实际上也是体现了竞聘者的个人修养与素质。

4. 讲究体态仪表

演讲者不仅要有较强的口语表达能力，而且要善于用动作、表情等体态语来辅助说话，同时演讲者的仪表风度也会影响演讲效果。

陶行知曾说：“演讲如能使聋子看得懂，则演讲之技精矣！”这正说明体态语在传情达意上的重要作用。作为交际信息载体的体态语言，既要求准确、生动，又要求高雅、大方，符合生活美学的标准。体态语的主要内容有面部表情、手势动作和身体姿态三个方面。

面部表情是体态语中最富表现力也是最重要的组成部分，使用频率也较后两者高出许多。演讲者在运用面部表情时应注意：眼神的运用要表意明确、富于变化且顾及全场；表情要与有声语言协调一致且自然，富于变化。

用优美、自然、得体的手势来辅助有声语言的表达，是演讲必不可少的手段。手势的不同形式、不同的活动区域都会传达出不同的含义。如果使用不当，会影响演讲效果，故运用手势一定要注意自然、协调。

恰到好处地改变身体姿态不但有助于演讲内容的表达，而且可以显示演讲者的风度。演讲者台上的身姿移动应根据表意的需要，遵循目的明确、恰当协调的原则。

仪表就是人的外表，包括容貌、体格等先天因素，一般难以改变。但俗话说得好，“人要衣装马要鞍”，合体大方且能配合演讲内容的装饰无疑能给演讲带来积极的影响。

情境案例 6-6

1960 年，肯尼迪与尼克松为竞争总统，在全国电视观众面前举行了他们之间的第一次电视辩论。大多数评论员预测经验丰富的尼克松能够击败缺乏经验的肯尼迪。但当两人出现在电视屏幕上后，整个选举似乎立刻转为对肯尼迪有利了。原来，肯尼迪事先与帮助竞选的电视导演做了周密的筹划，进行了反复练习。特别是在辩论前几天，他特地到加利福尼亚海滩晒太阳，松弛神经，养精蓄锐。结果，在电视上出现时，他精神抖擞，满面春光，轻松自如。而尼克松过分相信自己的才干，不听别人的劝告，加之辩论前连日疲劳，因此在屏幕上显得精神疲倦，声嘶力竭。

5. 掌握控场技巧

演讲者的最大敌人莫过于怯场，就连世界著名的演说家如林肯、丘吉尔也都有过怯场的经历。因此，掌握一定的控场技巧也是很有必要的。

（1）控制自己：树立信心非常重要，信心来自充分的准备。此外，还可以通过心理暗示、生理调节、临场练习等方法来实现演讲者的自我情绪控制。

（2）控制听众：这里所说的控制听众是指在演讲活动中演讲者始终占主导地位，能够积极引发听众的兴趣，激发听众的情感。引发兴趣需要悬念、幽默，也可以通过疑问或对比实现。情感的激发要求演讲者本身具有丰富的感情，并能融情入景，寓情于景。

（3）应变技巧：演讲过程中，听众的情绪、注意力以及场内气氛秩序常有变化，演讲者既要处变不惊，也要灵活应变。

此外，演讲过程中如果声音太小、速度过快或过慢，或者演讲稿过长、空洞杂乱，演讲的效果都会大打折扣。

情境案例 6-7

一次，苏联诗人马雅可夫斯基在莫斯科演讲，猛烈抨击时弊和庸俗文人的行径，致使某些感到冤屈的人骚动起来。有个家伙企图中伤他，喊道：“你讲的笑话我不懂。” 马雅可夫斯基幽默地说：“你莫非是长颈鹿？只有长颈鹿星期一浸湿的脚到星期六才感到哪！”听到这话，那家伙暴跳如雷，大声嚷道：“我说马雅可夫斯基，您怎么把我们大家当成白痴？”马雅可夫斯基故做惊异地回答：“哎，您这是什么话？怎么是大家呢？我面前看到只有一人。”这时，一个矮胖子又挤到主席台上，嚷道：“我应该提醒你，马雅可夫斯基，拿破仑有一句名言：‘从伟大到可笑，只有一步之遥’。” 马雅可夫斯基机智地目测了一下自己与矮胖子的距离，并用手指着自己和那人说：“不错，从伟大到可笑，只有一步之差。”

竞聘演讲范例

尊敬的各位领导、各位同事：

大家上午好！我是一名来自最基层的电信员工，今天，很高兴有机会能站在这里演讲。我演讲的题目是《假如我是总经理，我将倾力打造一流团队》。

电信，作为一种现代交流方式，早已成为我们生活的一部分；中国电信，作为一个知名品牌，早已深入人心；电信公司，作为一家现代大型公司，也已成长为一艘企业航母。如果我们把电信比喻成一艘在大海中乘风破浪的航母，那么，总经理无疑就是这艘航母的舰长，是一名把握航向、制定战略的关键人物，总经理的选择，也就成了一家企业能否做大做强的关键所在。但是，我们也常说“一个中国人是条龙，三个中国人是条虫”，这句话也许很片面，也许根本就是句错话，可是我们是否也可从中感悟到点什么呢，我的感悟是：在竞争日趋激烈的今天，我们电信，不仅需要一个能够独当一面的领军人物，同时我们也需要一个精诚团结的、有战斗力和凝聚力的强大的团队。

作为员工，我希望自己公司的总经理是公平的、宽容的，有远见的，也是具有活力的。我想在座的大部分同事也和我一样，会更喜欢这样的公司，会喜欢这样的总经理，也会更好地、更自觉地融入这样的大家庭。那么，假如我是总经理，我又将如何去当好这一角色呢？

假如我是总经理，我想，我首先将树立远大的事业心，运筹帷幄，提高我们的核心竞争力，带领和指挥公司实施发展战略，使公司做大做强；假如我是总经理，我将怀揣强烈的责任心，一步一个脚印，做好每一件事，使公司稳中求进；假如我是总经理，我将拥有一颗平常心，以领导的个人魅力、企业文化的魅力、终极目标的魅力努力去赢得公司所有员工的尊敬和爱戴，去凝聚一批愿为此而奋斗的骨干员工，使公司所有人都能抱成一团，乐意为公司付出，乐意发挥主观能动性，乐意以公司为家，从而打造一个强大的、优秀的电信团队。

假如我是总经理，我将从实施公平原则、营造宽容氛围、吸纳并留住人才、增强企业活力四个方面来打造我的电信团队。

首先，我将努力营造公平的竞争环境。每个员工都渴望公平，公平原则是公司内部建立和谐工作环境的基础，如有失公平，则会破坏公司员工之间的团结，影响士气。因此，我将建立和完善合理的薪资制度、晋职制度、奖惩制度以及考核等诸多制度，以制度管事，以制度服人，以制度评判员工绩效，以制度决定员工去留。

其次，我将努力营造宽容的工作氛围。“己所不欲，勿施于人”，向李嘉诚学习，做“仁慈的狮子”。公司员工的文化程度、家庭出身、生活境遇千差万别，每个人都会有各自的缺陷和不足，但只要他品行端正，安心公司工作，愿意全心为公司付出，在不违背公司制度的原则与前提下，对于工作基础较差、能力较弱的员工，我将通过加大对他们的培训、学习力度，帮助他们胜任岗位工作，尽可能做到不离不弃。

再次，我将努力吸纳并留住人才。公司的发展基于公司的远见，但最终还是必须依赖人才才能实施发展，那么公司怎样才能吸纳并留住人才呢？我认为良好的工作氛围以及不断提高的企业平台是留住人才的关键。正所谓“栽得梧桐树，不怕凤凰来”，真正的人才是选择环境的，没有良好的工作氛围以及不断提高的工作平台，不但吸引不来人才，就连公司辛苦培养起来的人才也会流失，何谈发展呢？毕竟，人是往高处走的。在人才面前，我将做到知人善用，充分发挥他们的才智，给他施展才华的平台和动力。只有大家都有施展才华的能力和动力了，才有可能组合在一起，才有可能充分发挥出我们的潜力。

最后，我将努力增强公司的活力。公司的活力是公司的生命力，一个充满朝气、富有活力、积极向上的公司是无坚不摧的公司，而总经理作为公司经营管理的核心，我们可以透过他的影子，看到公司的本质，他的一言一行，也将直接影响到公司所有员工的言行、情绪。有活力、开明的总经理，他的员工，他所领导的公司一定是充满激情、富有朝气、奋发向上的。假如我是总经理，我将多组织、多参与公司的各种有意义的文化活动，改善员工的精神面貌，充实员工的精神生活，增强公司的活力。

总之，假如我是总经理，我将做到以人为本。公平的制度，会使公司所有员工感到被尊重；宽容的总经理，会得到员工的回报和感恩；良好的工作、生活氛围和企业平台，会有助于吸引和留住人才；充满活力的精神面貌，会引领公司所向披靡。

假如我是总经理，我将为打造一支精诚团结的、有战斗力和凝聚力的强大的团队而不懈努力。

我的演讲完了。谢谢大家。

分析：这篇竞聘演讲辞既没有夸夸其谈，过分拔高自己，也没有妄自菲薄，而是充满自信，他的施政措施，切合人心，具体可行。整篇演讲辞文辞优美，充满激情，是一篇优秀的竞聘演讲辞。

平台链接

态势语言的运用

态势语言也叫体态语言、无声语言，是指人际交往中用以表情达意的姿态、神情和形体动作。它作为有声语言的一种辅助形式，是口语交际的重要辅助手段，甚至可以部分代替有声语言或表达有声语言难以表达的感情和态度。美国心理学家艾伯特·梅瑞宾认为，在一条信息的传递效果中，词语的作用只占7%，声音的作用占38%，而面部表情占55%。正如体态语研究的先驱欧文·戈夫曼所说："尽管一个人可能停止说话，但是他不能停止身体习惯动作的传播。"所以，要想取得良好的沟通效果，一定要注意态势语的运用。

一、态势语的种类

在日常口语交流中，态势语言几乎包括人们的各个方面，涵盖面广，根据表情部位的不同主要可分为以下几种：

1. 表情语，指人的面部表情，即通过面部表情来交流情感、传递信息的语言。表情语的核心是目光语和微笑语。目光语是通过眼的动作和眼神来传递信息的。微笑语是通过面部的笑容传递和善、友好信息的特殊语言。目光和微笑可以表达内心的情感、愿望和信任等，传达着最丰富、最有效的信息。

2. 手势语，即通过人的上肢特别是手来传递信息的一种表现力很强的态势语。据其功能和内容可以分为情意手势，即用来表达说话人的思想情感、态度、意向的手势。象形手势，即用来模拟和比画事物以引起听者联想和想象的手势。象征手势，即用来表示较为复杂的情感和抽象的概念。指示手势，即用来指明谈论的具体对象。

3. 体姿语，指通过身体的姿势、动作来表达情感、传递信息的态势语。主要包括首语、坐姿语、站姿语和行（步）姿语。

二、态势语使用原则

1. 和谐性原则。即态势语言要与自己的身份、交际语境、表达内容，特别是与有声语言协调一致，并且态势语本身各构成要素（如身姿、手势、表情、目光）之间要做到局部与整体的协调一致。人及其言语和身体的动作是一种复合的过程，在口语交际中，只有将这些因素有机结合起来，才能达到真正的了解和沟通，从而取得良好的沟通效果。

2. 自然、适当性原则。"言为心声"，态势语言也应该是内在情感的自然流露，是配合有声语言的一种情不自禁的动作、表情。在口语交际过程中，态势语言并非越多越好，一定要顺乎自然，不要刻意为之，动作的幅度、力度、频率等要适中，要能够突出口语交际的目的，否则会使人望而生厌。只有自然、适当的态势语才会让人们的沟通更加自如。

三、态势语言的使用方法

（一）头部语言

头要正，目光亲切自然，发声方向略高于视平线，这是对演讲者头部最基本的要求。但是，在不同的语言情境中，演讲者的头部却呈现出不同的形态。

1. 正位。面部正对听众，不要频繁晃动，目光落在会场中部的听众脸上。这种形态多用于陈述性演讲，表达比较平稳的感情，显得庄重严肃。这是演讲中一种最基本的造型，也是变化其他类型的基点。

2. 侧位。侧位的最佳角度是满侧，即由正面向左或向右满侧35°左右。这样，既能让侧面的听众看到脸部的正面，又能使其他方位的听众看到脸部的大部分。侧位打破了正位的严肃、单调的造型，给听众一种优雅感。询问性、疑惑性的语言和表情，多配合侧位动作。

3. 仰位。头部向上仰起，可微仰，可昂仰，还可偏仰，但所表示的意义各不相同。一般来说，微仰表示思考和停顿，昂仰表示情绪激动，偏仰表示呼唤与憧憬。恰当的仰头，也可以给听众一种生动感。

（二）面部语言

演讲者在演讲时面部应该表情丰富，通过积极的调节、控制，使面部表情准确地、自然地、恰当地体现自己丰富的感情，使听众便于领会。

面部语言，可以是抒情性的，还可以是示意性的。抒情性面部语言是将演讲者各种心理活动和情绪变化，外化为面部的肌肉活动和神色的变化。例如，口角向上，脸色和悦红润，纹路顺当，这是高兴；口角向下，嘴唇或紧闭或张大，脸色阴郁或苍白，纹路板滞，这是悲痛和厌恶；咬住下唇，这是忍耐；咬牙切齿，这是仇恨，如此等等。示意性的面部语言即面对听众所做的各种表情。例如，当听众鼓掌或发出善意的笑声时，演讲者微笑颔首；明白了听众的要求时，嘴角两边的肌肉均匀拉开，溢出微笑；向主持人点头、挥手，以示谢意，等等。

笑，在面部语言中是特别值得提倡的。笑是一种特别有效的交流与交际的工具。不管演讲者的心情如何，态度怎样，有何倾向，只要他笑，不管他是怎样笑，是何种笑，听众都可立即读懂这种语言，并且受到感染。笑是愉悦的，是获得友谊、取得信任、融洽关系、化解窘态的重要手段；笑也是一种武器，它可以"把屠夫的凶残化为一笑"，对胆大妄为的人还是一种制裁。

在演讲中使用这两种语言，第一，感情要真实，不能做作，否则将弄巧成拙；第二，要把握好语境，并且要善于渲染；第三，要善于控制。

正确的做法应是含泪不掉泪，能哭不出声；有笑不大笑，可笑反不笑。

（三）眉目语言

1. 环视

环视即演讲者有意识地环顾全场的每个听众，从左至右，从前到后，从听众的各种神态中了解和掌握现场的情况与情绪。演讲者一上台，就环视全场，戏剧中叫"亮相"。其作用有三：一是向听众打招呼，这是对观众的尊重；二是体验听众情绪，感受场内的氛围，便于把握演讲的方式与重点；三是静场。

2. 点视

点视就是把目光集中投向某一角落、某一局部，或者个别听众，并配合一定的手势或表情。这是一种最有实效、最有内涵的眉目语言。譬如有的听众面带微笑，频频点头，甚至情不自禁地鼓掌喝彩，演讲者向他投出一丝亲切的目光，这是表示赞许、感谢；有的听众轻轻摇头，甚至还在嘀咕什么，演讲者在做了某种调整以后，再盯一眼，这是表示征询、探讨；有时会场的某一角、某一个局部听众发出议论声，甚至有骚动，演讲者立即把目光投过去，这是表示调整和制止。

3. 虚视

虚视，亦即虚眼。演讲者的目光在全场不断扫视，好像是看着每个听众，实际上谁也没看，只是为了造成演讲者与听众之间的一种交流感，弥补因为环视和点视而可能使部分听众感觉受到冷落的缺陷。

（四）手势语言

1. 手势活动的范围

手势活动的范围不同，所表达的意义是不一样的。手势大体在两个区间活动，肩部以上为上区手势，表示积极向上，激昂慷慨。例如，讲到激动处，演讲者常常双手向上举，甚至挥动拳头。肩部到腹部为中区手势，表示客观冷静。例如，叙述一件事，分析一个理，演讲者的手势常常在胸前出现。腹部以下为下区手势，表示鄙夷、厌恶、决裂。 演讲者一般很少使用下区手势。

2. 手势活动的方向

手势活动的方向不同，意义也大相径庭。一般说来，向内、向上的手势，意味着肯定、赞同、号召、鼓励、希望、充满信心，是积极的手势；向外、向下的手势，意味着否定、拒绝、制止、终止、摒弃、冷漠，是消极的手势。

例如，同样是搓手，朝上搓，可能是摩拳擦掌，急不可待；往下搓，则可能是局促不安，不好意思。同样是举起两个手掌，掌心向内，往内缩，这是表示向我靠拢，注意我，掌心向前，往外摊，则意味着拒绝、回避。

3. 手势活动的幅度

手势活动的幅度大小与演讲者的感情、语势有着很大的关系。幅度大，表示强烈；幅度小，表示平和。手臂不动，是小幅度；手臂挥动，甚至还带动全身，双手挥舞，这是大幅度。

一般说来，演讲者大幅度的手势不宜过多，只能偶尔使用；太多，"手之舞之足之蹈之"，像个疯子，会破坏协调美，甚至还会引人发笑。

4. 手势活动的形状

由手指和手掌构成各种不同的手形，即手势活动的形状。演讲中，更精细、更确定的定义，常常是通过各种手形来表现的。俗话说，“十指连心”，在手的动作中，手指和手掌是最敏锐、最灵活的部分，因而表意性最强。指法有以下几种。

食指点：伸直食指，向上或向下，起强调作用，强调话题所涉及的人和物；向前指，指听众中的某个人，挑明话题，表明说话的针对性，带有一定的威胁性。

拇指跷：跷起大拇指，表示友好、赞许；向鼻前跷，是称道自我；向前或向后跷，是夸奖别人。

啄指：五指紧啄，构成两种手势。一是五指接触，啄成一团，向内，表示反复强调重点；二是指尖不接触，尖锐地对着听众，表明不是泛泛而谈，而是有某种针对性。

叉指：手指伸直叉开，可叉两指，也可叉三指或四指，一般都是表示数字，有时也表示摒弃。

抓指：五指僵硬地弯曲，呈抓状，表示力图控制全场，吸引听众。

掌法有以下几种。

伸掌：五指合拢，手掌平伸。掌心向上，表示征求意见；掌心向下，表示要抑制和安定听众的情绪，制止某种行为的发生；掌心向前，表示回避；掌心向内，并向胸前缩拢或向外推，这是一种表示抚慰性的手势；掌心向上侧向外，即摊开双手，表示希望听众理解。

劈掌：手掌挺直展开，像一把斧子“嗖嗖”劈下，这是一种很果断的手势，表示要果断下决心解决急于解决的问题。

合掌：双手慢慢合拢，一只手搭在另一只手上，表明有必胜的把握。

拳法有以下两种。

拳头向上摆动，这表明说话者的表情不允许听众持怀疑态度；拳头向上举，这是一种挑战性的动作，能给持不同观点的人以打击性的印象。

自主拓展

1．以班级为单位，组织一场竞聘班干部的演讲比赛。

2．根据自己的专业，以竞聘部门经理为例，撰写一篇竞聘演讲稿。

书面交流与表达应用能力训练

本模块的内容主要结合高职学生的学习、生活、工作、社交实际，通过对日常事务文书、行政事务文书、会议事务文书、财经事务文书、宣传事务文书、科技事务文书、规章制度文书等实用文体的知识介绍，结合相关文种范例讲解写作技巧，培养学生的书面交流与表达能力。

日常事务文书主要包括书信（电子邮件）、请假条、便条、借据、收据、欠据、领据、清单、寻物启事、招聘启事、海报、声明、计划、总结等文种，这些文种篇幅短小，使用频率高，且容易掌握。学习和运用这些文种对我们的学习、工作、生活有很大帮助。

行政事务文书是机关、企事业单位、团体在处理行政事务时使用的文种。《国家行政机关公文处理办法》规定目前使用的行政事务文书共有 12 类 13 种，主要有：命令（令）、议案、决定、意见、公告、通告、通知、通报、请示、批复、报告、函、会议纪要，其中公告与通告属同一类。考虑到有些文种有一定级别限制且在处理实际行政事务时不常使用，本模块结合学生将来的工作实际需要，选择决定、通知、请示、报告、公函等文种进行技巧讲解训练。

会议事务文书是机关、企事业单位、团体办会时使用的文种。根据会议的规模和内容，常常会使用到开幕词（闭幕词）、主持词（迎送词）、会议报告、会议记录、会议简报、会议纪要等文种。学生能熟练运用上述文种写作技巧，可以为将来的职业生涯谋求更大的发展空间。

学生在未来的职场中要处理各种财经事务，将会使用到如经济合同、广告策划文案、市场调查报告、市场预测报告、经济活动分析报告等财经文书。熟练掌握并运用这些文书可以帮助我们商海弄潮，游刃有余。

如今社会上许多公司十分重视企业文化建设，往往通过公共媒体或创办报刊对内凝聚企业发展合力，塑造企业精神，对外宣传企业产品，树立企业形象。掌握消息、简讯、通讯等宣传事务文种的写作方法，对高职学生来说显得尤为重要。

科技是第一生产力。作为生产、建设、服务一线的高素质人才，高职学生在校学习期间会涉及实验报告、实习报告、毕业论文、毕业设计的写作，在未来职业生涯中会涉及科技情报、科技论文的写作等，因此掌握科技事务文书的写作是一项基本必备的技能。

企业管理离不开各种规章制度。在企业规章制度中常使用的有章程、制度、须知、职责、规程、细则、标准等文种，学习、掌握这些文种的写作技巧，帮助企业制定、完善各种规章制度，使企业管理更加规范，也为自己构建参与企业管理的工作平台，从而更大程度地实现自我价值。

施教者在本模块教学时，应该根据各专业人才培养目标的需要进行内容的选择，侧重培养学生与其专业和未来就业岗位密切相关的实用文种写作能力，不必面面俱到，学生也可结合自己的实际和兴趣进行自主学习。

第七章

日常事务文书写作

学习目标

知识目标： 了解日常事务文书的种类；

熟悉各个文种使用的工作情境；

熟知各个文种的写作结构。

能力目标： 掌握各种日常事务文书的写作技巧；

能正确、熟练运用寻物启事、海报等文种；

能熟练写作招聘启事、条据、专用信函等文种；

能熟练写作各种计划、总结等文种。

第一节　专用书信写作

案例导入

求　职　信

某某领导：

您好！工作辛苦了！

教师是人类灵魂的工程师，是培养祖国栋梁的辛勤园丁。孔子、孟子就是影响了中华儿女数千年的好老师。我特别欣赏这个职业。我是学企业管理的，跟教书挨不上什么关系，但将来何去何从，谁能说得准呢。子曰："三人行，必有我师焉。"孔子都那么虚心，我们又有什么理由不向别人学习呢？这是一个知识文化更新很快的时代，不互相学习就会故步自封，就会为时代所抛弃。我们的专业课程就体现了丰富多元的特点，除了政治经济学、企业管理等技术课外，还包括数学、外语等基础课。教书要教得好，也不能不多学知识，开拓视野。有许多人觉得教师这个职业太没面子，那是传统封建思想的遗害。某些教师在教书育人的过程中可能存在这样那样的问题，那是他的个人原因，而不是教师整体的错。再说，人人都不做教师，都去做赚钱的行当，下一代由谁来教育？社会由谁来发展？尤其是在当今改革开放的大好形势下，我们更应当抓紧机遇，抓好教育。我的父亲是个党员，他小的时候很想读书，可是未能如愿，我想如果很多人都甘愿为教育事业奉献青春热血的话，这样的事情就会少一点。我有志于为祖国的教育大业奉献一切。也企盼着你们的回音。如果有意，请与××大学××系联系。有什么要求，需要什么任职资格，就请来信告诉我。另外，告诉你们一个好消息，明天校运会即将开幕，我将作为系主力参赛。我的体育成绩一向很好，其他各科成绩也还过得去。最后，祝您

工作顺利！

求职信可谓是学生走上社会工作岗位的一块敲门砖。能否敲开职场大门，很大程度上就看这块"砖"是否过硬，能否引起用人单位的注意。看了上述案例中的求职信，实在让人替这位仁兄的前程担忧。

知识讲解

作为人们社会交往中不可或缺的一个重要工具，书信的主要作用就是交流思想，互通信息。随着社会的发展和通信工具、信息交流渠道的现代化和多样化，书信的作用似乎日益减弱，手机短信、电子邮件等逐渐取而代之，但书信在现实生活中仍发挥着重要作用，特别是一些专用书信，在今后相当长的时间内不会失去效用。

一、书信的分类

根据书信的性质和内容，可以将其分为一般书信与专用书信。

1. 一般书信

一般书信主要服务对象是私人私务，写作结构上一般没有标题，写作内容上没有多

少限制，阅读对象绝大多数是个人，感情色彩较浓。从对象上看，有家书、情书、朋友或同事之间的往来书信。从内容与用途上看，有请托信、婉拒信、感谢信、推荐信、祝贺信等。

2. 专用书信

专用书信是一种具有专门用途的公开信，一般包括介绍信、证明信、感谢信、表扬信、慰问信、贺信、求职信、申请书、倡议书、建议书等。

二、一般书信与专用书信的区别

一般书信与专用书信的区别主要表现为：

一是专用书信通常有标题，而一般书信没有标题。

二是专用书信一般没有问候语，有的书信如证明信甚至连称呼都可省略。一般书信不仅有问候语，而且传统书信在称谓上有特定的表述方式，如给父母写信，常用“父母大人膝前谨禀者”。具体称谓见表 7-1。

表 7-1

收信人	提称	启事语
祖父母 父母	膝下、尊前、膝前、道鉴	叩禀者、叩肃者、敬禀者、谨禀者、谨肃者、敬肃者
长辈	尊前、尊鉴、钧鉴、尊右、慈鉴、道鉴、赐鉴	敬陈者、敬启者、谨启者、谨呈者、兹肃者、敬肃者、敬复者、谨复者
师长	函丈、坛席、讲座、尊前、尊鉴、道鉴	同上
平辈	台鉴、大鉴、惠鉴、左右、足下、阁下、伟鉴、雅鉴、文几、手足	兹启者、谨启者、敬启者、兹复者、敬复者
晚辈	青鉴、青览、收览、收阅、如晤、如面、知悉	敬恳者、兹恳者、兹托者、敬托者
女性	妆次、慧鉴、淑览、妆鉴、绣次、芳鉴、懿鉴	

三是在正文内容上根据不同专用书信的不同用途，有特定的写作方法。而一般书信在内容方面大多以互通信息、交流感情为主。

四是专用书信的结尾祝颂语常用“此致　敬礼”、“请予大力支持”、“请予接洽为荷”、“特此证明”等惯用句式。一般书信的祝颂语则较丰富，如“祝您工作进步”、“祝万事顺意”、“心想事成”、“身体健康”、“工作顺利”等。传统书信的祝颂语更为讲究，如“敬叩　台安”、“敬叩”和“台安”要分行写，“敬叩”居上行，前空两格，“台安”则转行顶格。具体使用请参看表 7-2。

表 7-2

收信人	祝颂语
至亲尊长	敬叩　台安、恭请　福安、叩请　金安
师长	恭请　大安、恭请　教祺、谨颂　道安、敬祝　教安
平辈	顺颂　台安、即颂　近祺、顺问　夏安、此致　时祉
晚辈	顺问　近祺、即询　近佳、顺询　进步

五是专用书信的落款通常用单位名称或加盖公章，一般书信常常用自称加姓名来落款，如“友×××”、“儿×××”等，传统的书信落款根据收信人的身份在落款后还要加上特定的具名语，如对师长用“晚生×××谨呈”，请参看表 7-3。

表 7-3

收 信 人	具 名 语
至亲尊长	叩、叩上、叩禀、谨叩、敬禀、上
长辈师长	谨禀、谨上、肃上、谨呈、谨启、谨肃
平辈好友	启、谨启、谨复、手复、敬白、顿首、公启、拜上
晚　辈	手字、手谕、手示、手启、复、泐

需要特别强调的是，我们在编写手机短信和电子邮件时也应注意格式和用语的规范。尽管信息传递的载体发生了变化，但收信的主体还是人，无论是工作目的还是社交目的，都应注意基本的文书礼仪。有些人在编写手机短信和电子邮件时不注意对方的身份以及与自己的亲疏关系，显得过于随意，从而导致一些误会，甚至让对方产生不快，影响了交际的效果。因此我们建议在编写手机短信和电子邮件时，也应遵守书信的一般格式和用语规范。

因为一般书信使用较多，我们已基本掌握了写法，下面将分类重点讲解专用书信的写作。

能力讲解

一、介绍信与证明信

1．介绍信

介绍信是机关、团体、企事业单位的工作人员在去其他单位联系工作、了解情况、磋商事宜、参加活动时常常使用的一种专用书信。介绍信具有介绍与证明身份的作用，它既可以介绍相关人员联系、商洽事宜，又可以证明被介绍人的身份。

介绍信有两种写作格式，一是普通介绍信，用单位的信笺书写，无固定格式、无编号、不留存底根，特点是灵活自由，但不利于查找。另一种是具有规定格式的联单式铅印介绍信。这种介绍信有编号和存根，其特点是格式规范，但不够灵活，限制性较大。

无论是普通式还是联单式，介绍信在结构上大致由以下几个部分组成。

（1）标题。常常冠之以“××××（单位名称）介绍信”，有的单位介绍信还有编号。

（2）称呼。即收信对象，一般位于正文第一行顶格，后加全角冒号。如收信对象是单位，应写单位全称，收信人是单位领导个人，应写明其职务。

（3）正文。必须包括被介绍人的姓名、职务、人数等事项和前去接洽的具体事项及要求两部分。

（4）祝颂语。一般只写“此致　敬礼”，以示对对方的尊重。

（5）落款。在右下角位置写明介绍信的单位全称和日期，并加盖公章，以示对此负责。如是联单式介绍信，还应在骑缝线上加盖骑缝章。有的介绍信还在全文之下加注括号标明介绍信的有效期限，如：（有效期为×天）。

普通介绍信写作范例

××××公司介绍信

××××学院：

兹介绍我公司人力资源部部长张××前往贵校联系为我公司新入职员工进行岗前培训事宜，请予接洽为荷。

此致

敬礼！

××××公司（公章）

××××年××月××日

分析：普通式介绍信在内容写作上比较自由灵活，只需写明相关要素，但由于使用惯例，常用固定的词语和句式，如“兹介绍……前往贵处办理……，请予接洽为荷”。

联单式介绍信写作范例

存　　根 ××字××号	××××公司介绍信 ××字第××号
×××等×人，前往××××联系××××事宜。 批准人：××× ××××年×月×日	××××： 兹介绍×××等×人前往你处联系×××××××。请予接洽为荷！ 此致 敬礼！ ××××公司（公章） ××××年××月××日

分析：联单式介绍信比较简单，格式固定，只需正确填写相关内容即可。

2. 证明信

证明信是国家行政机关、企事业单位、社会团体和个人为证明有关人员的身份、经历或某个事项的真实情况而写的一种专用书信。它与介绍信的区别在于：介绍信以介绍情况为目的，证明信以证明情况为目的；介绍信通常有祝颂语，证明信无须写祝颂语；介绍信具有介绍和证明作用，证明信只具有证明作用。

在写作结构上一般包括标题、称呼、正文、署名、落款等几个部分。

（1）标题。通常以“证明信”、“证明”、“关于××××的证明”为标题，居中，字体稍大。

（2）称呼。下一行顶格写上需要证明信的单位名称，后加冒号。如无明确对象，称呼可以省略不写。

（3）正文。要写清被证明的事项，内容必须准确，事实必须清楚，表述必须肯定，不能含糊其辞。如学历证明，必须写清被证明人的姓名、性别、出生年月、籍贯、家庭地址、何年何月至何年何月在何校学习、结业还是毕业、毕业证书号码是什么等。正文之下，另起一行左空两格写上“特此证明”。

（4）落款。写作格式与介绍信落款相同。

在现实生活中，有一种随身携带、起证明身份作用的证明信，必须标明有效时间。

一些重要的证明材料如果不止一页的必须注明“第×页，共×页”字样，并在每一页加盖公章。

证明信写作范例

证　明　信

××派出所：

我校××系05级学生×××，男，一九八四年七月生，江苏南通人，学籍号为××××××，请予办理户口迁移手续。

特此证明。

××职业技术学院学工处
××××年×月××日

分析：这是一份关于提请户籍管理部门办理学生户口迁移手续的证明，写作时必须对被证明人身份事项进行交代。

二、感谢信与表扬信

感谢信是个人或单位为了感谢别人或别的单位给自己给予的关心、帮助、支持等所写的专用书信。**表扬信**是为了表彰单位、集体、个人的先进思想、先进事迹、模范行为所用的一种专用书信。

感谢信与表扬信之间有一定的联系与区别。

（1）感谢信的目的是为了表示感谢。通过公开的方式，将被感谢的对象的行为予以宣传。表扬信的目的是为了表扬。通过表扬，从而鼓舞受表扬者，同时教育人们向先进学习，弘扬社会正气，树立良好的社会风尚。因此它们的写作目的有所不同。

（2）感谢信的写作者是受到关心、支持、帮助的单位、集体、个人；表扬信的写作者既可以是受帮助者，也可以是第三者，一般是以组织的名义。

（3）在传播的方式上，感谢信一般是通过张贴、直接发送等形式，还可以通过报社、电台、电视台等公共传播媒介手段进行公开发布；表扬信一般采用张贴、登报的方式。

在写作结构上，两者没有太大的区别，主要包括：标题、称呼、正文、结尾和落款等几个部分。

（1）标题。感谢信一般用“感谢信”、“致×××的感谢信”为题。表扬信一般直接用“表扬信”为题。

（2）称呼。即被感谢、被表扬者或其所在的单位名称。其后一般不用问候语。

（3）正文。感谢信的正文一般要写明以下几部分内容：一是因何事向对方表示感谢；二是感谢对方的先进思想和模范事迹；三是赞扬对方的精神和对自己的影响。表扬信的正文一般先概括受表扬者的事迹，再具体叙述事迹的过程，然后号召一定范围内的人们学习被表扬者的先进思想和精神。

感谢信写作范例

感　谢　信

××××职业技术学院：

谨以此信向贵校××系××专业××班学生×××、×××给予我无私帮助表示衷心感谢！

×月××日上午 8 时许，我骑车上班，在青年路口与对面驶来的一辆摩托车相撞，当即摔倒，头部受伤，胳膊摔断，而驾驶摩托车者肇事后逃逸。两名路过的大学生见状将我送到××××人民医院，还为我垫付了医疗费，并通过我身上的证件与我的家人取得了联系。后来得知这两位大学生是贵校××系××专业××班的学生×××和×××。

为此，我特向×××、×××两位同学表示衷心的感谢！同时也感谢贵校为社会培养出这样优秀的大学生。×××、×××同学的这种助人为乐的精神，正是贵校辛勤培养的结果，永远值得我们学习！

此致

敬礼！

××××公司职工 ×××

××××年×月××日

分析：这一封感谢信从结构上比较简单，格式基本规范，内容也较为清楚。在正文部分中，写明了在什么时间、什么地点因为何事受到对方什么帮助以及受帮助的过程。在表示感谢时，感情真实，表述得体，符合实际，没有盲目夸大，不虚假。

表扬信写作范例

表 扬 信

××××汽运公司领导：

谨为此信表扬贵公司员工×××同志。

今年×月××日下午，我从××××汽车站准备坐车回家，不慎将随身携带的一只装有 2000 元人民币和相关证件的黑色手提包遗忘在候车室坐椅上。当我发现手提包丢失万分焦急时，听到汽车站的广播里播报招领启事，失物复得，从而避免了我的财产损失。后来得知原来是被贵公司工作人员×××同志捡到后交到广播站的。当我要向该同志表示谢意时，被该同志谢绝。×××同志的这种做了好事不图回报的精神令我感动不已。

×××同志的这种拾金不昧的高贵品德值得我们好好学习，我为贵公司有这样的好员工感到骄傲，请贵公司对该同志予以表扬！

此致

敬礼！

××××公司××

××××年××月××日

分析：从内容上看，这封表扬信的写作者也是事件中的受助者，这封表扬信无论是内容还是结构上都与感谢信相差无几，但是这封信的目的主要在于希望对方单位对帮助者予以表扬。在写作感谢信与表扬信时，我们要注意两者在目的和语言表达上的区别。

三、慰问信和贺信

慰问信是以机关、团体、企事业单位或个人的名义向对方表示慰问、问候、致意时使用的专用书信、慰问的对象可以是在社会主义建设中作出贡献、取得成就的单位或个人，也可以是由于某种原因而遭到暂时困难和严重损失的单位或个人等。

贺信也叫**祝贺信**，是对集体或个人在事业上取得优异的成绩或机关、团体、企事业单位、个人举行重要会议、召开庆功大会、举行庆祝活动时表示祝贺的专用书信。

慰问信在写作结构上大致包括标题、称呼、正文、结尾、落款等几个部分，具体写法与上面所述专用书信的写法基本相同。

（1）标题。于第一行的居中位置写上“慰问信”或“致×××的慰问信”。

（2）称呼。即慰问的对象，另起一行左起顶格写，后加冒号。

（3）正文。首先写明慰问的原因，再根据慰问的情况或对象，或是对其所取得的成绩加以赞扬，或是对其工作的辛苦表示慰问，或是对其因遭遇某个困难、损失表示关怀、支持、鼓励，最后提出希望，表明自己的态度和决心。在写作时，语言要有较强的抒情性，可以采用议论、记叙、抒情相结合的表达方式。

（4）结尾。即祝颂语，与一般书信无多大差别。

（5）落款。在右下方写上表示慰问的单位名称或个人的姓名与日期。

贺信在结构上与慰问信没有太大区别。在正文写作时，应包括以下几个部分：首先对对方开展的工作、取得的成绩、举行的活动等表示热烈的祝贺；接着充分肯定对方的成绩，评价双方的关系；最后表示诚恳学习的愿望或再次祝贺。

慰问信写作范例

给退休职工的慰问信

<u>×××</u> 同志：

春回大地，万象更新。在××××年春节来临之际，我们代表公司所有在职员工谨向您致以亲切的慰问和节日的祝贺，向您和您全家拜个早年！

在这辞旧迎新之际，关心公司发展的您，当然切望了解公司在过去的一年里所取得的成绩。……

这些成绩的取得，是国家经济政策、上级领导的关心、公司全体员工共同努力的结果，也是与像您一样的老同志的关心支持密不可分的。为此，我们谨向您表示由衷的敬意和深切的感谢！

尽管目前处于全球经济危机的不利形势，但是我们相信，在新的一年里，在政府部门的正确方针政策指引下，在像您这样的老同志热心教育、关心公司发展事业的大力支持下，经过公司全体员工的共同努力，我们一定能把握机遇，迎接挑战，共度时艰，再铸公司的辉煌！

祝您身体健康，春节愉快，阖家欢乐！

××××公司

××××年×月××日

分析：慰问信由于涉及的范围较广，称呼部分往往用概括语，如“各位××××”等，或者留下空白，根据具体对象再填写姓名或名称。

本文在正文开始，先结合时间向对方表示慰问，然后根据具体慰问的对象和内容叙述公司事业的发展与退休职工之间的关系，表达了感谢之意。虽然含有客套的成分但能激发被慰问者的热情与自豪感，感受到单位集体的关心与温暖。

贺信写作范例

贺　信

××××学院：

值此贵校50周年校庆之际，我们谨向贵校全体师生员工致以热烈的祝贺！

50年来，特别是近十多年来，贵校本着“严谨、求实、开拓、进取”的精神，培养了一批又一批高素质、高技能的职业技术人才，在教学、科研、管理等方面取得了巨大成就，为地方经济建设作出了巨大贡献。近几年，贵校严格执行党的教育方针政策，进行了一系列教育教学改革，取得了令人瞩目的成绩，跨进了全国100所示范院校建设的行列，发展势不可挡，事业蒸蒸日上。在此，我们表示热烈的祝贺！

过去几年，我们两校建立了兄弟般的友情，贵校在各方面给予了我校无私的大力帮助，贵校的许多教学、科研、管理的经验很值得我们学习与借鉴。我们相信，在机遇和挑战面前，我们两校携手共进，为高等职业技术教育事业作出更大的、应有的贡献！

50 年，对一个学校来说，正值青春年华，我们相信，经过贵校全体师生员工的共同努力，鲜艳的教育之花必将结出更加丰硕的果实！

××职业技术学院
××××年×月×日

分析：这是一封向对方正值 50 周年校庆表示祝贺的贺信。在正文中充分肯定了对方在 50 年里教学、科研、管理等方面所取得的成绩，同时回顾了两个学校之间的友谊与合作关系。最后对对方的未来表示了良好的衷心祝愿。

四、申请书与倡议书

申请书是个人或集体因为某个需要，向领导和组织提出书面请求的一种专用书信。

申请书与行政公文中的请示相比，两者之间有相似之处，都可以用来向领导和组织表达某种愿望或提出某个要求。但是两者之间也有较大的区别，主要体现在：第一，文种性质不同，申请书属于一般事务类应用文，而请示则是行政事务文书；第二，收文对象不同，申请书可以向领导个人行文，也可以向上级组织行文，而请示的主送机关只能是中上级机关或组织，而且只能有一个主送机关；第三，申请书没有级别上的限定，可以越级行文，而请示只能向上级主管机关行文，一般不得越级；第四，对申请书的答复可以是口头批示，也可以单独行文答复或在申请书上签署“情况属实，请有关部门处理”等，而对请示必须由上级机关或组织用“批复”这一行政公文文种进行正式答复。关于请示的写作请参看行政事务文书写作。

申请书的写作内容和格式与一般书信也有一定的区别。在写作内容上，申请书是个人或下级对组织或上级提出愿望与要求，一般采用一事一文，内容单一；一般书信则是个人与个人交往所采用的书面形式，内容广泛；在写作格式上，申请书有固定的表述方式，一般书信可以自由灵活。

申请书的写作格式一般包括以下几个部分。

（1）标题。在首行居中位置写上“申请书”或“关于××××的申请”。

（2）称呼。第二行顶格位置写上组织名称或领导姓名职务。也可以不写称呼，而是左空两格写上“为请求××××一事”。采用这一种方式，要在正文之后下一行左空两格写上“谨呈”、“此呈”，再转行顶格写明接受申请的组织名称或领导姓名职务。

（3）正文。这是申请书的主体部分，要写清申请的事项和理由。写作时态度要诚恳，实事求是，据之以理，动之以情，以达成目的。

（4）结尾。正文之后另起一行左空两格写上“特此申请”、“请求批准”等惯用语。

倡议书是个人或集体率先建议并公开发起，号召大家共同参与、完成某项任务或开展某项活动时所采用的专用书信。

特别说明的是，倡议书除了采用书信的写作格式外，还可以采用一种更为简便的方法：在标题中揭示出倡议的背景或目的，如《第×届“推普”活动倡议书》，然后在正文开始直接写明倡议的具体内容，由倡议者提出希望，最后落款。

申请书写作范例

入党申请书

敬爱的党：

我申请志愿加入中国共产党！

中国共产党是中国工人阶级的先锋队，是各民族人民利益的忠实代表，是中国社会主义事业建设的领导核心。党的最终目标是实现共产主义。新民主主义时期，是党领导全国人民推翻了帝国主义、封建主义、官僚主义三座大山，建立了人民民主专政的中华人民共和国。建国之后，党又领导全国人民进行社会主义改造，完成了新民主主义向社会主义的过渡，确立了社会主义制度，发展了社会主义的政治、经济、文化。

在新的历史时期，党不断加强自身建设，用发展的眼光、科学的眼光继承与发展马克思主义。毛泽东思想是对……邓小平建设具有中国特色的社会主义理论告诉我们……江泽民“三个代表”的重要思想……党领导我们在改革开放的大潮中，向更高层次迈进。历史证明，中国共产党不愧为伟大的党、光荣的党、正确的党！

我志愿成为一名光荣的中国共产党党员，为此，我保证：

一、以党员的条件严格要求自己，全心全意为人民服务，不惜牺牲个人的一切，为实现党的最终目标奋斗终生。

二、刻苦学习，钻研业务，不断提高自身的政治理论水平和科学文化素质，为服务于社会打下牢固的文化基础。

三、吃苦在前，享受在后，克己奉公，在同学中起先锋模范带头作用。

四、……（下略）

我迫切希望党组织对我进行考察与培养，帮助我早日成为一名中国共产党党员。

敬爱的党，请考验我吧！

谨呈

××××党支部

申请人：×××

××××年×月×日

分析：这是一份入党申请书，正文的开始部分先向组织表明加入党组织的愿望，然后重点阐述了自己对党的性质、宗旨、任务，以及党在各个历史时期所作出的贡献、所取得的成就等的认识。这是自己志愿加入党组织的理由和个人思想基础。为了能使有关党组织对申请人进行考察与培养，申请人还结合自己的工作、学习、生活实际表明了决心。

倡议书写作范例

第×届“推普”活动倡议书

人类自从告别混沌世界，走进文明社会，语言就成了传承文明的载体、交流感情的纽带、沟通思想的桥梁。

传承了巍巍中华上下五千年悠久灿烂文明的普通话，不但是中国各民族、各方言区之间进行交流的通用语言，还是联合国六种工作语言之一。我国《宪法》和《国家通用语言文字法》中都明确了普通话和“推普”工作的重要地位。新世纪，我国提出了新的“推普”工作目标，即：2010 年以前，普通话在全国范围内逐步普及，交际中的方言隔阂基本消除，受过中等或中等以上教育的公民具备普通话的应用能力，并在必要的场合自觉地使用普通话，与口语表达关系密切的行业工作人员的普通话水平达到相应的要求；21 世纪中叶以前，普通话在全国范围内普及，交际中没有方言隔阂。

文明的传承离不开语言，文明的开创离不开人类。推广普通话承担着提高国民文化素质、营造与中等发达国家水平相适应的良好语言环境的历史使命。随着我国综合国力的不断增强和国际地位的不断提升，全球正在掀起“汉语热”，作为中华文明的传承者与继往开来者，我们有责任提高自身的语言文化素质；作为龙的传人，我们更有义务规范使用自己的母语。那么，就让我们积极行动起来，从自己做起，从现在做起，请讲普通话！用普通话化解隔阂，用普通话对接心灵！用普通话将自己融入社会，用普通话创造新的辉煌历史！我们来自五湖四海，但我们拥有可以使心与心相通的共同语言；我们将奔赴五湖四海，我们拥有着可以使心与心相连的共同语言！

记住我们的口号：“普通话——情感的纽带，沟通的桥梁”！

×××××学院语言文字工作委员会

××××年×月×日

分析：这一份为了配合“全国推广普通话宣传周”的开展向学院师生员工发起的倡议书。正文的语言具有鼓动性和宣传力。文中阐述了普通话的地位、推广普通话的意义和作用。在对普通话的历史意义和现实作用进行阐述后，向全院师生员工发出推广普通话的倡议。

五、求职信与应聘信

求职信是用来向某一单位求取一份工作的专用书信，又称自荐信。对即将走上社会的大学生来说，写好求职信是谋求就业岗位、实现人生价值至关重要的一步，因为求职信往往是求职者传递给用人单位的第一信息，直接影响到用人单位对求职者的第一印象，也是用人单位决定是否录用的第一依据。

除标题外，求职信在格式上与普通信函相似，包括称呼、正文、结尾、署名、日期。正文内容与普通信函相比，目的性更为明确，即求职。一般包括三个部分：第一部分说明从哪里得到关于这份工作的信息；第二部分主要是推销自己，表达自己对应聘职位的兴趣并介绍自己的能力和条件；第三部分是表达诉求愿望，希望能得到面试的机会。当然，我们也不排除有的求职者只是投求职信碰碰运气，求职者对应聘职位并没有太多的了解，这时可以特别表达愿意接受新挑战的愿望，并强调自己在适应新环境、处理人际关系等方面的能力。但这一做法缺乏针对性，我们提倡求职者应该在对用人单位有所了解的基础上，再制作、投递求职信。

写求职信要注意以下几点：第一，称呼要正规，措辞要礼貌。第二，简洁明了、实事求是地说明自己的能力和条件。因为求职信通常是跟简历一起寄给用人单位的，所以在信中提到自己的能力和条件时，不要简单重复简历中已有的内容，而是要用简洁、明了、具体的语言提出自己特别突出的或者可能引起用人单位特别注意的能力和条件。第三，写明要求取的工作岗位以给用人单位一个考虑选择的机会。第四，要适当突出招聘者的利益，不要一味强调自己的需要和期望。

应聘信与求职信相似，只是求职信是在未知用人单位是否用人的情况下递送的，而应聘信则是求职者通过公共媒体获知用人单位需要用人的前提下制作、递送的。相比较而言，求职信的使用范围更广一些，建议求职者使用求职信，因为它也适用于应对用人单位发出的招聘信息。

求职信写作范例

求　职　信

尊敬的贵公司领导：

您好！

感谢您在百忙之中拔冗阅读我的求职信。扬帆远航，赖您东风助力！我是××××学院××系××专业 2010 届应届毕业生。即将面临就业的选择，我十分想到贵单位就职。希望与贵单位的同事们携手并肩，共扬希望之帆，共创事业辉煌。

“宝剑锋从磨砺出，梅花香自苦寒来。”经过四年多的专业学习和大学生活的磨炼，进校时天真、幼稚的我现已变得沉着和冷静。为了立足社会，为了自己的事业成功，四年中我不断努力学习，不论是基础课，还是专业课，都取得了较好的成绩。大学期间获得 2002 年度院单项奖学金，英语达到国家六级水平，计算机过国家一级，并通过了全国普通话测试二级甲等考试。同时在课余，我还注意不断扩大知识面，熟练掌握了从师的基本技能。利用课余时间自学了计算机的基本操作，熟悉 Windows 操作系统，熟练掌握 Office 2002 办公软件。

三年多来，为提高自己的专业能力，积累工作经验，从大二开始，我在学好各门专业课的同时，还利用课余时间积极到企业参加实践锻炼，得到了相关公司领导的肯定和好评。为进一步积累工作经验，我在××××公司进行了长达半年的业务实习，积极向有经验的同事请教，提高自身的业务水平。通过自己不断的努力和实践，我已具备一名××××的素质，过硬的工作作风，扎实的业务基本功，较强的自学和适应能力，良好的沟通和协调能力，使我对未来的工作充满了信心和期望。

十多年的寒窗苦读，现在的我已豪情满怀、信心十足。事业上的成功需要知识、毅力、汗水、机会的完美结合。同样，一个单位的荣誉需要承载她的载体——人的无私奉献。我恳请贵单位给我一个机会，让我有幸成为你们中的一员，我将以百倍的热情和勤奋踏实的工作来回报您的知遇之恩。感谢您在百忙之中抽暇审阅这份材料，同时期盼能得到您的回音！

此致

敬礼！

求职人：×××

××××年×月×日

分析：这份求职信在向用人单位介绍自己在校学习情况的同时，还注重表现自己在专业、业务能力方面得到的锻炼和取得的经验，措辞比较得体，具有感染力。

六、商业信函

商业信函简称**商函**，是经贸活动双方相互联系业务、沟通信息、洽谈交易、开展商务活动时所使用的应用文体，它是各种交易方式的核心。

商业信函从不同角度划分有以下种类：根据范围可分为国内商业信函与涉外商业信函；根据形式可分为传统信函和电子信函；根据内容可分为日常商业信函、商业调查信函、贸易信函、账务信函、商业争议信函等。

日常商业信函是指商业机构、公司、企业在日常工作中需要处理的事务性信函。

商业调查信函是指商业活动中就开发新市场、选择贸易新客户、开展新业务时调查有关方面资信的一种信函，可以分为直接调查商业信函、间接调查信函、委托调查信函等。

贸易信函包括建立业务关系、询价、报价、还价、订购、接受等的信函。

账务信函用于有关贸易活动中的账务往来，主要有催账函与付账函。

贸易争议信函是指针对贸易活动纠纷与争执问题的信函。

商业信函写作在结构上包括称谓、正文、落款三部分。

称谓位于信函的首行，顶格，指收信方的名称，可以是单位、企业、组织名称或负责人的姓名。收信方如果是单位或组织，一般直呼其名称，或用借代语，称“贵单位”、“贵公司”等；收信方如果是个人，一般在其姓名前加上“尊敬的”（多用于国内）、“亲爱的”（多用于涉外），在姓名后加“先生”或职务，还可以表述为“××先生台鉴”、“××女士芳鉴”等。

正文部分开头一般直奔主题，具陈协商事宜，说明有关事宜，说明愿望，表明态度，阐明信函目的。一般以表达良好的祝愿、希望或用公文惯用语“特此函达”、“请予办理为荷”结尾。

落款在正文之下空一行的右下方，写明寄发信函者的名称或姓名，其下为日期。

商业信函写作时应注意以下几点要求：

（1）知此知彼，信函才能把握要点，击中要害。

（2）行文要切实，讲究场合与实效。

（3）处理要慎重。涉及的数据、问题必须准确无误，特别是处理经济纠纷，态度必须明确，不能使对方产生歧义或误解。

（4）措辞要委婉。无论什么情况都不能意气用事，不顾礼貌。

日常商业信函写作范例

××××公司××先生台鉴:

您给本公司所寄的样品已收悉。遗憾的是，本公司具体负责这项业务的×××先生因公赴日本学习，半月后回国。待其回来后，我们将有关事宜尽快转告，再与您联系接洽。

顺颂

商祺!

××××公司

×月××日

分析：日常商业信函是指商业机构、公司、企业在日常工作中需要处理的事务性信函。公司业务主管因事不在，相关的贸易活动无法进行，为了不致使对方产生杳无音讯的误解，采取临时回信的方式，向对方进行解释原因，可以打消对方的疑虑。

贸易信函写作范例

××××公司:

我们从商会那里得知贵公司的名称和地址，同时得知贵公司有兴趣建立进出口商品的业务联系。如贵公司在本地尚无固定客户，希望考虑以本公司为交易伙伴。

本公司原经营工业机械在本国的批发零售业务，由于最近在经营方面均发生变化，本公司在销售方面的政策也发生了变化。本公司有多年的外贸经验，希望在世界各地建立适宜而持久的贸易关系。由于与生产厂家的长期直接联系，我们在许多行业中尤其是工业机械方面，最具有竞争力。我们也愿意从贵国进口几种优良产品，以有竞争力的价格在×国销售，以期能够长期、持续占领市场。

我们希望聆听贵公司的意见和要求以及如何才能使双方协力合作，互惠互利。此外，本公司愿意以收取佣金为条件充当贵公司在×国的采购代理。恭候回音!

××公司

××××年×月×日

分析：这是一封希望建立贸易关系的信函，目的是要向对方自我介绍，让对方了解自己，表明与对方建立贸易关系的愿望，达成贸易伙伴关系。文中在介绍本公司企业性质、基本业务状况、经营范围，以及竞争优势之后，单方提出贸易意愿和贸易设想，并希望对方给予答复。

商业调查信函写作范例

××市工商管理局市场科:

我公司近两年与你市××路××号的××公司一直保持业务往来。但最近两个月，该公司情况似乎有所变化。我公司多次函电联系，均未获复示。由于路途过远等原因，一时无法派人前往视察，能否烦请贵单位帮助调查，同时告知我公司是否继续营业，抑或已关闭？调查所需费用请列清单，我公司将全部支付。

此致

敬礼!

××市××贸易行总经理　××敬上

××××年×月××日

分析：本文是一封因为与贸易对象失去联系而向当地的工商管理机构进行查询的间接调查信函。在商业活动中，由于各种原因，致使不适宜或无法与贸易对象进行直接联系，通常是求助于对方单位所属的行政管理机构，从中获取相关信息。

账务信函写作范例

××××公司：

经我公司财务部门认真核查账目，发现贵公司在××××年×月×日的购货项目中，尚有一笔8000元金额的欠款。为这样一笔小款额而发函烦扰贵公司，深表歉疚。但为了使这笔金额及早在账上冲销，以利于双方以后进一步的合作，烦请贵公司核实并将欠款支付给本公司。

失敬之处，敬请海谅！

××××有限公司

××××年×月×日

分析：催还欠款时，如果用词不当，很可能会伤及对方的情面。成功的催账信函，在写作上会注意到以下几点：一是态度明确，二是措辞得体，三是账目的来龙去脉交代清楚，数额准确无误。

贸易争议信函写作范例

××××公司：

随函寄上××市××检验所的检验报告（04）××号。报告证明贵公司销售的××奶粉中，有一部分质量明显低于贵公司所提供的产品说明书的数据指标（不合格商品数量详见附件二）。因此，特向贵公司提出将不符合质量标准的货物全部退回处理，并要求贵公司负责赔偿我公司因此而造成的各项经济损失。

特此函达，候复。

附件一：××市××检验所检验报告一份。

附件二：不合格奶粉品牌、数量统计表一份。

××××销售公司

××××年×月×日

分析：贸易双方在履行合约过程中，因种种原因未能履约，贸易双方当事人就合同执行过程中双方的权利与义务产生争执，受损的一方向违约方提出索赔可以使用索赔信函以达成目的。索赔信函对争议的问题要写得具体清楚，表明态度，然后提出索赔方的意见和要求。

平台链接

个人简历制作

个人简历是求职者学习、工作等经历的概括。写好个人简历非常重要。一份适合职位要求、翔实和打印整齐的简历更易使求职者获得聘用单位面试的机会。个人简历一般很少单独寄出，它总是作为求职信的附件，呈送用人单位。

常用的简历格式有两种。一种是按年月顺序列出自己的学习工作经历。另一种是根据需要有选择地列出自己的学习、工作经历，充分表现自己的技能、品德。但对于刚从大学毕业的求职者来说，采用第一种格式更好。

一般来说，简历的主要内容应包括四个部分：第一部分为个人基本情况，包括姓名、性别、年龄、籍贯、政治面貌、学校、系别及专业，婚姻状况、健康状况、身高、爱好与兴趣、家庭住址、电话号码等。第二部分为学历情况，包括学习单位及起止时间、所学主要课程及学习成绩、在校所任职务、在校所获奖励和荣誉。第三部分为工作资历情况，包括曾工作单位、日期、职位、工作性质等。第四部分为求职意向，即求职目标或个人期望的工作职位以及奋斗目标，可以和个人特长等合写在一起。

制作简历时应注意几点：一是修饰适当，字符大小适宜；二是真实反映自身情况，突出自己的优点；三是篇幅尽量要短。另外，工作经历应从现在所从事的工作写起，招聘人员最关心的是你所受的最高教育和最近的工作，这样写简历才会提高应聘的命中率。

个人简历（参考模板）

个人概况

求职意向：　　　　　　　　　　　　姓　　名：

性　　别：　　　　　　　　　　　　出生年月：

健康状况：　　　　　　　　　　　　毕业院校：

专　　业：　　　　　　　　　　　　电子邮件：

联系电话：　　　　　　　　　　　　通信地址：

邮　　编：

教育背景

________—________年___________大学__________专业

主修课程：

论文情况：（注：请注明是否已发表）

英语水平

计算机水平

获奖情况

实践与实习（工作态度、自我评价等）

附言：（如："相信您的信任与我的实力将为我们带来共同的成功！"或"希望我能为贵公司贡献自己的力量！"）

自主拓展

1．分析下列材料，谈谈对自己制作求职信有什么帮助。

小王刚大学毕业不久在出版社工作的时候，曾向一家公司投信应聘旅游图书编辑职位。由于他本身没有任何旅游图书方面的专业经验，为此他做了几天的前期行业调查：通过上出版行业的专业网站，阅读任何跟旅游图书相关的述评，并且阅读了一些其他图书策划方面的案例，理解图书策划案的一般格式；查找了像《中国图书商报》一类的行业刊物，分析了开卷公司提供的图书分类排行榜；去书店做了实地调查，看哪些旅游图书摆在明显的位置上，了解消费者的购买习惯，并买了一些热销或特色图书回去研究。

然后他制作了求职信，共一页，有三大段内容：一、对旅游图书市场整体走势的粗略分析；二、以《藏地牛皮书》为个案，分析了它能引起热销的因素及市场运作得失借鉴；三、如果编辑旅游图书，会做一系列书的策划草案。

他的简历只有四行，说明了他的名字、学校、专业背景、目前供职的单位和联系方式。

2．结合未来就业方向和学习实际，为自己制作一份求职材料，包括求职信和个人简历。

3．教师节即将到来，请以班级的名义给任课老师写一封慰问信。

第二节　条据文书写作

案例导入

某法院受理了一起借贷纠纷。原告是三四十岁的女私营业主林某，她起诉高某欠她1.35万元，并提供了一张借条。借条是这么写的：今借林老板13 500元。只有阿拉伯数字，没有大写。高某曾是林某的员工，后来辞职独立办厂，和林某的公司有一定的竞争关系。接到应诉通知书的当天，他情绪激动："我只借了她1500元，这13 500元从哪里说起？"高某提出，借条上有涂改的痕迹，他们准备申请鉴定。3天后，案子在法院民三庭开庭审理。开庭前，法官准备组织双方庭前调解，但双方争议太大，调解未成，当天高某提交了鉴定申请，案子被迫中止。后来鉴定结果出来了：借条上"13 500"中的"1"是事后添加的，"3"由"1"涂改而来。林某开始还没意识到问题的严重性，坚称自己没改过。法官告诉她，这种涂改证据虚假诉讼的行为，即使不构成刑事犯罪，也可作出罚款或拘留。林某这才慌了神，律师也代她向法院求情："这件事情林某已经意识到错了，请法官高抬贵手放她一马。"对林某的行为，法官予以严厉批评，鉴于其认错态度较好，暂未处罚。最近，林某主动到法院交了3000元的鉴定费，并撤诉，连高某原本欠她的1500元也放弃了。

在现实生活中，像这种由借条引起的纠纷比较常见。如何避免产生纠纷，关键就在于相关条据的正确写作。

知识讲解

一、条据的性质与特点

条据类应用文，是指人们在日常生活和工作中经常使用的，用以证明某种情况或者说明某个事情的具有告知性、契约性的专用文种。条据类应用文在日常工作、生活中使用相当广泛，大到机关、团体、企事业单位，小到家庭、个人都会经常使用到。而且其写作形式灵活，易于掌握。条据的作用也十分明显，它是沟通情况、处理事务时不可或缺的手段，因其契约性、证明性的特点，不少条据还可以作为办事的依据和凭证，具有法律的价值。

由其概念可知条据类应用文具有如下几个特点。

1. 契约性

所谓契约性，是指条据在使用过程中，当事人双方就某一事情进行共同约定，立下条据作为凭证。比如，在借用钱物时，通常会立下借条，对归还钱物的时间等内容进行限定，并以此借条作为凭证。就当事人双方而言，借条对双方借贷行为和处理方式进行了共同的约定，体现了契约性的特点。

2. 说明性

所谓说明性，是指通过条据，当事人的双方就有关情况和某个事情进行说明。比如个人因事、因病不能参加某个工作、学习或活动时，往往使用请假条对不能参加的原因、时间等情况进行说明；有事要找对方商量或有话要找对方说而又无法与对方面谈时，往往会使用留言条对有关事宜进行说明，等等。

3. 证明性

所谓证明性，是指条据在使用过程中具有证明作用。比如借条就是对当事人双方的借贷行为、所涉及钱款的数量、物品的名称及数量、归还的时间等要素进行证明，在产生纠纷时，借条具有重要的证据作用。再比如，当事人欠取别人的钱物时，欠条就是为了证明双方的欠取行为、欠取的钱物的数量等而订立的。

二、条据的种类

根据条据的性质和作用来分，条据类应用文可以分为条和据两大部分。**条**是指在工作、学习、生活中说明情况的说明性书信，主要包括请假条、留言条、便条等。**据**是指人们在社会交往中发生钱物往来时用作凭据的证据类书信，主要包括借条、收条、领条、欠条等。借条、收条、领条、欠条，也称为借据、收据、领据、欠据，习惯上我们把它们称为条，实际上它们属于据。这里的分类标准是条据的性质和作用，而不是其内容形式。

在现实生活中还经常使用到另一文种，就是清单。货物清单、钱款清单既属于条，也属于据，因为它既可以用来说明情况，又可以用作证明的凭据。

能力讲解

一、条类文书写作

1. 请假条

请假条是个人因事、因病不能在一定时间范围内参加工作、学习、活动、会议等时向有关领导或组织说明情况、请求准假的日常应用文。因事请假使用事假条，因病请假用病假条。

请假条的写作比较简单，而且大多学生在以前就已掌握并使用，但我们在教学中发现，由于诸多原因，一些学生在请假条的格式和语言表达方面还存在着一些问题。

请假条在结构上主要分为标题、称呼、正文、署名、日期等几部分。

（1）标题。在第一行居中位置写上“请假条”三个字。

（2）称呼。称呼主要是指请假条的接受者。一般位于第二行顶格，后面加冒号提示。称呼一般由姓名和称谓（如老师、主任、厂长、经理等）构成。

（3）正文。一般由请假理由、请假期限等内容组成。正文之后一般用“恳请准假”、“请予批准为荷”等句子表示。

（4）署名。署名即请假人的姓名，一般在正文后第二行的右下角标明，在姓名前可以“请假人”、“学生”等自我称谓。

（5）日期。在署名下一行相同位置写上具体的年月日。

在写作请假条时应该注意以下几点：

（1）实事求是，理由充分恰当。

（2）写明具体原因，不能笼统写上“因事”、“因病”，病假还须附上医院诊断（如未经医院诊断，可在事后补交）。

（3）请假时间要明确，不能只写“请假半天”等字样，应该具体说明请假的起止时间。

（4）表达请假诉求时，注意礼貌用语，避免使用“希”、“望”、“希望”等不当用词。

（5）请假条必须经过领导批准后方才生效，不能“先斩后奏”，如因时间关系等不及批准，必须请人代交。

请假条写作范例

请　假　条

×××老师：

本人身体不适，经医生诊断为急性肠胃炎（附医院证明），不能参加正常的学习，特向您请假2天（×日至×日），恳请批准！

学生：×××

××××年×月××日

分析：写请假条时，请假事由必须写清，不能只写“因有事”、“因身体不适”；请假的时间要交代清楚，注明起止时间；最后也不能写“望批准”，因为“希”、“望”、“希望”等一般是上级对下级、长辈对晚辈所用的词语。

2. 留言条与便条

在工作场合，留言条的使用非常广泛，同事之间要传递信息而又暂时无法与对方见面时，常常用“便利贴”，将要说的话或要商议的事情写下，留给对方，使对方能及时知晓。另外在生活中，如访客未遇、找人无着、约会失期、临走匆忙等时都可以使用留言条；在车站、码头、旅社等公共场所的留言栏里，也可使用留言条。由于通信工具的普及，这一文种逐渐被电话或手机短信取代。

留言条的写作格式相对而言较为灵活。标题一般以“留言条”三个字写于首行居中位置，有的留言条甚至不用标题。标题之下一行左起顶格写称谓，与平时称呼一样。正文部分要写明留条的意图，即告知对方的事宜和要求，具体写作与一般书信相同，但比一般书信更简洁。最后在右下角落款，写明留条人姓名和时间。

便条在写作上与留言条几乎没有区别，其区别主要在于传递的方式不同。在生活中我们常常忽略两者的区别而混用。

留言条写作范例

留　言　条

小李：

刚才×××公司张经理与你电话联系，见条后请速回复。

小　王

×月×日

分析：因是办公室同事之间的留言，故语言直接明了，没有一般书信的客套。

二、据类文书写作

1. 借条与欠条

借条也叫借据，是指借取他人或集体钱物时，借方写给被借方作为凭证的应用文种。

欠条也称欠单、欠据，是指在欠取他人或集体的钱物时，欠方写给被欠方的具有凭据作用的条据。

欠条和借条在作用上和写作上十分相似，结构上包括标题、正文、署名和时间。在现实生活中有两种格式：

一是以“借条”、“欠条”为标题，写于居中位置；另起一行前空两格处写正文，通常用“今欠”、“今借”、“暂欠”等字样起头，写明借（欠）谁的什么物或钱共计多少，何日还清。

另一种格式，以“今借到”、“今欠”等作为标题，同样位于第一行居中位置，而正文则于第二行顶格写明谁处什么钱或物共计多少、何时还清等内容。

在正文后右下角处写上姓名与时间。

写作借条和欠条时，需要特别提醒的是：

借条、欠条中所涉及的钱物必须准确、无误，如涉及钱币，还须写清币种；

借条、欠条中所涉及的数量一定要用汉字的大写数字“壹、贰、叁、肆、伍、陆、柒、捌、玖、拾、佰、仟、萬”等，数字的前、中、后都不要留空格，数字书写尽量不要转行；借条、欠条中涉及的归还日期应该准确、具体，不能用“一个月后”等句子表达，否则因无法确定归还日期将可能给被借方、被欠方带来催还上的麻烦；借条、欠条的落款必须写借方、欠方的姓名和日期全称，不能只用“小王”、“老张”、“即日”等代替，否则一旦发生纠纷时，会影响该条的凭证作用；在还清钱物时，借方、欠方要向对方索回借条、欠条，并及时销毁。

借据写作范例

借　　条

今借到王××处人民币伍佰元整，一周内归还。

此据

立据人：×××

××××年×月×日

欠条写作范例

今　　欠

××商店货物款共人民币伍佰元整，一周内归还。

此据

立据人：×××

××××年×月×日

分析：注意两个范例中写作格式的不同：以文种为题，正文写作要空 2 格，而以“今欠”为标题时，正文部分首行顶格。

2. 收条与领条

收条又称收据，是指收取他人或集体的钱物时，收方写给被收方的凭据。

领条是指在领取他人或集体钱物时，领方写给被领方的条据。

收条、领条和借条、欠条只是用途上的不同，在结构上没有多少区别，也是由标题、正文、署名、日期四个部分组成。

在写作条据时，应注意以下几点：

无论是作为说明类的条，还是作为证据类的据，写作时最好能一事一物一次一文；具体事项必须写得具体、周全，涉及钱物的数目时，必须大写，数字前中后以插不进字、数为宜，日期写作必须具体明确，一些重要的条据，可采用契约的写作方式，一式两份，当事人双笔各执一份保存；书写的字迹必须清楚、工整、规范，不能过于随意、潦草；在工作、生活中要充分认识条据的作用，特别是在钱物往来时，一定要使用条据，不能只凭口头协定或君子协议，俗话说“亲兄弟明算账”，哪怕是同学、朋友之间也应该立字为据；事后相关的条据该收回的要收回，该销毁的要销毁，该保存的要保存。

收条写作范例

收　条

今收到××××学院××××系×××捐款共计人民币贰仟元整。

××市××赈灾委员会办公室
××××年××月××日

领条写作范例

今　领　到

教材科《高职语文》教材共壹佰伍拾本，用于××系××专业教学。

经手人：×××
××××年×月×日

平台链接

清单的写作

清单是双方当事人在提供、索取货物或钱款时，为了处理方便，由经手人或经办人列写的条据，经双方签字后，一式两份，由经手人和经办人分别保存。从作用和性质来看，清单具有条和据的特点，它既能说明钱物的进出情况，又可作为日后处理相关事务的凭据。

清单的写作结构上一般包括标题、序言、正文、落款等部分。标题，一般由事项和文种构成，如“××培训班经费使用清单”。

序言，一般说明所列钱物的使用范围、使用时间等，根据写作需要可以省略。

正文，具体开列钱物事项，用阿拉伯数字标示分项。

落款，经手人和经办人的签名和印章，并在其下注明日期。

××学院文秘培训班经费使用清单

本次培训班办班，共收学员所交手续费、资料费、学习费共人民币叁万元整，开支如下：

1. 教材、讲议费柒仟元整。
2. 教师讲课酬金每课时 30 元，共 200 课时，计人民币陆仟元整。
3. 班主任费用伍佰元整。
4. 茶叶叁斤，茶杯五只（10 元/只），粉笔 20 盒，计人民币贰仟伍佰元整。
5. 上交学院壹萬肆仟元整。

经手人：×××
经办人：×××
××××年×月×日

自主拓展

1．修改下面这则便条：

张馆长：

原定于本周六上午带领我公司中层干部光临贵馆参观，因我有急事，现决定改期。具体改在何时，另行磋商。

老 李

即 日

2．请写作一份给本系领导的请假条，事由是参加自学考试，要求格式规范，内容具体。

3．王××向同班同学张××借了 400 元钱，等下个月父母寄来生活费时还给张××，请代其写一份条据。

第三节　告启文书写作

案例导入

下课铃声响起，薇薇和燕子一路有说有笑地向食堂走去，到了食堂，还有说不尽的话语。习惯性地随手把书包放在食堂门口的一个座位上，又说说笑笑地去打饭菜了。一路过去，餐盘上渐渐多了米饭和菜肴，等打完饭菜，她们慢慢往已经占了座的地方走去。

到座位前，本来高高兴兴的燕子面上一惊，似乎有点不相信自己的眼睛，又朝四处看了看，复看向座位，回过头说："书包不见了。"薇薇诧异了一下，仔细一看，前几天才一起买的包果然不在，座位上空空如也，两个非常精致的书包已经不翼而飞。

原本开开心心的气氛顿时降到零点，明天是物理力学考试，也是最后一门考试。她俩成绩虽然都不错，及格是没有问题，但是心中自然是期望成绩再好一些。现今书包没有了，里面不但有手机、文曲星、现金，还有她们的全部复习资料，她们心中异常着急，在食堂里苦苦寻找了两个小时，直到食堂里快没有人了，仍是一无所获。

丢失物品后，我们首先想到的是要找回失物。在现场寻找无果的情况下，最有效的方法是张贴寻物启事。

知识讲解

一、启事

启事是党政机关、社会团体、企事业单位和个人在一定的范围内公开说明情况、提请公众注意、请求帮助和支援的日常事务用文。启事的应用范围很广，几乎凡是需要公众知晓、求人协助办理的事项均可使用启事。比如，单位的更名、搬迁，寻人寻物、报刊的征订、招工、招生等，都可以使用启事这一文种。

1. 启事的特点

（1）传播方式的公开性。启事通常采用在公共场所张贴、在报纸杂志上刊登、在广播电台或电视台播放等形式向一定范围内的人们进行告知，希望得到回应。

（2）作用上的非强制性。由于启事所告知对象的不确定性，在作用的实现上，仅仅体现的告知性，受众可以参与，也可以不参与，具有自由选择性。

（3）表达形式的陈述性。由于启事因某事向公众进行告知、解说、陈述，在表达方式上往往采用叙述的形式，将有关事项说明清楚即可，不像广告那样需要创意。

2. 启事的种类

在生活中常见的启事有寻人启事、寻物启事、招领启事、招生启事、招工启事、征订启事、征文启事、遗失启事等。这些启事概括起来，大致可以分成以下几类：

（1）找寻类启事。包括寻人启事、寻物启事等。

（2）征招类启事。包括征集启事、征稿启事、征婚启事、征订启事、招工启事、招生启事、招领启事、招标启事、换房启事、对调启事等。

（3）声明类启事。包括遗失启事、解聘启事、迁址启事、更名启事、停业启事、竞赛、讲座等。这一类启事也可以采用声明或海报等方式。

二、海报

海报是一种信息传递艺术，一种大众化的宣传工具，是主办单位向公众报道举行文化、娱乐、体育等活动的一种事务文书。海报又称招贴画，是贴在街头墙上、挂在橱窗里的大幅画作，以其醒目的画面吸引路人的注意。从内容分，海报有演出海报、讲演海报、比赛海报、展览海报等。从形式分，海报有文字海报和美术海报两种。在学校里，海报常用于文艺演出、运动会、故事会、展览会、家长会、节庆日、竞赛游戏等。

三、声明

声明是国家、党派、团体或个人对某个重要问题、重大事件表明自己的态度或立场的具有宣告性的事务文种。

声明的使用范围十分广泛，大到国家、政党、议会，小到单位、个人都可以发表声明，甚至几个国家之间相互约定权利和义务，或国际组织发表对某一国际问题的态度和立场时，也可以使用声明这一文种。在现实生活中，我们常常见到某个单位或者单位委托律师在媒体上发表声明，这一声明，一般是由具有法人资格的单位和法定代表人、当事人郑重发布的。

声明具有条约性、公告性，通过声明，表明自己的态度和鲜明的立场。国家、政党、社会团体发表的声明往往还具有强烈的政治性、业务性。

从性质来分，声明可以分为两大类。

（1）政务性声明。这类声明往往是针对某个重大事件或某个重要问题而制发的，实际上是外交专用公文。如《中华人民共和国政府和大不列颠及北爱尔兰联合王国政府关于香港问题的联合声明》。

（2）事务性声明。这一类声明制发者没有限制，一般的单位、团体、个人均可以使用。它具有很强的自诉性、告知性和针对性。根据声明的事务内容，可以分为遗失声明、正名声明、除名声明、表明关系的声明、委托授权声明等。

声明有别于一般的文种，其表达方式以议论为主，态度明确、庄重，其发布的方式一般通过张贴、登报、电台、电视台等进行。在实际生活中，一些由于遗失证件、单据、存根、牌照等，需要向有关部门挂失或公开宣布作废而发布的声明，有时也可以使用遗失启事，在写法上很相似，只是声明比启事更正规、正式、庄重。

能力讲解

一、启事的写作

启事尽管种类繁多，但其写作结构大致相同，由以下几个部分组成。

1. 标题

启事的标题一般在首行居中位置书写，字体稍大。标题写作有几种形式：

第一，直接以“启事”作为标题；

第二，以事由作为标题，如《招领》、《换房》；

第三，以事由+文种为题，如《征文启事》、《招生启事》；

第四，以制发单位+文种或制发单位+事由+文种为标题，如《××××日报启事》、《××××学院××××年度招生启事》。

2. 正文

正文部分是启事的主体，在标题之下一行左空两格写起，内容一般包括目的、原因和要求事项两部分，重点是要求事项，这一部分必须具体、明确，其内容根据不同事由而定。如“寻物启事”，要将丢失的物品名称、数量、特征，以及丢失的时间、地点、要求拾到者给予什么帮助、联系的方式、作出什么承诺等内容一一写清楚。对于内容比较复杂的，则要分条列项一一说明。比如“征文启事”，要将征文的目的、征文活动的内容、注意事项、评选方法等用小标题标出，并作具体说明。正文的结尾一般另起一行用“此启”或“特此启事”等惯用语作结，也可以不写。

3. 落款

在正文右下角写上“具启人（者）”，再写上启事的单位名称或个人的姓名，也可以直接写名称和姓名，其下写上日期。在报刊、电台、电视台公开发布的启事，可以不写日期，以报刊、电台、电视台公开发布的日期为准。

启事写作时应该注意以下事项：

第一，“启事”不能写成“启示”。

第二，启事的标题要简短、吸引人，最好是一事一启。

第三，具启者要将联系人、联系地点、联系电话、邮政编码等交代清楚，以便联系。

第四，文种不能用错。启事和行政公文中的公告容易混淆，在生活中常常出现“征订报纸杂志公告”，其实是启事文种的错误使用。公告有特定的内涵和使用对象，只有国家权力机关或专门机构才能发布，而启事的制发者范围广泛，关于报纸杂志的征订只能使用启事。

第五，在一些找寻类启事的写作中，具启者常常用“重谢”等条件，以促成找寻目的的实现。需要提醒的是，启事一经对外公开张贴，实际上就已经向社会公开邀约，当目的达成后，就必须履行在启事中所作出的承诺。所以在以一定的利益作为诱导时，必须慎重考虑，以免产生不必要的纠纷。再有，在启事中，我们还习惯用“不胜感激”之类的语句，而由于写作者的疏忽，往往写成“不甚感激”，虽然只是一字之差，但是意思却相反。

寻物启事写作范例

寻 物 启 事

十二月二十六日（星期日）上午十一点半钟，我在市图书馆阅览室查阅科技资料，由于走时匆忙，不慎将××牌黑色小提包丢失，内装钱包一个，工作证一个，新书三本。经多方寻找，仍未找到。请拾到者与139××××××××联系，本人当面表示感谢。

××公司　×××

××××年××月××日

分析：写寻物启事时，要将丢失的物品名称、数量、特征、丢失的时间和地点、要求拾到者给予什么帮助、联系的方式、作出什么承诺等内容一一写清楚。

招聘启事写作范例

××宾馆招聘启事

本宾馆坐落于××市××路××号，系中外合资企业，五星级饭店。因业务发展需要，现向社会公开招聘服务员10名。

1. 应聘条件：户口在本市的待业青年，男女皆可，年龄在18至22岁之间，高中毕业以上文化程度，五官端正，身体健康，能用英语进行日常交流。
2. 待遇：录取后即为正式工作人员，月工资2500元。
3. 报名办法：应聘者持户口本和本人简历及近期免冠照片两张，于××××年××月××日前来本宾馆二楼接待处报名，考试时间、科目、要求张贴在报名处。

本宾馆竭诚欢迎您的加盟。

××宾馆（公章）

××××年××月××日

分析：招聘启事一般要对本单位的基本情况进行介绍，使应聘者有所了解；对应聘者提出应聘条件和给予的待遇时要明确具体，不能含糊其辞，以便应聘者进行自我对照，以确定是否参与应聘；同时还要交代报名的地点、时间及需要携带的相关证件等。

二、海报的写作

海报的写法多种多样。

标题的位置也可根据排版设计摆放。海报标题可用文种作标题，有的海报标题只写“海报”二字；也可用内容作标题，如“×××来我市献演”。

海报的正文要用简洁的文字写清楚活动内容、时间、地点、参加办法等。内容简单的海报通常只用三言两语，一段成文。例如“×月×日下午×时，我校和××学院足球队在本校大操场进行友谊比赛，欢迎踊跃观赛”。内容稍多的可分项目，分项排列成文。

有的海报在正文首或正文末加上排列整齐的标语，起画龙点睛的作用。配上这类标语之后，起渲染吸引作用；但要遵守真实的原则，不能哗众取宠，招摇撞骗。

海报的结尾内容一般包括主办单位、海报制作时间等。正文如已把有关内容写清楚了，可以不设结尾。

有的结尾还加上一些吸引人的口号。如“售完即止！勿失良机”之类。

海报写作、设计时应该从以下几个方面考虑：这张海报的目的是什么？目标受众是谁？公众的接受方式怎么样？其他同类型海报设置有什么借鉴意义？本海报的体现创意点是什么？采取什么表现手法？等等。

在制作海报时，可以通过图像和色彩来体现视觉冲击力，主题字体要醒目，内容表达要精炼，抓住主要诉求点，一般以图片为主，文案为辅。

商业海报通常以商业宣传为目的，采用引人注目的视觉效果达到宣传某种商品或服务的目的。商业海报的设计应明确其商业主题，同时在文案的应用上要注意突出重点，不宜太花哨。

文化海报是指各种社会文娱活动及各类展览的宣传海报。展览的种类很多，不同的展览都有它各自的特点，设计师需要了解展览和活动的内容才能运用恰当的方法表现其内容和风格。

社会公益海报是带有一定思想性的。这类海报具有特定的对公众的教育意义，其海报主题包括各种社会公益、道德的宣传或政治思想的宣传，弘扬爱心奉献、共同进步的精神等。

讲座海报写作范例

学术讲座海报

为纪念“五四”运动八十周年，特邀校友××博士来校做学术讲座。

题目：知识经济时代的学习和工作

时间：5月4日14点

地点：校礼堂

欢迎全校师生踊跃参加

校学生会

××××年××月××日

分析：这是一则校园海报，写作比较规范，内容条理清晰。

公益海报写作范例

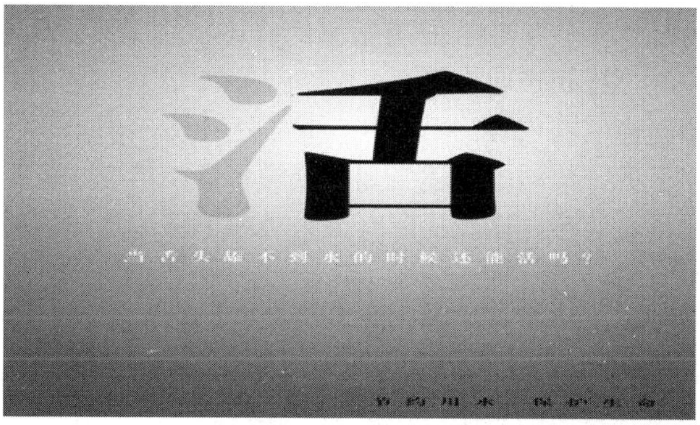

转引自：http://pic.sogou.com

分析：此主题公益海报是为节约用水而设计，巧妙用汉字“活”进行拆分解析，教育人们没有水就不能生存。

演出海报写作范例

转引自：http://pic.sogou.com

分析：演出海报通常以剧照作为海报的背景，图文并茂，极具宣传力。

三、声明的写作

声明的写作格式一般包括标题、正文、落款等几个部分。

声明的标题有三种写作形式：第一，可以直接用“声明”作为标题；第二，由声明的性质+文种构成，如《遗失声明》；第三，由声明的单位+声明的性质+文种构成，这种写法比较适用于正规、庄重的场合，如《中华人民共和国外交部关于××××××的声明》。在文种之前，可以根据事件或问题的性质进行修饰，如是两个或两个以上的单位共同进行的声明，可以用“联合声明”；带有很强的抗议和驳斥性的政治声明，可以用“郑重声明”、“特别声明”、“严正声明”等。

正文部分具体阐明声明的内容。一般由三个部分组成。第一，阐明发布声明的原因、目的、意义；第二，全面、简洁地表述告知公众的事情；第三，表明自己对事情或者问题的意见、态度、立场、愿望，以及提醒有关人员或单位注意的事项。在写作时可以根据实际需要灵活掌握。

在正文的右下角，写上发表声明的国家、政党、团体的名称或个人的姓名，并签字盖章，其下写上发表的时间，一些正式的声明可以将日期写于标题之下，并加注括号。通过报纸杂志、广播电视发布的声明，还可不写落款。

声明写作时要注意：由于声明具有权威性、严肃性，因此用词必须准确，态度必须鲜明。反对什么、坚持什么，必须一清二楚；在写作时必须简洁、有力、明快，切忌空洞说教。

声明写作范例

郑　重　声　明

近日据消费者投诉，有人冒用我公司名义在西安、兰州等市进行“85 折优惠销售××牌××系列化妆品”的所谓“厂家直销”活动。经确认，所销产品包装没有我公司的防伪认证标志，纯系假冒伪劣产品，且我公司并未派员或委托任何个人在社会上直销产品。为此，现郑重声明：提醒广大消费者注意辨认我公司××牌××系列化妆品的注册商标、名优产品认证标志及防伪标志，谨防上当。凡购得伪冒产品者，本公司不负产品质量事故责任。

××市×××公司

平台链接

公示的写作

公示一般泛指将一些公众关注的内容或事项公开，以使社会各有关方面或者本系统内的公众了解和掌握被公示对象的基本情况，同时征询各方面的意见，接受社会公众的监督的一种新兴的文体。随着我国政治体制改革的逐步深化，在党政机关和企事业单位组织人事管理方面越来越强调民主化和公开化，讲究透明度。由此，一种新的党务、政务和公务的重要形式——公示制度应运而生。在发布形式上，公示也较为灵活多样，它既可以采取张贴的形式，也可以采取正规文件的形式，还可以采取通过报纸、广播、电视等新闻媒体或者网上传播的形式，公示具有明显的公开性、告知性、时效性。公示所涉及的内容极为广泛，它既可以是发布有关党政领导干部任前公示，也可以是选拔后备干部公示，还可以是其他有关方面的公示，诸如招标结果公示、收费价格公示、发展党员公示、评先选优公示等，涉及公务活动的方方面面。

公示不同于行政公文中的公告、通告、通知。在写作结构上一般由标题、正文和落款三个部分组成。

标题。一是只写文体“公示”两个字；二是事由加文体；三是单位加文体；四是单位加事由加文体；五是只写事由，省略文体。只写文体“公示”的标题。这是目前最为普遍的公示标题。这种只写文体的标题十分醒目，这是由于人们已经知道公示不同于通知、布告之类的知照性文体，且内容都比较重要，因此特别有吸引力。

正文。公示的正文是公示的主体和核心，是公示的公开性、周知性、科学性和民主性的集中体现，它应包括前言、事由及要求等一些基本内容。

前言。正文的前言，即要开门见山交代公示的缘由、目的和要求，以增强透明度，向公众显示出诚意。公示的前言一般来说是必不可少的，它是正文的开头的第一个层次或段落，不必冠以“前言”两字。现在，有些“公示”根本不写前言，让人不明白这个公示的目的是什么，也弄不懂这个公示的内容是否是初定下的还是已经最终决定了的。

事由。公示的事由，就是指公示的人和事（事迹）。由于公示的目的性非常明确，是要让群众知道后参与其事，发表意见，如果不简明扼要地将人和事情或事迹写出来，群众就无从发表意见，进行评议。公示的事由如果事先在一定范围内已经公布过，群众已经周知了，那么公示时可以略写或简写；如果事先没有公布过，那么不写事由就使公示失去了意义和作用。

此外，在公示正文中应写上联系电话（含举报电话、监督电话和网站）；如果在正文没有写，那么在落款部分也应交代一下。

落款。公示的落款是公示的结尾部分。这个部分，一般应包括公示的拟文单位和拟文日期。在公示的“前言”部分，如果没有交代公示的拟文单位，那么在落款时务必写上，以示责任和庄重。同时，如果没有在前言部分交代公示的拟文或公示的发布时间，则在落款时一定要在单位下面一行写上，因为公示的过程有时限性，如不写明时间，群众就不能在规定的时间内反馈意见，公示也就会失去意义。公示的结尾应当包括两项内容：一是发布公示的机关或单位名称，要写全称或者规范化简称，以示庄重、严肃；二是发布公示的日期，要写明完整的年月日，使用汉字数字。

×××同志党员发展公示

根据×××同志的入党申请和现实表现，经组织考察，党支部将于近日召开党员大会，讨论其入党问题。为严格履行入党手续，保证党员队伍的先进性、纯洁性，现予以公示，以进一步听取广大群众的意见和建议。

×××，女，××××年×月出生，汉族，大学文化，现任×××。××××年×月向×××党支部提出入党申请；××××年×月被支部列为入党积极分子，培养联系人为×××、×××；××××年×月参加区入党积极分子培训，培训合格；××××年×月被确定为发展对象。

公示时间：××××年×月×日至××日。如有对×××工作实绩、廉洁自律等各方面情况有意见和建议的，请向其所在支部或上级党组织反映。

党支部电话：××××××　　　联系人：×××

上级党组织联系电话：××××××　联系人：×××

×××党支部

××××年×月×日

自主拓展

1．请根据下列材料，为该公司写作一则声明：

××××汽车公司通过调查发现，在市场上出现了利用零部件拼装汽车，并假冒该公司“××”牌进行非法销售，同时假冒该公司的名义招揽加工、维修汽车业务，严重损害了公司的经济利益和企业声誉。为此，公司法人代表、公司总经理×××授权公司法律顾问×××通过报纸发布声明，一是严厉谴责不法行为，并将追究其法律责任；二是提醒消费者在购买时注意查验产品合格证及防伪标志，维修汽车时除到指定的维修点外，须查验企业制发的授权委托书及证件；三是公布有奖举报电话，凡提供制假、售假信息者，一经查实，将给予举报者人民币5000元的奖励。

2．以学校文学社团的名义，写作一则征文启事，文中所涉事宜，作合理假设。

3．结合实际，指出并修改在校园海报栏中观察所张贴的各类海报在结构上、遣词造句上的问题。

第四节　计划与总结文书写作

案例导入

个人年终总结

站在世纪边缘，透视过去一年，工作的风风雨雨时时在眼前隐现，回眸望去过去的一幕幕在不知不觉中打湿眼睑。似乎年初的记忆依然就在心头展现！自跨世纪的丧钟敲响的那一瞬起，我就已深深地感觉到新一年的工作重担已向我无情地压来，企业的不断扩建与化验室规模不变的冲突已无形中为化验人员上紧了一根弦！本已绷紧的神经再一次被重重地牵动了！为能保质保量地完成工作任务，我只能在过去的基础上对化验的相关知识进行重新学习，加深认识。使之更加系统化，从而融会贯通，使化验专业水准提到了一个新的起跑线。有了新起点，下一步就是怎样在实践具体发挥作用，在岗位人员严重吃紧，工作量与日俱增的前提下，要想不被压跨，唯一的解决办法只有两个，一是加强岗位练兵，增加自己对实验各个环节的熟练程度，从而提高工作效率，一是加强内部各人员间的团结合作，互相紧密配合，充分挖掘集体的潜力。在此基础上，我顾不上去管夜黑楼高，也没时间去看月暗天阴，风狂雨急，不顾一切，只管一人独自前行，取样化验，日夜不停。虽不见工作有什么硕果呈现眼前，却只觉汗水一次次湿透衣服，眼角的皱纹多了一层又一层，手上的皮肤退了一次又一次，辛酸的眼泪咽下一回又一回！曾几何时，我从梦里一回回惊醒，却以为自己仍在工作中，也许像我们这样的人真应该叫做工作狂才对，但我们却必须面对现实，不仅仅要能够工作埋下头去忘我地工作，还要能在回过头的时候，对工作的每一个细节进行检查核对，对工作的经验进行总结分析，从怎样节约时间，如何提高效率，尽量使工作程序化，系统化，条理化，流水化！从而在百尺杆头，更进一步，达到新层次，进入新境界，开创新篇章！经过这样紧张有序的锻炼我感觉自己工作技能上了一个新台阶，做每一项工作都有了明确的计划和步骤，行动有了方向，工作有了目标，心中真正有了底！当2002年来到我面前，我只想说，来吧，我已从工作中长大！

个人总结，通常以平实的语言，参照计划，对自己过去一段时间内所做的工作进行回顾与反思，总结经验教训，指导下个阶段的工作。本案例在语言、结构等方面均存在着一些问题。

知识讲解

一、计划

计划是党政机关、企事业单位、社会团体、个人对今后一段时间的工作、活动作出预想和安排的一种事务性文书。计划能够建立起正常的工作秩序，明确工作的目标，是领导指导、检查，群众监督、审查工作成绩的依据。计划也是一段时间过后本单位、个人总结工作时的基本标准。要想避免工作的盲目性，必须前有计划、后有总结。

在实践中，计划有许多名称，如：“安排”、“要点”、“设想”、“方案”、“规划”、“打算”等。

规划是计划中最宏大的一种：从时间上说，一般都要在三五年以上，如《××公司五年发展规划》；从范围上说，大都是全局性工作或涉及面较广的重要工作项目；从内容和写法上说，往往是粗线条的，比较概括。规划是为了对全局或长远工作作出统筹部署，以便明确方向，激发干劲，鼓舞斗志，带有方向性、战略性、指导性，因而其内容往往要更具有严肃性、科学性和可行性。

设想是计划中最粗略的一种：在内容上是初步的，多是不太成熟的想法，常常是概括的、粗线条的勾勒。一般说来，时间长远些的称“设想”；范围较广泛的称为“构想”；时间不太长、范围也不太大的则称为“思路”或“打算”。设想是一些初步想法，在严肃性、科学性和可行性方面的要求相对差一些。设想与规划一样，在内容上都是比较原则和概括，不必写得太细、太具体。

狭义的计划是计划中最适中的一种。这个特点表现在，时间一般在一年、半年左右，范围一般都是一个单位的工作或某一大项重要工作，内容上要比规划具体、深入，要比设想正规、细致，要比方案简明、集中。

所谓**要点**，实际就是计划的摘要，即经过整理，把主要内容摘出来的计划。一般以文件下发的计划都采用“要点”的形式。

方案是计划中内容最为复杂的一种。由于一些具有某种职能的具体工作比较复杂，不作全面部署不足以说明问题，因而在内容上一般包括指导思想、主要目标、工作重点、实施步骤、政策措施、具体要求等项目。

安排是计划中最为具体的一种格式。由于其工作比较确切、单一，所以其内容上更为详细、具体。

方案和安排都是只对一项工作作出部署和安排。这也正是方案、安排与规划、设想、计划、要点的根本不同。但二者在内容范围上也有大小之分：方案的内容范围适合于上级对下级或涉及面比较大的工作，安排的内容范围则适合于单位内部或涉及面较小的工作。方案和安排还有一种较为概要一点的写法，以便于下级具体实施时灵活掌握，叫做“意见”。方案大多称“实施意见”，如《××市“十二五”期间社会主义精神文明建设的实施意见》；安排往往称“安排意见”，如《××××系统关于开展增收节支活动的安排意见》。

二、总结

总结，就是把某一时期已经做过的工作，进行一次全面系统的总检查、总评价，进行一次具体的总分析、总研究；也就是看看取得了哪些成绩，存在哪些缺点和不足，有什么经验、提高，以此指导今后的工作。

总结按时间分，有年度总结、半年总结、季度总结、学期总结。进行某项重大任务时，还要进行分期总结或叫阶段总结。按范围分，有单位总结、个人总结、综合性总结、专题总结等。按性质分，有工作总结、生产总结、教学总结、科研总结、实习总结等。

总结的特点主要表现在自我性、回顾性、客观性、经验性四个方面。

1. 自我性

总结是对自身社会实践进行回顾的产物，它以自身工作实践为材料，采用的是第一人称写法，其中的成绩、做法、经验、教训等，都有自指性的特征。

2. 回顾性

这一点总结与计划正好相反。计划是预想未来，对将要开展的工作进行安排。总结是回顾过去，对前一段的工作进行检验，但目的还是为了做好下一段的工作。所以总结和计划这两种文体的关系是十分密切的，一方面，计划是总结的标准和依据，另一方面，总结又是制订下一步工作计划的重要参考。

3. 客观性

总结是对前段社会实践活动进行全面回顾、检查的文种，这决定了总结有很强的客观性特征。它是以自身的实践活动为依据的，所列举的事例和数据都必须完全可靠，确凿无误，任何夸大、缩小、随意杜撰、歪曲事实的做法都会使总结失去应有的价值。

4. 经验性

总结还必须从理论的高度概括经验教训。凡是正确的实践活动，总会产生物质和精神两个方面的成果。作为精神成果的经验教训，从某种意义上说，比物质成果更宝贵，因为它对今后的社会实践有着重要的指导作用。这一特性要求总结必须按照实践是检验真理的唯一标准的原则，去正确地反映客观事物的本来面目，找出正反两方面的经验，得出规律性认识，这样才能达到总结的目的。

能力讲解

一、计划的写作

1．计划的一般写法

计划的写作结构一般包括标题、正文、落款等几个部分。

计划的标题常规写法是由单位名称、适用时间、指向事务、文种四个要素组成。如《××公司2010年员工培训计划》。除常规写法外，还有一些变通的写法。变通一方面表现在要素的省略上，一方面表现在文体名称的变化上。先说要素的省略。有些计划，省略单位名称，由适用时间、指向事务和文种组成，如《2010 年度产品质检工作计划》。有的计划省略适用时间，这在专题计划中比较常见，如《××公司第二期员工安居工程工作计划》。有的计划省略单位名称和适用时间两个要素，由指向事务和文种组成，如《产品研发计划》。

计划正文部分主要包括前言、主体、结尾等几个组成部分。正文必须写清楚计划的三要素："做什么"、"怎么做"、"何时成"。

前言是计划的开头部分，应简明扼要表达出制订计划的背景、根据、目的、意义、指导思想等，一般一两个自然段即可。计划的前言部分要写得简明扼要，切忌过长。前言与后面的三要素之间，常常用"为此，特制订本计划如下"或"为此，要抓好如下几项工作"等语句进行过渡。

主体部分要一一列出准备开展的工作（学习）、任务，并提出步骤、方法、措施、要求。这是计划最重要的内容，也是篇幅最大的一部分。通常主体部分由于内容繁多，需要分层、分条撰写。常见的结构形式为：用"一、二、三……"的序码分层次，用"（一）、（二）、（三）……"加"1．2．3．……"的序码分条款。具体如何分层递进，依内容的多少及其内在的逻辑性而定。

结尾可以用来提出希望、发出号召、展望前景、明确执行要求等，也可以在条款之后就结束全文，不写专门的结尾部分。

计划在结尾之后，还要署明单位名称和制订计划的具体时间，如果以文件的形式下发，还要加盖公章。

规划的具体写法：规划因具有严肃性，所以一般都是通过"指示性通知"来转发的，其格式都是由标题和正文两部分组成，一般不必再落款，也不用写成文时间。正文部分写作通常有两种结构：对于全面规划或任务项目较多的规划，因其各项任务比较独立，没有多少共同的完成措施，一般采用以任务为主线的"并列式结构"（措施都在各自的任务之后分别提出）；对于专题规划或任务较单一的规划，因其任务项目较少而其项目之间的联系又较大，一般采用任务、措施分说的"分列式结构"。结尾要写得简短、有力、富有号召力。

2．设想的写法

设想因具有超前性，所以其写作要求并不十分严格，其格式也不大一样：如果是给领导看的，报给上级，就要严肃一些，随报告报送，不必落款，也不必写行文时间；如果是交给群众讨论的，或者不以通知或报告的形式转发或上报，就要落款并写明具体行文时间。设想的正文一般有两种写法：第一种是只讲目标、要求的条项并列式写法，适用于时间较长远的“设想”或工作计划的最初构思或打算。第二种是也按规划、计划、方案或安排的格式结构，只是内容粗略一些的想法，适用于预备性计划，即只是征求意见的“构想”、“思路”或“打算”。

3. 要点的写法

要点大多是上级机关就某一项重要或较大工作计划的摘要，一般都要以文件形式下发，所以只要有标题和正文两部分内容就可以了。正文都写得比较概要，既不要兼顾到各个方面，也不必讲具体做法，更不用讲道理；没有过渡段，段落也不长。在结构方式上，大都是并列式，可分若干项目一贯到底，也可分几大项，大项下分若干小项，其中的小项可在每一大项下单独排列，也可全文排列。

4. 方案的写法

由于方案的内容是上级对下级或涉及面比较大的工作，因此一般都以带“文件头”的形式下发，所以不用落款。方案的正文一般有两种写法：一是常规写法，即按“指导方针”、“主要目标（重点）”、“实施步骤”、“政策措施”及“要求”几个部分来写，这个较固定的程序适合于一般的常规性单项工作；二是变项写法，即根据实际需要加项或减项的写法，适合于特殊性的单项工作。但不管哪种写法，“主要目标”、“实施步骤”、“政策措施”这三项是必不可少的。

5. 安排的写法

安排的内容涉及范围较小或单位内部的工作，主体一般包括任务、要求、步骤、措施四方面内容。在结构上可按这四方面内容分项来写；也可把任务和要求合在一起，把步骤和措施合在一起来写；还可以先写总任务，然后按时间先后顺序一项一项地写具体任务，每一项有每一项的要求及措施，要依据工作性质及具体内容来定。但不管怎样结构，其任务都要具体，其要求都要明确，其措施都要得当。

计划写作范例

2010年度个人工作计划

×××

2009年，公司在上级领导的正确带领下取得了良好的成绩，为2010年的工作打下了良好基础。在新的一年里，作为××电气设备有限公司的一名职员，为了努力做好本职工作，提升公司在客户心目中的服务形象，特制订个人工作计划如下：

一、创建“服务形象”

严格执行公司各项规章制度，在与客户沟通时使用文明用语；诚信为本，不轻易承诺客户，承诺的事必须办到、办好；不可忽视细节问题。

二、转变服务观念

把“要我服务”改变成“我要服务”，认真学习公司与品质有关的各种体系流程和业务流程，以便随时应付客户提出的关于品质方面的各种问题，带着“多学习，多沟通，积极主动”的态度，深入到质量投诉的接收、与客户沟通、客户投诉的立即处理等各个工作中去，同时为客户提供质量“三包”处理。

三、增强责任感，增强服务意识、团队意识

积极主动地把工作做到点上、落到实处，减少服务时效，当接收到客户质量投诉时，应立即处理，减少客户因公司质量问题产生的抱怨感，尽量减少不必要的损失，为顾客和公司带来更大的利益，同时务必在三天之内关闭客户的质量投诉问题。时刻坚持不懂就问、不明白就多学的态度，与同事多合作，与领导多汇报工作情况，来更好地完成本职工作，同时也增强团队合作能力，以更好地服务于客户。

四、及时处理客户投诉

每次接收到的客户投诉按客户质量投诉处理规定，即时反映给相关的制作部门（责任部门），同时填写客户投诉处理报告，针对质量投诉，制定纠正预防措施。每周对客户投诉情况进行统计分析，以便于更好地统计出质量问题的所在。每月月底将客户投诉以月报形式上报给上级领导，并送相关部门。

以上是我对2010年工作的计划，可能还有很多不完善的地方，希望领导、同事们多多给予支持与帮助。我会更加努力、认真负责地对待本岗位工作，力争为公司赢取更多利润，树立公司在客户心目中的光辉形象。

分析：这是一份个人年度工作计划，文中结合了自己的工作实际提出了在新的一年里在“创建形象”、“转变观念”、“增强意识”等方面的工作打算。

二、总结的写作

1. 标题

总结的标题有种种形式，最常见的是由单位名称、时间、主要内容和文种组成，如《××市财政局1999年工作总结》、《××厂2000年上半年工作总结》。

有的总结标题中不出现单位名称，如《创先争优活动总结》、《2005年教学工作总结》。

有的总结标题只是内容的概括，并不标明“总结”字样，但一看就知道是总结，如《一年来的谈判及前途》、《走活三步棋，选好一把手》等。

还有的总结采用双标题。正标题点明文章的主旨或重心，副标题具体说明文章的内容和文种，如《抓改革　促管理　增效益——麒麟食品厂2004年工作总结》。

2. 正文

正文一般由开头、主体、结尾三部分组成。

总结的开头主要用来概述基本情况，包括单位名称、工作性质、主要任务、时代背景、指导思想，以及总结目的、主要内容提示等。作为开头部分，要注意简明扼要，文字不可过多。

这是总结的主要部分，内容包括成绩和做法、经验和教训、今后打算等方面。这部分篇幅大、内容多，要特别注意层次分明、条理清楚。

主体部分常见的结构形态有三种。

第一，纵式结构。就是按照事物或实践活动的过程安排内容。写作时，把总结所包括的时间划分为几个阶段，按时间顺序分别叙述每个阶段的成绩、做法、经验、体会。这种写法的好处是事物发展或社会活动的全过程清楚明白。

第二，横式结构。按事实性质和规律的不同分门别类地依次展开内容，使各层之间呈现相互并列的态势。这种写法的优点是各层次的内容鲜明集中。

第三，纵横式结构。安排内容时，既考虑到时间的先后顺序，体现事物的发展过程，又注意内容的逻辑联系，从几个方面总结出经验教训。这种写法，多数是先采用纵式结构，写事物发展的各个阶段的情况或问题，然后用横式结构总结经验或教训。

主体部分的外部形式，有贯通式、小标题式、序数式三种情况。

贯通式适用于篇幅短小、内容单纯的总结。它像一篇短文，全文之中不用外部标志来显示层次。

小标题式将主体部分分为若干层次，每层加一个概括核心内容的小标题，重心突出，条理清楚。

序数式也将主体分为若干层次，各层用“一、二、三……”的序号排列，层次一目了然。

3. 结尾

结尾是正文的收束，应在总结经验教训的基础上，提出今后的方向、任务和措施，表明决心、展望前景。这段内容要与开头相照应，篇幅不应过长。有些总结在主体部分已将这些内容表达过了，就不必再写结尾。

写作总结时应该注意以下几点：

（1）要坚持实事求是的原则。实事求是、一切从实际出发，这是总结写作的基本原则，但在总结写作实践中，违反这一原则的情况却屡见不鲜。有人认为“三分工作七分吹”，在总结中夸大成绩，隐瞒缺点，报喜不报忧。这种弄虚作假、浮夸邀功的坏作风，对单位、对国家、对事业、对个人都没有任何益处，必须坚决防止。

（2）要注意共性，把握个性。总结很容易写得千篇一律、缺乏个性。当然，总结不是文学作品，无须刻意追求个性特色，但千部一腔的文章是不会有独到价值的，因而也是不受人欢迎的。要写出个性，总结就要有独到的发现、独到的体会、新鲜的角度、新颖的材料。

（3）要详略得当，突出重点。有人写总结总想把一切成绩都写进去，不肯舍弃所有的正面材料，结果文章写得臃肿拖沓，没有重点，不能给人留下深刻印象。总结的选材不能求全贪多、主次不分，要根据实际情况和总结的目的，把那些既能显示本单位、本地区特点，又有一定普遍性的材料作为重点选用，写得详细、具体，而一般性的材料则要略写或舍弃。

总结写作范例

自 我 总 结

×××

三年的大学生活，我成长了很多。在即将毕业之时，我对自己这三年来的收获和感受作一个小结，并以此为我今后行动的指南。

思想方面，我从一个懵懂的小女孩到一个为人民服务的共产党员，思想觉悟有了很大的提高。我热爱祖国，热爱人民，坚决拥护共产党领导和社会主义制度。我觉得一个人的价值是由他对社会、对别人所作的贡献来衡量的，我加入中国共产党的原因也是要努力实现自我价值。我认真学习党的各种理论，并努力把它们付之于实践，对党有了更加清晰的认识。

学习方面，我觉得大学生的首要任务还是学好文化知识，所以在学习上我踏踏实实，一点也不放松。我认为好的学习方法对学好知识很有帮助，所以在每次考试后，我都会总结一下学习经验。一分耕耘一分收获，每每看到自己可喜的成绩，我就会感叹只要你有决心，没有什么事是不可能的。对于我们计算机相关专业的学生来说，光学好书本上的知识是远远不够的。我利用课余时间经常阅览计算机类的书籍，并参加了一些计算机水平的资格考试，取得了不错的成绩。我认为学习是学生的职业，这份职业同样需要有智慧、毅力和恒心。在当今这个快速发展的信息时代，我们只有不断汲取新知识，才不会落伍。

能力方面，三年的大学生活给了我很多挑战自我的机会，如系学生会的竞选，院里组织的演讲比赛，文化艺术节的文艺会演、英语演讲比赛等。在参与这些活动的过程中，我结交了一些很好的朋友，学到了为人处世的方法，锻炼了自己的能力。这些经历使我明白有些事情如果尝试了，成功的机会就有一半，如果不去尝试，成功的几率只能为零。机会来临时，我们就要好好地把握住。

三年的大学生活是我人生中美好的回忆，我迈步向前的时候不会忘记回首凝望这段岁月。

分析：学生在写作自我总结、自我鉴定等文书时，一般要从政治思想、专业学习、能力培养等方面进行回顾与总结。

平台链接

创业计划书的写作

创业计划是创业者计划创立的业务的书面摘要，用以描述与拟创办企业相关的内外部环境条件和要素特点，为业务的发展提供指示图和衡量业务进展情况的标准。一份优秀的创业计划书往往会使创业者达到事半功倍的效果，是创业者叩响投资者大门的“敲门砖”。

写好创业计划书要思考以下问题：关注产品；敢于竞争；了解市场；表明行动的方针；展示管理队伍；计划摘要等。一般来说，在创业计划书中应该包括创业的种类、资金规划及基金来源、资金总额的分配比例、阶段目标、财务预估、行销策略、可能风险评估、创业的动机、股东名册、预定员工人数。具体内容一般包括以下方面。

封面。封面的设计要有审美观和艺术性，一个好的封面会使阅读者产生最初的好感，形成良好的第一印象。

计划摘要。它是浓缩了的创业计划书的精华。计划摘要涵盖计划的要点，以求一目了然，以便读者能在最短的时间内评审计划并作出判断。主要有公司介绍；管理者及其组织；主要产品和业务范围；市场概貌；营销策略；销售计划；生产管理计划；财务计划；资金需求状况等。摘要要尽量简明、生动，特别要说明自身企业的不同之处。

企业介绍。这部分的目的不是描述整个计划，也不是提供另外一个概要，而是对你的公司作出介绍，因而重点是你的公司理念和如何制定公司的战略目标。

行业分析。在行业分析中，应该正确评价所选行业的基本特点、竞争状况以及未来的发展趋势等内容。一般包括：该行业发展程度如何？现在的发展动态如何？创新和技术进步在该行业扮演着怎样的角色？该行业的总销售额有多少？总收入为多少？发展趋势怎样？价格趋向如何？经济发展对该行业的影响程度如何？政府是如何影响该行业的？是什么因素决定着它的发展？竞争的本质是什么？你将采取什么样的战略？进入该行业的障碍是什么？你将如何克服？该行业典型的回报率有多少？

产品（服务）介绍。产品介绍应包括以下内容：产品的概念、性能及特性；主要产品介绍；产品的市场竞争力；产品的研究和开发过程；发展新产品的计划和成本分析；产品的市场前景预测；产品的品牌和专利等。在产品（服务）介绍部分，要对产品（服务）作出详细的说明，说明要准确，也要通俗易懂，使不是专业人员的投资者也能明白。一般地，产品介绍都要附上产品原型、照片或其他介绍。

人员及组织结构。在企业的生产活动中，存在着人力资源管理、技术管理、财务管理、作业管理、产品管理等。而人力资源管理是其中很重要的一个环节。在创业计划书中，必须要对主要管理人员加以阐明，介绍他们所具有的能力，他们在本企业中的职务和责任，他们过去的详细经历及背景。此外，在这部分还应对公司结构作一简要介绍，包括：公司的组织机构图；各部门的功能与责任；各部门的负责人及主要成员；公司的报酬体系；公司的股东名单，包括认股权、比例和特权；公司的董事会成员；各位董事的背景资料。

市场预测。应包括以下内容：需求进行预测；市场预测市场现状综述；竞争厂商概览；目标顾客和目标市场；本企业产品的市场地位等。

营销策略。在创业计划书中，营销策略应包括以下内容：市场机构和营销渠道的选择；营销队伍和管理；促销计划和广告策略；价格决策。

生产制造计划。创业计划书中的生产制造计划应包括以下内容：产品制造和技术设备现状；新产品投产计划；技术提升和设备更新的要求；质量控制和质量改进计划。

财务规划。一般要包括以下内容：现金流量表、资产负债表以及损益表的制备。

风险与风险管理。包括：公司在市场、竞争和技术方面都有哪些基本的风险；准备怎样应付这些风险；公司还有一些什么样的附加机会；在资本基础上如何进行扩展；在最好和最坏的情形下，五年计划表现如何；如果估计不那么准确，应该估计出你的误差范围到底有多大。如果可能的话，对关键性参数做最好和最坏的设定。

自主拓展

1．结合自己的学习实际，制订个人的学习计划。
2．结合自己的学习实际，对自己的学习情况进行书面总结。
3．结合自己的专业和实际，制订个人创业计划书。

第八章

行政事务文书写作

学习目标

知识目标：

- 了解常见的几种行政事务文书类型；
- 熟悉决定、通知、请示、报告等公文的使用场合；
- 掌握上述几种公文的写作技巧。

能力目标：

- 能正确无误地写出决定和通知；
- 能正确使用请示、报告；
- 能根据不同需要正确使用公函。

第一节 行政公文概述

案例导入

某机关办公室。科长匆匆走进来，对新来的小吴下达任务："拟一份五一放假通知发到网上；跟局长请示一下能否节日期间组织出去旅游；给气象局发个公函，询问他们可否预测五一期间天气状况。"

小吴一下子有点懵，怎么连着就是几篇应用文？通知还好，以前在学校时写过。这公函是个什么格式？还有，请示局长是口头的呢，还是书面的？小吴不敢开口询问，担心领导印象不佳，只好打开互联网，仔细搜索行政公文的写法，临时抱佛脚了。唉，书到用时方恨少啊！

小吴刚参加工作，就遇上了上司布置的多重任务：撰写三份不同类型的公文，包括通知、请示和公函。作为新手来说，难免手忙脚乱。所以，我们平时就要多做准备，不打无把握之战。

知识讲解

一、公文的含义及作用

行政公文简称公文，是行政机关在行政管理过程中形成的具有法律效力和规范体式的公务文书，是依法行政和进行公务活动的重要工具。

行政公文的具体作用有：

（1）领导和指导作用。领导机关经常通过发文来部署工作，传达意见建议，从而对下级进行具体的领导与指导。

（2）行为规范作用。这种作用主要体现在法律、法令、行政法规等法规性文件中，它具有强制性，因而起着规范与准绳作用。

（3）联系和交流作用。公文能够上传下达、沟通上下左右之间的各种事宜，并且交流信息。

（4）宣传和教育作用。行政公文在行政管理过程中发挥着阐明事理、启发觉悟、提高认识、统一思想、统一行动的功能。在传达、贯彻公文的过程中，不仅宣传了党和国家的方针政策，同时也教育了党员干部和人民群众。

（5）依据和凭证作用。公文既表达了发文机关的意图，也是落实这一意图的凭证，是受文机关开展工作、解决问题的依据。会议纪要类的公文，还具有某项活动的凭证作用。

二、行政公文的种类

2000 年 8 月 24 日，国务院颁布并于 2001 年 1 月 1 日施行的《国家行政机关公文处理办法》中规定有 13 种公文，即命令（令）、决定、公告、通告、通知、通报、议案、报告、请示、批复、意见、函、会议纪要。它们的适用范围如下。

（1）命令（令）：适用于依照有关法律公布行政法规和规章；宣布施行重大强制性行

政措施；嘉奖有关单位及人员。

（2）决定：适用于对重要事项或者重大行动作出安排，奖惩有关单位及人员；变更或者撤销下级机关不适当的决定事项。

（3）公告：适用于向国内外宣布重要事项或者法定事项。

（4）通告：适用于公布社会各有关方面应当遵守或者周知的事项。

（5）通知：适用于批转下级机关的公文，转发上级机关和不相隶属机关的公文，传达要求下级机关办理和有关单位周知或者执行的事项、任免人员。

（6）通报：适用于表彰先进，批评错误，传达重要精神或者情况。

（7）议案：适用于各级人民政府按照法律程序向同级人民代表大会或人民代表大会常务委员会提请审议事项。

（8）报告：适用于向上级机关汇报工作，反映情况，答复上级机关的询问。

（9）请示：适用于向上级机关请求指示、批准。

（10）批复：适用于答复下级机关请示事项。

（11）意见：适用于对重要问题提出见解和处理办法。

（12）函：适用于不相隶属机关之间相互商洽工作，询问和答复问题，请求批准和答复审批事宜。

（13）会议纪要：适用于记载、传达会议情况和议定事项。

除此之外，根据发文单位和收文单位的关系，行政公文可分为上行文、下行文、平行文。

上行文指下级机关向具有隶属关系的上级机关呈送公文，**下行文**是具有隶属关系的上级机关给下级机关发送的公文，**平行文**指同级机关之间来往的公文。

三、行政公文的格式

公文的格式通常有三大部分：文头、正文、文尾。

（1）公文的文头部分由公文名称、公文编号、秘密等级、份号、紧急程度、签发人等六个要素组成。

① 公文名称。一般由发文机关名称加“文件”组成，如“江苏省人民政府文件”。这行字用红色大字编排。民间俗称的“红头文件”即源于此。

② 公文编号。位于公文名称之下，由发文机关代字、年号、顺序号构成，如“国发〔2000〕10 号”。

③ 秘密等级。标注于文头右上方，通常按三级区分：“绝密”、“机密”、“秘密”。

④ 份号。保密文件的前两个密级需要按印制份数一一编上顺序号，以便于管理。其位置在文件左上方。

⑤ 紧急程度。按公文的缓急情况，分特急、加急、平件三种，标注于文件右上方。

⑥ 签发人。指的是代表机关核准并签发公文的领导人。要表明态度，署名，注明时间。位于发文字号右侧。

（2）公文的正文由标题、主送机关、正文、附件、发文机关、成文日期、印章、附注等项目构成。

① 标题。公文的标题有三个组成部分：发文机关名称、事由、文种，如《山东省人民政府关于农村工作的通知》。

② 主送机关。此指的是公文的受文机关。上行文一般只写一个主送机关，另有要送

达的上级机关可用抄送形式。下行文可以有若干机关，为使行文简洁，可使用泛称泛指，甚至可以不写。公开发布的公文可以省略此项。

③ 正文。这是公文的主体，常包括引言、事项、结语三部分。

④ 附件。它是补充说明正文内容的文字材料。位于正文之后，另起一行标明。

⑤ 发文机关。是制发公文的机关，在正文相应距离的右下方。

⑥ 成文日期。即公文的签发时间，以机关负责人签发的时间为准，位于发文机关之下。

⑦ 印章。这是公文发生法定效力的凭证。印章要盖在机关名称和发文日期上，以免涂改。

⑧ 附注。说明文件的发送、传达、阅读范围，或解释相关的名词术语、有关事项等。在成文时间后另起一行空两格标示。

（3）文尾包括主题词、抄送机关、印发机关、印发时间、印发份数等要素。

① 主题词。这是揭示公文基本内容的规范性词语或词组，位于成文日期之下，抄送机关之上，独立成行，偏左。

② 抄送机关。相对于主送机关而言，另有需知公文的机关。

③ 印发机关。印发公文的机关。

④ 印发时间。公文开印时间。

⑤ 印发份数。所印发的公文份数。

平台链接

公文样式

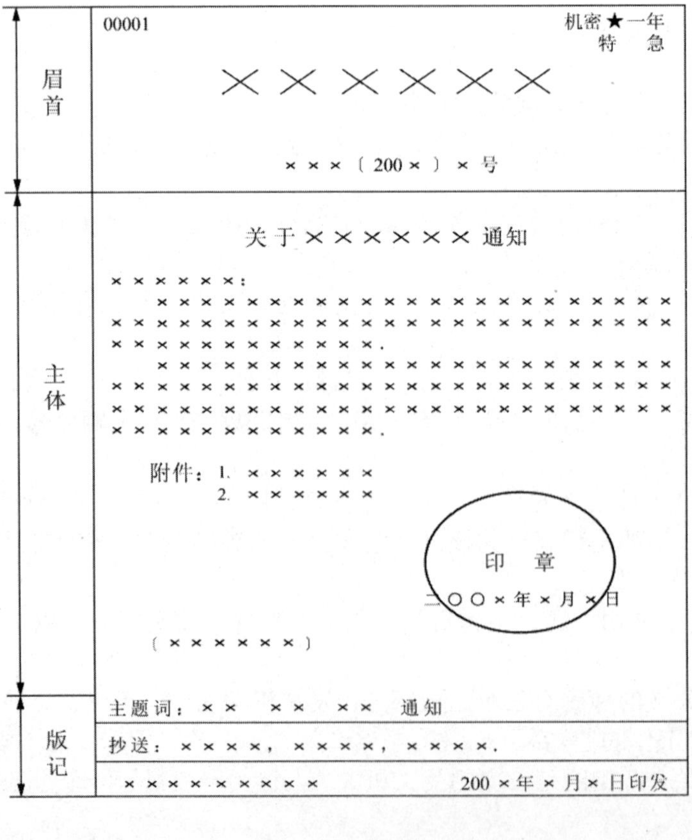

自主拓展

1．什么是公文的行文和行文关系？
2．向下级询问有关事宜，使用“通知”可不可以？

第二节　决定写作

案例导入

期中考试过去了，服装班有三个同学在“计算机应用基础”这门课的考试中作弊。为严肃班风班纪，帮助同学，引起警惕，班委会上有人提议，给予三位同学留校察看的处分。大家一致同意，并拟写了一份处分决定。事情在班上一公布，问题就出现了，有同学抗议说，班委怎么可以直接处分人？他们没有这个权力，这是越权。也有人说，班级怎么会没有奖惩权力呢？综合测评时，加减分数不都是班级搞的嘛。一时间，难分高下。那么，问题的焦点到底在哪里？

上述事例中，班委会的同学没搞明白，班级是不可以做这样的决定的，处分学生要一级行政管理部门行文，而一般的奖惩就没问题。

知识讲解

一、决定的含义

决定是一种指挥性公文，是在对重要事项或者重大行动作出安排时所使用的文体，属于下行文。

决定具有较强的指令性和权威性，有一定的法规性和约束力。

二、决定的种类

决定分知照性决定和指挥性决定两种。

1．知照性决定

知照性决定最突出的特点是，除当事者（单位或个人）外，一般只要求下属单位和有关人员知道，不要求下属单位及有关人员承办和贯彻执行。有些决定在末尾有号召性语言，但没有执行的具体意见和要求，也属知照性决定。常用的知照性决定有：表彰决定、处分决定、机构设置的决定、人事决定和具体事项的决定等。这些决定在写作方法上要求开门见山，直陈直述，篇段合一或只写两三个自然段；不分条目，篇幅简短，结构严谨，层次分明，文字精练，语言规范，表述准确。

在公文格式上，知照性决定应有的格式不能省略，应有的要素一项也不能少。标题由发文机关名称、公文主题与“决定”组成。成文日期，包括作出决定的日期与会议通过的日期，一般加圆括号居中标注在标题之下。在县级及县级以下党的机关和行政机关中，所有公文都要加益印章。因此，在标题之下不标注成文日期，应在正文之后署名（行政机关的公文一般不署名），在署名之下标注成文日期，然后加盖印章。“决定”公文在正文之前不标注主送机关，在正文之后或正文之下成文日期的下一行标注印发传达范围。由于不同类型的知照性决定的内容不同，其正文的写作方法亦不相同。

（1）表彰决定。正文由表彰对象、表彰缘由（一般是贡献大、成绩突出）、作出表彰决定的机关、决定的内容组成。其中，决定的内容包括表彰奖励的等次（给予何种奖励）、希望与号召。整个篇幅很短，可作一个自然段，也可作两个自然段。应注意表彰决定的政策性、办理程序的规范性和奖励等次符合有关政策规定，做到手续齐全，奖励等次具体明确，无歧义和无模糊的奖励等次，以便于办理和执行。

（2）处分决定。正文由何人、何事、何错误（即处分的对象因什么问题犯有什么错误）、处分的政策依据、决定内容组成。处分干部（人员），要以事实为依据，以法律、政策为准绳，做到定性准确，处分恰当，手续齐全，达到教育和挽救干部（人员）的目的。在写法上要注意每一个字、词的正确运用，注意语言的规范性，做到无懈可击。

（3）机构设置决定。国家管理的机构设置问题均由机构编制部门管理。正文由机构设置的缘由、依据、编制数、职责任务等组成。应做到内容完整，文字精练，篇幅简短。由于文秘使用的变化，不少地方机构设置的事项用通知发布或用复函答复。

（4）人事决定。人员岗位的变动和干部职务任免，均属人事决定。正文由决定的缘由、决定事项两部分组成，缘由包括作出人事决定的机关、理由；决定的事项包括人员岗位的轮换、干部职务的任免等内容。做到文字简练，一目了然。在党政机关，干部任免一般用通知发布。

（5）具体事项的决定。这是指处理突发事件、临时性的组织措施和安定民心的措施等，采取强制性措施需要发布决定。正文的内容根据不同的情况确定，写作方法不拘一格，灵活多样。要求做到结构严谨而生动，语言流畅而含有威严，内容完整而简洁，表述准确，态度鲜明，措施有力，格式规范。

2. 指挥性决定

指挥性决定最突出的特点是：须下属单位和有关人员承办和坚决贯彻执行。常用的指挥性决定有：规定性、规范性决定，指导性、指示性决定，处理问题的决定和重要行动的决定。指挥性决定一般篇幅较长，说理透彻，措施具体，也有篇幅简短的，均具有指令性和指导性作用。

标题由发文机关名称、决定的主题与“决定”组成，要求做到标题简练，主题鲜明，文题一致。

正文由决定的理由、决定的内容组成。决定的理由在决定的开头部分，阐述决定的根据、背景，要用概括性语言，达到文字精练恰当，表述准确清楚。在决定理由之后，常用“特作如下决定”、“现决定如下”等承启语过渡到决定内容部分。决定的内容是指挥性决定的核心，应阐明决定事项的意义、具体内容、落实措施、解决办法、执行要求与保障措施等。对内容较多的决定，可分条陈述，做到用语准确，文字简练，语气肯定。执行要求与保障措施可有可无，视具体情况而定。有些决定在内容部分已有执行要求，有的决定专列一段或一个部分，有重点、有针对性地就执行决定提出具体的要求。不论何种决定，其写作方法不同的是正文部分，其他部分的写作方法、要求均相同。

（1）规定性、规范性决定。这类决定的正文，一般篇幅较长，结构严谨，内容完整全面，操作性很强。它虽不是法规性文件，但又接近法规性文件（如法令、规则、条令等）。它由开头部分和决定内容两大部分组成。

开头部分，包括行文的缘由、依据、目的和过渡句。行文的缘由要有针对性，对本辖区的情况作出实事求是的概括，行文的依据是上级机关的文件精神、党的方针政策和国家的法律法规，文之有据，气势磅礴，如高屋建瓴；行文的目的要明确，准确地体现公文的主题。然后以过渡句承上启下。

决定的内容，包括开展某项工作的意义、决定的具体事项和保障措施（执行要求）三个部分。其中，意义部分用高度概括性的语言，准确地阐述决定事项的内涵及其地位与作用。决定的事项可分成若干部分，与意义部分平衡布局，写完一个内容，再写另一个内容，要求内容完整具体，结构严谨，逻辑严密，涵盖范围广，操作性强；使用决断性语言，文字精练，表述准确，无懈可击，能起到解惑释疑和激励作用。保障措施包括如何加强领导、加强队伍建设，加大投入、加强协调配合等内容，作最后一个部分。有的决定可在保障措施之后另加一个自然段或一句话，对如何汇报贯彻落实情况提出具体的要求，正文写完，全文自然结束。

（2）指导性、指示性决定。这类决定的正文，一般篇幅不长，由决定的理由、内容和保障措施组成。对于语言文字结构和各部分的写作基本要求等，与规定性、规范性决定的要求相同，不同之处是，它的内容着重从宏规性、政策性、指导性等方面着手，对某项工作不作具体的规定，只提出方向性、原则性要求，给下级机关以自主权和创造性工作的空间，以充分发挥下级机关的聪明才智，把上级机关的决定精神与本地本部门本单位的实际紧密结合，与时俱进，创造性地开展工作，增强创新能力，提高领导水平和执政能力。

（3）处理问题的决定。这类决定的正文，由某问题的产生及原因、决定的内容组成。陈述问题产生的过程，要深入实际，调查研究，弄清情况，用概括性语言进行归纳表述，抓住主要问题和主要矛盾、切中要害。问题产生的原因分析要中肯、贴切、实事求是。只有把情况、原因弄清楚了，才能找到解决问题的方法。决定的内容部分，包括对问题的定性、解决问题的方法、应吸取的教训、对下级机关和人员的要求四个部分。要求做到定性准确，处理恰当，应认真吸取的教训源于事实，有较强的针对性和预防性。对下级机关和人员的要求具体实在，切实可行。

（4）重要行动的决定。这类决定使用广泛，包括进行重大的行动和开展重要活动的决定两大类。

开展重大行动的决定的正文，由缘由、意义、具体部署和执行要求组成。缘由包括开展重大行动的依据、目的等内容。意义部分应回答是什么样的重大行动及其地位、作用；语言要简洁有力，富有感召力和激励作用，以提高认识，统一思想。具体部署即决定的内容，由指导思想或目标任务、具体措施组成，要求具体实在，符合实际，切实可行。执行要求包括如何加强领导、服从统一指挥、搞好协调配合、改进工作作风和领导作风等内容，应做到明确、具体、规范。

开展重要活动的决定，首先要区别活动的内容和写作要求与方法。比如，关于开展向先进单位和先进人物学习活动的决定，包括先进单位或先进人物基本情况、优秀事迹、决定内容。基本情况，是反映先进单位、先进人物基本特征的典型情况、最有代表性的情况和重要情况。比如，是个什么样的先进单位或先进人物，曾获得什么样的重大奖励。优秀事迹，要对先进单位或先进人物的整个事迹作出高度的概括，把其最优秀、最典型、最感人、最有教育意义的优秀事迹写出来。在写法上，以叙述为主，夹叙夹议，即一个观点一个具体事例。如果只因某一突出的英勇事迹而受表彰并开展学习活动的，用概括性语言，重点写好这一事迹，不要拘泥于具体的情节、过程，同时，对其一贯的表现作简要的介绍，以衬托其先进性。因为，必然中有偶然，偶然中有必然，先进单位和先进人物不是偶然现象。优秀事迹写完之后，另起一段，对其优秀事迹作肯定性的总结性评价。接着写决定内容，包括决定的目的、授予什么荣誉称号或给予什么奖励、向先进单位或先进人物学习的内容、如何开展学习活动等四个方面的内容。学习的内容，既要实事求是，从优秀事迹出发，概括出学习的内容，又要有思想性、针对性、普遍性和指导性。如何开展学习活动，主要给下级单位和个人提出要求、发出号召等。这种决定一般只写千字左右，其语言文字的要求与其他决定相同。开展其他重要活动的决定的写作方法、要求等，与开展重大活动决定的写作方法、要求相同。

能力讲解

决定的写法

决定通常由标题、正文、落款三部分构成。

1. 标题

标题的一般格式是：发文机关加事由加文种，也可省略为发文机关加发文机关或事由加文种。

2. 正文

正文的结构一般由三部分组成。一是开头部分，简要交代决定的缘由、目的、根据；二是主体部分，主要写决定的内容，落实决定的要求和措施，要求具体明白、层次清楚，便于有关单位执行；三是结尾部分，用于提出希望、要求或执行说明。有的决定需要带附件。有附件的决定，应当于正文之后、发文机关署名之前注明附件的名称或依据，并将附件附在主件之后。

3. 落款

在正文的右下方写上成文日期，如果是会议决定，则日期注于标题的下面，外面加上括号。最后盖上发文机关的印章。

决定写作范例

国务院关于非公有资本进入文化产业的若干决定

国发〔2005〕10号

各省、自治区、直辖市人民政府，国务院各部委、各直属机构：

为大力发展社会主义先进文化，充分调动全社会参与文化建设的积极性，进一步引导和规范非公有资本进入文化产业，逐步形成以公有制为主体、多种所有制经济共同发展的文化产业格局，提高我国文化产业的整体实力和竞争力，现就有关问题作出如下决定：

一、鼓励和支持非公有资本进入以下领域：文艺表演团体、演出场所、博物馆和展览馆、互联网上网服务营业场所、艺术教育与培训、文化艺术中介、旅游文化服务、文化娱乐、艺术品经营、动漫和网络游戏、广告、电影电视剧制作发行、广播影视技术开发运用、电影院和电影院线、农村电影放映、书报刊分销、音像制品分销、包装装潢印刷品印刷等。

二、鼓励和支持非公有资本从事文化产品和文化服务出口业务。

三、鼓励和支持非公有资本参与文艺表演团体、演出场所等国有文化单位的公司制改建，非公有资本可以控股。

四、允许非公有资本进入出版物印刷、可录类光盘生产、只读类光盘复制等文化行业和领域。

五、非公有资本可以投资参股下列领域国有文化企业：出版物印刷、发行，新闻出版单位的广告、发行，广播电台和电视台的音乐、科技、体育、娱乐方面的节目制作，电影制作发行放映。上述文化企业国有资本必须控股51%以上。

六、非公有资本可以建设和经营有线电视接入网，参与有线电视接收端数字化改造，从事上述业务的文化企业国有资本必须控股 51%以上。非公有资本可以控股从事有线电视接入网社区部分业务的企业。

七、……

各地区、各部门要依法清理和修订与本决定相抵触的规定。外资进入文化产业依照有关法律法规的规定执行。

中华人民共和国国务院
二〇〇五年四月十三日

平台链接

决定与决议的区别

决定是党政领导机关对重要事项或重大行动作出决策、安排和规定的指导性、指挥性公务文书。在实际运用中，还应对“决议”和“决定”作以下区分：

1. 从制作程序上区分

“决议”须经某一级机关或组织机构的法定会议对某一议题进行集体讨论，由法定多数表决通过，然后形成正式文件，并以会议的名义公布。而“决定”却不一定经过法定会议讨论通过的程序。它既可以是某种会议讨论研究的成果，形成正式文件予以公布，也可由各级领导机关直接制作并予以公布。

因此，可以认定，凡未经有关法定会议讨论通过这一程序，而是以领导机关的名义发布的议决性文件，就只能使用“决定”。

2. 从作用上区分

“决议”一律要求下级机关执行。而“决定”只有“部署性决定”才要求下级机关执行，“宣告性决定”只起知照性作用，一般不要求下级机关执行。

3. 从内容上区分

（1）在会议讨论通过的前提下，凡作出了具体的规定和要求，履行法定的权力，强制有关部门贯彻执行的，用“决定”。若只是简要地表示肯定或否定的意见，履行法律程序，指导有关部门遵照办理的，用“决议”。

（2）由会议或领导机关直接制定发布行政法规，用“决定”。由会议审议批准某项议案、重要报告、法规，用“决议”，所审议批准的条文作为“决议”的附件。

（3）授予荣誉称号或给予处分，用“决定”。审议机构成立或撤销，用“决议”。

4. 从写法上区分

公布性决议、批准性决议一般写得比较简要、笼统。阐述性决议除指出指令性意见外，还要对决议事项本身的有关问题作若干必要的论述或说明，即作一些理论上的阐述。

"决定"的写法与"决议"大不相同，它不多说理论上的道理，而往往着重提出开展某项工作的步骤、措施、要求等。"决定"要求写得明确、具体一些，措施也更易落实，行政约束力强，可以直接成为下级机关行动的准则。而"决议"往往写得比较概括，原则性条文多，下级机关在贯彻执行时，多数还要根据"决议"制定相应的具体办法或实施措施。

转引自：公文写作网

自主拓展

1．知照性决定和指挥性决定有什么不同？

2．修改下面一则决定。

关于湖北省沔×县杨林×缝纫机厂侵犯天津
缝纫机厂牡丹牌注册商标的处理决定

湖北省沔×县杨林×缝纫机厂擅自使用天津缝纫机厂牡丹牌注册商标，经协同湖北省沔×县工商行政管理局查处此案。为了保护商标专用权，维护名牌产品信誉，沔×县杨林×缝纫机厂擅自使用天津缝纫机厂牡丹牌注册商标，畅销自己的产品，进行欺骗群众，以其牟利，侵犯了商标专用权，违反了商标法。根据《中华人民共和国商标法》第三十八条第一款和第三十九条的规定，对沔×县杨林×缝纫机厂使用"牡丹"牌商标，责其停止生产；所查封牡丹牌贴花予以全部销毁，并公开在人民日报上检讨其错误，以挽回影响。

天津市××区工商行政管理局
2005.7.9

第三节　通知写作

案例导入

某建筑工程队接到市社保局的通知，要求所有从业人员都要参加社保，而队里还有三分之一的工人未参加。其中有些人是本市户口，有些是外市的。缴纳保险时，部分由个人负担。办理的社保险种不一，有基本养老、基本医疗、工伤、失业、生育等数种。经理让大家到会计处登记名单。一时，会计处人头攒动，你问要缴啥保险，他问要出多少钱，秩序乱糟糟一团。眼看工作无法正常进行，会计李妮赶紧用小黑板出了个通知，详细交代了具体事项，挂在大门外边。人们拥过去看了，谁该登记、要带什么、缴费事项、钱数多少都很清楚，会计窗口马上变得井然有序。

该有的步骤一步也不能省略。有时候看起来省事了，其实却孕育着大麻烦。

知识讲解

一、通知的概念

通知，是转发同级或不相隶属机关公文，印发上级或本级机关有关公文，批转下级机关公文，传达上级机关指示，任免和聘用干部，发布法规和规章，以及要求下级机关办理、执行或周知事项的公文。通知具有广泛性、周知性、时效性。

二、通知的种类

通知一般可分为五种：

（1）指示性通知。用于直接发布行政法规和对下级某项工作的指示、要求。带有强制性、指挥性和决策性。

（2）批示性通知，又称转发性通知。领导机关用批转、转发的方式发布某些法规，要求下级贯彻执行。批转下级机关送来的工作报告、建议、计划等，以及沟通情况、指导工作。

（3）周知性通知。多用于上级机关向下级机关宣布某些应知事项，不具有强制性。

（4）会议通知。用于对上级或平级。

（5）任免通知。上级机关对任免的人员用通知的形式告知下级机关。

能力讲解

通知的结构

通知一般由标题、正文和落款三部分组成。

（1）标题。通常有三种形式，一种是由发文机关名称、事由和文种构成；一种是由事由和文种构成；一种是由文种“通知”作标题。

（2）正文。由开头、主体和结尾三部分组成。开头主要交代通知缘由、根据；主体说明通知事项；结尾提出执行要求。在写正文之前，要在标题之下、正文之上顶格写出被通知对象的名称，在名称后加冒号，或将名称以“抄送”形式写于最后一页的最下方。

（3）落款。写出发文机关名称和发文时间。如已在标题中写了机关名称和时间，这里可以省略不写。

通知写作范例

专项行动督查工作的通知

国办函〔2005〕93号

有关省、自治区、直辖市人民政府，国务院有关部门：

为督促检查各地保护知识产权专项行动工作，国务院决定，于今年11月下旬至12月中旬，对《国务院办公厅关于印发保护知识产权专项行动方案的通知》（国办发〔2004〕67号）落实情况进行督查。经国务院领导同志批准，现就有关事项通知如下：

一、督查地区

北京、上海、天津、河北、内蒙古、辽宁、江苏、浙江、安徽、福建、山东、河南、湖南、广东和陕西等15个省（区、市）。

二、督查内容

本着“突出重点，点面结合”的原则，对保护知识产权专项行动进行全面检查，总结经验、查找问题。具体内容如下：

……

三、督查组织和方式

由全国整规办牵头组织，请公安部、文化部、海关总署、工商总局、新闻出版总署（国家版权局）、知识产权局等部门负责同志带队，国务院办公厅、信息产业部、商务部、质检总局、食品药品监管局、法制办等部门以及高法、高检院抽调人员参加，组成 7 个督查组，采取听取汇报、查阅相关资料、召开座谈会、直接访谈和对基层工作进行抽查等方式开展实地督查。

四、工作要求

各有关地区在督查组进行实地督查前，要认真组织自查，查找问题，抓紧整改。要认真总结本地区保护知识产权专项行动工作的情况、在保护知识产权工作中的基本做法和经验、存在的主要问题，并提出有针对性的措施和建议。

国务院办公厅

二〇〇五年十一月三日

平台链接

通告及其特点

通告“适用于公布社会各有关方面应当遵守或者周知的事项”（国务院《国家行政机关公文处理办法》，2001 年 1 月施行）。它的使用者可以是各级各类机关，它的内容又往往涉及社会的方方面面，因此，无论其使用主体还是其内容都具有相当的广泛性。

通告除具有公开性和告知性特点外，还具有强制性、广泛性、专业性。

自主拓展

根据下列文件的内容要求，将标题所缺部分填写清楚：

国务院办公厅（　　）的通知

各省、自治区、直辖市人民政府，国务院各部委、各直属机构：

根据《国务院关于全面推进贪污行政的决定》（国发〔1999〕23 号）中关于“继续积极推进相对集中行政处罚权的试点工作，并在总结试点经验的基础上，扩大试点范围”的要求，为了积极稳妥地推进相对集中行政处罚权试点工作，经国务院同意，现就有关事项通知如下：（略）

中华人民共和国国务院办公厅

二〇〇〇年九月八日

黑龙江省人民政府（　　）的通知

鸡西市人民政府：

根据国务院法制办公室《关于在黑龙江省鸡西市开展相对集中行政处罚权试点工作的复函》（国法函〔2001〕7 号，以下简称《复函》）的授权，省政府决定，在你市城市管理领域开展相对集中行政处罚权试点工作。请你市严格按照《复函》和《国务院办公厅关于继续做好相对集中行政处罚权试点工作的通知》（国办发〔2000〕63 号）的要求，认真做好试点工作，并依照《黑龙江省规范行政执法条例》和《黑龙江省行政处罚监督办法》的规定，加强对集中行政处罚权的行政机关的监督。集中行使行政处罚权的行政机关要在市政府的领导和省、市政府法制办公室的指导下，建立健全行政执法责任制和评议考核制，并注意总结城市管理领域开展相对集中行政处罚权试点工作的经验。试点工作中如有问题，请及时向省政府法制办公室报告。

附件：国务院法制办公室《关于在黑龙江省鸡西市开展相对集中行政处罚权试点工作的复函》（国法函〔2001〕7 号）

黑龙江省人民政府

二〇一〇年三月九日

第四节　请 示 写 作

案例导入

明天是星期五，晚上大礼堂有全院第二届艺术节的表演，而08服装2班的服饰表演还差最后一遍整合，要利用一个大家都有的空闲时间简直太难了，看来只有晚自修了。学校对晚自修抓得挺紧，班委会几人一商量，还是向学工处做个请示吧，于是学习委员代笔，以班委会的名义向学工处写了一份书面请示报告，得到了同意。大家赶紧利用这有利时机，认真排练起来。

日常生活中，像这样的事情经常发生着，下级寻求上级的指示，问上级怎么办，所以，熟悉请示的写法很有必要。

知识讲解

一、请示的概念

请示是下级机关向上级机关请示指示和批准的公文文种。请示主要用于：在实际工作中，遇到缺乏明确政策规定的情况需要处理；工作中遇到需要上级批准才能办理的事情。批准性请示一般由三部分组成：请示理由、请示内容、请示结语。

二、请示的特点

（1）请示事项一般时间性较强。请示的事项一般都是亟须明确和解决的，否则会影响正常工作，因此时间性强。

（2）应一事一请示。

（3）一般主送一个机关，不多头主送，如须同时送其他机关，应当用抄送形式，但不得在请示的同时又抄送下级机关。

（4）应按隶属关系逐级请示，一般情况不得越级请示，如确须越级请示，应同时抄报直接主管部门。

三、请示和报告的异同

请示和报告既有相同之处，又有区别。相同之处是两个都是写给上级的上行文，公文里都有陈述意见，反映情况的内容。区别是：第一，时间有别。请示跟报告相比，时间要求更紧迫。请示写的情况是未解决的，属于将来时，报告写的情况是已做过的，属于过去时。第二，内容的侧重点有别。请示着重于请示批准，报告着重于汇报工作。第三，要求有别。请示要求上级必须回复，报告则不必，只供上级参考。

能力讲解

请示的写法

请示按请示目的分，可分为批准性请示和呈转性请示两类。

1. 批准性请示

内容比较简单、具体，往往是一些较为细小的实际事项的请求。请示被批准后，执行机关范围也比较小，常常就是请示单位自己。

批准性请示一般由三部分组成：请示理由、请示内容、请示结语。

请示理由是文章的开头部分，常是导语式的，要扼要地讲明请示的背景和根据，并概括地写出请示事项。复杂的一般写成一段话，简单的则就以一句话为之。请示理由之后，许多请示中都要紧接着写上一句承上启下的过渡语。它们的基本的格式是“现将……报告如下”，随之点上冒号。但有些极短小的请求也可不写。

请示内容是请示的中心部分，要写得具体，条理清楚，说服力强。请示内容包括提出请示事项和阐述说明道理或事实两项内容。提出请示事项要详细，阐述说明道理要充分，只有这样才能使有关领导心中有数。有些情况简单，有条文和规定可依据，只是出于组织原则报给上级知道，是请示批准的请示。请示内容部分只需提出请示事项即可，不必阐释道理。

请示结语是请示的结尾部分，一般是另起一行空两格书写，请示结语语气要谦恭。请示结语的通常写法是“特此请示，请审批”、“以上意见当否，请指示”、“特此请示，请批复”等。

2. 呈转性请示

请示事项较为重大复杂，具有一定的普遍意义，不但需要上级批准，还需要上级转发。

呈转性请示和呈转性报告的区别主要有两点：呈转性请示不但要求上级批转，而且一定要有复文。呈转性报告虽也要求上级批转，但不要求上级复文；呈转性请示中要求批转的意见往往是较具体的做法、措施；呈转性报告里要求批转的意见往往是较原则、较概括的政策性意见。批准性请示和呈转性请示也有较大区别，不仅是要求目的上的区别，而且在执行范围上也有区别。批准性请示执行范围较窄，一般就是请示单位自己；呈转性请示执行范围较宽泛，往往不仅是请示者的本单位，而且还要包括其他很多有关单位共同执行。

呈转性请示一般由三部分组成：请示理由、请示内容、请示结语。

请示理由和批准性请示的写法基本相同，只不过有时语气较批准性请示更为庄重一些，由于这种请示批准转发后带有指导性，所以有时理由交代要较详细，以期更加引起领导重视。请示理由之后的过渡语和批准性请示相同。

请示内容一般都是请示单位的设想和建议。因为比较复杂，故提出请示事项和阐述说明道理两条缺一不可。阐释道理时，可采取引用理论根据或摆明事实根据两种写法。呈转性请示内容部分在书写时要更注意条理分明，较长者要分条分项来写。

呈转性请示结语也要另起一行空两格书写。写法与批准性请示结尾略有不同，通常写法是：“以上报告，如无不妥，请批转各地贯彻执行”、“以上意见，如属可行，请批转有关单位执行”，或其他一些类似的说法。

在写请示时，应当注意以下一些事项：要坚持一文一事；请示事项必须明确、具体、可行；不要搞多头请示（请示应主送直接主管机关或主管领导，其他确须了解请示事项的领导机关或领导人，采取抄报形式处理。如是受双重领导的机关，也应根据请示内容，择要送一处领导机关，由主送机关答复请示的问题，对另一领导机关采取抄报形式）；一般不得越级请示，个别需要越级请示的，常采用两种方式，一种是转呈式，可以既避免越级，又明确主送机关；另一种是在越级请求的同时，把请示抄报被越过的主管部门；不要把请示写成报告或请示报告；除领导直接交办的事项外，请示不要直接送领导者个人，或既写主送机关，又同时主送、抄送给主送机关领导人。一般情况下，也不得在上报请示的同时抄送平级和下级机关。

请示写作范例

关于《会计人员职权条例》中“总会计师”
是行政职务或是技术职称的请示

财政部：

国务院颁发的《会计人员职权条例》规定，会计人员技术职称分为总会计师、会计师、助理会计师、会计员四种；其中“总会计师”既是行政职务，又作为技术职称。在执行中，工厂总会计师按《条例》规定，负责全工厂的财务会计事宜；可是每个工厂，尤其大工厂，授予总会计师职称的人员有四五人，究竟由哪一位负责全厂的财务会计事宜，执行总会计师的职责与权限呢？我们认为应将行政职务与技术职称分开。总会计师为行政职务，不再作为技术职称。比照最近国务院颁发的《工程技术干部技术职称暂行规定》，将《条例》第五章规定的会计人员职称中的“总会计师”改为“高级会计师”。

以上认识是否妥当，请迅速指示。

××省财政厅
一九××年×月×日

分析：此请示语言简洁地提出疑惑，表明自己的观点，作为上级机关批准的依据，最后提出要求，准确简明。

平台链接

请示与申请的区别

1. 申请是因业务或事务需要，按规定完成法律程序向上级或职能部门、管理机构、组织、社团说明理由，提出请求，希望得到批准的一种事务文书，也叫申请书或申请表。请示和申请都有请求原由、请求事项，但请示是法定公文，申请为专用书信，属于不同文种。

2. 请示用于下级机关向上级提出请求，下级只能在上级机关的职权范围内报请需要批准的事项。申请不仅用于下级向上级请求，不属于请求范围之内的事项，而且可用于不相隶属的但按规定、法律程序必须向其请求的机关、单位、部门等。如专门办理有关业务的机构部门（银行、保险、公安、海关、土地管理、工商管理等）。

3. 请示的行文对象固定，而申请的行文对象不定。请示的内容限于本系统、本部门的行政公务或政策问题，写法规范；申请的内容不以系统、部门为限，写法不强求一律，且常以填写有关部门印制的各种表格代替。

4. 请示的作者是法定的机关、团体，而申请的作者可以是机关、团体，也可以是个人。机关、团体或个人向有关方面递交申请，有时必须按有关规定出具或提交有关证明、证件、文件等，而请示则没有这方面的规定。

5. 请示可以带附件，附件是请示的重要组成部分，作为对正文的补充说明或参考。

自主拓展

1. 指出下文的错误：

关于举办团干部培训班的请示报告

县委：

目前我县团干部队伍的现状与形势和任务的要求极不适应。据查，全县专职团干部中 36 岁以上的 40 名，其中 41 岁以上的 28 名，大大超过了有关规定。从文化水平来看，大专文化的仅占 6%。而且近年来，团干部更新较快，每年平均 30%左右。在新老交替过程中青黄不接的现象也较为突出。

为了改变这种状况，我们曾办过几期团干部培训班，很受欢迎。现在根据我们的师资能力，拟于今年 10 月至明年 4 月再办一至二期团干部培训班。具体意见如下：

（一）培养目标：培养具有一定马列主义、毛泽东思想基础理论水平和党的政策思想水平，较全面地掌握青年工作理论和团的业务知识，热爱团的工作，思想正派的团委书记和专职团干部。

（二）培训时间：3 个月左右。

（三）内容和安排：①马列主义、毛泽东思想基础理论，约占总课时的 65%；②团的工作理论，约占总课时的 30%；③其他方面知识，约占总课时的 5%。考试及格者，发给毕业证书，承认学历。

（四）学员条件：拥护党的三中全会以来的路线、方针、政策；作风正派；热爱团的工作，有创新和献身精神；具有一年以上的团的基层工作经验，有初中或相当于初中的文化；年龄不超过 25 岁；身体强健。

（五）招收人数和报名办法：本次共招收 40 名，由各乡、直属单位、各系统的党委（组）和团委推荐，报县团委批准，填写一式两份的报名表。报名 7 月 20 日截止。

为了适应飞速发展的新形势之需要，加强团干部队伍的政治素质，完成培养有理想、有道德、有文化、守纪律的一代共产主义新人的使命，关键是建设一支符合四化要求的团干部队伍。办这个培训班就是为了这个目的。

以上意见，如无不妥，请转发有关单位。

××县团委

2010 年×月×日

2. 根据上文重新选择文种进行写作。

第五节 报 告 写 作

案例导入

冬季是脊髓灰质炎的高发季节，此病易发于 4 岁以下的儿童，即俗话所说的小儿麻痹症。这种病通常不能有效治疗，却可以通过接种疫苗的方式进行有效预防。《九十年代中国儿童发展规划纲要》规定，1995 年消灭脊髓灰质炎，为达此目标，卫生部准备从现在起，每年的 12 月 5 日和 1 月 5 日，对全国 4 岁以下儿童各加服一次疫苗。此事卫生部负责，但协调工作必须由国务院出面。为此，卫生部向国务院写了一份报告，希望国务院批转各地区、各部门执行。

报告属于上行文，它有四项用途，包括汇报工作、反映情况、提出建议、答复上级机关询问等，在公文中应用广泛。

知识讲解

一、报告的概念

报告是向上级机关汇报工作、反映情况、提出意见或者建议，以及答复上级机关的询问时使用的公文。报告属上行文，一般产生于事后和事情过程中。

报告使用范围很广。按照上级部署或工作计划，每完成一项任务，一般都要向上级写报告，反映工作中的基本情况、工作中取得的经验教训、存在的问题及今后工作设想等，以取得上级领导部门的指导。

二、报告类别及功用

（1）例行报告（日报、周报、旬报、月报、季报、年报等）。例行报告不能变成“例行公事”，而要随着工作的进展，反映新情况、新问题，写出新意。

（2）综合报告。全面汇报本机关工作情况，可以和总结工作、计划安排结合起来。要有分析，有综合，有新意，有重点。

（3）专题报告。这是指向上级反映本机关的某项工作、某个问题、某一方面的情况，要求上级对此有所了解的报告。所写的报告要迅速，及时，一事一报。呈报、呈转要分清写明（如：薪酬调查报告）。

能力讲解

报告的写作

（1）标题。标题有两种，一种是由发文机关名称、事由和文种构成，另一种是由事由和文种构成。

（2）正文。正文结构与一般公文相同。从内容方面看，报情况的，应有情况、说明、结论三部分，其中情况不能省略；报意见的，应有依据、说明、设想三部分，其中意见设想不能省去。从形式上看，复杂一点的要分开头、主体、结尾。开头多使用导语式、提问式给出总概念或引起注意。主体可分部，分加二级标题或分条加序码。

（3）结尾。结尾可展望、预测，亦可省略，但结语不能省。呈转报告要写上“以上报告如无不妥，请批转各地参照执行”。最后写明发文机关，日期。

目前写报告容易出错的地方有：

一是结尾处的“特此报告”一类结语，由于词语既无实际意义，也无结构作用，应当去除。如果写成“以上报告当否，请指示”，就更错误，因为如上述，报告是无须上级回复处理的文种，所以，即使协商这句话也是白搭，上级不会答复你。

二是报告后面加附注标明“联系人”和“联系电话”也属废话。

此外，写报告要避免太长，一般应控制在3000字以内。

报告写作范例

××市人民政府关于治理××河水质污染问题的报告

××省人民政府:

省政府转来××××××委员会提出的关于××河水质污染状况的报告，经市政府调查研究，对报告中提出的有关问题及解决方案报告如下:

一、解决××河水质污染问题的关键是尽快建成污水处理厂。现在××河的污染主要是××区排放的污水所致。×区的排放量为25万吨，污水比较集中，因污水处理厂未能及时建立，致使污水直接排入××河，造成了××河的污染。

为解决××河的污染，市政府已抓紧×区污水处理厂建设，争取在19××年建成。×区污水处理厂原设计概算为8 316万元，按现行价格估算约为1 100万元，已于19××年×月开工，建成了8项附属设施，计完成投资200万元。市政府今年安排的300万元投资已全部落实，×区城环局正在组织实施。

根据××河河道以南人口密集区的地下水污染和环境问题，在污水处理厂未建成之前，利用现有污水管道，把污水引到某区污水处理厂以西，污水直接排入污水处理厂的出口，这就避开了污染区。

二、电热厂的粉煤灰也是污染源之一。对于电热厂储灰厂的选址，必须考虑到对地下水和环境的污染。选址已责成×区电热厂抓紧做工作，争取尽快报市政府有关部门审批。对南储灰厂渗漏对地下水的污染，主要采取截流集中排放的措施，以减少对地下水的污染。

××市人民政府

二×××年×月×日

分析：这是一则专题报告，向上级汇报某一方面的问题，一事一报。包括目前已做的工作，将要进行的部分，未完全治理好之前的应对措施。简明扼要，使上级机关可以及时全面地了解问题现状。有针对性地作出报告，突出了专一性、时效性。

平台链接

报告的写作要求

1. 写综合报告应注意抓住重点，突出主要矛盾和矛盾的主要方面。在此基础上列出若干观点，分层次阐述。说明观点的材料要详略得当，以观点统领材料。

2. 专题报告要一事一报，体现其专一性，切忌在同一专题报告中反映几件各不相干的事项和问题。

3. 切忌将报告提出的建议或意见当做请示，要求上级指示或批准。

自主拓展

根据下文内容，请帮李丽同学拟一份述职报告。

李丽是×系07级Z班的学生，自2008年9月起担任学联文艺部部长一职。通过一年的努力，文艺部做了下列工作:

1. 从4月上旬起，文艺部配合教育系团总支在全校范围内征集喷泉舞会节目及主持人，并对节目进行了多次筛选，初步确定入选节目，并对这些节目的排练进行监督，提出问题与不足，以便及时改进，使节目尽量达到完美。最终经过讨论，确定了晚会节目。

2. 从5月中旬起，文艺部为给同学们提供展示自我、发现自我的机会，特举办了“谦合杯”校园十大歌手大赛。文艺部通过多次例会的商议，拟定了大赛通知，同时分工分别筹备赛前的一切准备工作，从众多的音乐爱好者中，经过初复赛的层层选拔共有26名选手进入决赛，在比赛过程中不分唱法，选手们的实力相当，风格各异，比赛中选手都充分展示了自己的风采。

3. 9月中旬，文艺部与女生部合办了“第2期交际舞培训班”。本次培训班开设的主要课程有：3步、4步、平步、恰恰及浪漫樱花。通过前期大力宣传及各项筹备工作，本期培训班招生达二百余人，取得了可喜的成绩，也在同学们之间得到一致好评。

4. 从10月中旬开始，文艺部开始筹办第4届“圆梦杯”主持人大赛。通过拟定通知，筹备复、决赛，从众多报名选手中选拔了33名选手参加比赛，各位选手准备得都很充分，通过自我介绍、模拟主持和综合素质3个环节的比拼，对选手全面地进行了测试，经过紧张激烈的角逐选拔前15名选手进入决赛，在比赛过程中许多选手运用了电脑课件，以丰富自己的参赛内容，使观众更加真切清晰地了解到选手的比赛内容及风格。

第六节　公函写作

案例导入

张彪大学毕业后一直在本市某学校工作，因表现出色，已提前晋升为讲师。他的妻儿母亲都在老家，距此千里之遥，张彪曾经多次提出调动，都因种种原因而未成。最近，母亲生了大病，亟须儿子照顾，孩子刚满一岁，正是需要人的时候。考虑到他家的实际困难，妻子所在的制造厂同意张彪调入。张彪向学校提出调动申请，学校也同意放行，并由人事处向制造厂发函商洽，希望他们尽快函复。若制造厂同意考虑张彪同志的这一要求，接到复函后学校即将该同志的档案寄给制造厂审查。不久，制造厂回复到了，张彪档案寄出，工作很快调动成功。

学校与制造厂属于平行单位，这种相互来往的公文就是函，或称作公函。

知识讲解

一、公函的概念

公函是党政机关、人民团体、企事业单位间商洽和联系工作时使用的一种文体。

公函的使用范围很广，平行机关或不相隶属机关间联系工作时可以使用公函，上下级机关之间联系、询问、答复工作时，也可以使用公函。

二、公函的分类

公函根据内容和性质，可以分为很多种类，如：用于商洽的商洽函、用于询问的询问函、用于答复的复函、用于委托的委托函等。

能力讲解

公函的写作

1. 首部

首部主要包括标题、主送机关两个项目内容。

（1）标题。公函的标题一般有两种形式。一种是由发文机关名称、事由和文种构成。另一种是由事由和文种构成。

（2）公函要有正规的发文字号，写法与一般公文相同，由机关代字、年号、顺序号组成。大机关的函，可以在发文字号中显示“函”字。

（3）主送机关。即受文并办理来函事项的机关单位，于文首顶格写明全称或者规范化简称，其后用冒号。函的行文对象一般情况下是明确、单一的，所以多数函的主送机关只有一个。但有时内容涉及部门多，也有排列多个主送机关的情况。

2. 正文

其结构一般由开头、主体、结尾、结语等部分组成。

（1）开头。主要说明发函的缘由。一般要求概括交代发函的目的、根据、原因等内容，然后用“现将有关问题说明如下：”或“现将有关事项函复如下：”等过渡语转入下文。复函的缘由部分，一般首先引述来文的标题、发文字号，然后再交代根据，以说明发文的缘由。

（2）主体。这是函的核心内容部分，主要说明致函事项。函的事项部分内容单一，一函一事，行文要直陈其事。无论是商洽工作、询问和答复问题，还是向有关主管部门请求批准事项等，都要用简洁得体的语言把需要告诉对方的问题、意见叙写清楚。如果属于复函，还要注意答复事项的针对性和明确性。

3. 结尾

结尾一般用礼貌性语言向对方提出希望。或请对方协助解决某一问题，或请对方及时复函，或请对方提出意见或请主管部门批准等。

函的写作要注意用语的分寸，因是平行文，语言要平和礼貌，要避免阿谀逢迎，还要注意针对性和时效性。

公函写作范例

国务院办公厅关于安徽合肥经济技术开发区的复函

国办函〔2000〕16号

安徽省人民政府：

你省《关于要求批准合肥经济技术开发区为国家级经济技术开发区的请示》（皖政秘〔1999〕138号）收悉。经国务院领导同意，现函复如下：

一、同意合肥经济技术开发区为国家经济技术开发区，实行现行的国家经济技术开发区的政策。

二、合肥经济技术开发区位于合肥市南郊，东以始信路、耕耘路、清潭路为界，西至合安公路、石门路、高压走廊、锦绣大道、合安公路，南至紫蓬路，北至繁华大道、明珠广场，规划范围总用地9.85平方公里。

三、合肥经济技术开发区的建设和发展，纳入合肥市经济技术发展总体规划，建设发展资金由你省自筹解决。

四、合肥经济技术开发区要坚持以工业项目为主、吸收外资为主、出口为主和致力于发展高新技术的方针，积极改善投资环境，逐步完善综合服务功能。

五、要加强领导和管理，促进合肥经济技术开发区各项工作的健康发展。

国务院办公厅

二〇〇〇年二月十三日

分析：开头说明复函缘由；主体部分一函一事，语言简洁得体，所答事项既有针对性又非常明确。

平台链接

公文管理制度

一、收文

1. 政府部门及有关单位发来的公文收到后，均由行政人事部进行分类，挂号文件进行登记编号（格式见附件一），属于部门、地盘的文件由行政人事部直接送达处理；属于公司文件，经行政人事部作收文处理（格式见附件二），由行政人事部负责送公司分管领导批阅。

2. 根据批阅范围，由行政人事部有秩序地组织及时送阅处理，并负责催阅、催办、催传。

3. 发文要有记录，文件接收人须在发文登记表（见附件三）签名。

4. 为缩短传阅时间，提高传阅速度和避免丢失，文件送到后，公司各领导和部门经理要及时阅看，阅签后退行政人事部，公文不得擅自传递，以防丢失和延时误事。

5. 各部门对有公司领导指示的公文要及时处理，并将处理结果注于公文签上。

6. 传阅文件，阅后要签名并注明阅文日期。

7. 公司领导及部门开会带回之发公司的公文及有关会议文件一律交行政人事部进行登记、收存。

8. 发公司的重要公文（与公司全局有关的）均应将有关原件送行政人事部，复印一份由部门办理或留存。

二、发文

1. 凡以公司名义制发的文件，须请示主管副总经理同意后，由有关部门负责拟稿，草拟文件必须用拟稿纸书写，文稿形成后，由主管副总经理签发。

2. 已经主管副总经理签发的文件底稿，由行政人事部进行登记，统一编号后打印。

3. 以公司名义发文，由行政人事部统一打印、校对，盖章后发出。

4. 以部门名义发文，由文件起草部门校对、复印，盖章后发出。

三、公文立卷、归档及销毁

1. 公文办完后，应当根据有关规定，及时将公文定稿、正本和有关材料整理立卷。

2. 公文归档，应当根据其相互联系、特征和保存价值分类整理，要保证档案的齐全、完整，个人不得保存应当归档的公文。

3. 没有归档和存查价值的公文，经过鉴别和主管领导批准，可以定期销毁。销毁秘密公文，应进行登记，由两人监销，保证不丢失、不漏销。

自主拓展

找出下列公文中的错误并说明理由：

××镇人民政府：

对你镇的数次请示，经研究作答复如下：

其一，原则同意批准你镇建立联合贸易公司，负责本镇的内、外贸易工作。你镇应尽快使联合贸易公司开始营业。

其二，你镇提出试行“关于违反计划生育规定的处罚办法”最好不执行，因为这个办法违反上级有关文件精神。

其三，对你镇提出要建一俱乐部活跃居民文化生活一事，予以批准，但规模要适当控制，量力而行。

其四，同意你镇组团参加在上海举办的服装节和在服装节上进行引资促销活动。

××市人民政府

2001 年×月×日

第九章 会议文书写作

学习目标

知识目标： 了解会议文书的种类；

熟悉各个文种使用的工作情境；

熟知各个文种的结构。

能力目标： 掌握各种会议类文书的写作技巧；

能在工作中熟练写作会议通知、会议简报等文种。

第一节　会议筹备方案写作

案例导入

某服装集团为了开拓夏季服装市场，拟召开一个服装展示会，推出一批夏季新款时装。秘书小李拟了一个方案，内容如下。

1. 会议名称："2010××服装集团夏季时装秀"。

2. 参加会议人员：上级主管部门领导 2 人；行业协会代表 3 人；全国大中型商场总经理或业务经理以及其他客户约 150 人；主办方领导及工作人员 20 名。另请模特公司服装表演队若干人。

3. 会议主持人：××集团公司负责销售工作的副总经理。

4. 会议时间：2010 年 5 月 18 日上午 9 点 30 分至 11 点。

5. 会议程序：来宾签到，发调查表；展示会开幕、上级领导讲话；时装表演；展示活动闭幕、收调查表，发纪念品。

6. 会议文件：会议通知、邀请函、请柬；签到表、产品意见调查表；服装集团产品介绍资料；订货意向书、购销合同。

7. 会址：服装集团小礼堂。

8. 会场布置：蓝色背景帷幕，中心挂服装品牌标志，上方挂展示会标题横幅。搭设 T 型服装表演台，安排来宾围绕就座。会场外悬挂大型彩色气球及广告条幅。

9. 会议用品：纸、笔等文具；饮料；照明灯、音响设备、背景音乐资料；足够的椅子；纪念品（每人发××服装集团生产的 T 恤衫 1 件）。

10. 会务工作：安排提前来的外地来宾在市中心花园大酒店报到、住宿。安排交通车接送来宾。展示会后安排工作午餐。

上面这份会议筹备方案还有很多不完善的地方，比如就不应该以"时装秀"作为其会议名称。可以看出制订会议方案是一项综合性很强的工作，一个好的会议方案应该是科学、详尽、切实可行的。

知识讲解

会议筹备方案也即会议计划，是在会议召开之前对构成会议的各个要素作出系统周密的书面安排的会议文书。

会议筹备方案一般是为大中型或重要的会议所做的预设方案，单位内部召开的小规模的例行会议可以通过简易会议计划或会议通知来预先安排好会议事务。制订好会议方案，在会议召开前对会议的目的、参与人员、时间、地点、议程、日程、会议形式、组织分工、经费预算等要素作出周密安排，能促进会议的顺利进行，取得圆满的预期效果。有些会议还需要向上级机关请示核准，会议方案可作为上级审核批准的重要依据。有些会议需要向联办或与会单位通报筹备情况，以便做好必要的准备，会议方案又可发挥通知的作用。总之，拟写会议筹备方案是会议工作的重要环节，它是整个会议实务的操作指南，有了它，会议组织工作才有可能有条不紊，分工明确，各司其职，最终取得圆满的结果。

会议筹备方案的内容，主要是围绕会议的议题，确定下列项目：会议召开的原因；会议名称；会议召开的时间及会期；会议规模、参会人员、外请人数；会议组织领导；会议议程；经费预算；后勤保障；保卫保密工作等。

能力讲解

会议筹备方案的写法

会议筹备方案通常由标题、开头、主体、落款等四个部分组成。

1. 标题

会议筹备方案的标题由召开单位或范围、会议名称、文种名称三要素构成，有时可以省略会议召开单位。常用的文种名称有：方案、筹备方案、筹备接待方案、计划、策划方案等。如：中国（宁夏）劳务经济发展论坛筹备方案。

2. 开头

开头部分一般写明召开会议的原由、宗旨、根据、主办承办单位、会议名称等会议基本要素，说明会议召开的必要性、合法性，引出下文。

3. 主体

主体部分一般要写明会议主要任务、会议形式、主持者、参与者、议程、日程、会务组织机构的分工、会议经费等事项。一般分条列项写出。

4. 落款

落款写明方案的制发文机关、签署日期，并加盖公章。

会议筹备方案写作范例

××县第十四届人民政府第六次全体会议筹备方案

经县人民政府研究，拟于2009年12月22日召开县第十四届人民政府第六次全体会议。现就会议筹备工作制订如下方案:

一、会议的主要任务

会议主要任务是，传达省委经济工作会议精神，认真总结2009年工作成绩和经验，安排部署当前工作及明年工作，为全面实现我县“十二五”规划起好步、开好局。

二、会议时间和地点

时间：2009年12月22日上午8：10

地点：县政府四楼会议室

三、会议主持人及议程

（一）主持人：刘××

（二）议程：

1. 代县长刘××传达省委经济工作会议精神，并安排当前工作；

2. 各位副县长就分管工作进行总结并安排明年的工作；

3. 经济局、商务局、财政局、建设局、交通局、林业局、畜牧局、信访局、体育局等单位作会议典型发言；教育局、公安局、水利局、烟草局、人民银行、县城综合执法监察大队提供书面发言材料；

4. 县委、人大、政协、人武部领导讲话；

5. 常务副县长刘××作总结讲话。

四、会期和参会人员

××县第十四届人民政府第六次全体会议会期半天，出席会议的人员为县长、副县长，助理调研员；县政府办主任、副主任，县政府组成部门主要负责人；县委、人大、政协人武部各一名领导；新闻记者 1 人。

五、筹备组织

成立县第十四届人民政府第六次全体会议筹备小组，由蔡××同志任组长，聂××、谷××、冯××同志任副组长。下设 3 个职能组：

（一）资料组

组长：聂××

成员：张××、向×、张××、刘××

职责：

1. 负责大会各类文件的起草、校对、印刷；
2. 起草县领导在县第十四届人民政府第六次全体会议上的讲话；
3. 起草会议主持词；
4. 负责大会经验介绍材料的审核、把关。

（二）会务组

组长：谷××

组员：黄××、刘××、向××、何××、黎××、谷××

职责：

1. 负责落实政府领导、特邀人员的出席；
2. 负责通知参会人员；
3. 落实会议场地及会场布置（包括会标制挂、座位名签制作）；
4. 负责大会的签到、分发会议材料；
5. 负责大会期间安全保卫、医疗服务等后勤工作。

（三）宣传组

组长：冯××

组员：新闻记者、谷××

职责：

1. 负责新闻报道的组织和策划、稿件审阅等工作；
2. 负责政府公众信息网站报道全会工作，及时发布、更新内容。

××县人民政府

2009 年×月×日

分析：此会议筹备方案条目清晰，内容翔实，可操作性较强。

平台链接

会议议程与日程

一、会议议程

会议议程是会议时议定事项的程序，也即讨论事项按照怎样的程序进行，哪个议题放在第一位讨论，哪个议题放在第二位讨论。会议的议程如同轨道，可以令会议在预定的方向上有步骤、有计划地进行，所以会议议程的内容十分重要。议程写作的样式有以下两种：

会议议程样式 1

英豪公司销售团队会议议程表

公司销售团队会议将在 5 月 25 日星期一上午 9：00 在公司总部的三楼会议室举行。

宣布议程。

说明有关人员缺席情况。

宣读并通过上次会议的记录。

通信联系情况。

东部地区销售活动的总结。

销售一部经理关于加强团队沟通问题的发言。

公司销售人员的招聘和重组。

销售二部经理的人选。

下季度销售目标。

会议议程样式 2

至：部门经理		
自：总经理办公室		
日期：2010 年 8 月 16 日		
主题：销售团队的人员招聘 我们下一次团队会议计划在 2010 年 8 月 21 日 9 时召开。根据公司领导的指示，要迅速扩大公司的销售队伍，在 9 月要完成 100 人的销售队伍的招聘和培训。		
会议目标：为了确定一个固定的招聘人员的方法，在全公司通用。		
会议议程：我们的会议将按照下面的议程进行。		
议程事项	责任人	时　间
介绍	经理	5 分钟
讨论每种方法的合理及不合理之处	团队	30 分钟
讨论新方法	团队	10 分钟
下一步	团队	15 分钟
准备：请在会议开始之前准备如下内容： 1．阅读后附的概述目前正在使用的 3 种安排方法的文件。 2．准备讨论这 3 种方法每一种的优缺点。		

二、会议日程

会议日程就是将一天的时间分为上午、下午和晚上三个阶段，分别安排相关的会议议程。

会议日程的样式

××公司新产品销售展示会					
时间：2010 年 8 月 16 日 地点：员工餐厅和公司会议厅			参加人员：销售主管和所有工作人员 目的：使员工对公司新产品有所了解		
上　午	8：30	报到	员工餐厅门厅	所有员工	备　注
	9：00	销售主管作介绍	公司会议厅	所有员工	
	9：50	休息			
	10：00	新产品展示——技术总监主讲和演示	公司会议厅	所有员工	
	11：00	销售活动录像	员工餐厅三层		
	12：00	自助午餐	员工餐厅二层	所有员工	
下　午	1：30	员工自由观看和动手操作新产品	员工餐厅三层	所有员工	
	2：30	销售部人员讲解广告宣传单	公司会议厅	所有员工	
	3：30	分小组讨论和咨询	员工餐厅三层	自由参加	
	4：30	散会			

自主拓展

××大学要召开教代会，工会秘书小王草拟了一份会议预案，内容有：

（1）会议召开的原因　（2）会议名称　（3）会议规模、参会人员、外请人数

（4）会议组织领导　（5）会议经费预算　（6）会议后勤保障　（7）保卫工作

报请领导审阅后，领导指出了两项内容，请小王加进去。是哪两项内容呢？请你加进去，并写作一份完整的会议筹备方案。

第二节　会议通知写作

案例导入

某机关定于某月某日在单位礼堂召开总结表彰大会，发了会议通知邀请有关部门的领导光临，在通知上把开会的时间、地点写得一清二楚。

接到通知的几位部门领导很积极，提前来到礼堂开会。一看会场布置不像是开表彰会的样子，经询问礼堂负责人才知道，今天上午礼堂开报告会，某机关的总结表彰会改换地点了。几位领导同志感到莫名其妙，个个都很生气，改地点了为什么不重新通知？一气之下，都回家去了。

事后，会议主办机关的领导才解释说，因秘书人员工作粗心，在发通知之前还没有与礼堂负责人取得联系，一厢情愿地认为不会有问题，便把会议地点写在通知上，等开会的前一天下午去联系，才得知礼堂早已租给别的单位用了，只好临时改换会议地点。但由于邀请单位和人员较多，来不及一一通知，结果造成了上述失误。尽管领导登门道歉，但造成的不良影响也难以消除。

会议通知的写作和发放是会议筹备阶段的重要工作，不仅在写作上需要详细罗列通知内容，在发放时更要做到仔细认真，不可出错，否则，便会影响到会议的顺利进行。

知识讲解

会议通知是上级对下级、组织对成员或平行单位之间召开会议前传达事项、布置工作时所使用的应用文。为了使会议的出席代表有所准备，一般而言，只要会议的时间、地点、内容一经决定，就要制发会议通知。

会议通知的形式可以采用电话通知、电子邮件通知、书面通知等几种形式，但对于大中型会议来讲，书面通知是比较妥当的。书面通知又有公司简约形式的会议通知和公文形式的会议通知两种。如果是比较重大的会议，参会的外部人员很多，一般情况下应该发公文形式的会议通知。但不管是何种形式的会议通知，以下的内容都是不可缺少的：会议的内容、会议的时间、会期、会议召开的地点、参加会议的人员、会议费用的支付、会议的联系人及联系电话。

能力讲解

会议通知的写法

会议通知一般包括标题和正文两部分。

1. 标题

标题写明“××单位召开×××会议的通知”，大型的重要会议，如各种代表大会的通知要编发文号。一般性的工作会议可以只写“会议通知”或“通知”，不编文号，召集会议的单位写在通知的正文下面。

2. 正文

通知的正文内容有两种情况：

（1）一些小范围的、内容单一的会议，在通知时只需写清时间、地点、参会人员及会议内容即可。如“定于×月×日×时在×××会议室召开×××工作会议，请各部门派一名负责人准时出席”。

（2）对于内容复杂、涉及面广、时间较长的会议，在正文里要写清会议名称、内容或议题、主办单位、会议时间、地点、报到地点、参加人员、携带材料、注意事项等。在具体写法上，可以先点明会议召开的目的，接着交代会议时间、地点、议题，然后提出有关注意事项。

如果是大中型代表会议，在发通知时，还应就代表分配名额、各方面的比例、代表条件和产生的方法作专门交代。

会议通知写作范例 9-1

关于召开全区宣传部长会议的通知

各市委宣传部，柳铁党委宣传部：

定于 9 月 9—10 日召开全区宣传部长座谈会，现将有关事项通知如下：

一、会议议题传达学习中宣部召开的部分省区市宣传部长座谈会精神；总结交流我区前八个月宣传思想工作；研究部署下一步工作。

二、参加人员：各市委宣传部长、柳铁党委宣传部长。

三、会议时间：9 月 9—10 日（会期一天半，9 月 8 日下午报到）。

四、会议地点（报到及住宿地点）：南宁市七星路广西宣传干部培训中心。

会场：区党委办公楼三楼会议室。

五、有关事项：

（一）请参加会议人员准备约 15 分钟的发言。请将发言材料打印 50 份，在报到时交会务组（打印要求：16 开幅面，在左上角用四号楷体注明“全区宣传部长座谈会发言材料”）。

（二）请各市委宣传部长、柳铁党委宣传部长安排好会议期间的各项工作，准时出席会议。在外出差、学习的，如无特殊情况，务请返回参加会议。

（三）请各市委宣传部、柳铁党委宣传部于 9 月 5 日下午下班前将参加会议人员名单报到自治区党委宣传部办公室。

联系人：×××，电话：××××，传真：××××××。

中共广西壮族自治区委员会宣传部

二〇××年九月一日

分析：这是一则公文形式的会议通知，内容详细，条目清晰。

会议通知写作范例 9-2

会 议 通 知

尊敬的客户：

为进一步加强与贵公司的协作关系，听取客户对我公司产品和服务的意见，我公司拟于××××年 8 月 15 日上午 9：00 至 8 月 17 日下午 5：00 在××宾馆召开客户咨询联谊会。敬请回复及光临。

附：1. 会议日程

2. 路线图

××公司（印章）

××××年 8 月 1 日

………………………………………………………………………………………………

回　　执

请于××××年 8 月 10 日以前将回执寄至：××市××区×××大厦××公司销售部××小姐，邮编××××××，电话×××××××。

我公司参加此次会议，参加人数：________人，男_____人，女______人

我公司不能参加此次会议。(　　　)

姓名：

公司：

分析：这是简约式的会议通知，适合公司使用，另外，回执的添加也便于会务后勤工作的顺利有序进行。

平台链接

发送会议通知的注意事项

1. 明确会议通知发送对象。

2. 对书面会议通知的地址、邮编一定要填写正确。装信封和邮寄时应注意不要错装、漏装或漏寄。通知的封筒应醒目标出“会议通知”字样。

3. 及时发出会议通知。

4. 落实发送的回复确认环节。

5. 对于经常参加某类会议的部分人员，可用计算机打印出标签或准备多套邮寄标签，以免重复打印，对于计算机中保存的地址要注意随情况变化不断更新。

自主拓展

1．根据下列材料撰写一则会议通知。

会议时间：2010 年 6 月 15 日下午 3 时。会期：半天。会议地点：××局三楼会议室。会议名称：××局下半年工业生产安排会议。会议召集人：××工业局。会议出席对象：各厂、矿、公司负责生产的领导及生产科长。

2．将会议通知与其他通知的写作要点进行对比，找出其相同点与不同点。

第三节　会议记录写作

案例导入

公司召开经理例会，办公室小李负责这次会议记录。小李刚从学校毕业，认为会议记录是很简单的一件事，结果出现了如下的一份会议记录：

时间：2010 年×月×日

地点：会议室

参加人员：张××，李××，……

记录：

张经理说：……

李副经理说：……

小张说：……

另外，还因为小李速记能力差，又没有采用辅助设备，以至于记录发言支离破碎，未能完整地记录发言者要表达的意思。

会议记录作为档案的一种，在真实性和完整性上要求是比较高的，上面这则会议记录在内容和格式诸多方面不完整，不符合会议记录的要求。

知识讲解

一、会议记录的含义与作用

会议记录是当场记载的反映会议情况的书面材料，是存档备查和传达、贯彻会议精神的重要依据，也是珍贵的历史资料。从某种意义上可以说是某个单位、某个部门历史活动的一个缩影。因此，许多单位都注重会议记录及其保管，甚至会将其作为保密材料。

会议记录的作用主要体现在以下几个方面：

（1）依据作用。会议总有一个或几个议题，会议的发言、讲话都是围绕会议的目的和议题进行的，包括与会者对会议议题的看法、态度、建议等。有了完整的会议记录，会议主持者就能从中分析出与会者对会议议题的基本倾向。另外，由于会议记录全面、具体、生动地记录了会议的情况和内容，又成为编写会议纪要和会议简报的依据和基础。

（2）备忘作用。会议记录反映的情况是最原始的，也是最客观的。它不仅可以给人们提供许多直接材料，而且可以有效地唤醒人们的记忆，帮助人们准确地弄清问题，开展工作。

（3）史料作用。会议记录是公务文件和档案资料的组成部分，特别重要的会议记录还是永久保存的档案资料。

二、会议记录的分类

会议记录可以分为以下几种：

（1）详细记录。这是指将会议情况、内容详详细细地记录下来，对于每个人的报告、发言，尽可能将原话照录下来。

（2）摘要记录。这是指把重要的、关键的内容记录下来，而不是面面俱到。

（3）议案记录。这种记录，不记会议进行的情况，不记发言者的姓名，只记会议上讨论的问题和通过的决议。

能力讲解

一、会议记录的写法

1. 标题

标题要写清会议的名称，如“××厅关于企业改革座谈会议记录”，会议规模大的，可写明“××会议××组记录”，会议时间长的，可写明“第×次会议记录”。

2. 会务事项

这部分主要记录：召开会议的部门；会议的时间，粗略的写年月日，上午或下午，精确的写起讫时间；会议地点，具体到会议室名称；出席人，小型会议一般由出席人亲自签名，大型会议由记载人记录出席人数；缺席人，要写明姓名（或人数）及缺席原因；列席人的姓名或人数；主持人；记录人。

3. 会议内容记录

这是会议记录的主要部分，主要记：议项，即会议项目共有几项；主持人的讲话；各与会者的发言；会议讨论、决议的事项；会议表决情况；会议期间的辅助活动等。

会议结束，记录完了，要另起一行，空两格，写“散会”两字。如果中途休会，须注明“休会”，并写上时间。

4. 签署

会议记录完毕，会议主持人和记录人应分别在《会议记录》全文后的右下方签名，并注明“本次会议记录共××页”，以示负责。

二、会议记录的要求

会议记录的要求归纳起来主要有两个方面，一个是速度要求，一个是真实性要求。

1. 速度要求

快速是对记录的基本要求。会议记录一定要快，如果不能快速记录，将会影响到记录内容的完整性。所以就要求记录人员能够掌握一定的速记方法，并能利用有效的辅助设备来帮助自己快速记录。

2. 真实性要求

纪实性是会议记录的重要特征，因此确保真实就成了对记录稿的必然要求。真实性要求的具体含义是：

（1）准确写明会议名称（要写全称），开会时间、地点，会议性质。

（2）详细记下会议主持人、出席会议应到和实到人数，缺席、迟到或早退人数及其姓名、职务，记录者姓名。如果是群众性大会，只要记参加的对象和总人数，以及出席会议的较重要的领导成员即可。如果某些重要的会议，出席对象来自不同单位，应设置签名簿，请出席者签署姓名、单位、职务等。

（3）忠实记录会议上的发言和有关动态。会议发言的内容是记录的重点。其他会议动态，如发言中插话、笑声、掌声、临时中断以及别的重要的会场情况等，也应予以记录。

记录发言可分摘要记录与全文记录两种。多数会议只要记录发言要点，即把发言者讲了哪几个问题，每一个问题的基本观点与主要事实、结论，对别人发言的态度等，作摘要式的记录，不必“有闻必录”。某些特别重要的会议或特别重要人物的发言，需要记下全部内容。有录音机的，可先录音，会后再整理出全文；没有录音条件，应由速记人员担任记录；没有速记人员，可以多配几个记得快的人担任记录，以便会后互相校对补充。

（4）记录会议的结果，如会议的决定、决议或表决等情况。

会议记录要求忠于事实，不能夹杂记录者的任何个人情感，更不允许有意增删发言内容。会议记录一般不宜公开发表，如需发表，应征得发言者的审阅同意。

会议记录应该突出的重点有：

（1）会议中心议题以及围绕中心议题展开的有关活动。

（2）会议讨论，争论的焦点及其各方的主要见解。

（3）权威人士或代表人物的言论。

（4）会议开始时的定调性言论和结束前的总结性言论。

（5）会议已议决的或议而未决的事项。

（6）对会议产生较大影响的其他言论或活动。

三、会议记录的写作技巧

一般说来，会议记录的写作技巧有四点：一快、二要、三省、四代。

一快，即记得快。字要写得小一些、轻一点，多写连笔字。要顺着肘、手的自然去势，斜一点写。

二要，即择要而记。就记录一次会议来说，要围绕会议议题、会议主持人和主要领导同志发言的中心思想，与会者的不同意见或有争议的问题、结论性意见、决定或决议等作记录，就记录一个人的发言来说，要记其发言要点、主要论据和结论，论证过程可以不记。就记一句话来说，要记这句话的中心词，修饰语一般可以不记。要注意上下句子的连贯性，一篇好的记录应当独立成篇。

三省，即在记录中正确使用省略法。如使用简称、简化词语和统称。省略词语和句子中的附加成分，比如“但是”只记“但”，省略较长的成语、俗语、熟悉的词组，句子的后半部分画一曲线代替，省略引文，记下起止句或起止词即可，会后查补。

四代，即用较为简便的写法代替复杂的写法。一可用姓代替全名，二可用笔画少易写的同音字代替笔画多难写的字；三可用一些数字和国际上通用的符号代替文字；四可用汉语拼音代替生词难字；五可用外语符号代替某些词汇，等等。但在整理和印发会议记录时，均应按规范要求办理。

会议记录写作范例

××市城南开发区管委会办公会议记录

时间：20××年4月8日上午

地点：管委会会议室

主持人：李××（管委会主任）

出席者：杨××（管委会副主任）、周××（管委会副主任管城建）、李××（市建委副主任）、肖

××（市工商局副局长）、陈××（市建委城建科科长）及建委、工商局有关科室宣传人员。街道居委会负责人。

列席者：管委会全体干部

记录：邹××（管委会办公室秘书）

讨论议题：

1. 如何整顿城市市场秩序。

2. 如何制止违章建筑、维护市容市貌。

杨主任报告城市现状：我区过去在开发区党委领导下，各职能单位同心协力、齐抓共管在创建文明卫生城市方面取得了一定成绩。可近几个月来，市场秩序倒退了，街道上小商贩逐渐多起来，水果摊、菜担、小百货满街乱摆……一些建筑施工单位沿街违章搭棚。乱堆放材料，搬运泥土撒落大街……这些情况严重地破坏了市容市貌，使大街变得又乱又脏；社会各界反应很强烈。因此今天请大家来研究：如何整顿市场秩序？如何治理违章建筑、违章作业、维护市容……

讨论发言（按发言顺序记录）：

肖××：个体商贩不按规定到指定市场经营，管理不得力、处理不坚决，我们有责任。这件事我们坚决抓落实：重新宣传市场有关规定，坐商归店、小贩归市、农民卖蔬菜副食到专门的农贸市场……工商局全面出动抓，也希望街道居委会配合，具体行动方案我们再考虑。

罗××（工商局市管科科长）：市场是到了非整不可的地步了。我们的方针、办法都有了，过去实行过，都是行之有效的，现在的问题是要把有人抓、敢于抓落到实处。……

秦××（居委会主任）：整顿市场纪律我们居委会也有责任。我们一定发动群众配合好，制止乱摆摊、乱叫卖的现象。

李××（建委副主任）：去年上半年创建文明卫生城市时，市上出了个7号文件，其中规定施工单位不能乱摆战场。工棚、工场不得临街设置，更不准侵占人行道。……今年有的施工单位不顾市上文件，在人行道上搭工棚、堆器材。这些违章作业严重地影响了街道整齐、美观，也影响了行人安全。希望管委会召集施工单位开一次会，重申市府7号文件，要求他们限期改正，否则按文件规定惩处。态度要明确、坚决。

陈××：对犯规者一是教育，二是斗硬。“不教而杀谓之虐”，我们先宣传教育，如果施工单位仍我行我素不执行，那时按文件斗硬处理，他们也就无话可说。

周××：城市管理我们都有文件、有办法，现在是贵在执行，职能部门是主力军，着重抓，其他部门配合抓。居委会把居民特别是“执勤老人”（退休职工）都发动起来，按7号文件办事，我们市区就会文明、清洁，面貌改观……

与会人员经过充分讨论、协商，一致决定：

1. 由工商局牵头，居委会和其他部门配合，第一周宣传、第二周行动，监督实施，做到坐商归店，摊贩归点，农贸归市，彻底改变市场紊乱状况。

2. 由管委会牵头，城建委等单位配合对全区建筑工地进行一次检查。然后召开一次施工单位会议，对违章建筑、违章工场限期改正。一个月内改变面貌。过时不改者，坚决照章处理。

散会。

主持人（签名）

记录人（签名）

20××年4月8日

平台链接

常用的速记方法

记录要快、准是很不容易的。口讲和手写，速度相差好几倍，因此，在记录中恰当运用一些速记的方法是十分必要的。

一、汉字速记

1. 符号速记，汉字速记时来不及写的词语，用一些符号或简称代替，如马克思主义写成马义，江苏写成苏，南京写成宁，因为写成∵，所以写成∴，等等。

2. 熟悉的地名、人名写名字的第一个字，数字写阿拉伯数字，百分比写“%”等。

3. 如果遇上一些生字、难词一时写不出来，就空缺，会后再补，或写同音，或用拼音，会后再改。

4. 发言人引用书刊或其他出处的话，可记下第一句和最后一句（中间用省略号），会后按图索骥填补上。

二、计算机速记

计算机速记按使用工具可分为专用键盘速录机速记、计算机自动语音识别速记和手写速记的计算机联机识别三种。现在比较普遍使用的是专用键盘速录机。

1994 年，我国自主研发的专用键盘速录机设备——亚伟中文速录机研制成功，标志着我国专用键盘速录机速记技术的诞生。它解决了汉语听打录入的难题，轻松实现了每分钟 220 字以上的听打录入。速录机通过专用软件直接转换成电子文本，能做到“会议毕、文稿出”。

自主拓展

1. 会议记录中，“这个会议我不去参加了吧！”能否记成“这会我不去！”？为什么？
2. 会议记录中，当乙在甲谈某问题时面有怒色地中途退场，记录人员应如何记录。
3. 以班级班会为蓝本，写一篇会议记录。

第四节　会议讲话稿

案例导入

李××2008 年大学毕业后到某公司总经理办公室工作，2009 年恰逢公司 20 周年庆，公司决定举办周年庆祝大会，邀请市里领导和主要客户参加。会上，总经理要发表重要讲话，因此，这撰写讲话稿的任务就落到了小李的身上。小李在大学时曾参加过学校组织的演讲比赛，她就以自己写演讲稿的方式给领导写了一篇讲话稿，自认为文辞优美，领导肯定会夸奖她。没想到，领导看完之后，只批示了两句话：1. 讲话稿不等于演讲稿；2. 学生气太重，不符合我的身份。

尽管演讲稿和讲话稿都属于口头表达的文字稿，但二者却是有着很大的区别，讲话稿是一种用于口头表达的工作论文，有其特殊的一面。

知识讲解

一、会议讲话稿的含义、分类

会议讲话稿是指把准备在会议上的发言和报告的事项事先写出来的一种机关应用文字材料，是一种用于口头表达的工作论文。讲话稿通过有声语言传递思想，因此要求口语化，但又要形成稿子，因此又有一定的特殊性。

会议讲话稿可分为公文式讲话稿和专题灵活式讲话稿两类。前者指各种会议上的工作报告，后者包括各类会议的开幕词、闭幕词、祝词、欢迎词、答谢词、大会发言、演说词等讲话材料。这类材料内容丰富、应用范围广，表现形式自由灵活。

二、会议讲话稿的特点

（1）对象的确定性。讲话稿要有针对性，场合不同、行业不同、听众不同，讲话稿也就不同，因此，写讲话稿时，必须从内容到形式都考虑到听众的心理要求，既适应听众，又要启发听众。

（2）现场的感应性。讲话是一种面对面的宣传鼓动形式，讲话稿必须具有鼓动性，能激发听众的感情。为了缩短讲话者与听众之间的心理上和认识上的距离，讲话稿对听众的称谓、口气要尽量体现出亲切、平易近人的特点，并要考虑到哪些地方要表示强烈的感情来营造理想的现场氛围。

（3）易诵易讲的可说性。讲话稿的全部内容都是通过讲话来表达的，所以从内容到形式，讲话稿都要适应口头表述，要能上口入耳。因此，它要求观点鲜明突出、层次条理清楚、用词造句口语化，深入浅出、生动具体、富有感情、把抽象的道理具体化、深奥的东西浅显化、生僻的东西通俗化。

（4）易懂易记的可听性。对听众来说，讲话稿的作用就是听，怎样才能让听众愿意听，听得懂，这是写讲话稿时要充分注意的问题。因此，讲话稿的内容应该是听众关心的，感兴趣的，与他们的切身利益和愿望相关的。写讲话稿要注意务实，不能用花里胡哨的语言。实践证明，凡是符合务实这一要求的讲话稿，与会者就会注意力集中，会场安静，反之，与会者则注意力分散，情绪低落，会场嘈杂。

能力讲解

一、讲话稿的基本写作结构

1. 标题

标题一般有三种写法：

第一种是揭示主题，如邓小平在党的理论工作务虚会上的讲话，标题是《坚持四项基本原则》，这个标题清楚地说明了讲话主题的所在。

第二种是直接用××同志的讲话作为标题，由讲话人的姓名、会议名称和“讲话”二字组成，类似会议工作报告。如《江泽民同志在全国农业工作中的讲话》。

第三种是点明中心的标题。通过标题，我们知道讲话者将围绕一个什么中心展开，要讲哪些具体问题。如《当前反腐倡廉的几个问题》。

2. 称谓

称谓的写法要注意三点：

第一是讲话人和听众的称呼要什么样的称呼要根据对象而定。有的用一种称呼，如“同志们”、“各位代表”，有的可以用多种称呼，如“女士们，先生们，来宾们”等。

第二是称呼在讲话中出现，主要作用是提示听众，讲话人要转入新的层次，或长篇讲话就要结束。当然，不能认为凡是转入新的层次都需要称谓，也不是有称谓的地方就意味新的层次的开始。

第三是称谓在书写上应有区分，单独占用一行，顶格写，后接冒号，这是讲话的开头；如果是空两格，点逗号，紧接讲话的内容，这即是讲话中间。

3. 开头

讲话稿的开头没有固定的格式，表现得非常灵活，这就增加了写好开头的难度。开头写作总的要求是：要求用简洁明了的语言唤起听众的注意，把大家的注意力吸引到讲话中来。下面列举几种开头的方法：

（1）出语见奇，不落窠臼。胡耀邦同志会见全国故事片创作会议代表时的讲话，开头几句这样说："我是拉拉队，是球赛的拉拉队，是广播、电视的拉拉队，是电影的拉拉队，就是给大家加油！"这个开头轻松诙谐，又一下子抓住了听众，消除了某些同志初见国家领导人的紧张情绪。

（2）开门见山，揭示论题。如毛泽东《改造我们的学习》开头："我主张将我们全党的学习方法和学习制度改造一下。"

（3）说明情况，介绍背景。如恩格斯《在马克思墓前的讲话》的开头是："三月十四日两点三刻，当代最伟大的思想家停止思想了。让他一个人留在房间里总共不过两分钟，等我们再进去时，便发现他在安乐椅上安静地睡着了——但是已经永远地睡着了。"这个开头对马克思逝世的时间和情景都作了必要的说明，为进一步向听众揭示论题、阐发题旨作了准备。

（4）提出问题，引起关注。陶铸《崇高的理想》这一讲话的开头："每一个人都有他自己的理想，但是理想到底指什么呢？"这种开头以提出问题引发，容易引起听众的注意。

（5）作出评价，说明目的。这主要是在一些纪念性、群众集会性的场合，领导同志讲话开头就对所纪念的重要人物和重要时间作出评价，然后交代当天开会和讲话的目的。

（6）致以祝贺，表示慰问。这是在一些纪念会、节日庆祝会上的讲话的开头，一些贺词、祝词的开头也是如此。

除了上述种种，还有些无开头的写法，即"今天我讲几点，一，二，三……"。

4. 主体

这部分是讲话主题的具体展开，是讲话的核心所在。要围绕中心思想来分析、回答、解决问题。其层次结构有这样几种：

（1）模块式。把讲话主题划分为几大块，即几大部分，每一块相对表达一个独立完整的意思。在每个部分里，又比较具体地展开，并列写出几个问题，采用横向的并列式，这种主题结构最普遍，属于大报告式的讲话。

（2）并列式。根据论证中心论点的各部分内容之间是一种并列关系来安排层次，各个层次是从不同的角度或侧面去论证中心论点。

（3）进层式。一般碰到整个讲话只就一个问题展开的时候，用这种方式。它根据中心论点的各部分内容之间是一种步步递进、逐层深入的关系来安排层次，全文一贯到底，中间没有序号，而只是化作若干自然段。

5. 结尾

讲话结束前几分钟，与会者开始准备散会，人心浮动，此时如果能用一个生动得体的结束语把人心稳住，那么即使散会后仍能让听众沉浸在激动人心的讲话中。这样的结尾既是讲话的终点，又能启发听众思考。一般有以下几点写法：

（1）总括全文，篇末点题。篇末概括总括，能使听众对全文内容有一个完整的印象，一般用简练的语言总括全文的内容要点，用几种回答提出的问题照应题目，点明主旨。

（2）满怀激情，提出希望。即在结尾对今后的工作、学习、生活和事业的发展，用激励斗志、振奋人心、富于鼓舞的语言，向听众提出简明扼要的要求。

（3）祝贺成功，发起号召。一般能用于纪念性、祝贺性会议的讲话结尾。

（4）商讨征求。有些讲话的确属于抛砖引玉，所以在结尾征求意见，以引起讨论。

（5）幽默风趣，余味无穷。如果老是发起号召，未免令人生厌。幽默的结尾，让人感觉比较轻松，当然要注意幽默是智慧、是高雅，不要油滑、庸俗。

（6）引用诗文结尾。类似于中国的古典章回体小说、戏曲剧本，也可以引用名人名言，这样既能拓展讲话的意蕴，又能让主体得到升华。

二、讲话稿的写作注意事项

（1）要吃透两头。在起草稿之前，要把领导的思想、意图和要求掌握住。另外还要了解听众是什么职业、文化、年龄，会有什么要求和想法等，这样写出来就比较有针对性。

（2）要生动活泼。讲话稿虽然也是文字稿，但它和一般的应用文不同，一般应用文要求的是视觉感知，而讲话稿要求的却是听觉感知。所以讲话稿要生动活泼，但不是油腔滑调，而是需要具体例证来感染听众，需要以情感人又富于哲理。

（3）言简意赅。一般应用文如果篇幅较长，读者可跳跃式阅读，可会议讲话却不同，因此东拉西扯，哗众取宠，没完没了，必然令人生厌。

（4）要纲目清楚，有起有伏。讲话稿不比其他应用文，可分大小标题，分节分段，看不明白可以再回头看。讲话一讲就过去，因此要在纲目上下工夫。

（5）要力求语言通俗化，形象化，便于听众接受。为了达到这一要求，可采用“五化”和“十不用”。

“五化”：化繁为简，化专为俗，化隐为简，化长为短，化虚为实。

“十不用”：不用文言虚词，“之乎者也”等；不用生僻词；不用简化字；不用没有规定的简约词；不用不常见的繁体字或草体字；不用方言土语；不用容易听混的同音字；不用难于上口的书面词汇；不用读不出来的标点符号；尽量少用单音节的字，如但（但是）、并（并且）等。

三、几种常见类型讲话稿的写作提示

讲话类应用文范围非常广泛，讲话稿写作根据会议内容的变化而变化，这里就常见的会议内容讲话稿的写作提示如下：

（1）部署动员类讲话稿，须写清三个问题：①开展什么工作，这项工作的依据政策和根据理论。②为什么要开展这项工作，开展这项工作的意义。③怎样开展好工作，包括具体的步骤方法和要求。

（2）总结推动型讲话稿，必须写清四个问题：①前一阶段工作的开展情况，概括回顾并作出总结。②工作中取得哪些成绩，还有哪些不足。③取得的经验和教训，分析其原因。④下一步的工作怎样展开，包括指导思想、奋斗目标、方法步骤等。

（3）传达贯彻型讲话，须写清三个问题：①上级机关作出了什么指示，如果内容多就摘取重点和要点。②我们为什么要贯彻上级的指示。③我们如何贯彻执行，应该结合实际提出要求，明确时间和方法。

（4）表彰号召型讲话稿，须写清三个问题：①表彰推广的先进事迹和先进经验的精华是什么，为什么值得表彰和推广。②号召与会者重点学习什么，即归纳出具有普遍意义的先进思想和工作方法。③提出学习先进思想和先进经验的措施和要求。

（5）批评指导型讲话稿，须写清三个问题：①分析错误行为产生的原因，给工作带来的损失和影响。②明确它的主要责任者。③分析错误行为给我们带来的经验教训，指出防止错误发生的方法措施。

（6）研究探讨型讲话稿，须写清三个问题：①提出新颖深刻的问题，简明阐述自己的论点。②充分可靠的事实列举，证实自己观点的正确性。③得出的结论要有现实指导意义，不能高深莫测。

讲话稿写作范例

胡锦涛在全国抗震救灾表彰大会上的讲话（节选）

同志们，朋友们：

2008年5月12日14时28分，我国发生了震惊世界的四川汶川特大地震灾害，受灾地区人民生命财产和经济社会发展蒙受了巨大损失。坚决战胜这场灾害，保护人民生命财产安全、保卫改革开放和社会主义现代化建设成果，是对中国人民意志、勇气、力量的严峻考验，也是对我们党执政能力和先进性的重大检验。在党中央、国务院和中央军委坚强领导下，全党全军全国各族人民众志成城、迎难而上，迅速展开气壮山河的抗震救灾工作，奋勇夺取抗震救灾斗争重大胜利，谱写了感天动地的英雄凯歌。

今天，我们隆重召开全国抗震救灾总结表彰大会，就是要全面总结抗震救灾工作，表彰抗震救灾英雄集体和抗震救灾模范，号召全党全军全国各族人民学习他们的先进思想和模范事迹，弘扬伟大抗震救灾精神，为夺取全面建设小康社会新胜利、开创中国特色社会主义事业新局面而不懈奋斗。

在这里，我代表党中央、国务院和中央军委，向受到表彰的抗震救灾英雄集体和抗震救灾模范，向在抗震救灾第一线英勇奋战的广大干部群众，人民解放军指战员、武警部队官兵、民兵预备役人员和公安民警，医疗卫生工作者、新闻工作者、科技工作者、工程建设者和志愿者，致以崇高的敬意！向大力支持抗震救灾的全国各条战线的广大干部群众，各民主党派、工商联和无党派人士、各人民团体以及社会各界，向踊跃为灾区提供援助的香港同胞、澳门同胞、台湾同胞以及海外华侨华人，表示衷心的感谢！

抗震救灾期间，许多国家的领导人、政府、政党、社会团体和驻华使馆，联合国有关组织和一些国际机构、外资企业以及国际友好人士，积极提供救援物资、捐助救灾资金、派遣救援队和医疗队，以各种方式向中国人民表达真诚同情、提供宝贵支持。在这里，我代表中国政府和中国人民，向他们致以诚挚的谢意！

此时此刻，我们特别要向为夺取抗震救灾斗争重大胜利而英勇献身的烈士们，向在地震灾害中不幸罹难的同胞们，表达深切的思念和沉痛的哀悼！我提议，全体起立，为他们默哀。

同志们、朋友们！四川汶川特大地震是新中国成立以来破坏性最强、波及范围最广、救灾难度最大的一次地震，震级达里氏8级，最大烈度达11度，余震3万多次，涉及四川、甘肃、陕西、重庆等

10 个省区市 417 个县（市、区）、4 667 个乡（镇）、48 810 个村庄。灾区总面积约 50 万平方公里、受灾群众 4 625 万多人，其中极重灾区、重灾区面积 13 万平方公里，造成 69 227 名同胞遇难、17 923 名同胞失踪，需要紧急转移安置受灾群众 1 510 万人，房屋大量倒塌损坏，基础设施大面积损毁，工农业生产遭受重大损失，生态环境遭到严重破坏，直接经济损失 8 451 亿多元，引发的崩塌、滑坡、泥石流、堰塞湖等次生灾害举世罕见。

灾情就是命令，时间就是生命。我们组织开展了我国历史上救援速度最快、动员范围最广、投入力量最大的抗震救灾斗争，最大限度地挽救了受灾群众生命，最大限度地减低了灾害造成的损失。我们坚持把抢救人的生命摆在第一位，只要有一线希望就尽百倍努力，84 017 名群众被从废墟中抢救出来，149 万名被困群众得到解救，430 多万名伤病员得到及时救治，其中 1 万多名重伤员被快速转送全国 20 个省区市 375 家医院。

……

同志们、朋友们！人类是大自然的一员，大自然是人类赖以生存和发展的物质基础。在改造客观世界和主观世界的实践中不断认识自然，在顺应自然规律的基础上合理开发自然，在同自然的和谐相处中发展自己，是人类生存和进步的永恒主题。自然界运动是不以人们的意志为转移的。开发利用自然首先要认识自然、尊重自然、按自然规律办事。自然灾害给人类带来磨难，同时又促使人类更加自觉地去认识和把握自然规律、增强抵御自然灾害能力，进而推动人类文明进步。正如恩格斯所说，"没有哪一次巨大的历史灾难，不是以历史的进步为补偿的"。

一个善于从自然灾害中总结和汲取经验教训的民族，必定是日益坚强和不可战胜的。我国是世界上自然灾害最为严重的国家之一，灾害种类多、分布地域广、发生频率高、造成损失重。我们要深刻认识这一基本国情，更加自觉地处理好人与自然的关系，从而更加合理地开发利用自然为人民生活、经济建设、社会发展服务。人类对自然规律的认识和把握，是一个永不停息的过程，规律性的东西往往要通过现象的不断往复和科学技术的不断发展才能更明确地被人们认知。只要我们坚定不移地走科学发展道路，锲而不舍地探索和认识自然规律，坚持按自然规律办事，不断增强促进人与自然相和谐的能力，就一定能够不断有所发现、有所发明、有所创造、有所前进，就一定能够做到让人类更好地适应自然、让自然更好地造福人类。

同志们、朋友们！我们以坚如磐石的团结和一往无前的拼搏夺取了抗震救灾斗争重大胜利。事实再一次告诉我们，团结就是力量，拼搏才能胜利。全党全军全国各族人民一定要更加紧密地团结起来，大力弘扬伟大抗震救灾精神，共同为我们伟大的祖国加油，共同为我们伟大的民族加油，共同为我们伟大的改革开放和社会主义现代化事业加油，万众一心地沿着中国特色社会主义道路继续奋勇前进！

分析：这篇讲话稿既做到了内容翔实，又做到了文辞优美，富有感召力，是一篇优秀的讲话稿。

平台链接

会议报告的写作

一、会议报告的性质和特点

会议报告是机关单位领导人在各种正式会议上，向与会者报告工作情况或专门谈某一问题时所使用的会议类应用文。由于这种报告是在会议上出现的，我们称之为会议报告。

会议报告一般都以领导成员的个人名义出现，但是并非仅仅代表其个人意见，而是会议主持领导机关集体意志的体现。并非所有会议都需要会议报告，而是那些比较重要的会议，如党代会、人代会、团代会、职代会等，或做工作报告，或进行会议总结，才需要使用会议报告。

总的来说，会议报告有如下几个特点：

1. 理论性和逻辑性相结合。会议报告是在广泛深入调研、充分占有材料的基础上，纵览全局，找准焦点，围绕实际工作中出现的问题，尤其是那些迫切需要解决的，带有普遍性的，人民群众最关心、最直接、最现实利益问题进行透彻分析，细致研究，从而抓住问题的关键，对症下药，达到推动各项工作健康发展的目的。所以，它必须依据有关方针政策，结合实际地对所提建议、对策、问题等进行认真研究，反复推敲，会议报告既注重事实分析，又必须从理论的高度进行归纳概括，进而指导实践，有较强的理论性和逻辑性。

2. 双向性和交流性相结合。会议报告依据讲话稿直面听众公开发表讲话，具有直接性、当众性、范围广、影响大的特点，正是由于这种面对面的宣讲传播形式，就使主体和客体之间在时间、空间上的结合比较紧密，“报告”的成功与否，很大程度取决于主体对客体吸引力的大小。这种报告的吸引力既决定于报告的文采或领导的演讲口才，又决定于听众是否接受。而且更关键的还取决于报告内容是否为受众认可，是否反映了实际情况。所以，会议报告实际上是一种在时间、空间上获得统一的、由报告主体和受众客体双向结合的交流形式。

3. 切实性和针对性相结合。会议报告的核心是对实际问题的分析和解决。因此，会议报告必须具有很强的针对性。在撰写时，撰写人和会议报告人要深入实际、调查研究，掌握第一手资料，摸清实际存在的问题，提出具体的解决问题的指导性意见。

4. 通俗性和灵活性相结合。会议报告的语言要适合听众的水平，容易为听众理解和接受。另外，会议报告也区别于其他的公文，内容灵活性很大，有话则长，无话则短，谈什么方面，报告人可灵活处理。

二、会议报告的写作

会议报告一般由标题、称谓、开头、主体、结尾五个部分构成。

1. 标题。一般有两种形式：一种是公文式标题，由“机关名称（或报告人）+事由（或会议名称）+文种”组成，或“事由+文种”组成，如《政府工作报告》；另一种是新闻式标题，以概括报告精华的内容做标题，再以副题括注什么时间、什么人在什么会议上的报告。如《团结奋斗，振兴中华，为社会主义现代化建设作出新贡献——周培源同志在九三学社第四届全国社员代表大会上的工作报告》。

2. 称谓。称谓是会议报告人对听众的称呼，要根据报告对象的身份而定，要恰当合体。写法大致有两种情况：一是只写在报告的开头，如“同志们”、“各位代表”等；二是除开头的称呼外，在报告的进程中适当穿插使用，作用是提示听众注意。每次称呼的出现，都标志着讲话进入了一个新层次。

3. 开头。会议报告开头的写法多种多样：有的开门见山，揭示题旨；有的提出问题，巧设悬念；有的交代背景，介绍情况；有的讲述一个故事，吸引听众。不管采用哪种写法，总的要求是要开门见山，接触正题，提出全文的中心论点或主要议题，说明报告的意图，以便听众抓住要领，并造成一种气氛，控制住听众的情绪，使他们全神贯注地听取报告。如：云南省第八次党代会报告就是开门见山，开始就把报告的主旨明确地点了出来，吸引住听众的注意力。

4. 主体。这是报告的主要内容的集中表述，它决定着一篇报告的成败。不管是总结、部署工作的会议报告还是谈专门问题的会议报告，其实质性内容一般均包含四个方面，即会议报告的四要素。一是总结，即对前期工作的经验、教训和形式做一个总结；二是任务，即布置今后工作的任务；三是原则方针，即对完成下一步任务提出总体方针、政策和原则；四是号召，即对一定范围内的对象提出要求、发出号召，给大家展示一个光明的前景。

5. 结尾。即报告的结束语。这部分从内容上看要注意两点：一是总括全文，做个小结，归纳全篇内容，并作出肯定性结论。在字面上不是简单重复，而应是中心论点的确立或主题的深化，使听众对全部报告内容有清晰、完整、深刻的认识和理解，留下鲜明、难忘的印象。二是要有鼓动性和号召力，使听众感到有信心，有力量，充满希望。在表现形式上，有的可以写得余味无穷，给听众以启示；有的充满战斗的激情，给人以鼓舞；有的喊口号，提希望，发号令，提建议。如毛泽东同志《为建设一个伟大的社会主义国家而奋斗》的结尾：“我们的目的一定要达到。我们的目的一定能够达到。”总之，报告的结尾写法多种多样，但无论采用什么形式结尾，都必须以简短有力的语句，总括报告的主旨，发出有力的号召，用坚定、充满信心的语言，振奋与会者的精神，提出希望，发出号召，有的最后还要写一句“我的报告完了。谢谢大家！”

自主拓展

1. 找出几篇优秀的讲话稿，分小组讨论其写作技巧。
2. 假设你是公司经理助理，请给你的领导写一篇在股东大会上的讲话稿。

第五节 开幕词与闭幕词的写作

案例导入

女士们、先生们，同志们：

早上好！由新加坡××有限公司主办，中国××协会与我分会所属的上海市国际贸易信息和展览公司承办的“中国国际××展览会”今天在这里开幕了。我谨代表中国国际贸易促进委员会上海市分会、中国国际商会上海分会表示热烈祝贺！向前来上海参展西班牙、比利时、中国台湾省和香港地区以及我国各省的中外厂商表示热烈的欢迎！

本届展览会将集中展示具有国际水准的各类××产品及生产设备，为来自全国各的科技人员提供一次不出国的技术考察机会；同时，也为海内外同行共同切磋技艺创造了条件。

朋友们，同志们：上海是中国最重要的工业基地之一，也是经济、金融、贸易、科技和信息中心。上海作为长江流域乃至全国对外开放的重要窗口，将实行全方位的开放。我国政府已将浦东的开发开放列为中国今后十年发展的重点，上海南浦大桥的正式通车，将标志着浦东新区的开发已经进入实质性的启动阶段。上海将进一步改善投资环境，扩大与各国各地区的合作领域。我真诚地欢迎各位展商到上海的开发区和浦东新区参观，寻求贸易和投资机会，寻找合作伙伴。作为上海市的对外商会——中国国际贸易促进会上海市分会将为各位朋友提供卓有成效的服务。

上述某展览会上的开幕词如果能在最后加上对本次大会的良好祝愿，就是一篇比较好的开幕词了。

知识讲解

一、开幕词

开幕词是大型会议开始的时候，由组织召开会议的机关的主要领导人向大会全体代表发表的开宗明义的讲话。开幕词的内容主要是阐述会议的指导思想、宗旨、重要意义，向与会者提出开好会议的要求，或对会议的成功表示祝愿。

开幕词是大会正式召开的标志，主要领导人亲临大会并发表开幕词，显示了组织者对大会的重视。开幕词所提出的会议宗旨，是大会的主导思想，所阐明的目的、任务、要求等，对于会议有着重要的指导作用。会议结束之后，与会者传达会议精神时，开幕词也是其重要的依据之一。

二、闭幕词

闭幕词与开幕词相对应，是会议结束时由主要领导人向全体会议代表所作的总结性讲话。致闭幕词的领导人，跟致开幕词的领导人一般不是一人，通常与致开幕者身份相当或略低。闭幕词的主要内容是对会议作概括性的评价和总结，并向与会者提出贯彻落实大会精神的要求，向与会单位提出奋斗目标和希望。

能力讲解

开幕词和闭幕词是大型会议的重要内容，前呼后应，对会议有序、成功、圆满地召开起着积极的作用。开幕词作为会议的序曲，为会议做好计划，闭幕词则是会议的终曲，对会议作出总结。开幕词要鼓动与会者满怀激情地投入到会议，闭幕词则激励与会者认真贯彻会议精神。

一、开幕词的写法

1. 标题

开幕词的标题有三种写法：

一是由大会名称加文种组成，如邓小平所作的《中国共产党第十二次全国代表大会开幕词》。

二是由致词人姓名、大会名称、文种组成，如《×××同志在××××大会上的开幕词》。

三是新闻式的双标题，正题突出开幕词的中心，副题说明是会议开幕词，有的还冠以致辞人姓名，如《厂兴我荣，厂衰我耻，团结拼搏，扭亏为盈——××厂长在××机器厂职工代表大会上的开幕词》。

2. 时间

开幕词的时间加括号标写在标题下方正中位置。

3. 称谓

这是对与会者的统称。如果是党的会议，称谓比较简单，就是“同志们”三个字，后加冒号。如果是国际会议，要按照国际惯例来排列顺序，较常见的是：“各位嘉宾，女士们，先生们”，后加冒号。

4. 正文

正文可分为开头、主体、结尾三部分。

开头：一般是宣布大会开幕，或向代表表示欢迎、祝贺。

主体：主体是开幕词的核心部分，主要包括以下几个方面的内容。

（1）阐明会议的重要意义。具体涉及：这次会议是在什么形势下召开的，会议将要讨论解决什么问题，这个问题的现实价值如何，有什么迫切性，会议最终将会达到什么目的等。

（2）说明会议的主要议程。议程明确的会议，可以将议程直接列项表达，如议程不宜列项，则要对会议将要讨论的主要问题进行阐述。

（3）向与会者提出希望和要求。如："我们一定要兢兢业业地做好自己的工作，加强同全国各族人民的团结，加强同全世界人民的团结，为把我国建设成为现代化的、高度文明、高度民主的社会主义国家，为反对霸权主义、维护世界和平、推进人类进步事业而努力奋斗。"

5. 结尾

作为结束语，开幕词一般用鼓舞性语言发出号召，提出希望和开好会议的要求，最后常用"祝大会取得圆满成功。祝各位在北京愉快。谢谢！"来结束讲话。

二、闭幕词的写法

1. 标题、时间、称谓

闭幕词的标题，跟开幕词的写法类似，常见的写法是《××××大会闭幕词》或《×××在××大会上的闭幕词》。偶尔也有主副标题的写法，将主要内容或主要观点概括成一句话做标题，再用"××大会闭幕词"做副标题。

时间在标题之下正中，加括号注明会议闭幕的年月日。

称谓一般也跟开幕词相一致。

2. 开头

闭幕词的开头，一般要用简洁的语言，说明大会经过全体代表的努力，已经胜利完成使命，今天就要闭幕了。

3. 主体

具体说明开幕词中所规定的大会议程、目的、任务等胜利完成的具体情况和意义，最后提出号召，提出贯彻、执行文件和会议精神的意见和要求。

4. 结尾

用坚定有力的语言对与会者发出号召、希望，用热情真挚的语言向有关方面表示谢意，对与会者表示真诚的祝愿，最后，庄严宣布大会闭幕。

开幕词写作范例

在《维也纳公约》缔约方大会第五次会议和《蒙特利尔议定书》缔约方大会第十一次会议部长级会议开幕式上的致辞

中华人民共和国主席江泽民

（一九九九年十二月二日）

各位嘉宾，女士们，先生们：

今天，《维也纳公约》缔约方大会第五次会议和《蒙特利尔议定书》缔约方大会第十一次会议部长会议在北京隆重开幕，大家聚集一堂，共商保护地球的具体行动，具有十分重要的意义。我代表中国政府，并以我个人的名义，向大会致以衷心的祝贺！向与会的各国代表和来宾表示诚挚的欢迎！

环境问题，关系到地球上每个国家人民的前途和命运。解决环境问题，维护和创造人类共同生活的美好家园，是各国人民共同的愿望，也是各国政府的共同责任。世界上所有的国家都应义不容辞地承担起保护地球的责任。

中国政府历来重视环境保护。中国坚持把环境保护作为一项基本国策，实施可持续发展战略，开展了卓有成效的污染防治和生态保护工作，促进了经济和环境的协调发展。中国正在探索一条适合自己国情的可持续发展道路，并已取得了重要的实践经验。

对于保护全球环境，中国是负责任的。我们坚持不懈地解决中国的环境问题，特别是减少有害气体的排放，不仅改善了中国的环境质量，也为保护全球环境作出了重要的贡献。中国积极参与全球环境事务，签署了多项环境领域的国际公约和协议，广泛开展同各国在环境建设方面的交流与合作，为促进国际环境事业发展发挥了积极作用。

人类共同生存的地球和共同拥有的天空，是不可分割的整体。保护地球，需要各国共同行动。在国际环境合作中，应该充分考虑各国经济发展不平衡的长期历史和不同国家的具体现实，综合规划，加强合作，协调行动，切实推进。发达国家应该充分认识到自己在长期发展过程中曾经对全球环境造成的那些历史影响，因而有责任承担更多的义务，发挥自己强大的经济和科技优势，积极帮助发展中国家解决环境问题。发展中国家在推进经济发展中要努力加强环境保护，并在全球行动中发挥力所能及的作用。《保护臭氧层维也纳公约》和《关于消耗臭氧层物质的蒙特利尔议定书》的成功履行再次表明，只要各国相互理解，加强合作，就一定能加快解决全球环境问题的进程。中国作为一个发展中国家，愿意在公平、公正、合理的基础上，承担与我国发展水平相适应的国际责任和义务，为促进全球环境和发展事业作出应有的贡献。

女士们、先生们，21世纪即将到来。在20世纪中，人类创造了前所未有的物质和精神财富，世界发生了深刻的变革，为各国在新世纪实现新的发展创造了难得的历史机遇。但也应看到，人类的生存和发展还面临着许多严峻的挑战。各国人民应该携手合作，积极行动，为争取世界持久和平和各国普遍繁荣的美好未来而共同奋斗。

最后，祝大会取得圆满成功！祝各位在北京愉快！

谢谢。

——《中华人民共和国国务院公报》2000年第4号

分析：这篇开幕词首先向会议的来宾表示了热烈的欢迎，其次，就会议的内容和意义作出了阐明，最后，对会议的顺利召开表示了良好的祝愿，全文结构严谨，是一篇优秀的开幕词。

闭幕词写作范例

2008年北京奥运会闭幕词

刘　淇

尊敬的胡锦涛主席和夫人，尊敬的罗格主席和夫人，尊敬的各位来宾，女士们、先生们、朋友们：

第29届奥林匹克运动会已经胜利地完成了各项任务，在北京奥运会即将落下帷幕的时刻，我谨代表北京奥组委向国际奥委会、向各国际单项体育组织、各国家和地区奥委会，向所有为本届奥运会作出贡献的朋友们表示衷心的感谢！

在过去的16天中，来自世界204个国家和地区的运动员弘扬奥林匹克精神，在公平的竞争环境中顽强拼搏，展示了高超的竞技水平和良好的竞赛风貌，创造了骄人的运动成绩，共打破38项世界纪录、85项奥运会纪录，当凯旋的号角吹响的时候，让我们向取得优异成绩的运动员表示热烈的祝贺！向所有参加比赛的运动健儿致以崇高的敬意。同时，也让我们向为此付出辛勤劳动的媒体记者和工作人员表示衷心的感谢！

“同一个世界，同一个梦想”，今天的世界需要相互理解，相互包容，相互合作，和谐发展。北京奥运会是世界对中国的信任，不同国家、地区，不同民族，不同文化的人们组成了团结友爱的奥林匹克大家庭，加深了了解，增进了友谊。

中国人民用满腔热情兑现了庄严的承诺，实现了“绿色奥运、科技奥运、人文奥运”，留下了巨大而丰富的文化和体育遗产。

2008年北京奥运会是体育运动的盛会、和平的盛会、友谊的盛会。

朋友们，熊熊燃烧的奥运圣火即将熄灭，但中国人民拥抱世界的热情之火将永远燃烧。在这个时候，我们希望朋友们记住充满生机与活力的北京和各协办城市，记住钟情于奥林匹克运动的中国人民，记住永远微笑、甘于奉献的志愿者。让我们真诚地祝愿奥林匹克运动不断发展。

谢谢！

平台链接

迎送词的写作

一、迎送词概述

在特定的场合用热情洋溢的语言向对方表示热烈欢迎的讲话类事务文叫**欢迎词**。在特定场合欢送对方去新的地方、新的岗位而使用的讲话类事务文叫**欢送词**。二者合称为迎送词。

迎送词在国际国内的日常事务和人们的交往中使用相当广泛。在国际交往中，外宾、外国代表团来访，主人要用欢迎词表示欢迎；当国内某代表团或知名人士来访，要用欢迎词表示欢迎；当召开跨地区、跨部门、跨行业的会议时，东道主要向外地来宾表示欢迎，也要用欢迎词。当参加会议的来宾即将离开时，东道主要用到欢送词。

二、迎送词的写法

迎送词主要由以下几个部分组成。

1. 标题。标题有两种写法：一是在首行正中直接写上“欢迎词”、“欢送词”三个字；二是由“讲话者+讲话仪式（或讲话内容）+文种（讲话）”组成，如“李先念主席在金日成主席举行的欢迎宴会上的讲话”。

2. 称呼。以热情友好的话写出迎送对象，要主次分明，先主后次，要全面周到，不能遗漏，要把“主人”的名单列一行，并加上“尊敬的”、“亲爱”等表示恭敬的字眼。

3. 正文。迎送词的正文一般由三部分组成，第一部分以热情洋溢的语句表示对对方的迎送之情，并交代迎送的原因。第二部分交代对方给予自己的照顾、接待、馈赠、授予。第三部分主要是表明自己的希望、祝愿、感激之情。当然在不同的文种中有一定的差距，欢迎词要交代出欢迎对象、欢迎事由（成就、作用、意义）、欢迎单位，再次表示欢迎和慰问。欢送词则要交代欢送单位，欢送对象，欢送事由，对欢送者的肯定、鼓励和希望、祝愿。

在写迎送词时，要诚恳热情，充分尊重对方的风俗习惯；要有礼、有度、有节，既要热情大方，又不过分，要讲原则，表立场；要充分考虑迎送的对象，内外有别，上下有序，不卑不亢。

自主拓展

1．学院某系将召开全系学生大会，主要围绕提高学生素质这一主题。系主任的年纪较大，资历较深，平时与学生交流很多，为人亲切随和。系党总书记年纪较轻，到系工作才两个月。现在请你根据领导讲话稿的基本知识，分别代系主任和系党总书记拟写在学生大会上的讲话。

2．班级实习前举行一次实习动员会。请为实习带队老师拟写一篇实习动员讲话，布置实习，阐明实习意义，说明实习具体安排，提出实习要求和注意事项等。

第六节　会议简报写作

案例导入

某政府机关召开为期三天的大会，大会各种资料发放和收集、信息的传递工作就落在了大会资料组的身上。组长张秘书将会议简报的编写任务交给了小王。可等到一天的会议结束了，与会人员也没看到会议简报。领导过问此事，张秘书找到小王问他为什么当天的会议简报还没出来。小王的回答让人啼笑皆非：“我以为是开完会后再写的呢。”

会议简报以快为特征，在会议期间，一般上午开完会，下午开会的时候，与会人员便能拿到上午的会议简报了。上述案例中的小王对会议简报这一文种的认识相当的不足。

知识讲解

一、会议简报的含义和分类

（一）会议简报的含义

会议简报是会议期间用书面语言写成的会议简短情况的汇报。它主要用来反映会议进展情况，与会人员提出的问题、建议和批评意见，大会决议事项，会议上的重要报告和领导同志讲话的摘要等。它有着和一般简报相同的共性，即短、快、真、准等，同时也更有独特的个性，即有明显的连续性，会议全部简报能反映会议的全过程。

（二）会议简报的分类

会议简报根据会期的长短、性质不同，可分为两类：

（1）关于会议的连续报道。凡是会期较长的大型会议，都要有连续性的简报，从开幕到结束，几乎每天一报，重大会议甚至一天几报，主要反映的是会议的有关精神，会议交流的典型经验或提出的问题，会议的讨论情况。这类简报往往大量采用节录、摘要，有时加上“按语”强调意义或指导价值。

（2）关于会议的一次性集中报道。它既可以反映大型的会议，又可以反映一天或者半天的小型会议。这是对会议内容的升华，是会议内容的系统化、条理化和理论化，能从理论和实践上对会议的成果作出科学的概括。

二、会议简报和会议纪要的区别

（1）两者承担任务不同。会议简报是报告和交流情况，只供参考，无硬性要求，也没有行政约束力。会议纪要则有一定的权威，内容可以有指导制约的作用。

（2）两者的表现手法不同。会议简报作者可对所写事件发表议论、谈看法；会议纪要则必须忠实于会议情况、客观地扼要叙述会议内容，不允许作者对会议纪要内容进行评论或改动。

（3）篇幅长短不同。会议简报一般以“千字文”为宜；会议纪要则不受限制，根据会议内容长短不拘。

（4）会议简报必要时可扩写，合成会议纪要，简报是纪要的基础，纪要是简报内容的集中与概括。

三、会议简报的要求

（1）真实准确。真实是简报的生命，会议简报中所涉及的会议主要情节以至每个细节，包括具体的时间、地点、人物、数字和引语等，都要做到准确无误，决不能凭主观的经验和良好的愿望而进行粉饰和“加工”。否则，就会严重影响简报的质量和效用。

（2）短小精悍。短小是会议简报的力量所在。会议简报应该简明扼要、短小精悍，这样才能起到快速传递会议信息、交流经验的作用。如果文字冗长，就成了“通报”和“报告”，从而失去了简报的意义。

（3）快是简报的质量体现。会议简报是一种“快报”，因此它还具有一定的新闻性，类似于新闻报道中的“会议信息”。会议简报不求全，但求快。只有快，才能真正发挥其在实际工作中应起到的指导作用。否则，也会失去会议简报的意义和价值。

（4）生动活泼。会议简报生动活泼，与会者爱看，而且能够获得深刻印象。要做到生动活泼，应当采用一些群众性语言；必要时还可以采用通讯手法，进行一些具体形象的描述，做到以情动人。

能力讲解

一、会议简报的撰写方法

（1）概括法。主要是概括地介绍发言内容和大会情况，使与会者了解会议的概貌。

（2）重点法。即只反映一个或几个人的发言，或者是一个小组的发言。

（3）摘要法。即刊载发言的摘录，介绍大会或小组上发言的概要，共与会者参阅。

（4）综合法。即采集各方面言论、意见，综合编写。

以上四法，从会议全过程来看，各有侧重。第一期会议简报一般是写预备会的情况，如没有预备会，就是报道会议开始的内容，即会议哪一天开始，参加的范围，应到和实到人数，某领导同志讲的会议目的，要解决的问题，时间安排等。有的也写一点到会人员的情绪或要求等内容。

第一期简报一般是写出席者的情绪、愿望，以活跃思想、推动会议顺利发展。接下来的简报就是有关分组讨论的情况，比较大的会议每个组都出简报。一般开头写明应到和实到人数、发言人数、讨论了什么问题，然后是总的倾向和各自的意见。一般的会议也可以不写出席和发言人数。

二、会议简报的写作

会议简报通常由报头、报身（正文）、报尾三部分构成。

1. 报头

同其他简报一样，报头有一套专门设计的固定版式。上面正中用醒目大字标明简报名称，报名下面要标明编印机关、印发日期、编号。简报名称可由会议名称和文种类别（简报）组成，也有的只标“会议简报”字样。编号常用括号标在标题正下方靠近标题的地方。

2. 报身

报身又称正文，是会议简报的主体。

会议简报正文的写法，要根据具体情况来定，通常大致有三种：

（1）综述法。由编者采集各方面的言论、意见加以概括而成，相当于一份会议的综合报道，将会议的进程、出席情况、会议的发言和议程一一摄入，全面加以反映。

（2）重点报道法。重点反映会议的某个重要报告的内容、小组讨论情况或一个与几个人的发言等。

（3）摘要法。摘录代表发言的概要，供与会者参阅。

3. 报尾

报尾在简报最后一页的下方，注明主送单位或个人姓名、抄送单位、增发单位和印发份数。

会议简报的编写，要求及时、简明，抓住具有指导意义、能引导会议健康发展的内容加以报道。当然，涉及各级机密事项的内容不应随意报道。

三、会议简报写作的注意事项

（1）会议简报比普通工作简报要求更简、快、准。文字要简，发稿要快，反映情况要准。

（2）如果一天有几期简报，而每期又是写几个人的发言，那么就要注意每个人的发言不能重复，要注意写发言的侧重面。

（3）会议简报也应该像公文式简报一样，要明确专人审核、签发。

会议简报写作范例

政协会议简报

第×期

政协××县七届一次会议秘书组　　　　　　　　20××年×月×日

政协××县第七届委员会第一次会议

隆重开幕

2月24日下午，中国人民政治协商会议××省××县第七届委员会第一次会议在××会堂隆重开幕！

大会主席团常务主席宇××主持了开幕会。

市委县级换届督导组副组长、市总工会常务副主席梁××，县委书记李××，县人大主任杨××，县委副书记、县人民政府县长段××等领导指导了会议，六届政协主席、副主席出席会议，并在主席台前排就座。全体政协委员出席会议，县级副处干部、县级机关主要负责人应邀列席了会议。

六届县政协主席郭××受凤庆县六届政协常委会委托做工作报告。

郭××在报告中说，六届政协履职的五年，是××发展史上十分重要的五年。五年来，县政协六届常委会在中共凤庆县委的领导和市政协的指导下，在县人大、县政府的支持帮助下，认真学习宣传《中共中央关于加强人民政协工作的意见》，紧紧围绕全县工作大局，突出团结和民主两大主题，坚持把构建和谐社会作为工作主线，把促进发展作为第一要务，各项工作取得了新的进展，为全县的经济建设、政治建设、文化建设和社会建设作出了积极的贡献。

一是把握机遇，乘势而谋。2003年以来，人民政协事业遇到了前所未有的历史机遇，中央、省、市、县委加强了对政协工作的领导，从干部配备、经费保障、办公环境改善等方面给予了高度的关注，人民政协事业蓬勃发展的春天已经来临。二是围绕中心，认真履职。县政协严格按照“求准、求新、求超前、要管用”的原则，先后就移民安置、教育发展、农业产业化经营、农村文化建设、生物药业开发等具有全局性、综合性、前瞻性的26个专题开展了调研视察活动，形成了畜牧业发展情况、农村文化建设情况、农业科技进村入户情况、关于加快我县高中阶段教育发展的建议案等，这些意见建议，大多被县委、政府采纳，转化为推动各项工作的具体措施，促进了全县的经济发展和社会进步。三是加强学习，健全制度，努力推进自身建设上有新突破。常委会按照“政治坚定、作风优良、学识丰富、业务熟练”的要求加强政协自身建设，健全完善了各项工作制度。常委会创新工作思路，在各政协小组和委员中开展了“五个一”活动，使政协委员的聪明才智和主体作用得到了充分发挥，委员形象得以充分展现，使政协的政治地位和社会地位不断提高。郭××还对七届政协工作特别是2010年的工作提出了建议：一是要在理论武装，贯彻落实十七大精神方面推动新实践；二是要在认真履职，促进凤庆科学发展上有新作为；三是要在关注民生，构建和谐社会中有所成效；四是要在注重创新，自身建设方面有新提高。

六届县政协副主席赵××受政协常委会委托做提案工作报告。

赵××在提案工作报告中说：县政协六届一次会议以来，全县广大政协委员、政协各参加单位和政协专门委员会，高度关注我县经济社会发展的重大问题及人民群众普遍关心的热点、难点问题。五年来，共收到提案521件，经审查立案454件，立案率达87.1%，提案办结率达100%。县政协的提案工作对全县经济社会发展的推动作用越来越明显，提案工作普遍受到了社会的关注和肯定。

赵××在分析五年来提案工作特点的时候说：一是在围绕大局、创新思路上有突破；二是在改进方法、成果转化上有新招；三是在协调各方、落实提案上下了真功夫。

分析：这则会议简报采用了摘要法，以记录主要代表的发言为主，在写作时，又做到了记录发言不重复，有不同的侧重面，这样便能让阅读者比较清楚地了解整个会议的情况。

平台链接

大中型会议组织流程

一、会前准备工作

1．确定会议主题和议题

会议的主题就是为什么要开这个会，要达到的目的是什么。确定主题的方法是：一是要有切实的依据；二是必须要结合本单位的实际；三要有明确的目的。议题是要达到会议召开的目的需要讨论和研究的问题，是对会议主题的细化。

2．组建会议筹备机构

一般情况下，会务筹备机构分成会务组、秘书组、宣传组、接待组、财务组、保卫组等几个小组，各组负责一个部分的会务，每部分的工作经过细化之后，再分配到每个小组成员的头上。

3．确定会议议程、日程

4．做出会议经费预算

会议经费预算主要包括以下内容：文件资料费、通信费用、会议设备和用品费、会议场所租用费、会议办公费、会议宣传公关费、会议住宿补贴费用、会议伙食补贴、会议交通费和会议其他开支。

5．选择会议场所

一般情况下，公司开会的场所都是临时租用，选择租用会议场所要注意几个问题：场地大小必须合乎会议比例，会场不够大，过于拥挤，与会者感到不舒服，影响会议效果；而会场过大，与会者坐得过于分散，不利于集中注意力讨论问题。

要有会议需要的设备，如桌椅、音像设备、调温设备、通风设备。

场地避免外界干扰。外界干扰包括室外噪音、外人干扰、打进会场的电话等。当会议受到干扰，被迫中断时，与会者每次都要花一定的时间才能回到会议议题上来。因此，会议场所应该有良好的隔音设备，如果会议内容涉及保密，还得安排保安人员禁止外人进入会场。

场地的租借成本要合理。要选择与会议的档次和规模相匹配的会议场所，不要一味讲究排场，专选高级宾馆。

6. 住宿餐饮安排

会议住宿和餐饮的安排是会议是否成功的关键因素，很多时候，与会者对会议的不满意大多是因为住宿和餐饮没有安排好。安排餐饮，首先不是要了解喜欢吃什么，而是要知道不能吃什么。喜欢吃什么只是口味问题，不能吃什么却关系到宗教信仰和民族习俗。餐饮的安排也有一个档次的问题，要根据会议的经费来确定，既要让与会代表吃得好，也要注意不能超过预算标准。

7. 准备会议用品设备

会议的设备和用品分为两种情况：一是会议必备的用品，一种是特殊用品。会议必备的用品是租用的会议专门场所必备的。特殊用品是一些特殊类型的会议所需要的用品，例如庆典会议、展览会议所需要的张贴画、花卉、充气模型、展台展板等。

8. 准备会议文件资料

需要从以下几个方面做好会议文件资料的准备：上司的发言稿，与会者的资料，准备文件资料袋等。

9. 发送会议通知

10. 布置会场

会场的布置包含以下几个方面的内容：会场整体布局，要根据会议的内容和形式，努力通过整体布局来体现一种和谐的会议气氛。中大型会议要保证一个绝对的中心，因此多采用半圆形、大小方形的形式，以突出主持人和发言人。

11. 迎接与会者

对于开会代表，会务组织者要做到来要接，走要送，及时做好报到工作。秘书在接站前要做好充分准备：一要掌握与会者的名单及抵达的交通工具和抵达的时间；二要准备足够的车辆；三要有良好的指挥调度，人、车要值班。

二、会议期间的工作

1. 接待会议来宾

2. 与会者签到

了解与会者到会的情况，除了报到时进行报到登记外，在正式开会进入会场时还往往要进行一次签到。这样可以了解与会者是否真正到会。签到的方法有电子签到和手工签到两种。

3. 会议期间的协调工作

会议开始后，会议的主体是主席和与会者，但是作为会议的组织者，还要做很多的协调工作，这些工作有：为大会的负责人、会议主持人或其他与会者处理他们提出的特殊要求；为会议的录音、录像工作做好技术保障；根据报到表印发与会者的通讯录；收集大会的新闻信息并打印成简报，并将简报分发给与会者；复印会议文件资料。

三、会后工作

1. 清理大会现场

2. 结清会议账目

3. 会议资料归档

4. 会议总结评估

为了积累经验，在大中型会议或重要会议结束后，秘书人员应当总结会议工作经验，肯定成绩，找出存在的问题，对整个会议流程进行评估。会议总结评估工作可以从以下几个方面进行：对会议管理工作的评估，包括会议方案、会议地点、会议时间、与会人员范围、食宿安排、会议经费和各项活动内容；对会议工作人员的表现评估，主要侧重于工作人员的行为表现、工作态度、业务水平和工作效果的评估。

自主拓展

1. 比较会议简报与其他类型简报在写作上的相同点与不同点。
2. 以班级特色班会为例，写一篇会议简报。

第十章 财经事务文书写作

学习目标

知识目标：
- 了解财经事务文书的种类；
- 熟悉各个文种使用的工作情境；
- 熟知各个文种的写作结构。

能力目标：
- 掌握各种财经事务文书的写作技巧；
- 能在生活中正确、熟练运用调查报告等文种；
- 能在工作中熟练写作合同、预测报告等文种；
- 能在工作中熟练运用合同、广告文案写作等文种。

第一节　市场调查与预测报告写作

案例导入

吉列公司先用一年的时间进行了周密的市场调查，发现在美国 30 岁以上的女性中，有 65% 的人为保持美好形象，要定期刮除腿毛和腋毛。这些妇女之中，除使用电动刮胡刀和脱毛剂之外，主要靠购买各种男用刮胡刀来满足此项需要，一年在这方面的花费高达 7 500 万美元。相比之下，美国妇女一年花在眉笔和眼影上的钱仅有 6 300 万美元，染发剂 5 500 万美元。毫无疑问，这是一个极有潜力的市场。根据市场调查结果，吉列公司精心设计了新产品，它的刀头部分和男用刮胡刀并无两样，采用一次性使用的双层刀片，但是刀架则选用了色彩鲜艳的塑料，并将握柄改为弧形以利于妇女使用，握柄上还印压了一朵雏菊图案。这样一来，新产品立即显示了女性的特点。

为了使雏菊刮毛刀迅速占领市场，吉列公司还拟定几种不同的“定位观念”到消费者之中征求意见。这些定位观念包括：突出刮毛刀的“双刀刮毛”；突出其创造性的“完全适合女性需求”；强调价格的“不到 50 美分”；表明产品使用安全的“不伤玉腿”等。

转引自：http://www.xici.net

在市场竞争中要使产品占有一席之地，市场调查与预测尤显重要。一方面可以了解市场的需求，研发适市产品，另一方面可以改进产品结构，扩大市场份额。

知识讲解

一、市场调查报告

市场调查报告是通过深入细致的市场调查，用市场经济的规律去分析相关数据，透过现状，揭示市场运行的规律、本质的书面报告。它的主要作用是为有关部门进行市场预测和经济决策提供科学的依据，是市场预测和经济决策的基础，因此市场调查报告特别注重科学性和客观性。报告的基础是市场调查，只有经过深入的调查，才能真正把握市场行情，才能让市场调查报告为企业营销决策提供切实可行的依据。

市场调查报告一般包括市场需求调查报告、市场供给调查报告、商品销售渠道调查报告、商品价格调查报告、市场竞争情况调查报告等几类。

（1）市场需求调查报告的内容一般包括产品销售对象的数量与构成、消费者家庭收入水平、实际购买力、潜在需求量及其购买意向、消费者对商品需求程度的变化、消费心理等。

（2）市场供给调查报告的内容一般包括商品资源总量及构成、商品生产厂家有关情况、产品更新换代情况、不同商品市场生命周期的阶段、商品供给前景等。

（3）商品销售渠道调查报告主要内容包括渠道种类与各渠道销售商品的数量、潜力，商品流转环节、路线、仓储情况等。

（4）商品价格调查报告的主要内容包括商品成本、税金、市场价格变动情况，消费者对价格变动情况的反应等。

（5）市场竞争情况调查报告的主要内容包括竞争对手情况，竞争手段，竞争产品质量、性能、价格等。

二、市场预测报告

市场预测报告就是依据已掌握的有关市场的信息和资料，通过科学的方法进行分析研究，从而预测未来发展趋势的一种预见性报告。市场预测报告是在市场调查的基础上，综合调查的材料，用科学的方法估计和预测未来市场的趋势，从而为有关部门和企业提供信息，以改善经营管理，促使产销对路，提高经济效益。

市场预测报告根据不同的标准大致可作如下分类。

1．根据预测范围的不同，市场预测报告可分为宏观预测和微观预测

宏观预测是针对某一大类商品，就社会购买力与商品可供量的平衡情况所作的预测。如《2010年汽车消费行为调查及预测报告》，就是对整个汽车销售市场进行预测的。

微观预测是针对某一种或某一个牌号的商品，就其社会总需求量所作的预测。如《××轿车市场预测报告》就是对某个品牌的汽车销售前景所作的预测。

2．根据预测方法的不同，可分为定量预测和定性预测

定量预测指主要采用统计分析法，根据已有的大量历史资料进行分析研究，统计出大量数据，根据各种因素的制约关系采用数学方法加以预测，从中发现产品的供求趋势。定性预测是对影响需求量的各种因素，如产品质量、价格、消费对象、销售网点、用途等进行调查、分析、综合之后，对供求前景作出推测和判断。

3．短期、中期和长期预测

通常一年以内的预测称之为短期预测，一年以上五年以内的预测称为中期预测，五年以上的称为长期预测。短期预测适用于产销变化大的商品，中期预测适用于耐用商品，长期预测适用于建设周期长、投资大的商品。

能力讲解

一、市场调查报告的写作

（一）市场调查的方法与内容

市场调查的基本方法有四种，即普查（全面调查）、抽样调查、典型调查及重点调查。常用的具体方法主要有：询问法、观察法、实验法、资料研究法。

市场调查的核心是消费需求，必须准确地把握“已满足的需求”与“潜在的需求”这两个要件。影响这两个要件消长变化的因素是多方面的：从客观上讲，时空环境、市场价格、外贸情势、社会购买力、产品适销性等均起作用；从主观上看，影响消费需求的主要因素，则是人们的消费心理。故而，要想切实地摸清“行情”，则必须对上述几个方面作出全面、深入的调查研究。

1．时空环境调查

（1）不同地域的需求差异。城市与乡村、山区与平原、沿海与内地……身处不同环境、条件下的消费者，其消费需求必有差异。小商贩们常言：“土产进城，多卖三成；清仓（指清仓处理的廉价商品）下乡，心中不慌。”这说明他们也深谙此道。即便是同一山

区、同一县境之内，山前山后、县南县北，也会由于经济条件或消费习惯的不同而产生需求差异。只有将这种消费需求的“地域性”特征考察清楚，才好因地制宜地开展商贸活动。

（2）不同时期的需求变化。研究不同时期的需求变化，尤要注意商品的“三时性”变化特点，即“时尚性”、“时令性”和“时限性”。

有些商品的“时尚性”很强，比如时装、化妆品、手机、家电等，今年时髦，而明年则不一定时髦，甚至一年内几经变化，让人追逐不迭。据言，某女“明星”，五年之内更换了八十多条裙子。诚然，这种盲目的“时髦消费”观念不宜提倡，但是世间的“追风逐浪”者，毕竟不在少数，从企业营销的角度说，则必须充分注意这一消费倾向，做好相关的调查与预测，及时把握商机、扩大经营。

有些商品具有较强的“时令性”特点，比如冬装、夏装、啤酒、饮料、取暖与纳凉用具之类，其销售的旺淡，总是随季节时令呈周期性变化。对于这类商品的需求调查，除了注意其常规性“时令”特点之外，还应分外留意“时尚”的影响。今年夏季“街上流行红裙子”，而明年夏季则未必流行，所以，只有将“时令”与“时尚”综合考察，才能准确地把握需求趋势与未来行情。一般说来，商业季节较之于自然季节会来得早一些。企业经营者应谙此要旨，早作运筹，早作准备，不失时机地把商品推向市场。

另有一些商品具有较强的“时限性”特征，其销售活动常被严格限定在某一特定时间之内，过期则沦为废品。比如日历（包括挂历、台历、历书等）、报纸、期刊、贺年卡、中秋月饼等，其经营成败，常“在此一举”，故而常被老百姓戏称为“一锤子买卖”。近年来，每每元旦之后，书店门前“挂历买一赠三”的招牌一再警示我们：此类商品的“需求量”，事前务必要摸得准、算得透，否则，必有风险。

2. 市场状貌的调查

所谓**市场状貌**，是指市场营销的常规状态和基本面貌，它是购、销双边活动的直接现实，反过来又是影响和制约购销活动的客观力量。决定市场状貌的因素是多方面的，其中，市场价格、外贸情势、社会购买力、产品适销性等几个方面，乃是形成特定“市场状貌”的最基本的要素。市场状貌的调查，实质上就是以这四要素为主要对象的综合调查。

（1）“市场价格”的调查，应着眼于两个方面：其一，注意同类产品间的价格比较，尤其是竞争对手的价格动向。其二，注意整个市场变化态势，因为这种大面积的物价消长，极易引起产、销之间的连锁影响和牵动全局的市场波动，甚至引发消费者的“抢购”或“惜购”心理。

（2）在全球经济一体化的大趋势下，“外贸”常是“内贸”的晴雨表：某一产品出口量增大，其内销行情看好；出口量减小，则内销也会随之梗滞。而“进口”对内销的影响，则呈反方向变化。在我国已加入 WTO 的背景下，未来几年中，这种变化会日见明显，因此“外贸情势”的调查尤显得重要。在“机遇”与“挑战”并存的严峻时刻，高明的企业决策者总会在对外贸气候的敏锐感应中捷足先登，迅速抢占市场。

（3）“社会购买力”是影响消费需求的决定因素，如果有必要购买，且有强烈的购买欲望，却买不起，那么这种“有质而无量”的需求，则等于没有需求（或成为“潜在需求”）。因此，要想准确把握消费需求量，则必须做好“社会购买力”调查。这种调查，宜着眼于三个方面：其一，社会集团购买力。这种购买力，虽对整个社会市场不会发生太大影响，但对于某些特定行业、特定商品的经营，却能产生惊人的牵动力。其二，城乡居民购买力。这种购买力，是对整个社会大市场产生全方位影响的基本力量，应对其作出细致的调查和具体的分析。其三，购买力的投向。购买力能否转化为购买力动机与购买行为，与“购买力投向”密切相关。俗语云：“有钱花在刀刃上。”但对于不同社会阶层的消费者来说，这“刀刃”的内涵却千差万别。比如，小市民热衷于时装、饮食、化妆品；而农民则爱将大量资金投放于化肥、农药与耕作机械上，对于“飘柔”、“清逸”之类的诱惑，他们常会无动于衷。因此，细心地观察、分析各类社会人群购买力投向，对于经营决策具有特殊的指导意义。

（4）“产品适销性”调查应该准确把握商品的经济寿命周期，认真调查并悉心研究每个阶段产品的适销程度，才能因时制宜地调整经营策略，及时地为产品更新换代，有效地延长其寿命周期，以提高经济效益及市场竞争力。

3. 消费心理调查

人们的消费心理是影响消费需求的主观因素。强化消费心理的调查研究，不仅是企业决策的重要依据，而且也是运用“攻心”战术引导消费、诱人“上钩”的必要条件。深入地研究一下人们的消费心理，不仅有助于“因人制宜”地制定整体性经营战略，同时，也是销售活动中察言观色、随机应变、及时调整营销战术的重要依据。消费者的心理特征大致有以下几种类型：

（1）时尚型。具有这种心理特征的人，多为性情开朗、作风浪漫的年轻人。他们极力追求消费方式的新潮、时髦，往往喜欢名牌，喜欢文体明星的装饰，甚至惯于依据既有的消费经验去想象、创造、领异标新的消费方式。

（2）崇外型。具有这种心理特征者，多为文化层次较低、行为盲目、作风放任的年轻人。他们喜欢猎奇，热衷于外来货，追求消费形式的诡异怪诞，街头巷尾那些戴着变色眼镜、穿着外文背心、染着红黄头发的“酷哥靓妹”，大多属于这一类。

（3）保守型。具有这种心理特征者，多是性格内向或治学专精、处世谨严的年轻人，以及钟情于传统或城府较深的中老年朋友。他们往往无意于流行时尚，反对超前消费，根本没有或竭力克制“高消费”欲望，常把消费水平限制在比同类人群稍低的水平上。

（4）惜购型。具有这种心理特征者，多是主持家业的一家之长或家庭主妇。他们往往具有强烈的购买欲望，但是“当家方知柴米贵”，他们的消费行为却与购买欲望常常处于尖锐的矛盾之中。也许是囿于长期节衣缩食的生活习惯，也许是碍于经济条件的限制，他们的“出手”总是十分谨慎，甚至“该出手时”也不“出手”，爱挑剔、心存疑虑、擅长讨价还价，是他们特有的购物习惯。

（5）从众型。具有这种心理特征者，多是文化层次较低、消费水平不高、自主能力不强的人。他们反应较灵敏，但喜欢“随大流”，缺乏新意识，热衷效仿他人的消费行为并惯于接受他人的消费习惯。

（6）专注型。具有这种心理特征者，常是对待生活、学习、事业或理想等某一方面比较执著的人。他们的日常消费只是保持或低于一般水平，而对某一项消费却不惜代价、倾力以求。比如，有人为事业需要，节衣缩食，却宁肯花大钱去购买家用电脑；有人为了爱情，自奉节俭，却甘愿为爱人购买钻石项链。

如果能对以上几个问题作出深入细致的调查研究，那么“市场调查报告”便自然成为“有源之水”、“有米之炊”，写作也就不是难事了。

（二）市场调查报告的写作

市场调查报告一般具备三个要素：

（1）基本情况。即对调查结果的描述与解释说明，可以用文字、图表、数字加以说明。对情况的介绍要详尽而准确，为下一步做分析、下结论提供依据。

（2）分析与结论。对上述情况数据进行科学的分析，找出原因及各方面因素的影响，透过现象看本质，得出对调查对象的明确结论。

（3）措施与建议。通过对调查资料的分析研究，对市场情况有了明晰的认识。针对市场供求矛盾和调查发现的问题，提出建议和看法，供领导决策参考。

从写作结构看，市场调查报告一般包括以下几个部分。

1. 标题

市场调查报告的标题是文章内容的高度概括，用精练简洁的文字去表现文章的中心思想，没有严格的格式。一种写法是由市场调查的地区、调查的项目、“市场调查”组成；一种写法是直接提出某一种商品在市场上的问题，点明文章的中心，如《×牌冰箱被冷落》；还有一种是用主标题点明文章的中心，再用副标题说明市场调查的项目、地区和文种，等等。

2. 前言

前言部分用简明扼要的文字写出调查报告撰写的依据，报告的研究目的或主旨，调查的范围、时间、地点及所采用的调查方法、方式。

3. 主体

市场调查报告主要包括概要部分、正文部分、结尾部分。这三点组成报告的主体。

4. 结尾

一般有前言的市场调查报告，要有结尾，以与前言互相照应，综述全文重申观点或是加深认识。

写作市场调查报告应该注意“三要”、“三忌”。

一要做好市场调查研究工作。写作前，要根据确定的调查目的，进行深入细致的市场调查，掌握充分的材料和数据，并运用科学的方法进行分析研究判断，为写作市场调查报告打下良好的基础。

二要实事求是，尊重客观事实。写作市场调查报告一定要从实际出发，实事求是地反映出市场的真实情况，一是一，二是二，不夸大，不缩小，要用真实、可靠、典型的材料反映市场的本来面貌。

三要中心突出，条理清楚。运用多种方式进行市场调查，得到的材料往往是大量而庞杂的，要善于根据主旨的需要对材料进行严格的鉴别和筛选，给材料归类，并分清材料的主次轻重，按照一定的条理，将有价值的材料组织到文章中去。

一忌根据自己的主观意愿选取调查样本。带有强烈主观因素的非随机抽样法，因为抽取的调查样本不具有广泛的代表性和客观性，会扭曲市场发出的信号，得出的结论会与市场实际状况有很大的出入，最终会影响到市场调查报告的科学性和客观性。如有一篇题为《大学生消费状况调查》的市场调查报告，作者仅从自己认识或熟悉的大学生中选取调查样本，这篇调查报告得出的结论与大学生实际消费水平产生了很大的偏差，最终使这篇市场调查报告成为一篇无效的调查报告。

二忌仅对市场调查的结果作客观的描述。一篇有质量的市场调查报告不能仅停留在对市场调查的结果进行客观的描述上，而要对市场调查的结果作进一步的分析与研究，找出其中带有规律性的东西，以提供给相关部门作为经济决策的参考。

三忌游离于市场调查结果的“空对空”的研究。市场研究必须基于市场调查的结果，如市场研究不紧紧围绕着市场调查结果展开，只是空发议论，这种市场研究就会成为“空中楼阁”。

市场调查报告写作范例

××市居民家庭酒类消费状况调查报告

为了深入了解本市居民家庭在酒类市场及餐饮类市场的消费情况，特进行此次调查。调查由本市某大学承担，调查时间是2001年7月至8月，调查方式为问卷式访问调查，本次调查选取的样本总数是2 000户。各项调查工作结束后，该大学将调查内容予以总结，其调查报告如下：

一、调查对象的基本情况

（一）样品类属情况。在有效样本户中，工人320户，占总数比例18.2%；农民130户，占总数比例7.4%；教师200户，占总数比例11.4%……

（二）家庭收入情况。本次调查结果显示，从本市总的消费水平来看……因此，可以初步得出结论，本市总的消费水平较低，商家在定价的时候要特别慎重。

二、调查情况分析

1. 白酒比红酒消费量大。分析其原因，一是白酒除了顾客自己消费以外，用于送礼的较多，而红酒主要用于自己消费；二是商家做广告也多数是白酒广告，红酒的广告很少。这直接导致白酒的市场大于红酒的市场。

2. 酒消费多元化。

（1）从买白酒的用途来看，约52.84%的消费者用来自己消费，约27.84%的消费者用来送礼，其余的是随机性很大的消费者。买酒用于自己消费的消费者，其价格大部分在20元以下，其中10元以下的约占26.7%，10～20元的占22.73%，从品牌上来说……

（2）购买因素比较鲜明，调查资料显示，消费者关注的因素依次为价格、品牌、质量、包装、广告、酒精度，这样就可以得出结论，生产厂商的合理定价是十分重要的，创名牌、求质量、巧包装、做好广告也很重要。

（3）顾客忠诚度调查表明，经常换品牌的消费者占样本总数的32.95%，偶尔换的占43.75%，对新品牌的酒持喜欢态度的占样本总数的32.39%……因此，厂商应在树立企业形象、争创名牌上狠下工夫，这对企业的发展十分重要。

（4）动因分析。主要在于消费者自己的选择，其次是广告宣传，然后是亲友介绍，最后才是营业员推荐……

三、结论和建议

（一）结论

1. 居民消费水平还不算太高，属于中等消费水平。

2. 居民在酒类产品消费上主要是用于自己消费，并且以白酒居多，红酒的消费比较少，用于个人消费的酒品，无论是白酒还是红酒，其品牌以家乡酒为主。

3. 消费者在买酒时多注重酒的价格、质量、包装和宣传，也有相当一部分消费者持无所谓的态度。对新牌子的酒认知度较高。

（二）建议

1. 商家在组织货品时要根据市场的变化制定相应的营销策略。

2. 消费者较多选择本地酒的情况，政府和商家应采取积极措施引导消费者的消费，实现城市消费的良性循环。

分析：本调查报告从结构上看比较规范，有基本情况介绍，有调查分析，有调查结论，并对调查分析提出建议。

二、市场预测报告的写作

（一）市场预测的方法

市场预测大致可以分为以下两个步骤。

1. 资料的收集

要进行市场预测，首先必须确定预测对象与目标。只有预测目标明确，才能确定收集什么材料，怎样收集材料，采用什么方法进行分析与预测。在实际工作中，预测目标的确定往往表现为两种情况：一是决策部门确定对象，作为任务布置给相关部门进行研究预测；一是预测者或部门主动行为，提供书面报告给决策部门以作咨询参考。预测目标与对象的确定要紧密结合工作实际，从总体、全局、宏观角度考虑，具体包括：为什么进行预测，要解决什么问题，预测对象是什么，预测期限有多长，涉及多广的范围等。

确定预测目标后，接下来就是搜集材料。资料的翔实、可靠与否，一定程度上决定了预测结果是否准确。如果资料缺乏，或者预测者只凭主观臆断，都将影响预测结果的科学性。具体地说，资料收集主要来源有如下几个途径：一是通过调阅相关历史的、现实的文件、数据等现有资料；二是采用调查方法，实地采集第一手资料。资料收集时要围绕目标，要考虑全面、系统性：既要考虑宏观的与微观的资料与数据，又要考虑直接的与间接的资料与数据；既要考虑横向的资料与数据，又要考虑纵向的资料与数据。只有掌握大量的数据资料，才能为后面的科学分析、研究与预测打下良好的基础。

2. 科学预测

在获取翔实、充分的资料数据后，下面的任务就是进行分析、研究，从而作出科学的预测。首先是对获取的资料数据进行甄别、筛选，根据“去伪存真”、“去粗取精”的原则，抓住主要矛盾和矛盾的主要方面，剔除那些非主流或与客观事实相悖的数据，留下能反映客观事实的数据。然后利用各种预测方法进行预测。常用的经济预测方法有以下几种。

（1）时间序列法。把所掌握的历史、现在的有关数据，按时间顺序排列，根据数据变化特点推断未来市场情况。这种方法容易掌握，但由于它只注重时间关系而忽略因果关系，精确度不高，比较适用于短期、近期预测。

（2）指数函数法。这是引入拥有率和饱和率的概念建立起来的一种预测方法。由于有些商品如住房、家用电器、家具等的使用周期长，一旦市场拥有数量增加，饱和度提高，势必导致未来市场销售量下降。

（3）统计表法。根据消费者历史购买量的原始数据，统计出消费者在某一时期内购买商品的概率值，得出概率矩阵（列出图表），然后统计目前拥有该商品的消费者占消费者总数的比率，得出消费者购买该商品的概率。这是一种定量分析法。

（4）集合意见法。在难以获得必需的数据或者对影响市场的主要因素难以定量分析的情况下，通过多种途径（如订货会、展销会、物资交流会等）召集各方人员进行会商，根据他们的意见来预测市场行情。

在实际应用中，要根据预测时间、范围、性质、内容的不同，采取一种或几种预测方法，综合考虑影响市场的诸多因素，才能使预测结果更具科学性和效用性。

（二）市场预测报告的写作

市场预测报告写作包括标题、正文、附件、落款等几个部分。

1. 标题

市场预测报告的标题可以有以下几种写法。

（1）公文式标题。由预测时间、预测范围、预测对象、文种组成，比如，《2005 年长三角经济发展趋势预测报告》。公文式标题也可以简化，直接由预测对象和文种构成，例如《财政发展预测报告》。

（2）一般文章式标题。这种标题的拟写一般从揭示预测报告的主旨或预测范围着手，往往采用正题与副题相结合的双行标题，正题一般揭示预测报告的主旨，副题进一步揭示预测报告的具体内容或预测范围，如：《加入世界贸易组织对我国经济的影响——2003 年我国东南沿海经济发展趋势预测》、《谨慎多于乐观——2001 年经济趋势分析》。

2. 正文

市场预测报告的正文一般包括概况、分析与预测、结论三个部分。

（1）概况。概况也叫前言或绪论，一般从预测对象的历史与现况入手，概括介绍与预测对象相关的背景、预测对象的历史状况以及现实状况，为下面的预测打下基础，做好铺垫。这一部分的内容介绍，让读者对预测对象的相关情况有大致的了解，从中知道相关的背景资料、预测对象的历史和现实处境，以及面临的形势等。

（2）分析与预测。分析与预测是经济预测报告的主体部分，写作者根据先期掌握的大量数据资料，运用适当的预测方法进行分析、综合、判断、推理，预测经济发展变化的趋势和规律。预测时要经过科学的计算与分析，论证要有理有据，判断推理要符合逻辑，让人信服。写作时，要注意材料安排的逻辑性与条理性，既不要写成数据材料的简单罗列，也不要写成空洞的说理。

（3）结论。结论是市场预测报告的结尾部分。在上述分析预测的基础上，得出科学的结论，并提出合理的、具体的建议和意见。

3. 附件

附件部分要注明附件的名称和数量，附于报告之后，具体位置在预测报告正文之下另起一行，左起，前面空两格，标明序号和附件名称。

4. 落款

一般在附件之下靠右位置写明作者的姓名，其下写明日期。如果作者姓名已在标题之下出现，此处可以省略，直接标明日期即可。

市场预测报告写作范例

变频空调有望成为消费首选

虽然还是春寒料峭，但各空调企业的激烈竞争，已使大江南北的空调市场呈现不低的热度。从两节前后的市场反馈来看，变频空调正在成为越来越多空调消费者的首选目标。

业内人士指出，随着整体经济形势的好转、企业技术进步以及人们消费观念的变化，原本属于高档消费品的变频空调获得了走向寻常百姓家的有利契机，有望成为今年空调市场的一个消费新热点。

据了解，变频空调由于调整了电机与控制系统，工作效率可实现大跨度变化，与普通空调相比，有舒适、静音、恒温、高效运转、使用寿命长等显著优势。目前，变频空调是世界家用空调消费的流行趋势。

变频空调早在 1996 年前后就进入我国，但由于技术、资金、生产条件等因素的制约，它一直被打上了“贵族”的标签，其价格也比普通空调至少贵千元以上，令普通百姓望而却步。近两年，国内企业开始大规模进军变频空调领域。随着生产和市场规模的扩大，技术和资金门槛的降低，加上去年全国只有上海日立一家企业批量生产变频空调压缩机，而今年将增加到 5 家左右，而海信、长虹和美的等整机企业也在抓好技术引进的同时，加快了技术消化以及创新步伐，变频空调技术日渐成熟。

另外，随着生活水平的不断提高，城乡居民的空调消费观念也在发生变化。选购空调，不仅要看质量和品牌，更要关注产品的环保、舒适性等，这也为变频空调市场的发展给予了有力支撑。有关人士认为，随着消费者对变频空调的不断了解以及产品价格走低，今年我国变频空调的销量会进一步增长。

分析：这篇市场分析预测报告采用一般文章的标题形式，点明预测结果。开头通过社会环境与自然环境的对比，点明预测主题。通过“业内人士”和所了解的信息，表明变频空调因其性能优势抵消了价格劣势，加之人们消费观念的转变，从而导致了变频空调流行的趋势。具体通过变频空调在我国的成长过程，说明价格劣势随着技术的成熟与进步将逐步消失。从居民的消费观念的改变说明变频空调将成为消费热点。

平台链接

市场调查问卷设计

市场调查问卷结构一般包括：

被调查者的基本情况。主要有姓名、性别、年龄、民族、文化程度、工作单位、职业、住址、家庭人口等。调查这些项目，便于对收集到的资料进行分类和具体分析。

调查内容。它是调查问卷的核心部分，是所需调查内容的具体项目。

问卷填写说明。是填写问卷的具体要求和方法，包括目的要求、项目含义、调查时间，被调查者填写时应注意事项，调查人员应遵守事项等。

编号。有时问卷还必须编号，以便于分类归档，便于计算机管理。

设计市场调查问卷时应注意以下几点：

问题设计的必要性，所提的问题应直接为目的服务，没有价值或无关紧要的问题不应列入。

问题设计的可行性，应尽量避免列出令人难以回答的问题，注意使用适合被调查者身份、水平的词句或用语。

问题设计的准确性，提问要简单明确，切忌模棱两可或难以理解。

问题设计的艺术性，提问要讲究艺术，有趣味，使被调查者乐于回答。

自主拓展

1．根据下述材料，设计一份调查问卷。

中国饮料工业协会统计报告显示，国内果汁及果汁饮料实际产量超过百万吨，同比增长 33.1%，市场渗透率达 36.5%，居饮料行业第四位，但国内果汁人均年消费量仅为 1 千克，为世界果汁平均消费水平的 1/7，西欧国家平均消费量的 1/4，市场需求潜力巨大。

我国水果资源丰富，其中，苹果产量是世界第一，柑橘产量世界第三，梨、桃等产量居世界前列。据权威机构预测，到 2005 年，我国预计果汁产量可达 150 万～160 万吨，人均果汁年消费量达 1.2 千克左右。2015 年，预计果汁产量达 195 万～240 万吨，人均年消费量达 1.5 千克。

近日，我公司对××市果汁饮料市场进行了一次市场调查，根据统计数据，我们对调查结果进行了简要的分析。

追求绿色、天然、营养成为消费者和果汁饮料的主要目的。品种多、口味多是果汁饮料行业的显著特点，据××市场调查显示，每家大型超市内，果汁饮料的品种都在120种左右，厂家达十几家，竞争十分激烈，果汁的品质及创新成为果汁企业获利的关键因素，品牌果汁饮料的淡旺季销量无明显区分。

目标消费群——调查显示，在选择果汁饮料的消费群中，15～24 岁年龄段的占了34.3%，25～34 岁年龄段的占了 28.4%，其中，又以女性消费者居多。

影响购买因素——口味：酸甜的味道销得最好，低糖营养性果汁饮品是市场需求的主流。包装：家庭消费首选 750mL 和 1L 装的塑料瓶大包装；260mL 的小瓶装和利乐包为即买即饮或旅游时的首选；礼品装是家庭送礼时的选择；新颖别致的杯型因喝完饮料后瓶子可当茶杯用，所以也影响了部分消费者购买决定。

饮料种类选择习惯——71.2%的消费者表示不会仅限于一种，会喝多种饮料；有什么喝什么的占了 20.5%；表示就喝一种的有 8.3%。

品牌选择习惯——调查显示，习惯于多品牌选择的消费者有 54.6%；习惯性单品牌选择的有 13.1%；因品牌忠诚性作出单品牌选择的有 14.2%；价格导向占据了 2.5%；追求方便的比例为 15.5%。

饮料品牌认知渠道——广告：75.4%。自己喝过才知道：58.4%。卖饮料的地方：24.5%。亲友介绍：11.1%。

购买渠道选择——在超市购买：61.3%。随时购买：2.5%。个体商店购买：28.4%。批发市场：2.5%。大中型商场：5.4%。酒店、快餐厅等餐饮场所也具有较大的购买潜力。

一次购买量——选择喝多少就买多少的有 62.4%；选择一次性批发很多的有 7.6%；会多买一点存着的有 29.9%。

2．对调查结果进行分析，撰写一篇市场调查报告。

3．根据调查报告结论，对我国饮料市场进行预测。

第二节 经济活动分析报告写作

案例导入

××年×月×日，××电工程物资有限公司经济活动分析会议，公司在京全体员工、各项目经理参加了会议，会议由公司总经理××主持。

会上，项目管理部向与会人员通报了现场物资管理情况，并提出了相关工作要求，经营开发部代表公司进行了××年 1～4 月经济活动分析，并将经济活动分析中细化了的公司××年后 8个月的收入、费用、利润预算，梳理得很清晰，非常有利于各项目部控制成本。

工程物资公司总经理××在做会议总结时，传达了有限公司经济活动分析会精神，分析了公司内外部形势，部署了公司机构调整方案，最后强调了近期工作重点：第一，公司全体员工要站在高的层面，换位思考，充分认识公司机构调整的正确意义。第二，要进一步强化公司内部管理，要通过各方面细化管理，提高工作管理水平。第三，要基于公司内部各个方面工作的细化管理，建立适应工程物资公司长久发展的内部管理机制。第四，要一手抓管理，一手抓经营，齐头并进。第五，要狠抓安全管理工作，要始终坚持“安全第一，预防为主”的工作思路。

经济活动分析是以科学的经济理论和经济政策为指导，根据计划指标、会计核算、统计资料和调查研究所掌握的活材料，对某一个单位、部门或地区的经济活动情况进行科学的、系统的分析研究。经济活动分析报告在企业日常经营管理工作中经常使用。

知识讲解

一、经济活动分析报告的性质与作用

经济活动分析报告是指以经济理论和经济政策为指导，根据计划指标、会计核算、统计材料和调查研究所掌握的情况与数据，对某一部门、某一单位、某一行业的经济活动状况进行科学分析而形成的书面报告。

写好经济活动分析报告具有十分重要的意义，特别是在社会主义市场经济建设的今天，这种书面陈述性报告越来越受经济管理部门和有关职能部门的高度重视。这是因为经济活动分析是一种行之有效的认识经济活动的手段，它以国家的方针政策和经济理论为指导，以计划指标、会计核算、统计数据和通过调查研究获得的具体情况为依据，通过分析经济活动状况，总结经验，揭示矛盾，找出不足，提出改进意见和建议，从而改善经营管理，挖掘内部潜力提高经济效益，为上级制定或修改经济决策提供可靠的依据，并有利于促进税收、财政、金融、统计等政府经济管理部门充分发挥宏观调控的职能作用，帮助单位或部门按经济规律办事，走科学管理之路。

经济活动分析报告是经济管理和决策研究中的一项重要工作，对做好经济工作有多方面的重要作用，主要表现在：

（1）有助于领导决策和计划的科学性、正确性。领导要作出决策、制订计划，必须对经济发展的现象有个透彻的了解。

（2）有效地控制生产经营，提高管理水平和经济效益。

（3）有助于政府部门充分发挥监督、管理作用。

二、经济活动分析报告的特点

（1）比较性。比较分析是经济活动分析的最基本方法，通过在同一基础上对各种可比资料进行比较，比如计划指标与实际指标对比，现时指标与历史资料对比，落后与先进对比等，根据比较结果，找出差距及其原因。

（2）综合性。很多经济指标是由多种因素构成的，导致指标完成情况的好坏的原因也是综合性的。利用因素分析法，可以找到具体影响指标实现差异的相关因素，然后将各个因素和各个不同侧面联系起来作综合性分析，就能发现主要矛盾，揭示出事物的本质。

（3）量化性。分析经济活动主要不是定性分析，而是定量分析。分析中凡是可以量化的，都应使用数据说话。所以经济活动分析报告的写作离不开数据，根据所分析的指标的量的规定性，分析其特点和本质，从而体现量化性。

（4）指导性。经济活动分析报告的主要功能是及时对经济活动情况、问题进行研究评价，使有关部门以此为依据，迅速采取措施，改进工作；同时经济活动分析报告还能

为企业的生产经营发展指出明确的方向，为企业制订计划提供实际价值的指导。

（5）灵活性。经济活动分析不受时间、形式的限制，报告的篇幅根据内容可长可短，分析方法也可以根据需要灵活运用，可以只使用一种分析方法，也可以多种方法综合运用。在写作方法上经济活动分析报告也具有较强的灵活性，既可运用统计数据为主、情况说明为辅的方法，也可偏重因果关系分析，还可以边引用数字边进行分析。

三、经济活动分析报告的种类

经济活动分析报告的应用范围很广泛，种类繁多，根据不同的标准可以划分出不同种类。

（1）从内容上分，经济活动分析报告可以分为：统计分析报告、预测分析报告、市场分析报告、资金运行情况分析报告、税收执行情况分析报告、基本财务决算汇编分析报告等。

（2）从性质上分，经济活动分析报告可以分为：综合性经济活动分析报告、专题性经济活动分析报告。

（3）从范围上分，经济活动分析报告可以分为：宏观经济活动分析报告、微观经济活动分析报告。

（4）从时间上分，经济活动分析报告可以分为：定期经济活动分析报告、不定期经济活动分析报告。

下面介绍常见的几种经济活动分析报告。

（1）专项分析报告。专项分析报告也叫专题分析报告，它是针对经济活动中的某个重要的关键性的问题所做的分析，目的是为了使这个问题能够得到妥善的处理与解决。例如，在企业增产节约活动中，对影响成本高低的基本原因进行分析；在扩大经营范围后，对新增加的业务开展情况进行分析，等等。这种分析报告一文一题，目的明确，内容集中统一，分析深刻透彻，不受时间限制，随时发现问题，随时进行研究分析，从而解决问题，动态性极强。

（2）系统分析报告。系统分析报告也叫全面分析报告，它是对某一地区、某一部门、某一单位在一定时期内的经济活动的各项主要指标进行综合、系统、全面的分析研究，着重抓住生产经营和管理中带有普遍性和关键性的问题。这种分析报告涉及的范围广，多用于长期分析，影响较大。

（3）简要分析报告。简要分析报告也叫部门分析报告，它是一些职能部门结合自身的业务活动内容特点，对短时期内的重要问题进行简要分析。它涉及的经济活动范围更小，内容上更加专业化，反映出某个具体经济门类的一般活动状况和发展趋势。如生产经营分析、生产成本分析等。这种分析报告通常结合年终、季末、月尾的报表进行，所以它和系统分析报告一起被称为定期分析报告。

能力讲解

一、经济活动分析的方法

1．比较分析法

这是经济活动分析最常用的分析方法。它是把同一层次、同一基础上的两个或两个以上的可比对象从内容、指标、项目、条件等方面进行对比，并根据结果作出评论，提出改进管理的措施和方法。通常通过倍数、比数（百分比）来表示差异。采用这种分析方法，可以从以下几个方面进行：

（1）比计划。将本期的实际指标和计划指标相比，从而说明计划执行、完成情况，发现实际与计划之间的差距，研究造成差距的原因，提出改进措施。

（2）比历史。这是一种纵向比较的方法，它以本期的实际指标与上年或上年同期的实际指标相比较，与历史上最高水平、最低水平相比较，以便找出发展趋势，提出进一步的措施和办法。

（3）比先进。这是一种横向比较的分析方法。它以本期实际指标及完成指标的客观条件与先进单位的实际指标横向比较，发现本单位、本部门经营管理中的薄弱环节的薄弱问题，学习先进单位的成功经验，提出改进措施。

2. 因素分析法

因素分析法是在对比分析的基础上，进一步分析产生差距和问题的各种因素及其成因。因素分析法在各种数字、数据、指标的分析比较中寻找本期经济活动的规律，揭示造成差距的原因和表现，再把原因和表现分清主次，找出最本质、最关键的东西说明本期经济活动的特点，从而提出改进措施。它着眼于探究产生矛盾的原因，着眼于事实说明和原因分析，因为形成差距的因素是多种多样的，必须从中抓住本质的、关键的因素。

3. 动态分析法

动态分析法是经济活动中从数量方面对较长时间的经济发展变化情况和发展趋势进行研究分析的方法，它以发展的眼光来研究变化和趋势，通过对历史有关的经济指标或与经济发展水平有关的动态指标，按时间顺序，以表格等形式构成动态数列，从而进行分析研究，找出经济活动的过程及其规律性，并预见发展趋势。它以揭示事物发展趋势的数量特征为标准，判断分析对象的发展是否符合正常发展的规律，并且探究其偏离正常发展趋势的原因，以便于采取措施，促进其健康、良性发展。

4. 综合比标法

综合比标法是将错综复杂、千变万化的经济活动中的多种指标进行综合比较、分析，以便找出经济活动的过程及其规律，提出改进措施。综合比标法可以防止追求某一单项指标，综合衡量本期经济活动，克服了经济活动分析过程中的片面性。

二、经济活动分析报告的写作结构

经济活动分析报告的写作基本结构主要包括标题、引言、主体、结尾、落款等几个部分。

1. 标题

标题的写作方法有三种。

一是公文式标题，由分析范围、分析时间、分析对象、文种构成，其中，公文标题中必不可少的“关于”一词可以省略，文种“分析报告”也可以简化成“分析”。例如：《关于××市××××年财政预算收支完成情况的分析报告》，可以简化成《××市××××年财政预算收支完成情况分析》。

二是直接标明分析后的建议和意见，与分析范围、分析对象一起构成标题。例如：

《××商场财务管理工作亟待加强》，《必须尽快解决结算资金大量增加问题》。

三是普通文章式标题，有单行、双行两种形式。例如：《我市去年房地产开发状况有喜有忧》、《扩大购销财源茂　加强管理效益高——××县农业生产资料公司经营成果分析》。

2. 引言

引言部分主要是简要介绍经济形势，阐述写作分析报告的目的和意义，介绍分析对象的基本情况，或者揭示报告将要分析的主要问题。具体写作可参看例文。

从写作的角度讲，引言可以采用直接叙述式、结论式、对比式、提问式、评论式等。直接叙述式是对被分析对象的相关情况、背景、分析的目的、意义等进行陈述；结论式是开头先摆出分析提出的结论，然后再分析说明得到结论的事实依据；对比式是通过一系列统计数字的对比，提出问题，说明情况；提问式是将所要分析的对象设计成尖锐的问题，进行提问，引人思考和注意；评论式是以鲜明的倾向性对将要分析的核心问题进行评论，然后再作分析。

3. 主体

主体部分是经济活动分析报告的核心部分，内容包括资料数据介绍和分析论证。资料数据介绍包括分析对象情况的文字说明和数字说明，这一部分要着重把握数据资料和经济活动事实。分析论证是指运用各种分析方法，从经济效益角度具体分析相关的数据和事实，既要分析经济活动的成败，总结经验教训，又要揭示矛盾，找出产生矛盾的主观、客观原因。

在具体写作时，可以先以文字说明为主，再辅以数据，也可以先列数据，再辅以文字分析，还可以两者穿插，边分析边列数据。在进行分析时，不能就事实论事实、就数据论数据，要结合经济活动的实际情况，通过事实和数据揭示经济活动的本质和规律。

在结构安排上，通常有并列式、贯连式、结合式。并列式是指将问题分成几个层次，各层次之间是并列关系；贯连式是指按照经济活动发展变化的过程和时间先后关系安排材料；结合式是指将并列式和贯连式结合起来构架文章，可以总体上采取并列式，局部采取贯连式，也可以总体采取贯连式，局部采取并列式。结合式比较适用于系统分析报告等结构较庞杂的分析报告。

4. 结尾

经济活动分析报告的结尾一般写建议或意见。这一部分是通过科学分析所提出的具有针对性的措施或设想，也是经济活动分析的最终目的。所提出的建议或意见要符合实际，切实可行。有的文章结尾是展望未来、预测形势或总结全文。

结尾不一定要单独成段，有时文章正文写作已经包含了结尾内容，结尾则可以不要。

5. 落款

经济活动分析报告在文章结束后的右下方，注明报告的单位、作者姓名和日期。这一部分也可以移至标题之下签署。

三、经济活动分析报告的写作要求

（1）写作经济活动分析报告时要认真学习有关现行经济政策，掌握与分析对象相关的专业知识和业务常识，这是写作经济活动分析报告的指导思想、理论依据和基本要求。

（2）写作经济活动分析报告时要正确运用恰当的分析方法，不同的分析方法有不同的优点和缺点，有的方法不一定都适用。比如比较分析法对于揭示先进与落后的差距或者判明分析对象自身的发展情况而言，是最佳的方法，而要分析某种经济现象的产生、发展、影响程度和未来趋势，采用因素分析法最为恰当。

（3）多用具体数据和客观事实证明，少说空话套话，数据和事实是最具说服力的，在使用时，要注意准确性，表达也要统一、规范。

（4）叙述情况时要精练流畅，分析说理时要充分，层次要分明，条理要清晰，建议和意见要具体、实在。

经济活动分析报告写作范例

××公司半年经济活动分析报告

一、上半年生产经营情况

年初，根据省市经济工作会议精神，公司及时召开了职代会和工作会议，提出了力争实现阴极铜突破20万吨、销售收入突破50亿元，在岗职工人均年收入突破2万元的“三突破”目标。

上半年，在省市的正确领导下，公司坚持以邓小平理论为指导，努力实践“三个代表”重要思想，认真贯彻十六届五中全会精神，全面落实科学发展观，团结带领广大职工，深化内部改革，强化内部管理，生产运行情况保持了良好增长态势，生产经营实现“双过半”。其中主要产品产量、现价工业总产值和主要产品销售价格再创历史新高。

1. 产值、利税、主要产品产量完成情况

上半年完成现价工业总产值××亿元，为全年计划的96.53%，同比增长111.5%；实现销售收入××亿元，同比增长100.9%；实现利润××亿元，同比增长241.1%。产值、利税的大幅增长，主要得益于主要产品价格的上升和主要产品产量的增加。

上半年，公司主要产品产量全部达到计划要求，其中阴极铜、硫酸、白银产量再创历史最高水平。矿产粗铜完成××万吨，为年计划的48.02%，同比持平（因新系统检修影响，上半年矿产粗铜、硫酸产量未能实现任务过半，但超过进度计划要求）。阴极铜完成××万吨，为年计划的51.14%，同比增长19.61%；黄金完成××公斤，为年计划的49.06%，同比增长35.64%；白银完成××公斤，为年计划的51.78%，同比增长49.57%；硫酸完成××万吨，为年计划的43.09%，同比增长5.93%。

2. 重点工程完成情况

上半年公司技改重点工程进展顺利。共完成技改投资××万元。确保冶炼20万吨能力达标的3#转炉改造和制氧站扩能工程正在抓紧设备安装，万吨阴极铜生产系统建设已经完成厂房屋面吊装。促进矿山持续发展的铜绿山矿井下深部开采工程全面开工建设。为扩大铜储量和可控铜资源的矿山边深部探矿及省内外找矿工作付诸实施。与民营公司合资建设的10万吨废杂铜再生利用项目正在抓紧落实前期工作。30万吨铜冶炼改造扩能工程初步可行性研究报告已编制，并进行了多次技术交流。合资建设的5万吨铜线杆项目正在商洽中。

二、下半年生产经营安排

尽管上半年公司生产经营形势良好，企业整体运行质量提高。但同样存在的一些问题和困难，一是铜、金、银等产品价格高且波动频繁的价格风险。满负荷、高强度的生产，原料进厂、库存占用势必增加，一旦市场价格变化，将给生产经营带来极大的影响。二是产销平衡及生产组织难度大。进厂原料品质、均衡性无法保证，确保原料供应将是下半年的工作重点，另一方面为适应市场，原料结构需要调整，冶炼粗、精炼能力的平衡衔接难度大。三是进入汛期，企业安全生产压力大，任务繁重。

下半年，我们将坚持以“三个代表”重要思想为指导，认真贯彻十六届五中全会精神，继续抓住难得的市场机遇，团结带领广大职工乘势而上，加快发展，维护稳定，确保实现全年“三突破”目标。具体抓好以下几方面工作。

1. 加强生产组织协调，努力实现超产增效。进一步优化生产组织协调，努力提高日产水平，精心组织好产品销售，不断改进销售方式，拓宽销售领域，完善销售网络，力争全年实现利润、产品产量、产值、利税再创历史新高。

2. 抓紧技术改造，增强发展实力。着重抓好冶炼改造、铜深加工、矿山基础建设、增储找矿、安全环保等方面的重点项目建设。一是今年7月底完成冶炼3#转炉改造和制氧站扩能工程，年内基本建成5万吨阴极铜生产系统，为明年阴极铜生产能力达到万吨打下基础。二是年内完成铜绿山矿露天剥离工程，井下深部开采工程达到进度要求。三是年内完成万吨铜冶炼改造扩能工程方案论证和报批报备等工作，力争年内开工建设。四是力争年内开工建设5万吨铜线杆项目。

3. 加强节能降耗，实现管理增效。坚持把“严、细、实、新、恒、齐”的管理观念落实到各项管理中，向严格管理、创新管理、科学管理方向努力，促进公司管理水平和整体效益提高。一是不断完善和规范各项管理制度，进一步夯实管理基础。下半年，通过落实整改措施，进行持续改进，切实解决管理中存在的问题。进一步理顺管理职能，防止管理出现漏洞。二是不断加强专业管理和定额管理，努力降低成本费用。继续严格成本分析控制，并逐月逐季对比分析和考核兑现，确保冶化生产和矿山采选成本同比降低。三是加快综合利用的新产品开发，重点抓好贫化炉渣回收有价元素可行性研究，回收铜、金、银、钛等金属，并在阳极泥中提炼稀贵金属。

4. 切实做好安全环保工作。认真抓好安全生产及环保责任制的实施，重点加强冶化生产现场、矿山井下、露天深部、尾矿库等重点部位检查，发现问题及时整改。强化安全保护及责任意识，杜绝各类安全事故发生。

分析：本范例中主要运用了对比分析的方法，着重分析了公司在产值、利税、主要产品产量、重点工程等方面完成情况，并对下半年的生产经营作出了安排，结构比较规范，条理比较清晰。

平台链接

企业财务分析报告写作

企业财务分析报告是对企业经营状况、资金运作的综合概括和高度反映。撰写财务报告要注意以下几点。

一、要明确报告阅读的对象（内部管理报告的阅读对象主要是公司管理者尤其是领导）及报告分析的范围。报告阅读对象不同，报告的写作应因人而异。比如，提供给财务部领导可以专业化一些，而提供给其他部门领导尤其对本专业相当陌生的领导的报告则要力求通俗一些；同时提供给不同层次阅读对象的分析报告，则要求分析人员在写作时准确把握好报告的框架结构和分析层次，以满足不同阅读者的需要。再如，报告分析的范围若是某一部门或二级公司，分析的内容可以稍细、具体一些；而分析的对象若是整个集团公司，则文字的分析要力求精练，不能对所有问题面面俱到，集中性地抓住几个重点问题进行分析即可。要了解读者对信息的需求，充分领会领导所需要的信息是什么。

二、要有清晰的框架和分析思路。财务分析报告的框架应包括：报告目录、重要提示、报告摘要、具体分析、问题重点综述及相应的改进措施等部分。“报告目录”告诉阅读者本报告所分析的内容及所在页码；“重要提示”主要是针对本期报告在新增的内容或须加以重大关注的问题事先作出说明，旨在引起领导高度重视；“报告摘要”是对本期报告内容的高度浓缩，一定要言简意赅，点到为止。“具体分析”部分，是报告分析的核心内容。“具体分析”部分的写作如何，关键性地决定了本报告的分析质量和档次。“问题重点综述及相应的改进措施”一方面是对上期报告中问题执行情况的跟踪汇报，同时对本期报告“具体分析”部分中揭示出的重点问题进行集中阐述，旨在将零散的分析集中化，再一次给领导留下深刻印象。

三、财务分析报告一定要与公司经营业务紧密结合，深刻领会财务数据背后的业务背景，切实揭示业务过程中存在的问题。财务人员在做分析报告时，由于不了解业务，往往闭门造车，并由此陷入就数据论数据的被动局面，得出来的分析结论也就常常令人啼笑皆非。因此，有必要强调的一点是：各种财务数据并不仅仅是通常意义上数字的简单拼凑和加总，每一个财务数据背后都寓示着非常生动的增减、费用的发生、负债的偿还等。财务分析人员通过对业务的了解和明察，并具备对财务数据敏感性的职业判断，即可判断经济业务发生的合理性、合规性，由此写出来的分析报告也就能真正为业务部门提供有用的决策信息。

四、写活报告并体现自己的特色。一要遵循差异—原因分析—建议措施原则。因为撰写财务分析报告的根本目的不仅仅是停留在反映问题、揭示问题上，而是要通过对问题的深入分析，提出合理可行的解决办法，真正担负起“财务参谋”的重要角色。唯此，报告的有用性或分量才可能得到提高和升华。二对具体问题的分析采用交集原则和重要性原则并存手法揭示异常情况。问题集中点法亦可称之为焦点映射法。

五、要对公司政策尤其是近期来公司大的方针政策有一个准确的把握，在吃透公司政策精神的前提下，在分析中还应尽可能地立足当前，瞄准未来，以使分析报告发挥“导航器”作用。

六、财务人员在平时的工作中，应多一点了解国家宏观经济环境，尤其是尽可能捕捉、搜集同行业竞争对手资料。因为，公司最终面对的是复杂多变的市场，在这个大市场里，任何宏观经济环境的变化或行业竞争对手政策的改变，都会或多或少地影响着公司的竞争力甚至决定着公司的命运。

七、勿轻易下结论，财务分析人员在报告中的所有结论性词语对报告阅读者的影响相当之大，如果财务人员在分析中草率地下结论，很可能形成误导。

八、分析报告的行文要尽可能流畅、通顺、简明、精练，避免口语化、冗长化。

自主拓展

1．掌握经济活动分析报告的种类与写作结构。
2．根据本节前的案例内容，尝试列出报告的提纲。
3．以小组为单位试对本班班费使用情况进行分析，提交一份报告。

第三节　广告文案写作

案例导入

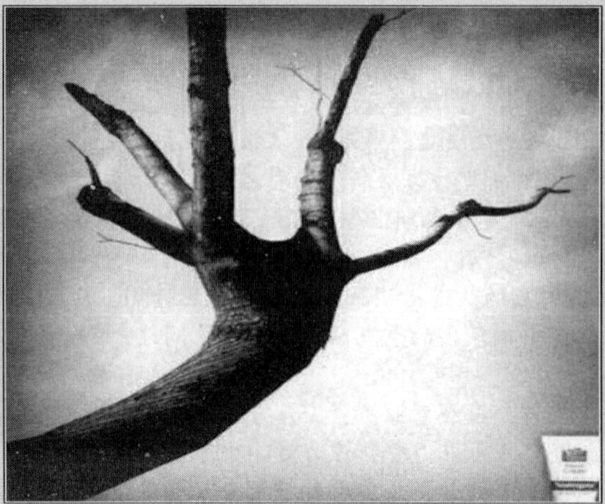

转引自：http://www.sogou.com

你能根据本图片猜出这是一幅宣传什么的广告图片吗？请设计一句广告词。

知识讲解

一、广告的概念与特点

广告是指广告主体通过各种传媒向社会进行发布，宣传有关商品、劳务、服务、观念等的一种信息传播形式。广义的广告包括经济广告、公关广告、公益广告、各种海报、启事、声明等。狭义的广告专指经济广告。**经济广告**也称商业广告，它是广告主通过各种媒体，向社会群体宣传有关商品、劳务、服务、观念等信息，使消费者对企业生产和经营的产品、服务等产生关注、兴趣和购买动机，以促成购买，从而获得利益的有偿传播形式。它以传媒作为宣传手段，以扩大销售为目的，是商品经济的产物，并随商品经济的发展而发展。

广告具有宣传性、有偿性等特点。

（1）宣传性，是指广告主通过传媒手段对公众进行广泛告知。经济广告的职能是宣传商品、劳务、服务、观念等信息，而它所借助的媒体包括报纸、期刊、图书、广播、电视、电影、幻灯、车船、路牌、霓虹灯、电子显示屏幕、橱窗等。广告主就是通过这些与公众的生活息息相关的媒体，将有关信息几乎渗透到社会的每一个角落，从而维持商品在公众心中的印象，以刺激公众的消费需求。的确，如今的生活中充斥得最多的就是各种广告，看报纸、杂志看到的是广告，打开电视，看到的是广告，坐车坐船，看到的是车船身上的广告，休闲购物，同样看到广告，甚至住宅门洞的墙上都贴满了广告，所以有人感叹：广告无处不在，无时不在。从某种意义上讲，这些广告的确达到了宣传的目的。

（2）有偿性，是指广告主体——厂家、商家在发布广告时，必须支付一定的广告制作、宣传费用。因为经济广告的发布是以赢利为目的的，在借助媒体进行发布、宣传时，必然要占用非本单位的资源，厂商的获利，必须以付酬为前提。广告费用的高低，随传播媒介、传播方式、传播时间长短的不同有所差别，不同国家和地区，广告费用也不同。比如，在电视上发布广告与在报纸上发布广告费用就不同，同样在电视上发布广告，在地区电视台与中央电视台发布的费用也不同，同样在中央电视台发布广告，黄金时段和一般时段发布的费用也不同。

二、经济广告的种类

经济广告根据不同的角度可以分成不同的种类。

（1）从内容性质分，可以分为商品广告、劳务广告、观念广告等。

商品广告也叫产品广告，主要是向消费者介绍商品的性能、用途、特点、质量、价格等；劳务广告是由服务性行业、组织，如饭店、旅馆、银行、保险公司、中介公司等单位所发布的为公众提供劳务、服务等项目的广告，主要介绍劳务的性质、服务的内容、特点、质量以及顾客可获得的利益等内容；观念广告是以树立一种新观念或者改变某种传统观念为主要内容的广告，它可以沟通企业、商家与消费者之间的关系，使消费者形成某种有利于企业产品销售的观念。

（2）从传播媒体分，可以分成印刷品广告、电子音像广告、实物广告、活体广告、交通工具广告等。

印刷品广告是以印刷品作为传播媒体的广告，包括在报纸、杂志、图书、电话黄页、包装物品、挂历、台历、企业名片等上所刊登的广告。其优点是可以传阅、便于保存与查阅，缺点是时效性差，传播范围有限（报纸除外）。电子音像广告是以电子音像制品为传播媒体的广告，包括电视、电影、广播、电脑网络、电子屏幕、录像播放等发布的广告。其优点是声形兼备，传播迅速及时，覆盖面较广，缺点是受播放时间的限制，内容不利于记忆。实物广告是以实物为传播媒体的广告，包括橱窗、路牌、广告牌、霓虹灯、灯箱、门面装潢、广告模型、市场悬挂物、商品介绍传单等形式的广告。实物广告比较重视现场气氛，以配合商品的销售。活体广告是由模特队、营销人员身着印有企业名称或者商品标志的绶带、服装在城市街道、商场等公共场所所进行的商品宣传。活体广告比较注重活体的选择，要以能够展示企业或者商品形象为原则。交通工具广告是指在汽车、人力观光旅游车、火车、轮船、飞机等交通工具的内部或者外部印刷上企业名称、商品广告画面所进行的商品宣传。交通工具广告的特点是流动性强，宣传范围较广。

（3）从宣传形式分，经济广告可以分成文字广告、物像广告、图文兼备式广告。

（4）从表达方式分，经济广告陈述式、论证式、抒情式、问答式、文艺式广告等。

三、经济广告的作用

经济广告的作用主要有推销商品、引导消费、维持印象等。

（1）推销商品。经济广告是企业、商家推销商品和服务的有效途径。随着社会经济的发展与生产力的提高，社会商品和服务项目日益丰富，特别是供大于求的买方市场，厂家、商家要减少商品的积压，提高经济效益，从而在市场上立稳脚跟甚至把企业做强、做大，就必须拥有足够大的消费群体。要做到这一点，只有借助有效的推销手段将商品销售出去。经济广告就是这样一种让消费者（包括潜在的消费者）了解商品和服务项目的极好宣传形式。厂家、商家通过广告把自己商品的特点、性能等方面的优势传输给消费者，引起公众的注意，进而迎合消费者的消费心理，刺激其心理的消费需求，即使消费者不立即购买与消费，但在其心中已经形成印象，当其在以后需要消费时，这种印象就会帮助其在购买时进行取舍，厂商从而最终达到推销的目的。

（2）引导消费。经济广告可以起到领导消费潮流、引导大众消费的作用。通过广告的宣传和引导，消费者可以通过广告所宣传的信息，进行对照比较，特别是对同类商品的性能、价格、技术等方面进行对照比较，从而作出选择。作为市场竞争的主体，厂商要在激烈的市场竞争中获胜，除了生产质优价廉、适销对路的商品外，还必须借助经济广告，宣传自己的商品、服务项目，使企业形象和商品形象为大众所熟知，特别是一些新产品、新项目，在市场尚未普及的情况下，更需要厂商在广告上下工夫，这样才能领导消费潮流，引导社会消费。

（3）维持印象。经济广告是通过宣传提示和潜移默化来起到促销作用的，消费者的购买消费往往是在接受广告、形成印象之后实现的。经济广告在帮助企业建立社会知名度方面起到了极大的促进作用。作为广告的主体，厂商通过广告的发布与宣传，拥有了一定的社会消费群体之后，为企业的生存奠定了坚实的基础。为了实现利益的最大化，厂商往往在建立企业的社会知名度上下工夫，因此广告宣传的重点——广告诉求重点会变宣传商品而为宣传企业本身。所以在日常生活中，我们经常看到一些企业打破常规，做起了公益广告。其实这类公益广告也是一种经济广告，借助对公共事业的支持，提高企业的知名度，维持企业、商品、服务、劳务在公众心中的印象，最终还是促进商品的销售。

能力讲解

一、广告的创意

（一）广告创意的原则

成功的广告应该达成以下几个目的：引起公众的注意、刺激消费需求、维持商品在公众心中的印象、促成消费行为、建立消费信赖。因此，经济广告的创意非常重要，它可以决定广告的成败。经济广告的创意必须遵循以下几个原则。

1. 真实、生动

经济广告必须真实。真实是广告的生命。虚假的广告既不符合法律，又损害消费者的利益，而且最终破坏企业自身的形象，影响企业自身的利益，所以恪守真实是企业与消费者之间建立信赖的根本纽带。经济广告在创意时为了更好地宣传商品的优势，往往采用适度的夸张，这是允许的，但不能超过一定限度，要以不违反《中华人民共和国广告法》为准则，更不能损害其他同类商品以抬高自己，否则就有不正当竞争的嫌疑。经济广告必须生动，才能吸引消费者，使消费者产生购买欲望，最终促成购买。在广告创意时，通过文字与画面、声音相结合，挖掘语言和画面的表现力，在瞬间抓住受众的注意，并吸引人继续关注下去，给人留下深刻的印象和无穷回味。

2. 新颖、简洁

经济广告要取得预期的宣传、促销效果，必须做到标新立异，出奇制胜。新颖的事物容易在瞬时引起人们的注意和重视，人们对新颖视觉、听觉表现形式总是比较敏感。经济广告在制作创意时就要追求表现的新颖和个性化，如果广告在视觉和听觉上激不起公众的兴趣与关注，企业厂商也就失去了消费者，从而影响商品的销售和企业的利益。同时，广告还要做到简洁。如今工作、生活的快节奏化，决定了人们不可能有太多的闲暇去关注广告，甚至由于广告的铺天盖地，导致人们对广告的厌恶，因此广告的创意还应该在简洁上下工夫，以迎合人们的心理。同时，由于经济广告具有有偿性的特点，耗费的时间和空间越多，花费的金钱也就越多。要以最小的广告投资换取最大的收益，就要制作出简练、鲜明、易懂易记的广告，以缩小耗费的时间和空间，减少花费的金钱。

3. 手法多样，注重效益

成功的经济广告，表现手法多种多样。经济广告要打动消费者，推销商品，单纯靠生动、新颖的内容还不够，还必须有多样的表现手法。在广告创意中要注意吸收语言、图像、音乐等多种表现形式，运用夸张、比喻、双关等修辞手法，结合多种表现手段，综合考虑，创造和谐。经济广告的效益包括经济效益和社会效益，企业厂商在广告制作时不能单纯考虑经济效益，唯利是图不是企业厂商的唯一目的。广告也是一种精神产品，对社会文化心理、社会价值取向具有一定影响，所以经济广告的创意还应该注重社会效益，应该给人以积极、正面的教育和审美享受，防止和杜绝不健康广告的出现。

（二）广告创意的方法

经济广告的创意，关键在于选准角度，一般可以从抓住商品的特征、抓住消费的动机以及抓住名牌效应等几个方面去考虑。

1. 抓住商品的特征

商品一般都具有形态、构造、性能、用途、价格等方面的特征。广告创意时，应该从商品与同类商品在技术、性能、价格等方面存在的优势与长处角度进行把握，突出商品的与众不同之处，不必面面俱到。例如国外某公司广告中有“本公司的维修人员，是全世界最闲的人”的表述，抓住了商品的性能与质量的优秀来进行创意与宣传。再如，广州高露洁公司“高露洁超感白牙膏”的广告创意：“高露洁持久超感白牙膏含微小美白粒子，临床验证，使用 14 天快速美白牙齿。”这则广告的创意抓住了该商品快速美白牙齿的功能，表现它美白牙齿快速有效只需 14 天的主题。

2. 抓住消费的动机

抓住消费者的心理，诱发消费者的消费欲望，达到推销产品的目的，是广告的重要出发点和根本归宿。消费者的消费动机主要体现为讲求实用性和美观性等方面。

实用性是消费者对商品内容方面的要求。消费者购买商品是为了消费、使用商品。商品是否实用，关系到消费者对商品的评价，关系到消费者的消费心理和消费行为。因此，经济广告的创意要抓住不同层次的消费者对商品实用性的需求心理。例如南方或北方、沿海或内地、城市或农村、国内和国外，消费者的年龄、性别、职业不同，消费需求也不一样，同样是服装的广告，在内地农村，要着重宣传商品的质地优良，而在沿海城市，则要突出款式的新颖。又如化妆品广告大多在健康和美丽上做文章，但有一则广告却这样创意：“我要他注意我，而不知道我化妆”，然后介绍该商品以典雅素净取胜，迎合了消费者追求自然美的心理。再如，某国际通信有限公司为其产品“信息通”进行广告创意，抓住商品的众多信息服务功能和价格的变化等打动消费者：“信息通的功能特点：个人传呼功能（提供全省免费漫游）、股票寻呼服务功能、实时股票行情服务功能、图文显示功能、到价提示功能、按代码查询股票功能、股票信息分类快速查询功能、信息寻呼功能等。”根据消费者的不同需求提供了选择空间，从而让消费者各得其所。

美观性是消费者对商品形式方面的要求。商品除了应该具有的实用价值外，还应该具有欣赏价值。而美观性就是商品观赏价值的重要体现，只有内容与形式的完美统一，才能更好地满足消费者的需要，才能激发消费者的购买欲望与购买行为。一些商品广告创意除了抓住商品的实用价值外，往往还从商品的外形设计上进行宣传，采用“国际流行款式”等字眼强化商品的美观性，或者直接利用实物、图片展示来诱发消费欲望。例如，一些超市的商品广告就是用商品图片展示来进行促销。再如，某房地产公司在宣传具有别墅品位的住宅时，广告的创意化用了中国现代诗人卞之琳的《断章》，借以宣传住宅环境的优美打动消费者：“你站在阳台上看风景。看风景的人在桥上看你；明月装饰了你的窗子，你装饰了别人的梦。”

3. 抓住名牌效应

一般的消费者对于出名的东西都有好感和信任心理。企业想要在市场经济大潮中立于不败之地，必须把企业做大、做强、做出名，努力创造“拳头产品”、驰名品牌。广告创意也应抓住消费者的崇尚品牌的消费心理，扩大宣传，提高产品的社会知名度，也只有这样，才能创造更大的效益。另外，一些已经出名的企业，广告创意也应该借助企业的社会知名度扩大宣传。这时的广告创意也不再以商品的性能、功能、用途等作为宣传的兴奋点，而是直接宣传企业本身。比如云南红塔集团的广告是“山高人为峰”，湖南的白沙集团的广告是“这一刻，我的心飞了起来”，黄山工贸集团的广告是“一品黄山，天高云淡”，大红鹰集团的广告是“大红鹰，胜利之鹰”。前面我们还提到，一些知名企业在广告创意时，甚至会通过对公益事业的支持来宣传企业形象。

二、广告文案的写作

广告的文案写作一般包括标题、正文、随文、广告标语等几部分。

1. 广告标题

广告的标题即广告的题目，它标明广告的主旨，是区分不同广告内容的标志，是广告信息的聚集点，是企业商品的招牌，是广告的眼睛。俗话说：题好文一半。标题的好坏直接关系到广告的成败，因此必须高度重视广告标题的制作。广告标题要能传递广告的诉求重点，引起读者的注意，必须包含广告的最主要内容，显示广告作品的精华。制作标题时要精心构思，富有情趣，新颖别致，耐人寻味，使人一目了然、一见钟情。如本节开头案例是用以宣传某某护手霜广告的图片，广告标题是“你想让自己的手变得像这棵树一样苍老吗”。

从标题揭示内容的方式看，可以分为直接标题和间接标题；从标题的形式来看，可以分为单标题、双标题、三行标题。

（1）直接标题，直接点明企业、商品、服务单位、服务项目等。例如：

假如失去联想，世界将会怎样（联想电脑的广告标题）

身体要加油，我要喝红牛（红牛饮料广告标题）

（2）间接标题，不直接点明广告主旨，而用耐人寻味的词句做标题，以诱导读者转读正文或看广告图片。这种标题富有情趣，以引人注目、激发兴趣为主要目的，当然标题所使用的词句最好能暗示商品的用途、性能、效果等。它往往采用比喻、比拟、双关等修辞手法，用成语、熟语、富有哲理或生活情趣的名言，使人历久不忘。在生活中我们经常看到这些例子，比如，某打字机的广告标题“不打不相识”；某蚊香广告标题“默默无蚊的奉献”；某牙刷广告标题“一毛不拔”；等等。再如：

传神演绎　身临其境（某家庭影院系列广告标题）

只花几十元，再跑八万里（某汽车轮胎广告标题）

只留青春不留痘（某化妆品广告标题）

（3）双行标题、三行标题是复合性标题，即引题、正题、副题配合使用的标题，这有点类似于新闻文体中消息标题的写作。引题应从揭示背景、渲染气氛、点明意义、引出正题方面考虑拟写；正题点明广告的主旨或主要内容；副题是对正题作进一步的补充说明。例如三九胃泰广告标题：

悠悠寸草心，报得三春晖（正题）

三九胃泰的承诺（副题）

2. 广告正文

广告正文是对商品所作的深入说明，是传播产品或服务信息的重点和核心。介绍内容包括广告主的单位名称、商品或劳务的名称、商品的规格、花色、性能、功效、使用保养方式、销售方式、联系接洽方法等。通过对广告对象的介绍，要使消费者对商品有进一步的认识，从感情和理性上接受商品。经济广告的正文可以分为开头、主体、结尾三个部分：

（1）开头部分承接标题，起承上启下的作用，可以对标题进行解释，使读者更好地理解标题；可以开门见山，直奔主题；还可以设置悬念或设问，激发读者的注意与兴趣，引导读者从主体中寻找答案。

（2）主体部分着重介绍产品的性能特点、提供的服务与利益等，包括产品的外观、特色、规格、花样、款式、作用、使用方法等。但不能面面俱到，把握住商品最独特的要素进行定位，深入开掘。例如，同样是洗护用品，飘柔洗发水抓住产品令头发柔顺的特点，潘婷洗发水抓住产品营养护发的特点，海飞丝抓住产品去除头屑的特点。

（3）结尾部分用很简短的语言，诱导读者实践消费行为。写作时要有鼓动性、号召性。

广告的正文写作要注意以下几点：

一要重点突出。每一则广告都有明确的主题，这个主题就是广告的诉求重点。广告正文写作应该突出这个重点，显示商品的个性和主要优点。一般说，商品进入市场有引入期、成长期、成熟期、饱和期、衰退期，在突出诉求重点时，要根据商品进入市场的不同时期进行变化。在引入期和成长期，应以介绍商品的性能、功效等为主；在成熟期，应以介绍商品的名称、企业的名称等为主，发挥名牌效应；在饱和期和衰退期，则应宣传新品的开发和技术革新或商品的升级换代等。

二要简明易懂。经济广告正文要写得简明扼要，浅显通俗，具体明白，切忌拖沓晦涩。一般的日用品广告，商品的性能为消费者所熟悉，宜简短；高科技商品，为便于消费者了解与掌握相关知识，宜详细。此外，还要考虑传播媒体的特点。用于报刊的广告，可详细；广播、电视、灯光、牌匾、交通工具等广告，应简短。语言表达应尽量口语化，避免过多的行业、科技术语，避免抽象空洞的表述，以适应各个文化层次的消费者的理解。

三要富有情趣。除了使用一些成语、俗语便于公众记忆外，还可利用比喻、比拟、双关、押韵、对偶、对比等修辞手法，增强表达的生动性，在文体上可采用陈述体、说明体、论证体、抒情体、新闻体、文艺体、相声体、书信体等。

四要有感召力。经济广告的感召力，关键在于真实性，在于商品、劳务的高质量和企业的优良经营作风。广告正文常见写作有利用权威人士、权威部门、社会名流、消费者评价和推荐的话，或者利用权威认证，以及颁发的证书、奖状来证明。

3. 广告标语

广告标语也叫广告口号，它是广告者从长远销售利益角度出发，在一定时期内反复使用的特定宣传语句。它的作用在于使消费者加深对企业的经营特点、商品或劳务的独特优良个性的理解与记忆，以形成深刻强烈的印象。而这个印象又往往在无形中是消费者购买商品与选择劳务时的依据。

广告的标语按照内容和心理效应可以分为赞扬式、号召式、情感式、综合式等。

（1）赞扬式，就是运用直接陈述的方式，强调商品或劳务的优点，使消费者容易鉴别和记忆。例如××咖啡广告的标语是："滴滴香浓，意犹未尽"。

（2）号召式，就是运用鼓动性语言，直接动员消费者购买。例如××牙膏广告的标语是："要将牙病防，××帮你忙"。

（3）情感式，就是使用富有人情味的、引人联想的语言来显示商品、劳务或企业的特点。例如金狮自行车的广告标语是："家有金狮，吉祥如意"。

（4）综合式，就是综合上述的各种形式，融合为一。例如万家乐热水器的广告标语是"中国，万家乐"；神州热水器的广告标语是"款款'神州'　领先潮流　随心所'浴'　现代享受"。

广告标语的写作与标题写作基本相同，但更具鼓动性。因此，要突出特点，富于号召力；要押韵动听，简单易记。

4. 经济广告随文的写作

随文也称附告，是在正文之后的必要说明，随带告诉读者一些内容，具体包括：企业的单位名称、地址、电话号码、电报挂号、邮政编码、银行账号、购买手续、网络地址等，对消费者起购买指南的作用。报纸杂志广告和服务性广告的随文一般比较全面，电视广告一般只说出企业名称。

广告文案写作范例

"你给我一天时光，我给你一个世界！"

深圳世界之窗文化旅游景区毗邻锦绣中华与中国民俗文化村，开业于1994年，占地48万平方米，集世界奇观、自然风光、民俗风情、民间歌舞于一园，再现了一个美妙的世界。

园内景区分为世界广场、亚洲区、大洋洲区、非洲区、美洲区、现代科技乐园、雕塑园、国际街等9大景区。景观采用自由比例，或精致微妙，或气势恢弘。艾菲尔铁塔高108米，巍然耸立，游人可乘观光电梯到塔顶，饱览深圳和香港风光；尼亚加拉大瀑布水流飞泻，声势浩大，颇让人有身临美洲之感……每当夜幕降临，华灯初放，由世界民族歌舞组成的大型广场综艺晚会即在世界广场拉开帷幕，把景区活动推向高潮。

电话：（0755）6608×××

传真：（0755）6603×××

深圳世界之窗有限公司

摘引自：《语文实用能力训练教程》

分析：这则广告文案的标题"你给我一天时光，我给你一个世界"，其创意、设计较为新颖，直接抓住了游客的心理，具有吸引力。正文部分对景区的概貌和主要景点进行简要介绍，同时也是对广告标题和口号的具体阐述。

平台链接

关于平面广告设计

平面广告，若从空间概念界定，泛指现有的以长、宽两维形态传达视觉信息的各种广告媒体的广告；若从制作方式界定，可分为印刷类、非印刷类和光电类三种形态；若从使用场所界定，又可分为户外、户内及可携带式三种形态；若从设计的角度来看，它包含着文案、图形、线条、色彩、编排诸要素。平面广告因为传达信息简洁明了，能瞬间扣住人心，从而成为广告的主要表现手段之一。平面广告设计在创作上要求表现手段浓缩化和具有象征性，一幅优秀的平面广告设计具有充满时代意识的新奇感，并具有设计上独特的表现手法和感情。

平面广告就其形式而言，它只是传递信息的一种方式，是广告主与受众间的媒介，其结果是为了达到一定的商业目的或政治目的。平面广告设计在非媒体广告中占有重要的位置，表现形式可以多种多样，不像绘画那样受某种介质的限制，绘画的、摄影的、拼贴的，各种形式都可以为我所用，写实的、写意的、抽象的，各种手段都可以取其所长。因为广告创造是一种时尚艺术，其作品要能体现时代的潮流，设计者应该保持着职业的敏感，在不同的艺术形式中吸取营养，创作出既符合大众审美又符合时代潮流的作品来。

平面广告创作包括两个方面，即创意与表现。创意是指思维能力，表现是指造型能力。它们在概念上是有区别的，但在创造过程中又是统一的。道理很简单，只有一个想法，没有造型能力，即使想法再好也不可能把它表现出来。从另一方面来说，没有创造力和审美意识，其想法是很荒唐的，不可行的。另外只有造型能力，缺乏创意思维，是不可能称其为广告设计的，因为广告有很强的功能性，最基本的功能就是传递信息，这个信息如何传递，所体现的就是创意思维能力。现代的广告已不仅是简单的告知功能，独到的创意思维，恰如其分的表现，是一则广告成功的关键。因此，两者既有不同，又相互统一，这两方面能力的培养具有很强的专业性。

平面设计的好坏除了灵感之外，更重要的是准确地将诉求点表达出来，符合商业的需要。设计是有目的的策划，平面设计是利用视觉元素（文字、图片等）来传播广告项目的设想和计划，并通过视觉元素向目标客户表达。

广告设计的优秀与否对广告视觉传达信息的准确起着关键的作用，是广告活动中不可缺少的重要环节使广告策划的深化和视觉化表现。广告的终极目的在于追求广告效果，而广告效果的优劣，关键在于广告设计的成败。现代广告设计的任务是根据企业营销目标和广告战略的要求，通过引人入胜的艺术表现，清晰准确地传递商品或服务的信息，树立有助于销售的品牌形象与企业形象。

广告公司常用的平面广告设计软件有 Photoshop、Illustrator、PageMaker、Freehand、CorelDraw 等设计软件。

自主拓展

1．收集 5 条广告标语，试分析其独特之处。

2．以一则电视广告为例，分析在广告创意方面的优缺点。

3．结合自己所学专业，试写作宣传公司产品的广告文案。

第四节　经济合同写作

案例导入

李××2008 年大学毕业后被分配到某公司从事产品研发工作，2009 年单位出资 10 万元派其到国外培训。2010 年 2 月，李某与公司签订了为期 11 年的劳动合同。合同约定，单位出资培训过的人员服务期限不得少于 10 年。2010 年 9 月，李某欲另谋高就，向单位提出辞职申请。单位不同意，而李某认为根据《劳动法》的规定，再提出申请 30 天后单位应为其办理劳动合同解除手续。双方为此发生争议，李某辞职未成后拒绝上班，使其负责的产品利润比往年同期下降 12 万元。为此，单位申诉至仲裁委，要求李某继续履行合同并赔偿培训费用及直接经济损失。

因为合同导致的劳动纠纷在现实生活中屡见不鲜。作为在校大学生，应该学习合同的常识，了解合同法的有关规定，才能更好地保护自己的合法权益不受侵犯。

知识讲解

一、经济合同的作用

经济合同又叫经济契约，是当事人之间为了实现一定的经济目的，产生、变更、终止民事权利和义务关系的协议。它是商品经济的产物。经济合同的当事人包括：自然人、法人和社会其他组织。合同的当事人之间是平等的民事主体关系。经济合同的作用主要体现为：

（1）能有效保护经济合同当事人的合法利益。经济合同是当事人的共同法律行为，合同一经签订生效，当事人之间就产生了一定的权利和义务关系，而这种关系受《中华人民共和国经济合同法》等国家相关法律的承认和保护，任何一方不履行义务，都将承担一定的法律责任。

（2）能促进社会经济秩序的健全与完善。随着社会主义市场经济建设步伐的加快，经济宏观管理部门需要采取有力措施对市场经济运行的秩序进行有效的管理和维护，确保其健康、有序地发展，而合同制的广泛推行正是维护社会主义经济秩序、提高经济效益、保证国家计划执行的重要手段之一，它是国民经济发展的需要，也是完善经济领域的社会主义法律的需要，它对发展社会主义商品经济、大力促进企业改善经营管理、发展专业化生产和协作等具有深刻的意义和重要作用。

此外，经济合同也是国家对企业的经济活动进行宏观调控和检查指导的手段，是国家财政、银行、劳动、物价、工商管理等经济杠杆部门对企业进行监督的工具，还是司法部门对经济纠纷进行仲裁的重要依据。

二、经济合同的特点

经济合同具有如下几个特点：

（1）法律约束力。经济合同是合同当事人之间的共同法律行为。只要是遵守合同的订立原则所签订的经济合同，一经生效后，对当事人双方就产生了一定权利和义务的约束，任何外力（除了自然灾害等不可抗力）都不得对其加以干涉。合同当事人双方都必须恪守合同的相关条款，享受权利的同时必须履行规定的义务，否则将承担法律责任。

（2）法人行为。根据《中华人民共和国经济合同法》规定的经济合同的概念，经济合同的当事人必须是法人。所谓**法人**，是指具有民事和经济法律关系主体资格的社会组织。不具备法人资格无权订立合同。但由于随着经济体制的改革与完善，城市的个体经营者和农村的个体劳动者也有独立参与商品经济活动的要求，《中华人民共和国经济合同法》附则补充规定，个体经营者、农村社员也可以同法人之间签订经济合同，参照执行《中华人民共和国经济合同法》。

（3）受当事人业务范围限制。《中华人民共和国经济合同法》调整的是法人之间在生产经营活动中所发生的合同关系的法律规范，法人只有在正常业务范围内签订合同，才能适用经济合同法。这种规定的目的，在于规范全社会的经济活动秩序。《中华人民共和国经济合同法》还规定，代理人超越代理权限签订的合同或以被代理人的名义与自己或者同自己所代理的其他人签订的合同，均为无效合同。

三、经济合同的种类

经济合同的种类很多。《中华人民共和国经济合同法》中主要规定了以下 10 类：

（1）购销合同。包括供应、采购、预购、购销结合及协作、调剂等合同。

（2）建设工程承包合同。必须根据国家规定的程序和国家批准的投资计划、计划任务书等文件签订。

（3）加工承揽合同。应根据订做方提出的品名、项目、质量要求和承揽方的加工、订做、修缮能力签订。

（4）货物运输合同。根据货物调拨计划、运输能力和运输计划签订。零星货物的运输合同，根据国家的有关规定签订。

（5）供用电合同。根据用电方需要和电力可供量签订。

（6）仓储保管合同。根据存货方委托储存计划和保管方的仓储能量，由双方协商签订。零星货物的储存，根据有关仓储规定签订。

（7）财产租赁合同。

（8）借款合同。根据国家批准的信贷计划和有关规定签订。

（9）财产保险合同。采用保险单或保险凭证的形式签订。

（10）科技协作合同。包括科研、试制、成果推广、技术转让、技术咨询服务等。根据上级主管部门或有关部门的计划签订。没有计划的，由当事人双方协商签订。

能力讲解

一、合同订立原则

经济合同的订立必须遵守以下几个原则：

（1）遵守国家法律，维护国家利益。订立合同，必须遵守国家的相关法律，必须符合国家政策和计划的要求。任何单位和个人不得利用合同进行违法活动，扰乱经济秩序，破坏国家计划，损害国家利益和社会公共利益，牟取非法收入。比如弄虚作假、以次充好、逃避税收、哄抬物价或强压物价等。

（2）平等互利、协商一致、等价有偿。经济合同的双方当事人在经济活动中，地位是完全平等的。合同条款规定的双方权利和义务是互相关联的，不存在一方只享受权利而另一方只履行义务的情况。订立合同时，双方当事人必须在协商一致的前提下充分体现各自的利益和要求，任何一方都不得将自己的意志强加于对方。任何单位和个人都不得对合法订立的合同进行非法干预。采取欺诈、胁迫等手段所签订的合同属无效合同。

二、合同的订立程序

订立合同一般要经过两个主要程序：

（1）订立合同的**提议**，也称为要约，是指当事人的一方向对方提出订立合同的要求或合同草案的过程。经济合同的提议必须用书面或电报的方式提出。提议人（订立合同的主动方）在答复期限内要受到自己提议的约束，假如在期限内另外寻找合同伙伴，给他方造成损失，提议人应承担责任。值得一提的是，经济广告实际上是一种要约引诱，不应作为订约提议，不具备法律约束力，任何他方不能以广告作为提议而作出承诺，“自作多情”，造成损失，自己承担。

（2）**接受提议**，也称为承诺，是对方对提议方提出的合同建议表示完全同意，从而接受提议的过程。在合同提议中，如果指明了答复期限，承诺方应在期限内作出答复，未规定答复期限的，一般是以一个月为答复期限。如过了答复期限再进行承诺的，造成的损失自己承担。答复的方式可以采用书面答复或电报答复的形式，也可在答复期限内，以实际履行来代替答复。在实际的经济合同签订操作中，当事人往往就合同的条款等各项内容进行反复协商。因此，订立合同的实际程序是：要约、再要约……承诺。

三、合同的写作结构

（一）合同的基本要素

根据《中华人民共和国经济合同法》规定，经济合同的主要条款应包括以下几个内容：

（1）标的。所谓**标的**，是指合同当事人的权利和义务所共同指向的目标、事物。经济合同的标的一般分为三种：一是实物标的，如商品、货物等具体物品；二是行为标的，如劳务行为、保管行为技术服务等；三是工程标的，如道路、建筑等工程建设项目。

所有标的在合同中必须明确、具体地标明。同时标的还必须合法，有些实物如武器、弹药、麻醉药品等限制流通物，不可以进行合同交易，也就不能作为合同的标的；有些行为如果与国家现行法律、社会道德相违背，也不可以作为标的。

（2）数量与质量。标的的数量必须具体、明确，因为它直接关系到当事人双方的权利和义务、责任的大小。标的数量的计量方法，必须按照国家或主管部门规定的标准执行，如没有相关规定，则按照当事人双方商定的办法执行。数量的计量单位也必须符合规范，度、量、衡等都必须精确无误。标的的质量是确定标的特征的最重要因素，包括标的的品种、规格、型号、牌号、商标、技术标准、技术和工艺要求等。凡有标准等级的均应标明等级，如所执行的是什么时间的什么国际标准、国家标准、部颁标准、地方标准、行业标准或企业标准等，如无标准等级，双方可以协商标准，并在合同中附上具体样品。

（3）价款或酬金。价款或酬金是合同双方权利的体现。价款多用于实物标的、工程标的，酬金多用于行为标的。比如商品购销合同中购销商品所需的总价、建筑工程承包合同中的工程造价，技术服务合同中提供的技术服务所得到的相应报酬等。在经济合同签订中，要对价款或酬金数额的大小、计算标准和结算方式进行明确，要严格执行国家的价格政策和有关的规定，结算的方式一般是用货币通过银行转账方式结算。

（4）履行的期限、地点、方式。合同的履行期限是检查违约责任的依据之一，必须具体、明确。在期限规定时不能用“××日后交货”、“不日内交货”、“产出后交货”等模糊概念。履行的地点要写清省、市、县（区）的全称，以避免出现差错。履行的方式包括若干方面，如按履行的时间可以分为一次性履行、分期履行；按履行的工具可以分为航运、陆运、空运等，要根据不同的标的采用不同的履行方式。另外有一点特别重要，需要包装的商品，在合同中一定要专门规定履行时必须遵照执行的包装标准和包装要求，特别是食品、医药、化学产品等，要严格执行国家和有关部门规定的包装标准。

（5）违约责任。为了有效保证合同的履行，保护合同当事人的正当权益，维护社会经济秩序，经济合同文本中必须明确规定合同双方的违约责任。违约责任一般通过支付违约金、赔偿金的方式来体现。违约金是指合同双方在合同签订中规定的因一方违约而向对方支付的赔偿金额。赔偿金是指因一方的违约而给对方所造成的经济损失金额等。

（6）变更、解除、争议仲裁。经济合同中还应写明合同的变更、解除、争议仲裁的条件。如果合同当事人一方感到合同有不完善或不合理的地方，在征得对方的同意后可以变更合同。如果当事人一方违约，以致严重影响合同双方预期的经济利益目标时，另一方可以根据有关规定，通知对方解除合同。如果合同当事人就合同的条款发生争议，可以到有关仲裁机构提起诉讼。

（二）经济合同的写作结构

合同常用的写作结构有三种形式，即条款式、表格式、条文兼表格式。

条款式结构是指把经济合同的内容按照条、款、项、目的方式有序排列，每个条款表达一个内容。表格式结构是指按照合同业务特点和惯例，设计好表格形式，签订合同时只需在有关栏目中填写相应内容，使合同文本更为规范化和统一化。条文兼表格式结构，是指用表格形式表达与合同标的有关的内容，如品名、数量、规格、品种、价格、计量单位等，用条文形式规定和补充其他主要条款，这种结构适用于标的品种多、数量大、计量复杂、涉及许多数据和统计资料的合同使用。无论采用哪一种格式，合同的文本都必须具备以下几个部分：标题、当事人名称、正文、落款等。

1. 标题

合同的标题通常由业务性质、文种构成。如《运输合同》、《仓储合同》、《技术转让合同》、《土地使用承包合同》等。需要提醒的是，经济合同的标题不能统而言之为《经济合同》。在标题的右下方往往写上合同的编号，以便于管理和查阅。

2. 当事人名称

在合同的下方往往要写明合同双方的名称。通常表达为：“订立合同方”或“立合同人”，然后用“：”提示，再上下位置写明合同当事人双方的名称，要写全称，为了下文表达的方便，往往在其当事人名称后用括号注明“以下简称甲方、乙方”，根据合同的内容，当事人名称也可以简称为：“借方”、“贷方”，“供方”、“需方”，“承包方”、“发包方”，“承租方”、“出租方”等。但是注意不能使用“你方”、“我方”，“贵方”、“鄙方”，“本方”、“对方”之类容易产生歧义的简称。

3. 正文

经济合同的开头部分写明签订合同的依据和目的。当事人签订合同的目的要明确，同时必须要依据相关的法律、法规，通常用“根据××××有关规定，经双方协商一致，签订本合同。主要条款如下”或“兹因甲方向乙方订购下列货物，根据××××的规定，经双方议妥条款如下，以资共同遵守”等表达句式。

经济合同的主体部分阐述合同的主要条款。有的合同还带有附件，这也是合同的组成部分，与合同具有同等的法律效力。附件主要包括：提议方的书面要约、承诺方的书面承诺、与标的相关的图纸、质量说明、证书、工程进度表等。合同正文应该有专门条款注明附件的份数和名称。合同的结尾应注明合同的生效日期、合同的份数和保存以及相关的补充说明等。

4. 落款

经济合同的落款是指注明合同当事人各方的名称、地址、法人代表姓名、开户银行、账号等内容。签订合同的代表要签名，单位要加盖公章，最后填写合同签订的日期。按规定，合同自签订之日起生效。如在合同的正文中已有关于合同生效日期的说明，此处签订的日期就是合同的生效日期了。另外，所有的日期都必须是全称，不能简称，如“××××年××月××日”就不能简称为“××月××日”，以免产生合同理解的歧义和合同纠纷。

如果合同有担保人，担保人应该在落款处签名盖章。如果合同需要公证、鉴证机关或主管部门审核的，还应该有公证、鉴证机关或主管部门的签名盖章。

合同写作范例

订货合同

××字第××号

立合同方：××××××（以下简称甲方）
　　　　　××××××（以下简称乙方）

兹因甲方向乙方订购下列货物，依据××××××规定，经双方协商一致，共同订立条款如下，以共同遵守。

1. 货物名称、型号、数量：

货物名称 规格、型号	数 量	单 位	单 价	金 额	备 注
××××型内燃机	2	台	5万元	10万元	
××××型内燃机	2	台	5万元	10万元	
货款合计人民币（大写）			贰拾万元整		

2. 交货期限：××××年××月××日至××××年××月××日

3. 交货地点：××省××市××路××号

4. 货款之交付____________________
5. 包装方法及费用负担______________
6. 运输方法及费用负担______________
7. 其他费用负担____________________

甲方（盖章）____________	乙方（盖章）____________
经办人（签章）__________	经办人（签章）____________
地　址：______________	地　址：______________________
电　话：______________	电　话：________________
电　挂：______________	电　挂：________________
开户银行：____________	开户银行：______________
账　号：______________	账　号：______________________
公证单位：____________	鉴证单位：______________

从结构形式看，这是一份表格式合同。合同具体条款中涉及具体数量与质量、价款与酬金时必须交代清楚，同时需要大写的必须大写。交货期限、地点、方式必须填写清楚，不能模棱两可。落款部分一般均列出与当事人相关项目，订立合同时，当事人各方只需填写、签名、盖章即可。

平台链接

协议书的写作

协议书又称**协议**，它是国家机关、社会团体、企事业单位之间，为了统一计划、分工负责、协同一致地完成某一共同议定的事项而签订的一种契约性文书。协议书与合同具有相同的功能，但在使用中有一些细微的区别，其区别主要是：

协议书的内容比较原则、单纯，往往是共同协商的原则性意见；而合同内容具体、详细，各方面的问题全面周到。

协议书的适用范围广泛，可以是共同商定的各方面的事务；而合同主要是经济关系方面的事项。

合同一次性生效，而协议书签订以后，往往就有关具体问题还需要签订合同加以补充、完善。

协议作为契约的一种，将双方经过洽谈商定的有关事项记载下来，作为检查信用的凭证，一经订立，对签订各方具有约束作用，它确定了各自的权利与义务，双方各执一张，作为凭据，互相监督、互相牵制，以保证合作的正常进行。

协议的内容和写作结构上与合同相似，根据不同的情况有时原则一些，有时相对具体一些，但基本内容主要是：

1. 协议事项。在合同中协议事项称为标的，即双方当事人要求实现的结果，共同指向的事物。如货物、劳务、工程项目等。协议事项同样是指这些内容。

2. 数量、质量、价金等。

3. 协议要求与违约责任。

协议的结构主要由四个方面组成。

1. 标题。一般按协议事项的性质写出名称。

2. 称谓。要写明签订协议的双方（或多方）单位名称和代表人姓名。为了行文方便，习惯上规定一方为甲方，另一方为乙方，如有第三方，可简称为丙方。在协议中不能用我方、你方、他方作为代称。

3. 正文。主要由两部分组成：一是开头。开头主要写明双方签订协议的依据、目的和双方“信守”的表态。二是协议的主要条款，一般分条列项具体说明。

4. 结尾。结尾包括三个方面：一是署名；二是签订协议的日期；三是附项，即附加的有关材料予以注明，最后还要写清双方的地址、电话、开户行、账号、电报挂号等。

由于协议是一种契约活动，一旦签订，就具有法律效力，因此内容必须遵守国家法律、法令，符合国家政策要求，任何单位和个人都不能以协议为名进行违法活动。协议必须是出于当事人的真正自愿，在双方自由表达意志的基础上，经过充分协商而达成协议。同时要体现协作的精神，遵循等价有偿的原则，符合价值规律的要求。

自主拓展

1. 将本节的表格式合同范例改成文章式合同。
2. 分析下面这份合同的错误之处。

经 济 合 同

立合同人：××××厂三车间（甲方）

××××建筑公司生产科（乙方）

甲方需要建造大楼一座，经双方反复协商，共同订立本合同：

一、甲方需建造大楼一座，由乙方负责建造。

二、全部建造费用大约为人民币×××万元，甲方在订立合同生效后一个月左右，先付给乙方全部费用的百分之五十左右，其余部分在楼房建成验收后一次付清。

三、建房所需各项材料，由乙根据需要自行解决。

四、大楼从合同签订之日起，用一年以内的时间完工后交付使用。如未能保质保量完成，每月将按总建筑费用有百分之五左右罚款。

五、合同一式两份，双方各执一份为凭，并作为检查督促的依据。

××××厂三车间

××××建筑公司生产科

××××年××月××日

3. 根据上文的要素，重新拟写一份合同。

第十一章 宣传文书写作

学习目标

知识目标： 了解宣传文书的种类；

熟悉消息和通讯使用的工作情境；

熟知各个文种的写作结构。

能力目标： 掌握消息和通讯的写作技巧；

能在工作中正确、熟练运用消息等文种。

第一节　通讯的写作

案例导入

暑假社会实践通讯稿

2009年7月7日，我们一行人即将开始为期两天的社会考察活动——去崇明当地考察关于“长江隧桥”的完工对于当地的各方面影响。

早上，大家整理好东西前往宝杨码头。由于有些同学还是第一次乘船，难免会有些激动，一路上过去大家有说有笑，当然他们也对崇明的一水、一土也十分期待。

上午9：00左右我们就来到了宝杨码头，因为离开船摆渡还有一段时间，所以我们就准备在候船室休息。候船室里有很多人都在等候上船。我们拿出一些事先准备好的问卷调查，给那些等候在候船室里的人。一开始，我们还担心人家不肯做呢。其实，这些完全没必要担心。他们都很乐意的接受了我们给他们的问卷调查。

10：00左右我们摆渡到达堡镇，接着乘车去我们这两天要住的地方。中饭结束后，我们又和周围的人谈论“长江遂桥”完工后对当地的一系列影响。

“您觉得‘长江遂桥’完工后对当地老百姓的收入会有多大变化？”“收入肯定会增加，通车后经济肯定会发生变化，那么老百姓收入就多了，开发了呀，那日子肯定会更加好的。”说着说着，我看到了他们脸上洋溢的笑容。这是开心的笑，是对未来“长江遂桥”通车后的美好期望。

我们在崇明的两天活动很充实。我们在考察的同时也了解到了很多当地的风俗习惯、一些悠久文化历史。这是一次很有意义的社会实践考察活动。

通车后的崇明将会以一种崭新的面貌来迎接每一位来岛上旅游的游客。随着不断地开发，崇明也将会成为上海的后花园。将会成为一个绿色生态岛屿，到时这里的生态环境也将会吸引更多的游客来此度假、休闲。对当地的旅游业、房地产业等等都肯定会有很大影响。

两天的社会考察活动很快就顺利结束了，7月8号下午我们就乘船返回上海了。

这是一篇学生撰写的暑期社会实践通讯，能做到以时间为经、以空间为纬进行叙述，但是在主题的提炼和新闻语言的运用上仍有很大的欠缺。

知识讲解

一、通讯的性质和特点

通讯是以叙述、描写为主要表达方式，将具有新闻价值的人物或事件及时、具体、生动地予以报道的新闻体裁。

通讯作为报刊、电台等媒体最主要的体裁之一，新闻性显然是基本的特征。而新闻性中，真实性、时效性、思想性及典型意义构成了它的不同层面。就报道对象而言，人物、事件，或经验、成果、工作情况、社会风貌等，都必须是真实的，不允许虚构或“合理想象”，而且报道对象应该具有必须的思想性和典型意义。就报道时效性而言，通讯虽不及消息这般快速敏捷，有时为将人物、事件报道细致完整需要的时间较长，但也必须及时，仍必须有很强的时效概念。除去真实、时效的新闻性特征，通讯的主要特点有：

（1）生动性。通讯尤其是人物通讯具有一定的文学色彩。消息在表达上主要是平面的叙述，语言追求简洁、明快、准确。通讯则较多借用文学手段，可以描写、抒情、对话，可以用比喻、象征、拟人等修辞。因此通讯在语言和表达方法上都具有一定的文学性，它在报道真实的人和事的过程中，善于再现情景，平添许多生动的形象，给人以立体感和现场感。

此外，通讯虽然一般以第三人称叙述为主，但在“见闻”、“采访记”一类的通讯中，也采用第一人称。不过其中的“我”主要起见证人或采访线索的作用，在效果上第一人称的使用也增加了一些亲切感。

（2）完整性。通讯必须相对完整、具体地报道人物或事物的过程。消息侧重写事，叙述简明扼要，一般不展开情节。通讯可写人物也可写事件，其材料比消息丰富、全面，其容量比消息厚实、充足。它要求详尽、具体地报告事件的经过、演绎人物的命运，充分展开情节，甚至描写细节和场面。这些既是生动性的表现，同时也是内容完整性、具体化的要求。

（3）评论性。通讯必须运用夹叙夹议的方法对人或事件作出直接的评论。消息是以事实说话，除述评消息外，一般不允许作者直接发表议论。通讯则要求在报道人物或事件的同时，表露记者的感情与倾向。然而通讯的评论不同于议论性文体的论证，它必须时时紧扣人物或事件，依傍事实作适时的、恰到好处的评价点拨。因此这是一种通过描写、叙述、抒情等表达手段进行的议论，它的特点是以情感人，理在情中。

二、通讯的种类

1. 人物通讯

人物通讯是以报道先进人物为主的通讯。人物通讯并非仅仅是“名人通讯”，报道对象的选择取决于其蕴涵的新闻价值，一般来说人物必须具有先进性或典型性。通过写人物的先进事迹反映人物的精神世界，达到激励、教育受众的目的。少数批评性或揭露性的人物通讯则是为人们提供一面引以为戒的镜子，从另一方面发挥其社会作用。

从报道对象上看，人物通讯有两种情况：一是集中反映一个人的，如《县委书记的榜样——焦裕禄》，这在人物通讯中占大多数。二是反映几个人或一个群体的，如《手执金钥匙的人们——记北京景山学校的几位小学教师》。

人物通讯在取材上可写“全人全貌”，也可截取片断着重写人物的某个侧面或阶段。此两类一般以人物的“行”为主，而“人物专访”则以写人物的“言”为主。通过记者的专访，记述人物的谈话，从而揭示其精神世界。

2. 事件通讯

事件通讯是以具典型意义的事件为报道对象的通讯。事件通讯时效性较强，它围绕中心事件选材，虽不着力刻画人物，但往往通过典型事件表现一群人或一个集体。所以它总是较为详尽地展示事件的完整过程，写出事件的来龙去脉，或是把过程压缩成概括性的叙述，或突出描绘事件的某个片段。事件通讯在结构上常常以时间为线索，采用连贯式的线状结构，或者是以时间、空间相交叉的结构形式，注意场面的描写和背景材料的穿插。

3. 工作通讯

工作通讯是反映实际工作中的经验、问题的通讯。它常运用典型事实，反映具有广泛的社会意义，为广大群众所普遍关注的新经验、新问题，引导受众结合本单位实际情况学习经验、解决问题。常见的工作通讯，或介绍某一单位的新鲜经验，或反映实际工作中带有倾向性的问题，或探索带有方向性、政策性的问题，从实际工作出发上升到一定的理论高度。

4. 风貌通讯

风貌通讯是反映一个地区、一个单位的概况和发展变化的通讯，包括报道建设成就、自然风光、人物情况、风俗习惯等。通常是点面结合，以面为主，不是浓墨重彩，而是速写或素描。因此，风貌通讯又称为概貌通讯。它的主要形式有见闻、巡礼、纪行、掠影、散记、侧记等。

风貌通讯有的侧重于写社会风貌，有的侧重于写自然风貌，更多的是将自然风貌和社会风貌结合在一起写，物、人、景、事糅合在一起，具有思想性、知识性、趣味性等特点。语言优美，生动形象，具有散文的某些特质，两者的区别在于风貌通讯有一定的新闻性。

能力讲解

一、通讯的选材与提炼主题

占有材料对通讯写作来说就是通过扎实细致的采访广泛搜集第一手材料，随后在纷繁的直接材料中剥离出典型材料、背景材料。这些材料不仅要求真实，而且要有意义，具有典型性、指导性，同时还要有意味，具有具体、完整、感人的生动性、情节性。在这基础上根据深和新的原则提炼主题，通讯才可能呼应社会关注热点，反映时代风尚特点，宣传党的路线方针，从而以正确的舆论引导人，以先进的人物激励人，以真实的事件震撼人。在提炼主题时，不妨多角度认识、分析事件，然后选择一个最能说明问题、最能写好通讯的角度来反映事件。

然而通讯写的是真人真事，其主题必须从实际生活中提炼而来，不能随意“拔高”，更不能虚构夸大，它永远不能违背新闻的真实性原则。

二、人物通讯的写作

事因人生，人以事观。写人在文学创作中已积累丰富经验，在“非虚构”的原则下，我们不妨借用其多种手段，并注意以下三个方面：

（1）形与神兼备。即不仅要写出人物的行为和事迹，更要展示其精神世界。在写作时，不可就事论事，而要“见物、见人、见思想”。人物事迹的记叙应该围绕人物的思想展开。

（2）言与行统一。人物语言、行为表达传递出人物的思想，而不同的语气、句式、词汇及动作表情、神态等是极富个性色彩的内心表露形式。写好了人物的言与行，无疑是写活了人。刻画人物形象时要注意细节，于细微处见精神。

（3）画龙必须点睛。如果说言行、事例、情节勾勒出人物的整体形象称为“龙”，那么揭示人物行为意义，指出人物个性特点的评点便是“睛”。“画龙”用的是纪实的叙述、描写，“点睛”则是超脱的议论或抒情。

三、事件通讯的写作

通讯离不开写事，事件通讯更须完整地叙述事件的起因、人员、场面、结果等，以交代事件的复杂性和社会影响度。事件通讯的写作要注意以下几点：

（1）主题鲜明、思想深刻。撰写事件通讯，首先要选准事件，应选那些具有新闻性和典型性的事件。写作前要对说明的问题有明确的认识，在主题提炼上下工夫。

（2）理清主线、丰满细节。一个新闻事件的发生、发展过程中，有因有果，有人有事，头绪多而关系复杂，作者须理清主线，按事件原貌将其完整地、动态地、立体地呈现给读者。而为实现这一目标，就须选择典型的细节。一篇优秀的事件通讯，必然有几个生动感人的细节来充分展示主线，使作品丰满而具现场感。

（3）刻意写事，以事带人。事件通讯是记事为主的通讯，但是事情离不开人，所以写事必然写人。然而和刻意写人的通讯不同，事件通讯中的人往往是一群人，塑造的是群像，不允许花更多的笔墨去刻画人的外貌、心理、动作、语言，只能以经济的笔法作概括的介绍。

（4）应处理好时间和空间的关系。时空观点对于事件通讯来说是非常重要的。任何一个事件都有一个过程，有一个时间长度，任何事件都是发生在特定的一个或多个空间。因此，事件通讯常常以时间为经，以空间为纬，组织起生活的画面。

四、工作通讯的写作

工作通讯在写作时应注意以下几点：

（1）要有现实针对性。有的放矢、有感而发，才能发现问题、解决问题。问题提得新鲜、尖锐、有力，触到实际工作的痒处才能起到促人清醒、使人开阔眼界的作用。

（2）要有思想深度。工作通讯应该以党的方针、政策为指针，结合实际工作，既有情况的叙述，又要有深刻的见解。要从全局出发，对全部材料进行科学的分析、综合、提炼，挖掘其蕴涵的思想意义。在实际写作时要处理好叙和议的关系，工作通讯一般是夹叙夹议，在叙述事实时，要贯穿作者鲜明的观点，流露作者的感情倾向。在叙事的基础上不失时机展开精辟的议论，以强化和深化作者所要揭示的带有规律性的观点。

（3）要写得生动活泼。一是要调动多种表现手法，根据需要适当写人、写景、写情。二是直抒己见，该赞就赞，该驳就驳，想议则议。可以议论风生，也可以旁征博引。总之，要把枯燥的东西写得生动活泼。

五、风貌通讯的写作

风貌通讯写作时应着力写“变”。某种意义上说能否反映出事物的新变化是衡量风貌通讯的一个标准。在“变”字上做文章，写风物的新变化，写人们思想观点、情感生活的新变化。当然，要抓住那些富有特征性的变化，那些足以反映时代精神的变化。

要写好变化，就要注意在写作时善于作纵向和横向的比较，有比较才能看得出变化，才能使人受到启发。

六、通讯写作的基本技巧

1. 直接叙述

通讯往往通过直接的叙述，比较简明扼要地报道事物的概貌，反映出新闻事件的发生、发展、变化过程，反映新闻人物的心灵世界、人生际遇，把事物的上下左右关系交代一清二楚，使受众一目了然。其一般表现为：

（1）开门见山，突出主题。

（2）承上启下，过渡照应。故事与故事之间、场面与场面之间、上下文之间，都要用直接叙述的方法连接起来，以构成完整的篇章。

（3）简要穿插，对比衬托。通讯要丰满厚实，要能引起联想和思考，就必须有穿插、对比和衬托。但三者都不需要展开，不必作具体描绘，只要用直接叙述法作简明交代。

2. 直观描写

通讯是记者直接采访的详细资料的记录，营造一个可感的、具体的、立体的画面、艺术氛围是写作通讯者的追求。用直观的描写才能把过程、情节、场面、人物写得生动形象，才能给受众提供一副动态的、立体的、可感的生活画面，才能使受众受到感染和教育。直观描写在通讯中一般表现为：

（1）如实写出记者的所见所闻。

（2）事后采访，再现当时情景。

（3）记者作为“角色”出场，介入事件。

3. 实在的议论和抒情

在通讯写作中，议论和抒情是紧密相连的。有不少文字既是议论，又是抒情。这种议论是在叙述事实的基础上，画龙点睛一样的神来之笔。这种抒情是紧密结合事实，要言不烦地抒发作者个人的感情。一般通讯中的抒情和议论常采用比兴手法和对比手法。比兴手法使受众在实在事物中领悟思想、引起联想，不必作过多发挥，具有含蓄的特点。对比是为了使感情的表达更加强烈。

通讯写作范例

山谷传音报民生

——记坚持23年义务办广播室为农友服务的村民杨万宗

“喂，喂，喂……”

杨万宗正襟危坐，拍了拍话筒，轻喊几声。手中的报纸微微抖动，然后又清了清嗓子：

“各位农友，下面讲一讲十七大关于我们农村的内容……”

在容县容西乡祖立村立垌屯，这个声音，全村人早已耳熟能详。不仅如此，远近十里八乡，大喇叭声音所及之处，无人不晓。

从1984年起，这个声音一直在这片乡土上空回荡，从未间断。略有不同的是，声音质感由洪亮渐渐变得沙哑。

现已年近花甲的杨万宗，一个在家里义办广播室的普通农民。23年来，他用声音奏响了一曲乡村和谐乐章。

一台收音机，一个大喇叭，政策信息进农家

和全国许多乡村一样，上世纪七十年代，祖立村家家户户装了广播，生产队通知开会、安排劳动、传达政策，一播就行。

但随着农村机构改革，乡村广播站被撤销了，村庄一下子冷寂下来。

祖立村地处容县偏西，这里四面环山，幽若空谷。大山装点了村庄秀丽的景色，也将村庄与外界阻隔开来。

信息闭塞，让村民吃尽了苦头。

1984 年冬，几位村民辛辛苦苦将一万多公斤石灰运到一百多公里外的高州、信宜等地，想卖个好价钱。岂料，当地价格比家乡还低，吃力又吃亏。

这件事使只有小学文化的杨万宗深受触动。

“信息不通，处处瞎蒙。”于是，他买回了一台收音机。没想到，“小小一盒子，装着大学问——外面的情况都能晓得哩！”

“好东西就该拿来和大家分享。”后来，杨万宗冒出个念头：何不自办一个广播室，宣传党的方针政策，传播知识信息？

征得家人支持后，他用省下的全部积蓄，买了碟机、扩音机，在村前村后的制高点分别装了高音喇叭，“杨氏广播室”宣告成立。

文化水平不高，他就找来字典，“现炒现卖”，边学边播。

为播报更多内容，他自费订阅了多种报刊；看电视时，专盯新闻和农业节目，以便及时播报。

从此，每天早上 6：30 和晚上 7：00，杨万宗的方言广播总会准时响起。

沉寂已久的村庄，重新热闹起来。

一间广播室，一个农技站，人人跟着广播干

“别看这广播室不起眼，作用可大啰！我们一年四季都离不开它。”“以前没有广播，就像瞎子眼睛一抹黑，生产生活凭感觉打乱仗。”……

说起杨万宗的广播室，立垌村民有说不完的话。

村民杨建彬记得，1996 年，上级鼓励推广新型杂优水稻，但水稻对天气十分敏感，要适时保护。刚开始，大家照着土办法，看云识天气。

但此法老出纰漏，经常弄得措手不及。

杨万宗灵机一动，把每天收听到的天气预报播出来。从此，村里有了自己的“气象台”，种植不再“跟着感觉走”了。

除了播报气象，杨万宗还用广播传递政策及致富信息。

祖立村是荔枝产区。荔枝年年丰收，却连年遭遇卖难。一天，杨万宗从收音机中了解到国家对农产品实施了“保护价”，赶紧记下几个号码，一个电话，就把千里之外的客商引进村来了。

最火的场面，要数去年 7 月。杨万宗联系好客商，将收购信息广而告之。一连 10 天，附近 5 个村 300 多人集中上山摘荔枝，包装、冷冻、储运……300 万公斤荔枝远销北京、天津、武汉，售价比上一年高了 60%。

“只有了解政策，才能把握方向。”不断的实践，让杨万宗深切感到，对“三农”政策缺乏了解，是村民生产生活缺乏“安全感”的根源所在。

在新农村建设中，容县确定立垌为兰花种植试点，并派来一名技术员。杨万宗赶紧把技术员请到“演播室”。

“上级有何新政策？市场前景怎样？如何种植？……”他“现场采访”，“现场直播”，村民了然于心。

如今，立垌已被定为自治区级“国兰生产基地”，仅此一项，村民人均年收入就增加一千多元。

今年 5 月，面对肆虐的稻飞虱，个别村民慌了神，买错了农药。杨万宗知道后，赶紧广播，按照自治区的统一要求，组织大家群防群治，损失降到最低。

在杨万宗的带动下，村民学科技、用科技的氛围异常浓厚，获取信息的渠道也在不断拓宽，除了广播、电视、报纸，许多村民还学会了利用网络。

一段话外音，一句号角声，默化村风和民情

每天清晨，立垌村民迎着大喇叭的歌声醒来——家家“开门八件事”：柴米油盐酱醋茶，外加听听大喇叭。

昨夜村里村外发生了什么事，听听广播准能知晓；老年人喜欢听粤曲，跟杨万宗说一声，乐声就从空中飘来；甚至有家长想唤娃崽回家，到话筒前一吼，娃崽就乖乖“归巢”了……

一天，两位村民因小事吵闹，村干上门调解，无效。

当晚，杨万宗来了一段“话外音”：“俗话说远亲不如近邻，现在国家倡导建设和谐社会，牙齿和舌头也会磕磕碰碰，体谅包容才能和谐……”

不点名，不道姓，借讲大道理，影射身边事。双方听后，转念一想，感到很羞愧，主动自我检讨，和好如初。如遇紧急事件，杨万宗的大喇叭就成了行动的“号角”。

今年1月10日，邻村山坡发生火灾，发现者首先通知杨万宗。他用广播一喊，几分钟，村民们就赶到山头，将火扑灭。“比119还快呢！”

去年8月13日深夜，村里遭遇10级台风。杨万宗接到乡党委通知，立即广播，居住在危房里的村民应声转移。刚转移完毕，一间危房被狂风刮倒……

号角，有时也在村民之间吹响。

每年春节期间，杨万宗都组织开展“贺岁杯”篮球运动会，把大喇叭搬到球场，现场解说，播报战况，加油鼓劲。

“贺岁杯”已连续举办了13届，在当地打出了名，附近乡镇、县城甚至北流市的群众也组队前来参加，好不热闹。

运动会强健了村民身体，也净化了村风民情，邻里关系融洽和谐，村民不迷信不赌博，闲时不是到篮球场上争来抢去，便是在乒乓球桌边你推我挡。十多年来，村里没发生一例刑事案件。

一天不播音，一村无生气，大山内外连一起

杨万宗也曾担心，现在家家户户看上了彩电，自己苦心经营的“土广播”是不是也该“自动下岗”了？去年8月，他试着停播一周。

可没几天，竟有不少村民催上门来了——“你一天不播音，村子都没了生气，咱心里空落落的。”

这话，说得杨万宗心里温暖。

这话，给了杨万宗更大动力。

为便于广播，他生意也不做了，常年坚守在家。如需临时外出，就先调好，让妻子代播，还反复叮嘱：千万别误事哈！

今年年初，妻子生病到县城住院，这可忙坏了杨万宗，每天县村两头跑，但广播从未间断。

23年来，杨万宗先后更换7套设备，购买磁带、光碟不计其数，花费近万元。这对普通农家来说，不是小数。但他依然乐此不疲：“大家喜欢听，干啥都开心！”

杨万宗家里，经常人来人往。有对广播内容存疑而登门探讨的，有因听不清楚前来咨询的……“听众”的疑惑，他都一一耐心解答。

每天，报纸要闻版，广电新闻节目，他必读必听。中央和地方的方针政策，他总能如数家珍，娓娓道来。

这不，“城乡清洁工程”实施后，村里就迅速行动了起来。杨万宗用广播宣讲卫生文明知识，表扬好人好事，组织村民大扫除，全村爱护环境卫生蔚然成风。

祖立村党支部书记庞兆丰感言：“有了这个广播室，我们的工作容易多了，特别是上面的政策、支部的工作，能够及时传达下去，拉近了干群关系。”

一个小小广播室，就这样把山村与外界紧紧连在一起，把村民与党和政府紧紧连在一起。

容县县委书记满昌学说，这是新时期加强农村宣传舆论阵地建设，关注民生、构建和谐乡村的成功典范，可以在其他乡村推广。

目前，该县已向所有219个行政村赠送了广播设备，并遴选一批热心于公益事业的“乡土广播员”专门负责广播，以让广大群众及时获得致富信息，及时了解党的方针政策。

连通大山内外的声音，声声不息。

摘自：2007年11月19日《广西日报》

分析：这是一篇典型的人物通讯，不仅以生动的语言再现了人物的事迹，更表现了其精神境界。语言优美，具有吸引力。

平台链接

人物专访

人物专访是对受众所关心的人或事作专题采访的一种报道。它与人物通讯同属于写人，但人物通讯侧重于写人的“行”，而人物专访侧重于记人的“言”。它以转述被采访对象的谈话为主，有机地穿插背景材料和现场情景，包括采访者对现场的观察，对人物的音容笑貌、思想性格的认识等。

人物专访突出一个“专”字，其特点表现在：

首先具有特定性。即记者带着特定目的，就特定问题，在特定场合采访特定对象，而且常常是供特定新闻媒介专用的。这就使人物专访比一般通讯更具新闻性、时效性和专题性。

其次是具有人物、作者、现场三要素，现场感强。访问对象和作者都出场，进行对话，整篇报道以谈话记录为主，穿插背景材料介绍和现场描写，给人以主题集中、富有特色、活灵活现的感觉。

最后写作具有灵活性。集通讯、消息长处于一身，既可写得生动具体如通讯，又可简洁明快像消息；即可作客观报道，又可叙事抒情；既可用第三人称代叙，又可用第一人称直叙。

写作人物专访时要注意以下几点：

一是有明确目的，选好专题。

二是注重谈话纪实。专访主要写访问的情况，写谈话过程，写现场活动，不注重写历史背景。写作的内容是谈话，表现方法是纪实，忌过多的叙述、描写、议论和抒情。

提问有三种方式。一是气氛轻松的漫谈式；二是目标明确，问题具体尖锐的直指式；三是商量式。三种方式以直指式为主，结合其他使用，才能提高访问的效率和质量。

写作时要保留对象的思想锋芒和语言风格，保留谈话的原有风貌。

自主拓展

1. 以班级最近组织的一次活动为蓝本，写作一篇事件通讯。
2. 找几篇人物通讯，分析其中的写作技巧和方法。
3. 将学到的知识运用到暑期社会实践的通讯写作中。

第二节　消 息 写 作

案例导入

卫生部副部长：中医害死陈晓旭说法很无德

核心提示：针对“陈晓旭被中医害死”之说，卫生部副部长王国强称这些攻击中医药的言论，很不道德、很不科学！他认为不能以个人不科学的看法来评判中国几千年的中医药文化。另据了解，为了让公众了解中医，我国将进行为期3年的中医中药科普宣传活动。

北京晨报6月15日报道　针对“陈晓旭被中医害死”之说，在昨天召开的“中医中药中国行”大型科普公益宣传活动启动仪式上，卫生部副部长、国家中医药管理局局长王国强首次进行了严厉批驳，“这是借人们喜爱的影视演员攻击中医药的言论，很不严肃、很不道德、很不科学！”

据悉，为了让公众了解中医，从下月开始，我国将进行为期 3 年的中医中药科普宣传活动。

王国强说，世界上每天都有很多人去世，难道都是中医害死的？更何况，癌症的治疗是所有疾病中死亡率最高的，中西医结合对癌症的治疗，对延缓病情发展、减轻患者痛苦能发挥很好的作用。他认为，“不要以个人不科学之见来评判中国几千年的中医药文化。”

摘自：http://www.blogchina.com

作为公众了解新闻事件的渠道，不真实的报道将会引起很多不必要的纷争，甚至会引起人们的恐慌，所以真实性是消息的生命。

知识讲解

一、消息概述

消息是以简要文字及时迅速报道新近发生的事实的一种新闻体裁，是报纸、广播、电视最广泛、最基本和最常用的一种文章样式。

在新闻大家族中，消息处于主力军地位。没有消息，也就没有报纸、电台、电视台的存在。报纸发表消息时一般有电头或“本报讯”，电视台在播发消息时，一般说明“据××消息”或本台消息。

二、消息的基本特点

（1）真实性：消息必须以叙述客观事实为重，用事实说话。以事感人是消息的特点，事实才是消息的主体，没有具体的材料而空发抒情或评论，消息则不能成为消息。

（2）时效性：现代社会变动迅速，作为反映这种变动中的客观事实的消息，它能快速敏捷、及时迅速为新闻受众提供多方面的消息，消息在反映这种变动时一般不隔天，有时甚至是事件发生几小时或几分钟后就加以报道。有人认为，新闻之所以称“新”，就是因为消息的“新”、内容新、时间近、报道快。

（3）精简性：精简性要求消息以最短的文字报道最重要、最新鲜的事实。如果不精简，就难以在最短的时间内报道最新的新闻。

三、消息的分类

一般比较通用的分法是从写作角度将消息分为四类：动态消息、简讯、综合消息、经验消息、述评性消息。

1. 动态消息

动态消息是最基本的消息文体，报道正在发生或新近发生的国内外大小事件和活动。诸如国际活动及外事活动的报道，反映突发事件，反映各地涌现的新事物、新情况、新问题、新动向的报道，各种会议的报道都属于动态消息。由于动态消息注重抓动态，因而更鲜明地体现了消息短、快、鲜、活的特点。

动态消息中有不少是简讯，它的内容较为单一，文字简洁，一般只有一二百字，甚至只有一句话。

2. 简讯

简讯又称**短讯**，是简明新闻。其最大特点是内容单一，短而快。在新闻五要素中，只突出何时、何事、何人等要素，一般不交代背景，起活跃版面的作用。

3. 综合消息

综合消息一般反映国际国内带有全局性的情况和动向，报道面广、声势大。它往往围绕一个主题，综合一个地区或一条战线在一个时期内发生的事情，进行鸟瞰式的概括报道。

4. 经验消息

经验消息又称“典型报道”，是报道一些具体部门、单位的典型经验和具体做法，用以引导全局、指导工作的一种新闻文体。写作时一般要交代情况、介绍经验、反映变化、总结规律。

5. 述评性消息

述评性消息又称“新闻述评”，它是介于消息和新闻评论之间的一种新闻文体，是一种边述边评、评议结合的消息品种。它常常是借报道某一消息时发表某种意见或主张，对新闻事实的来龙去脉进行分析和解释。在写作时，有时以述为主，即以报道新闻事实为主，适当地加以评论和解释；有时以评为主，报道事实只是为了给评论提供最新的新闻依据，借此加以议论、引申和发挥。

能力讲解

一、消息的组成

消息作为新闻文体的最重要的文种，一般都要制作标题，写出导语、主体、结尾，有些消息还要介绍背景。

1. 标题

标题是消息的眼睛，它要求以非常简明的语言标出报道的内容，揭示新闻事实的实质，点明新闻事实的意义。一般文章通常只有一个标题，有时加个副题。而消息常用多行标题，有正题、引题和副题之分：

（1）正题，也叫主题、母题或大标题，是标题的骨干和核心，高度概括消息的中心内容。

（2）引题，也叫肩题、眉题，标在正题前面作为前奏，起交代背景、烘托气氛、说明原因、提示消息内含精神实质的作用。

（3）副题，也叫次题、辅题或子题，标在正题的后面作为补充，进一步说明消息的主要内容，往往起提要的作用。

2. 导语

导语一般是消息的第一自然段，或开头的一两句话，用来吸引读者阅读下文。它往往用简洁、明快的语言集中概括消息的主要事实。一般称为导语的“导”字有三种含义：开始、启发和吸引。导语是消息这一新闻文体特有的概念，是消息区别于其他新闻文体的一个重要标志。

消息的导语通常有以下几种：

（1）概括性导语。导语往往是新闻事件的高度概括，使读者看过导语后，不用看下文，就能了解消息的主要内容，这种结构形式的特点避免了消息写作中把最重要、最新鲜的事实淹没在大量一般性事件中，突出了“新”字。

（2）陈述性导语。按事实发生的时间顺序来写，又叫“编年史式”，这种形式使消息情节步步推进，事件的高潮在后面出现，有引人入胜的效果。

（3）描写型导语。对富有特色的事实或有意义的一个侧面，用简练的笔墨进行形象描绘，给读者以鲜明的印象。如“一盆盆翠绿欲滴的麦冬、松柏、万年青和盛开的鲜花装点在人民大会堂的大厅里，全国妇联今天下午在这里举行联欢会。中外妇女一千五百多人欢聚一堂。相互握手问好，亲切交谈，共同庆祝‘三八’妇女劳动节”。

（4）评论式导语。这是对所报道的事实先作出评论性结论，然后再用具体事实来阐明。如“今天，新中国颁布的第一部专利法正式生效了。从此，脑力劳动成果被无偿占用的历史在我国宣告结束”。

（5）设问式导语。设问式导语就是在消息开头即提出一个尖锐的问题，然后加以解答，引起人们的关注和思想。如我们在推的联保贷款，解决了农民贷款难的问题。导语可以这样写：贷款像存款一样方便？对莒县农民来说，原来似乎不可能，如今已梦想成真。

（6）引语型导语。这就是将消息中主要人物有新意、有特色、个性化的语言放在导语中，给人以强烈印象。

导语的写作贵在开篇有物，应该力求把最重要、最有意义的事实写进导语中，切忌空洞无物，充满口号和概念。应该刻意求新，切忌陈旧一般化，尤其要讲究时效性，避免陈旧感。也还应该力求简明扼要，切忌不分轻重缓急，把大量事实一股脑儿塞进去。最后，导语的写作还要尽量做到生动活泼，切忌干瘪乏味。

3. 主体

主体是导语之后构成消息内容的主要部分，它对消息事实作具体的报道和说明。它的任务是对消息的事实作具体的报道和说明，发挥主题，表现主题。主体有双重作用：一是注释导语，使导语中的事实更加清楚详细；二是补充导语，使导语中没有提到的其他消息主题的事得以补充，以保证消息的完备性。

主体的写作应注意以下几个问题：

（1）注意变换角度，不重复导语，导语说过的话，主体不要再说。

（2）紧扣主题，内容充实。主体是对导语的阐释和补充，事实材料一定要紧扣主题，与主题无关的不能放进主体。但是，为了补充和阐释导语，主体的事实内容应该充实，只有内容充实才能有力地回答导语提出的问题。

4. 结尾

结尾是消息的最后一段或一句话。阐明消息所述事实的意义，使读者对消息的理解、感受加深，从中得到更多的启示。

消息的结尾方式有小结式、评论式、希望式等。

有的消息，事实写完，文章就止住了，结尾就在事实之中。

5. 背景材料

背景是指事件发生的历史环境和原因，它说明事件发生的具体条件、性质和意义，是为充实内容，烘托和突出主题服务的背景既可在主体部分出现，也可在导语或结尾部分出现，位置不固定。

背景材料一般有三类：一是对比材料，即对事物进行前后、正反的比较对照，以突出事件的重要性；二是说明性材料，即介绍政治背景、地理位置、历史演变、生产面貌、物质条件等；三是诠释性材料，即人物生平的说明，专业术语的介绍，历史典故的解释等，以帮助读者理解消息的内容。

二、消息的常用结构

1. “倒金字塔”结构

这种结构要求把最重要的新闻事实放在最前面，然后以事实重要性递减为顺序，按照“重要——次重要——次要”这样的原则一路写下来，由大到小，由重到轻。

2. “金字塔”结构

“金字塔”结构又称编年体结构，它完全按照事件发生的时间顺序来安排材料。事件的开头就是消息的开头，它的结束就是消息的结束。

3. “倒金字塔”与“金字塔”相结合结构

这类消息的第一段导语仍按“倒金字塔”结构来写，导语之后又按事件发展的时间顺序来写。这样，开篇突出主要新闻事实，收到开门见山、新闻感强的效果，全篇又不失具体、完整，给人明白晓畅的感觉。

消息写作范例

新闻出版总署：记者不得以“曝光”要挟索取财物

【新华网北京3月30日电】新闻出版总署30日通报了河北蔚县矿难收受“封口费”事件相关处理情况。通报指出，新闻记者不得以新闻报道名义谋取不正当利益，不得以新闻报道为名要求采访对象订报刊、做广告，不得以核实稿件为名要求新闻当事人提供相关利益，不得以“曝光”相要挟向采访对象索取财物。

通报中还指出，新闻出版总署将对新闻记者及记者站违法违规活动加大查处力度，对典型违法案例予以公开通报。基层单位和群众如发现媒体记者从事“有偿新闻”或“有偿不闻”，以及利用新闻报道牟取其他不正当利益等违法违规行为，可通过电话010-65212787进行举报。

新闻出版总署相关负责人表示，各地报刊社要严格采编人员资格准入制度，严把用人关；报刊社不得向记者站或记者下达发行及经营任务，报刊社记者站不得从事与新闻业务无关的其他活动，要对本单位工作人员及通讯员、特约撰稿人以及驻各地记者站管理情况及证件发放情况逐一进行检查。

媒体从业人员严重违法违规行为，不仅败坏了新闻记者的良好社会形象，而且损害了媒体的公信力。为避免再发生此类事件，新闻出版总署要求各报刊社要对照《出版管理条例》、《报纸出版管理规定》、《期刊出版管理规定》、《报刊记者站管理办法》、《新闻记者证管理办法》等法规、规章加强管理。

摘自：http://www.163.com

平台链接

评　　论

评论也即批评和议论，是传播媒体用说理的方式对一定社会对象进行议论和评说的一种应用文体。既是日常生活中经常使用的应用文，又属于议论文的范畴，是报刊电台、电视台的编辑及其社会个人对社会政治、经济、文化、教育、卫生等各个领域的某些现象、某些带有倾向性的问题、对某些社会热点等进行分析后写出的文章。

几种常见的评论有：

1. 社论。社论是以报刊编辑部的名义发的具有指导意义的倾向性的言论。往往代表一定政治集团、政治组织、政党团体对国内外重大问题的立场、观点和态度。社论具有很强的针对性和政策性。它可以引导舆论、教育群众、统一思想、传达精神，从而把党的方针、政策及时地贯彻下去，以达到指导工作的目的。

2. 编者按。编者按是报纸杂志、电台、电视台经常使用的、长短不拘、自由灵活的按语。是针对新闻报道中提出的问题所作的提示、说明、补充、批注和评价。可以是对意义的揭示，也可以是背景的交代，它常常使用在一篇或一组文章的前面，也可以是其后。编者按通常内容精要，篇幅简短。

3. 短评、短论。短评和短论都是一种篇幅短小、形式灵活、内容单一的评论，都是对客观对象的某个方面、某一点所作的局部评述。短评一般来说都是配合新闻报道而作的述评，一般不单独成篇。短论则不一定配合具体的新闻报道，它选材广泛，大到国家的大政方针，小到家庭琐事、衣食住行，只要是带有倾向性，对社会有一定教育意义的都可使用。像报纸上的“十日谈”、“大家谈”、“市民漫话”等，都是短论。

4. 专论、评论员文章、随感录。专论是就某一领域某个问题进行专门论述的理论文章，如政治专论、思想专论、经济专论、哲学专论等。它可以由专家撰写，也可以由编辑部以“特约评论员”的名义发表。

评论员文章是报刊编辑部以评论员的身份，对一些问题和决策所作的政治性、思想性的分析，它的题材短小，问题比较单一，不像社论那么全面。它不代表整个编辑部和同级党委的意见，只代表其中一个评论员，具有较大的灵活性。评论员文章往往能快速及时地反映重要内容，目标比较集中。

随感录是通过文学的表现手法将所见、所遇、所闻、所思、所感随笔写出，给人以启发和教益。它可以是由现实生活中的某种现象说开去，也可以由历史人物、历史事件说开去。随感录的形式自由，往往是透过现象看本质；题材广泛，古今中外皆可；文笔活泼，寓庄于谐，文学的多种手法并用，是人们比较喜闻乐见的形式。

自主拓展

1. 将班级最近发生的事情以消息的形式写出。
2. 阅读报纸上的消息，分小组讨论消息的结构和写作方法。

第十二章

科技文书写作

学习目标

知识目标： 了解常见的几种科技文书类型；

熟悉实验报告、开题报告、毕业论文、毕业设计的使用场合；

掌握上述几种文体的写作技巧。

能力目标： 能较为准确地写出实验报告；

会写开题报告；

能自主完成毕业论文；

能合作完成毕业设计。

第一节　实 验 报 告

案例导入

无机化学实验室，同学们正在做卤素实验。老师告诉他们实验目的是了解卤素单质的性质和卤化氢制备方法及性质，试验氯酸盐的氧化性，掌握 Cl^-、Br^-、I^- 离子的分离和鉴定。实验中还要思考几个问题：常态下卤素单质的状态、颜色怎样？实验室中如何制备氯化氢、溴化氢？氯酸盐在什么条件下有明显氧化性？加入什么物质使其具有较强氧化性？AgCl、AgBr、AgI 分离时，为何用 $(NH_4)_2CO_3$ 而不用 NH_3H_2O？向未知液中加 $AgNO_3$，若无沉淀产生，能否说明溶液中不存在卤素离子？实验做完后，完成实验报告。同学们依照老师教授的步骤一步步完成了实验任务，可报告怎么写呢？

实验报告在科学研究中是常常用到的文体。有的部门设置有固定格式的报告书用于填写。

知识讲解

一、实验报告的概念

实验报告是在科学研究活动中人们为了检验某一种科学理论或假设，通过实验中的观察、分析、综合、判断，如实地把实验的全过程和实验结果用文字形式记录下来的书面材料。简言之，就是把实验的目的、方法、过程、结果等记录下来，经过整理写成的书面汇报。

实验报告具有情报交流的作用和保留资料的作用。

二、实验报告的种类

实验报告的种类因科学实验的对象而异。如化学实验的报告叫化学实验报告，物理实验的报告就叫物理实验报告。随着科学事业的日益发展，实验的种类、项目等日见繁多，但其格式大同小异，比较固定。实验报告必须在科学实验的基础上进行。它主要的用途在于帮助实验者不断地积累研究资料，总结研究成果。

能力讲解

实验报告写作与格式

1. 实验名称

要用最简练的语言反映实验的内容。如验证某程序、定律、算法，可写成“验证×××”；分析×××。

2. 所属课程名称

3. 学生姓名、学号及合作者

4. 实验日期和地点（年、月、日）

5. 实验目的

目的要明确，在理论上验证定理、公式、算法，并使实验者获得深刻和系统的理解，在实践上，掌握使用实验设备的技能、技巧和程序的调试方法。一般须说明是验证型实验还是设计型实验，是创新型实验还是综合型实验。

6. 实验原理

在此阐述实验相关的主要原理。

7. 实验内容

这是实验报告极其重要的内容。要抓住重点，可以从理论和实践两个方面考虑。这部分要写明依据何种原理、定律算法或操作方法进行实验，以及详细的理论计算过程。

8. 实验环境和器材

9. 实验步骤

只写主要操作步骤，不要照抄实习指导，要简明扼要。还应该画出实验流程图（实验装置的结构示意图），再配以相应的文字说明，这样既可以节省许多文字说明，又能使实验报告简明扼要，清楚明白。

10. 实验结果

实验现象的描述，实验数据的处理等。原始资料应附在本次实验主要操作者的实验报告上，同组的合作者要复制原始资料。

对于实验结果的表述，一般有三种方法。

（1）文字叙述：根据实验目的将原始资料系统化、条理化，用准确的专业术语客观地描述实验现象和结果，要有时间顺序以及各项指标在时间上的关系。

（2）图表：用表格或坐标图的方式使实验结果突出、清晰，便于相互比较，尤其适合于分组较多，且各组观察指标一致的实验，使组间异同一目了然。每一图表应有表目和计量单位，应说明一定的中心问题。

（3）曲线图：应用记录仪器描记出曲线图，指标的变化趋势形象生动、直观明了。

在实验报告中，可任选其中一种或几种方法并用，以获得最佳效果。

11. 讨论

根据相关的理论知识对所得到的实验结果进行解释和分析。如果所得到的实验结果和预期的结果一致，那么它可以验证什么理论？实验结果有什么意义？说明了什么问题？这些是实验报告应该讨论的。但是，不能用已知的理论或生活经验硬套在实验结果上；更不能由于所得到的实验结果与预期的结果或理论不符而随意取舍甚至修改实验结果，这时应该分析其异常的可能原因。如果本次实验失败了，应找出失败的原因及以后实验应注意的事项。不要简单地复述课本上的理论而缺乏自己主动思考的内容。

另外，也可以写一些本次实验的心得以及提出一些问题或建议等。

12. 结论

结论不是具体实验结果的再次罗列，也不是对今后研究的展望，而是针对这一实验所能验证的概念、原则或理论的简明总结，是从实验结果中归纳出的一般性、概括性的判断，要简练、准确、严谨、客观。

13. 鸣谢（可略）

在实验中受到他人的帮助，在报告中以简单语言感谢。

14. 参考资料

详细列举在实验中所用到的参考资料。

实验报告写作范例

计算机实验报告

课程：大学计算机基础 班级： ***** 学号：** 姓名：***

组别： 同组者姓名： 仪器编号： 实验日期：

实验 Windows 2000 操作

[实验目的]

1. 掌握 Windows 2000 的启动和退出。熟悉 Windows 2000 的桌面环境，掌握“回收站”、任务栏、帮助菜单的使用。

2. 掌握 Windows 2000 的窗口、菜单以及对话框的操作。掌握“资源管理器”和“我的电脑”的使用。

3. 掌握文件与文件夹的创建、移动、复制等基本操作。

4. 掌握应用程序的安装与删除、移动与退出，快捷方式的创建与删除。

5. 掌握 Windows 2000 系统的设置，了解 Windows 2000 附件的使用。

[实验环境]

硬件：Pentium 以上的计算机。

软件：Windows 2000 操作系统。

[实验内容]……

见附件

[实验结果]

1. 建立了如下图所示目录树：D:\USER NEW1.COD A USER2 B BBB NEW2.DOC BBB

2. 完成了“计算机”快捷方式的创建。

3. 完成了控制面板中显示、区域选项等属性的设置。

分析：这是一则格式固定的专用报告单。标题直截了当，表头一一标明，没有遗漏，正文分条列项，从实验目的、环境、内容、结果分别叙述这个实验过程以及得出的结论，具有科学性。

平台链接

实 习 报 告

实习报告是指各种人员实习期间需要撰写的对实习期间的工作学习经历进行描述的文本。正文包括：实习内容、实习体会、实习建议、实习总结等。

一、实习内容：毕业实习的工种或岗位；在毕业实习中从事了哪些方面的具体工作。

二、实习体会：对自己所从事工作的认识或掌握的程度，有何感想。

三、实习建议：通过毕业实习，对本专业的专业知识，课程结构有什么建议和想法。

四、实习总结： 通过毕业实习的收获等。

五、实习报告格式：

实习时间：____________________

实习地点：____________________

专业：__________ 姓名：__________

班级：__________ 学号：__________

实习学校指导教师：__________

主要实习内容：

实习学生（签名）：

年 月 日

实习领导小组鉴定：

系学生实习领导小组（盖章）：

年 月 日

从第二页开始写实习报告正文（要求字数不少于1000字）。正文应包括一般正式论文的主要部分：

1. 摘要。
2. 引言（笼统介绍报告主题所涉及的领域并引出报告主题，说明该次实习主题的实际意义）。
3. 报告主体（注重事例列举与理论分析，切忌作流水账式的描写，主题要集中）。
4. 结论，对报告主题进行总结。
5. 格式要求：

（1）纸张：A4。

（2）行距：1.5倍。

（3）页边距：上下、左右全为2.5cm。

（4）字体和字号：标题为宋体三号，加粗，正文采用宋体小四号。

自主拓展

1. 有化学课的班级请完成本节开头所举案例的实验报告。
2. 熟记实验步骤，独立完成实验报告。

第二节 开题报告

案例导入

“哎，你听说了吗？我们下去实习之前要写开题报告的。”“开题报告？什么是开题报告呀？”王玲听郑爽一说，感到惊讶。“据说是让我们选一个可写的论文题目。具体怎么回事，我也不太清楚。”郑爽回答得含含糊糊。王玲是一个疑问不能过夜的人，拉着郑爽就去找老师了。

大学学习初期，牵涉不到论文，当然开题报告就更不知道了。但开题报告却是毕业生必须要做的事情。

知识讲解

一、开题报告的概念

开题报告是指开题者对科研课题的一种文字说明材料。

这是一种新的应用写作文体，这种文字体裁是随着现代科学研究活动计划性的增强和科研选题程序化管理的需要应运而生的。开题报告成为毕业论文答辩委员会对学生答辩资格审查的依据材料之一。

二、开题报告的格式

由于开题报告是用文字体现的论文总构想，因而篇幅不必过大，但要把计划研究的课题、如何研究、理论适用等主要问题说清楚，应包含两个部分：总述、提纲。

（一）总述

开题报告的总述部分应首先提出选题，并简明扼要地说明该选题的目的、目前相关课题研究情况、理论适用、研究方法、必要的数据等。列举如下：

1. 选题意义

（1）理论意义。

（2）现实意义。

2. 论文综述

（1）理论的渊源及演进过程。

（2）国外有关研究的综述。

（3）国内研究的综述。

3. 本人对以上综述的评价

（二）提纲

开题报告包含的论文提纲可以是粗线条的，是一个研究构想的基本框架。可采用整句式或整段式提纲形式。在开题阶段，提纲的目的是让人清楚论文的基本框架，没有必要像论文目录那样详细。

例：毕业论文开题报告提纲。

（1）开题报告封面：论文题目、系别、专业、年级、姓名、导师。

（2）目的意义和国内外研究概况。

（3）论文的理论依据、研究方法、研究内容。

（4）研究条件和可能存在的问题。

（5）预期的结果。

（6）进度安排。

（三）参考文献

开题报告中应包括相关参考文献的目录。

（四）要求

开题报告应有封面页，总页数应不少于 4 页。版面格式应符合以下规定。

能力讲解

一、开题报告的写作要求

1．题目要准确

题目就是告诉别人你要干什么或解决什么问题，是论文研究内容的高度概括，是整篇论文的研讨中心。因此，论文题目要注意以下几方面：题目应当精练并完整表达文章的本意，但切忌简单地罗列现象或者陈述事实；文章题目不宜使用公文式的标题；文章题目要体现研究的侧重点，要呈现研究对象以及要解决的问题（也就是研究的对象和研究内容一定要在题目中呈现）；论文题目要新颖、简洁，字数最好不超过 20 个字，如果确因研究需要，就采用主副标题。

2．框架要完整

开题报告框架主体部分包含的内容主要有：

（1）开题缘由。

（2）文献综述。

（3）研究的理论基础。

（4）研究的主要内容。

（5）研究的目的和意义。

（6）研究的思路和方法。

（7）研究的步骤。

（8）论文提纲。

3．主体要完美

（1）选题缘由，即说清楚我们为什么选这项研究。

（2）文献综述，目的在于帮助我们理清思路，看前人是如何研究的，已有哪些方面的研究成果；文献综述是我们现有研究的依据。

（3）概念界定，即要对论文的关键词下操作性定义，借鉴前人已有的经验和经历在自己的研究领域提出自己的新观点，尤其是要解释清楚自己本研究中的相关概念的实际含义。

（4）研究的理论基础，我们常说的理论基础有哲学、心理学、教育学、社会学等各类学科的权威性的一些教育教学观点和理论。

① 研究对象：根据自己的选题，确定研究对象。

② 研究方法：目前运用比较广泛的是文献法、调查法、实验法、行动研究法、访谈法等。

③ 研究价值与创新：研究的创新是相对别人这方面的研究，别人没有的，你自己总结提炼出来的新亮点，也是你文章的亮点。

④ 研究阶段：主要是指选题从思考阶段到论文成熟。阶段分工要明确，在各个阶段具体由谁负责、由谁处理相关事项；阶段时间分配要合理，有步骤、有计划地实行。

二、开题报告写作注意事项

要想写好开题报告，一方面要了解它的基本结构与写法，但“汝果欲学诗，功夫在诗外”，写好开题报告重要的还是要做好很多基础性工作。首先，要了解别人在这一领域研究的基本情况，研究工作最根本的特点就是要有创造性，熟悉了别人在这方面的研究情况，才不会在别人已经研究很多、很成熟的情况下，重复别人走过的路，而会站在别人研究的基础上，从事更高层次、更有价值的研究；其次，要掌握与课题相关的基础理论知识，理论基础扎实，研究工作才能有一个坚实的基础，否则，没有理论基础，就很难研究深入进去，很难有真正的创造。因此，进行科学研究，一定要多方面地收集资料，要加强理论学习，这样写报告的时候，才能更有把握，制定出的报告才能更科学、更完善。

此外，参考文献格式要规范，其顺序的论文作者、论文题目、出版社或刊物名称并用大写英文字母标明刊物类型、出版日期（如果是书目就要写清楚页码）；另外，每部分的标点符号都是有规定的，并且字号一般用小五号。对于来源渠道不一样的文章，要分别标明其文章类型。

三、大学生论文开题答辩技巧

答辩过程中的前 10 分钟左右是答辩人自述时间，主要介绍论文写作情况，剩余时间由评委提问。MBA 学位论文答辩采取即问即答的方式，评委提出问题，答辩人即席回答，不另外给予准备时间。每个答辩委员至少提问三个问题。

答辩之前要做的准备工作：

（1）自己为什么选择这个课题？（2）研究这个课题的意义和目的是什么？（3）全文的基本框架、基本结构是如何安排的？（4）全文的各部分之间逻辑关系如何？（5）在研究本课题的过程中，发现了哪些不同见解？对这些不同的意见，自己是怎样逐步认识的？又是如何处理的？（6）论文虽未论及，但与其较密切相关的问题还有哪些？（7）还有哪些问题自己还没有搞清楚，在论文中论述得不够透彻？（8）写作论文时立论的主要依据是什么？

对以上问题应仔细想一想，必要时要用笔记整理出来，写成发言提纲，在答辩时用。这样才能做到有备无患，临阵不慌。

开题报告写作范例

一、论文题目

中国上市公司绩效评价体系的探讨。

二、课题研究的意义

我国上市公司对我国的经济发展起到越来越重要的作用，截至 2001 年年底，我国上市公司已达到 1 174 家，总股本超过 5 050 亿元，其中国家股和国有法人股 328 亿元，市价总值高达 5.55 万亿元，约占国民生产总值的 48%，约有股民 6 800 万人，约占城镇人口的 40%,资本市场规模越来越大。据统计，截至 2001 年年底，我国国有控股上市公司所有者权益 10 547 亿元，实现利润 1 519 亿元，分别占全国国有及国有控股企业的 32%和 63%，国有上市公司已成为我国各行业中的龙头企业，在国有资产质量上，上市公司已成为优良资产的富区，同时上市公司也成为中国人投资的主要领域。随着我国资本市场的发展和完善，上市公司不仅会得到更大更快的发展，而且会显示出更重要的作用。但也不可否认，在我国上市公司发展过程中……

三、本文研究的内容

本文拟从四个方面探讨上市公司绩效评价体系的建立。

第一部分主要从六个方面阐述建立我国上市公司绩效评价体系的意义，这六个方面是：

（一）有利于国家对上市公司的监管。

（二）有利于推动上市公司建立科学的约束和激励机制。

（三）有助于对上市公司经营者业绩的全面考核。

（四）有利于引导上市公司的经营行为。

……

第二部分主要从三个方面论证建立我国上市公司绩效评价体系的可行性。这三个方面是：

（一）国有企业绩效评价工作的顺利进行，为上市公司开展绩效评价工作提供了宝贵的经验。

（二）我国上市公司现有的基础比较好，更适合绩效评价工作的开展。

（三）政府有关部门、投资者和上市公司比较支持上市公司开展绩效评价工作。

通过上述两个部分的分析论证，说明我国建立上市公司绩效评价体系的必要性和可行性。

第三部分是本文要研究的重点。提出上市公司绩效评价体系的设计方案。设想从五个方面构建上市公司绩效评价体系框架。这五个方面是：

（一）全面阐述和分析绩效评价体系六个基本要素的内容、作用。

（二）重点研究绩效评价指标体系。评价指标体系是绩效评价的核心，初步思路是参照国有企业绩效评价体系指标体系，结合上市公司现状和特征……

第四部分是实例分析。运用本文设计的效绩评价体系对某一家上市公司 2001 年度绩效进行评价。

四、本文研究的结果

通过本文的研究，一是旨在引起社会和政府有关部门对建立上市公司绩效评价体系的重要性和紧迫性的认识；二是为有关部门研究和制定上市公司绩效评价体系提供参考；三是从理论和实践两个方面提高本人的专业知识水平。

摘自：中国教育资源网

分析：论文题目明确，探讨中国上市公司绩效评价体系，体现了研究的侧重点。正文从上市公司的现状谈到本课题研究的意义，选题意义周全。

平台链接

开题报告如何选题

首先，开题报告不同于政策研究报告。学术文章聚集理论层面、解决理论问题。理论是由一系列前设和术语构造的逻辑体系。特定领域的理论有其特定的概念、范畴和研究范式。只有在相同的概念、视角和范式下，理论才能够对话；只有通过对话，理论才能够发展。极少有硕博论文是创造新理论的，能这样当然最好，但难度很大。我们多数是在既有理论的基础上加以发展，因此，在提出问题时，要以“内行”看得懂的术语和明确的逻辑来表述。

其次，选择问题是一个“剥笋”的过程。理论问题总是深深地隐藏在纷繁复杂的现实背后，而发现理论问题，则需要运用理论思维的能力。理论思维的训练是一个长期积累的过程。不过初学者也不必望而却步，大体上可以分“三步走”：第一步，先划定一个“兴趣范围”，如半导体产业、信息产业、农村医疗、高等教育体制等，广泛浏览相关的媒体报道、政府文献和学术文章，找到其中的“症结”或“热点”。第二步，总结以往的研究者大体从哪些理论视角来分析“症结”或“热点”、运用了哪些理论工具，如公共财政的视角、社会冲突范式等。第三步，考察问题的可研究性，也就是我们自己的研究空间和研究的可行性。

最后，如何陈述问题。陈述问题实质上就是凝练核心观点的过程。观点应当来自对现实问题的思考和总结，而不是为了套理论而“削足适履”。中国的政治、经济和社会发展充满动态的、丰富的景象，如何才能用恰当的术语、准确的逻辑表述出来呢？雄心勃勃的初学者往往提出宏伟的概念或框架，但我的建议是尽可能缩小研究范围、明确研究对象，从而理清对象的内存逻辑，保证能在有限的时间内完成规范的学术论文。

摘自：百度网

自主拓展

给下面的开题报告查漏补缺：

毕业论文开题报告

选题依据：在当今以金融、技术、信息为主导的知识经济时代，企业之间的激烈竞争实质上是企业文化之间的激烈竞争。企业文化对于企业的发展至关重要，它对企业的管理体制、决策指导思想、经营战略、管理方式等都有重要影响，从而对企业的兴衰起到决定性的作用。而占我国国民经济主导地位的国有企业的企业文化建设停留在低水平的封闭型企业文化阶段，其“企业文化”常被单纯地认为是企业的思想政治工作，或者将企业职工的文体活动代替“企业文化”。也有的国有企业把“企业文化”仅仅表现在一些大同小异的口号和标语上面，或规章制度及企业标志上面，没有真正体现出企业员工所追求的价值观，经营理念和企业精神等深厚内涵，没有真正发掘出企业员工中蕴藏的推动企业持续健康发展的强大力量。优秀的企业文化是不会自发产生的，而是在人们积极追求过程中慢慢积累起来的。这就要求我国国有企业重视企业文化建设，不断地进行古今文化、中外文化的比较与吸取，并结合本企业的特点塑造出具有中国特色的企业文化，使国有企业在竞争中永远立于不败之地，在未来的激烈竞争中不断发展壮大。

可行性论述：21 世纪是一个充满竞争和挑战的世纪。在这个世纪中，以人为中心的管理意识的企业文化与企业的科学技术、经营管理一样，是企业基础中的“软件”。如果不能建立起适合我国国情和本企业特点的国有企业文化，社会主义经济建设方面就难以取得长远的成效。因此探讨国有企业文化重构具有很重要的现实意义。

本论文拟采用以下手段和方法：实证分析和规范分析相结合；对比论证；列事实、摆依据；理论和实践相结合；引用分析等方法。主要通过图书查询、网上浏览、去国有企业实地调研等方法来收集资料。拟运用经济学、企业管理学、组织行为学等相关知识来撰写论文。

本论文拟分以下几个部分撰写。第一部分：企业文化的概述。通过对企业文化的含义、作用和地位及国内外企业文化发展现状的简单阐述来对企业文化的概况作一个简要的叙述。第二部分：我国国有企业文化面临的主要问题及原因。拟对国有企业文化面临的主要问题及相关原因进行剖析，通过对问题的剖析来达到发现问题并解决问题的作用。第三部分：重构国有企业文化的对策。通过对国有企业文化现存面临的主要问题的剖析来寻找并找到问题的根源所在，然后相应地采取解决问题的措施来对现存问题加以解决。

2004 年 9 月 25 日—2004 年 10 月 25 日收集资料，拟定论文题目和开题报告。2005 年 3 月 1 日—2005 年 5 月 1 日在国有企业进行调研，撰写论文初稿。2005 年 5 月 2 日—2005 年 5 月 31 日修改论文，撰写论文第二稿。2005 年 6 月 1 日—2005 年 6 月 8 日修改论文，撰写论文第三稿。2005 年 6 月 8 日—2005 年 6 月 15 日修改论文，做好答辩前准备。2005 年 6 月 15 日—2005 年 6 月 20 日左右进行答辩。

第三节 毕业论文

案例导入

快要毕业实习了，汉语言文学专业的同学被班主任召集到一起，布置实习任务和论文写作任务，每人下发了一份资料，资料上附有论文参考题。什么？“试谈散文笔法的多元化趋势”、“论文学语言的审美特性”、“意识流写法的魅力”、“试论王蒙小说的艺术特色”、“讽刺语言中的文化底蕴”。天哪！这些题目可怎么写啊？几个女生不由叫喊起来。

也难怪她们，写论文确实是大姑娘上轿——头一回。不过，没有这个程序就不能毕业。所以论文的写作手法还是要把握的。

知识讲解

一、毕业论文的概念

毕业论文是高等院校毕业生提交的一份有一定学术价值的文章。它是大学生完成学业的标志性作业，是对学习成果的综合性总结和检阅，是大学生从事科学研究的最初尝试，是在教师指导下所取得的科研成果的文字记录，也是检验学生掌握知识的程度、分析问题和解决问题基本能力的一份综合答卷。

二、毕业论文的特点

1. 指导性

毕业论文是在导师指导下独立完成的科学研究成果。毕业论文作为大学毕业前的最后一次作业，离不开教师的帮助和指导。对于如何进行科学研究、如何撰写论文等，教师都要给予具体的方法论指导。

2. 习作性

大学生撰写毕业论文就是运用已有的专业基础知识，独立进行科学研究活动，分析和解决一个理论问题或实际问题，把知识转化为能力的实际训练。写作的主要目的是为了培养学生具有综合运用所学知识解决实际问题的能力，为将来作为专业人员写学术论文做好准备，它实际上是一种习作性的学术论文。

3. 层次性

毕业论文与学术论文相比要求比较低。首先，因为大学生缺乏写作经验，多数大学生是第一次撰写论文，对撰写论文的知识和技巧知之甚少；其次，多数大学生的科研能力还处在培养形成之中，大学期间主要是学习专业基础理论知识，缺乏运用知识独立进行科学研究的训练；最后，撰写毕业论文受时间限制，一般学校都把毕业论文安排在最后一个学期，而实际上停课写毕业论文的时间仅为十周左右，在如此短的时间内要写出高质量的学术论文是比较困难的。当然这并不排除少数大学生通过自己的平时积累和充分准备写出较高质量的学术论文。

三、毕业论文的分类

根据毕业论文的内容和性质以及研究领域、对象、方法、表现方式的不同，毕业论文有不同的分类方法。

按内容性质和研究方法的不同可以把毕业论文分为理论性论文、实验性论文、描述性论文和设计性论文。后三种论文主要是理工科大学生可以选择的论文形式，文科大学生一般写的是理论性论文。

按议论的性质不同可以把毕业论文分为立论文和驳论文。立论性的毕业论文是指从正面阐述论证自己的观点和主张。立论文要求论点鲜明，论据充分，论证严密，以理和事实服人。驳论性毕业论文是指通过反驳别人的论点来树立自己的论点和主张。驳论文除按立论文对论点、论据、论证的要求以外，还要求针锋相对，据理力争。

按研究问题的大小不同可以把毕业论文分为宏观论文和微观论文。凡属国家全局性、带有普遍性并对局部工作有一定指导意义的论文，称为**宏观论文**。它研究的面比较宽广，具有较大范围的影响。反之，研究局部性、具体问题的论文是**微观论文**。它对具体工作有指导意义，影响的面窄一些。

另外还有一种综合型的分类方法，即把毕业论文分为专题型、论辩型、综述型和综合型四大类：

（1）专题型论文。在分析前人研究成果的基础上，以直接论述的形式发表见解，从正面提出某学科中某一学术问题的一种论文。

（2）论辩型论文。这是针对他人在某学科中某一学术问题的见解，凭借充分的论据，着重揭露其不足或错误之处，通过论辩形式来发表见解的一种论文。针对几种不同意见或社会普遍流行的错误看法，以正面理由加以辩驳的论文，也属于论辩型论文。

（3）综述型论文。这是在归纳、总结前人或今人对某学科中某一学术问题已有研究成果的基础上，加以介绍或评论，从而发表自己见解的一种论文。

（4）综合型论文。这是一种将综述型和论辩型两种形式有机结合起来写成的一种论文。

能力讲解

一、毕业论文的写作

1. 写作前的准备

（1）围绕着论题去占有和选择材料。当论题已经确定以后，就要围绕着立论去占有材料。可以先积累材料，再有论点。一旦立论确立了以后，再回过头来去占有材料。

（2）选择论文的类型。应用性较少的科目比较容易做成学术型论文，如对作家、作品的研究，对诗派的研究。应用性较强的学科，如教学领域、新闻领域、治疗科学和实验等，论文一般写成调查性的或总结性的。

（3）要拟定论文的写作提纲。如果没有完整的写作提纲，逻辑思维就会出现偏差。总论点是什么，分论点是什么，围绕着总论点有几个分论点，要清清楚楚。思路理清楚了，才可以动手去写。

2. 写作注意点

（1）注意标题拟制。论文的标题一般是两个，称完整式标题。完整式标题由一个主标题和一个副标题组成。一般来说，正标题揭示论文的中心论点，副标题表明论述的范围和对象。如：《向往光明，追求真善美——丰子恺哲学散文浅论》，论文的中心论点和研究对象交代清楚，是完整标题。如果是一个标题则不太容易驾驭。

拟制标题要注意：一要贴切，二要醒目，三要简洁，四要新颖，这是论文题目的几个要求。

（2）注意写摘要。摘要是把整个论文的主要内容说一下。在论文的扉页上，先是题目，题目下面是摘要（也叫论文提要）。论文提要主要交代清楚选题的背景、理由，论文的观点和价值，便于读者（主要是导师、评委、编辑等）即使不阅读全文就可以获得最重要的信息。一般字数不超过全文的 5%。

（3）要有关键词。关键词是把论文的主要观点用 3 到 5 个词提取出来。

（4）要有引言。引言把论文研究的理由、背景、价值等阐释出来。

（5）正文。这是文章的主体部分，围绕引言提出的问题，鲜明地表达自己的观点，充分地展开有关论据和论证。

写完论文后再修改，修改后请导师看。导师认可了以后论文就可以定稿了。

二、论文的基本格式和写法

科技论文包括题目、作者及工作单位、摘要、引言、正文（实验方法及论证过程）、结果和结论、致谢和参考文献等部分。根据国家标准 GB 7713—1987《科学技术报告、学术论文和学位论文编写格式》的规定，以及国外学术期刊的常规要求，一般格式如下：

| 题名

| 署名及工作单位

前置部分—— | 摘要

| 关键词

| 前言　实验部分

| 正文　结果

| 结论　讨论

主体部分—— | 致谢

| 参考文献

| 英文摘要

除了期刊论文和报告的格式外，还有单行本格式。学位论文大多采用这种形式。单行本的格式如下：

| 封面、封二

| 题名页

| 序或序言（可节略）

| 摘要

前置部分——| 关键词

| 目次页（可节略）
| 插图和附表清单
| 符号、标志、缩略词、首字母缩写、单位、术语、名词等注释表
| 引言或前言
| 正文
| 结论
主体部分——| 致谢
| 参考文献
| 英文摘要
附录部分
| 可供参考的文献目录
结尾部分——| 索引
| 封三、封底

（1）题名。题名又叫文题、题目、标题（或称“总标题”，以区别于“层次标题”），是论文的总纲，能准确地表达论文的中心内容，简短精练，一般不宜超过 20 字。

（2）摘要。这是对“论文的内容不加注释和评论的简短陈述，一般要求 50～300 字。

（3）关键词。这是为了满足文献标引或检索工作的需要而从论文中选取出的词或词组。每篇论文中应专门列出 3～8 个关键词。

（4）论文的引言。引言又叫绪论。写引言的目的是向读者交代本研究的来龙去脉，其作用在于唤起读者的注意，使读者对论文先有一个总体的了解。

（5）正文。此即论证部分，是论文的核心部分。论文的论点、论据和论证都在这里阐述，因此它要占主要篇幅。

（6）结论。结论又称结束语、结语。总结论文内容，得出研究成果，即说明了什么问题，找到了什么规律，有了什么创新，解决了什么实际问题等。

（7）致谢。对他人的劳动给以充分肯定，并对他们表示感谢。

（8）参考文献。为撰写或编辑论著而引用的有关图书资料，要在文末（致谢段之后）列出参考文献表。这项工作叫做参考文献著录。

各类文献著录的通用格式如下。

① 专著。

序号 著者. 书名[M]. 版本. 出版地：出版者，出版年. 文献数量（选择项）.

示例：

[1] 薛华成. 管理信息系统[M]. 北京：清华大学出版社，1993：230.

[2] 霍斯尼, R K. 谷物科学与工艺学原理[M]. 李庆龙译. 北京：中国食品出版社，1989.

② 期刊中析出的文献。

序号 作者. 题名[J]. 其他责任者. 刊名，年，卷（期）：在原文献中的位置.

示例：

[3] 姚振兴，郑天愉，曹柏如，等. 用 P 波波形资料测定中强地震震源过程和方法[J]. 地球物理学进展，1991，6（4）：34-36.

毕业论文写作范例

谈涉外企业档案网络化建设

× ×

摘要：档案作为企业信息的重要组成部分，意味着档案管理对企业有着至关重要的影响。尤其是管理那些对企业科研生产经营有参考价值的外部信息。随着科学技术的不断提高，利用计算机对档案信息进行网络化管理正逐步取代了传统档案馆，档案网络化建设具有检索迅速、查找方便、可靠性高、存储量大、保密性好、成本低、共享查询等优点，这些优点能极大地提高建设单位档案管理的效率。

关键词：企业档案管理　办公自动化　网络化建设

目前，大多数企业，尤其是涉外企业被国内外大量的综合性、超前性信息所覆盖。传统档案管理模式下，手工操作居多，而随着时间的发展，积累的信息将越来越多，如果按传统的档案管理模式来管理的话，这势必要有更多的档案管理人员，而且工作效率也比较低。

但随着科学技术的飞速发展，信息化社会的到来，企业为了减少投入提高工作效率，进行了档案网络化建设，这不仅使档案人员从烦琐的手工劳动中解放出来，而且使企业从档案部门获得快、全、精的信息服务。

一、档案网络化建设的内涵及特点

档案网络化建设是随着计算机网络技术、数据库技术以及多媒体技术而产生的一种新型档案管理模式，它是采用现代高新技术所支持的数字档案信息系统，是档案信息组织模式，代表的是一种信息环境和基础设施构建，是超大规模的、便于使用的、没有时空限制的知识信息中心。它借助一个开放式的硬件和软件的集成平台，通过对技术和产品的集成，把当前大量各种档案载体数字化，只对档案信息进行虚拟接收实行集中统一的管理。换言之，它通过一个电子信息的仓储，储存大量各种形式的信息，用户可以通过网络方便地访问它，以获取信息，并且其信息存储和用户访问不受地域限制。作为计算机应用的一部分，使用计算机对档案信息进行网络化管理，具有传统管理所无法比拟的优点。例如，成本低、查找方便、实现资源共享等，这些优点能极大地提高单位档案管理的效率。

1. 成本低

企业通过档案网络化建设能以最少的投入获得最大的产出，能最大限度地降低成本，反映在机构设置上，能大幅度减少管理人员，压缩那些职能单一的机构，力求实现机构的精干高效、复合多能。

2. 查找方便

企业有关部门通过档案网络化建设可以随时将在日常工作中形成的各种文件材料通过网络传输到档案部门，档案部门再根据归档的要求，进行鉴定筛选，利用计算机强大的信息数据处理功能，将档案管理细化至对每份文件的管理，全面完整地反映文件内容，实现对企业档案的文件级管理。这使得变革传统的立卷方法实现按件保管成为可能。

3. 实现共享查询

企业通过档案网络化建设可以通过严格控制的渠道与国际互联网衔接，使厂内各部分可以查询网上数据库内容，搜集对本企业有参考价值的外部信息，如客户要求、市场行情、行业动态、科技动态、各种最新科技资料及相关政策、法律、行业规章等，满足企业领导决策及科研、生产、产品销售各部门和资金、设备、能源的引进等各项工作的不同要求。

二、档案网络化建设与传统档案管理模式的比较

档案网络化建设是以传统档案馆作为依托，档案网络化所管理的档案信息，除了一部分采用了数字化记录形式外，相当多的档案信息是要依靠传统档案馆对现有的纸质档案进行数字化处理。这实质上源于传统档案馆和网络化建设处理对象的相同性：二者都是以档案作为收集、加工、整理和鉴定的对象，它们都遵循档案的“生命周期”规律，以档案作为服务社会的工具和资源。

除此以外档案网络化建设可以进一步强化传统档案馆的档案信息服务功能，提供新的管理和服务机制。档案网络化建设引进了逻辑的动态的档案信息资源和信息系统，构建了虚拟的档案信息环境，用户所需的档案信息可以通过网络动态地进行组织，而不管它是否是本单位的馆藏，档案服务也可以

突破限制，有效地利用档案信息。网络化档案与传统档案相比，有如下不同：

1. 档案信息来源及进馆方式不同

……

2. 运行状态不同

……

3. 功能不同

……

4. 任务重心不同

……

5. 保管档案的方式不同

……

6. 整理档案的方式不同

……

三、如何做好档案网络化建设

（一）建设档案网络化组织机构

由于各个企业文化的差异以及所从事的行业各有不同，所以各个企业的档案室也有许多差异，它们都有各自的一套规章制度，都依照自己的习惯、规矩来管理档案，这样一来，档案网络化建设就变得杂乱无章，无依可循。在这种情况下，建设档案网络化组织机构是非常有必要的。在各企业档案室的管理模式发生冲突时，建成的组织机构可以帮忙协调各企业单位档案室的管理工作。

1. 在行政和技术方面统一指导和规划

……

2. 制定出网络化发展各阶段的规划

……

（二）培养网络化人才

……

（三）加强软硬件标准化建设

……

（四）加强数据库建设

1. 标准规范数据库

……

2. 建立特色数据库

……

四、结论

随着科学技术的不断提高，我们已逐渐步入了信息化社会，这使得长期以来作为信息主要承载形式的档案的存储介质发生了巨大的变化，主要表现在由纸张为介质的传统纸质档案正逐步向以磁盘、光盘等形式为介质的电子文件过渡，这使得档案馆的职能得到充分的体现：通过对档案文献的可靠保管与有效利用，实现人类社会的信息交流。可以说，档案网络化的出现使档案馆的职能发挥得淋漓尽致。虽然目前传统档案馆保存的纸质档案依然在社会上发挥着主体作用，但随着信息化社会的不断进步，我们必将迎来一个全新的“无纸”时代，传统档案馆将不再发挥主导作用，传统档案馆的主体地位也将被档案网络化建设所取代，可以预言有那么一天，数字档案馆将取得全社会的普遍认同并且加以实施，档案网络化建设所表现出的强大优势正冲击着人们的惯性思维，相信在未来的“无纸”时代，档案网络化建设必将大放异彩。

参考文献

……

分析：这是一篇学生的毕业论文，从内容和结构上看，基本符合毕业论文的要求。

平台链接

论 文 答 辩

毕业论文答辩是一种有组织、有准备、有计划、有鉴定的比较正规的审查论文的重要形式。答辩委员会由学校和学校委托下属有关部门统一组织，一般由三至五人组成，其中应有两人或两人以上具有高级或中级职称，从中确定一位学术水平较高的委员为主任委员，负责答辩委员会会议的召集工作。

答辩委员会成员确定以后，一般在答辩会举行前半个月把要答辩的论文分送到答辩委员会成员手里，答辩委员会成员接到论文后，就要认真仔细地审读每一篇要进行答辩的论文，找出论文中论述不清楚、不详细、不确切、不周全之处以及自相矛盾和有值得探讨之处，并拟定在论文答辩会上需要论文作者回答或进一步阐述的问题。

1. 答辩老师的出题规则

首先，答辩老师出题是有严格的界定范围的，即答辩老师在论文答辩会上所提出的问题仅仅是论文所涉及的学术范围之内的问题，一般不会也不能提出与论文内容毫无关系的问题，这是答辩老师拟题的大范围。在这个大范围内，主答辩老师一般是从检验真伪、探测能力、弥补不足三个方面提出三个问题。（1）检验真伪题，就是围绕毕业论文的真实性拟题提问。它的目的是要检查论文是否是学员自己写的。如果论文不是通过自己辛勤劳动写成，只是抄袭他人的成果，或是由他人代笔之作，就难以回答出这类问题。（2）探测水平题，这是指与毕业论文主要内容相关的，探测学员水平高低、基础知识是否扎实，掌握知识的广度深度如何来提出问题的题目，主要是论文中涉及的基本概念、基本理论以及运用基本原理等方面的问题。（3）弥补不足题，这是指围绕毕业论文中存在的薄弱环节，如对论文中论述不清楚、不详细、不周全、不确切以及相互矛盾之处拟题提问，请作者在答辩中补充阐述或提出解释。

其次，在答辩过程中，根据论文的内容和答辩的具体情况，答辩老师还可以适当插问。通过对这些问题的提问和答辩，答辩委员会就会了解毕业论文是不是学员自己通过辛勤劳动写成的，既检查了论文的真实性；也大体上摸清了学员对所学知识掌握的深广度，以及学员临场的应对能力和对知识理解的透彻程度；同时也可以搞清论文中薄弱环节的原因。从而有利于对论文的质量和学员的知识能力作出合理、公平的评价。

主答辩老师在具体的出题过程中，还需要遵循以下几个原则：

第一，理论题与应用题相结合的原则。一般来说，在三个问题中，应该有一个是关于基础理论知识的题目，有一个是要求学员运用所学知识分析和解决现实问题的题目。

第二，深浅适中、难易搭配的原则。即在三个问题中，既要有比较容易回答的问题，又要有一定深度和难度的问题。

第三，点面结合、深广相联的原则。

第四，形式多样、大小搭配的原则。

2. 答辩者（论文作者）的准备

第一，要写好毕业论文的简介，主要内容应包括论文的题目，指导教师姓名，选择该题目的动机，论文的主要论点、论据和写作体会以及本议题的理论意义和实践意义。

第二，要熟悉自己所写论文的全文，尤其是要熟悉主体部分和结论部分的内容，明确论文的基本观点和主论的基本依据；弄懂弄通论文中所使用的主要概念的确切含义，所运用的基本原理的主要内容；同时还要仔细审查、反复推敲文章中有无自相矛盾、谬误、片面或模糊不清的地方，有无与党的政策方针相冲突之处等。如发现有上述问题，就要做好充分准备——补充、修正、解说等。只要认真设防，堵死一切漏洞，就能在答辩过程中做到心中有数、临阵不慌、沉着应战。

第三，要了解和掌握与自己所写论文相关联的知识和材料。如自己所研究的这个论题学术界的研究已经达到了什么程度；目前，存在着哪些争议；有几种代表性观点；各有哪些代表性著作和文章；自己倾向哪种观点及理由；重要引文的出处和版本；论证材料的来源渠道，等等。这些方面的知识和材料都要在答辩前做到有比较好的了解和掌握。

第四，论文还有哪些应该涉及或解决，但因力所不及而未能接触的问题，还有哪些在论文中未涉及或涉及很少，而研究过程中确已接触到了并有一定的见解，只是由于觉得与论文表述的中心关联不大而没有写入，等等。

第五，对于优秀论文的作者来说，还要搞清楚哪些观点是继承或借鉴了他人的研究成果，哪些是自己的创新观点，这些新观点、新见解是怎么形成的，等等。

对上述内容，作者在答辩前都要很好地准备，经过思考、整理，写成提纲，记在脑中，这样在答辩时就可以做到心中有数，从容作答。

3. 毕业论文答辩过程

毕业论文答辩的一般程序：

（1）学员必须在论文答辩会举行之前半个月，将经过指导老师审定并签署过意见的毕业论文一式三份连同提纲、草稿等交给答辩委员会，答辩委员会的主答辩老师在仔细研读毕业论文的基础上，拟出要提问的问题，然后举行答辩会。

（2）在答辩会上，先让学员用 15 分钟左右的时间概述论文的标题以及选择该论题的原因，较详细地介绍论文的主要论点、论据和写作体会。

（3）主答辩老师提问。主答辩老师一般提三个问题。老师提问完后，有的学校规定，可以让学生独立准备 15～20 分钟后，再来当场回答，而中央党校函授学院则规定，主答辩老师提出问题后，要求学员当场立即作出回答（没有准备时间），随问随答。可以是对话式的，也可以是主答辩老师一次性提出三个问题，学员在听清楚记下来后，按顺序逐一作出回答。根据学员回答的具体情况，主答辩老师和其他答辩老师随时可以有适当的插问。

（4）学员逐一回答完所有问题后退场，答辩委员会集体根据论文质量和答辩情况，商定通过还是不通过，并拟定成绩和评语。

（5）召回学员，由主答辩老师当面向学员就论文和答辩过程中的情况加以小结，肯定其优点和长处，指出其错误或不足之处，并加以必要的补充和指点，同时当面向学员宣布通过或不通过。至于论文的成绩，一般不当场宣布。

4. 学员答辩要注意的问题

（1）携带必要的资料和用品。学员参加答辩会，要携带论文的底稿和主要参考资料。在答辩会上，主答辩老师提出问题后，学员可以准备一定时间后再当面回答，在这种情况下，携带论文底稿和主要参考资料的必要性是不言自明的。另外，还应带上笔和笔记本，以便把主答辩老师所提出的问题和有价值的意见、见解记录下来。通过记录，不仅可以减缓紧张心理，而且还可以更好地吃透老师所提问的要害和实质是什么，同时还可以边记边思考，使思考的过程变得很自然。

（2）要有自信心，不要紧张。

（3）听清问题后经过思考再作回答。主答辩老师在提问题时，学员要集中注意力认真聆听，并将问题回答略记在本子上，仔细推敲主答辩老师所提问题的要害和本质是什么，切忌未弄清题意就匆忙作答。如果对所提问题没有听清楚，可以请提问老师再说一遍。如果对问题中有些概念不太理解，可以请提问老师做些解释，或者把自己对问题的理解说出来，并问清是不是这个意思，等得到肯定的答复后再作回答。只有这样，才有可能避免答非所问，答到点子上。

（4）回答问题要简明扼要，层次分明。一要抓住要害，简明扼要，不要东拉西扯，使人听后不得要领；二要力求客观、全面、辩证，留有余地，切忌把话说“死”；三要条分缕析，层次分明。此外还要注意吐词清晰，声音适中等。

（5）对回答不出的问题，不可强辩。

（6）当论文中的主要观点与主答辩老师的观点相左时，可以与之展开辩论。注意应以维护自己的观点为主，反驳对方的论点要尽可能采用委婉的语言，请教的口气，用旁说、暗说、绕着说的办法，不露痕迹地把自己的观点输入对方，让他们明理而信服。让提问老师感受到虽接受你的意见，但自己的自尊并没受到伤害。

（7）要讲文明礼貌。论文答辩的过程也是学术思想交流的过程。答辩人应把它看成是向答辩老师和专家学习，请求指导、讨教问题的好机会。因此，在整个答辩过程中，答辩人应该尊重答辩委员会的老师，言行举止要讲文明、有礼貌，尤其是在主答辩老师提出的问题难以回答，或答辩老师的观点与自己的观点相左时，更应该注意如此。答辩结束，无论答辩情况如何，都要从容、有礼貌地退场。

此外，毕业论文答辩之后，作者应该认真听取答辩委员会的评判，进一步分析、思考答辩老师提出的意见，总结论文写作的经验教训。一方面，要搞清楚通过这次毕业论文写作，自己学习和掌握了哪些科学研究的方法，在提出问题、分析问题、解决问题以及科研能力上得到了提高。还存在哪些不足，作为今后研究其他课题时的借鉴。另一方面，要认真思索论文答辩会上答辩老师提出的问题和意见，精心修改自己的论文，求得纵深发展，取得更大的战果，使自己在知识上、能力上有所提高。

摘自：百度百科

自主拓展

1．结合自己所学专业与研究兴趣，试写一篇论文。

2．说说论文的几大组成部分。

第四节 毕 业 设 计

案例导入

快毕业了，机械专业的王成想完成一份钻床加工中的杠杆零件设计。该杠杆零件，准备选用45号钢。根据零件的形状、尺寸精度、生产的经济效益等各方面详细分析其加工工艺，多采用钻床加工。通过对零件的分析，此工件外形轮廓尺寸小，重量轻，加工要求不高，生产批量不大。因此在保证质量和提高生产率的前提下，尽量简化结构，做到经济合理。他的想法不错，老师也予以肯定，只是他还没有掌握毕业设计的写作方法，上网查找了些资料，还是不得要领，只好硬着头皮向老师求助了。

毕业设计是教学过程的最后阶段采用的一种总结性的实践教学环节。通常，仅对大专以上学校要求在毕业前根据专业的不同进行毕业设计，对中等专业学校的学生不作要求。

知识讲解

一、毕业设计的概念

毕业设计是高等学校技术科学专业及其他需培养设计能力的专业或学科应届毕业生的总结性独立作业。要求学生针对某一课题，综合运用本专业有关课程的理论和技术，做出解决实际问题的设计。

通过毕业设计，能使学生综合应用所学的各种理论知识和技能，进行全面、系统、严格的技术及基本能力的练习。

二、毕业设计的目的要求

1．目的

（1）培养学生综合运用所学知识，结合实际独立完成课题的工作能力。

（2）对学生的知识面，掌握知识的深度，运用理论结合实际去处理问题的能力，实验能力，外语水平，计算机运用水平，书面及口头表达能力进行考核。

2. 要求

（1）一定要有结合实际的某项具体项目的设计或对某具体课题进行有独立见解的论证，并要求技术含量较高。

（2）设计或论文应该在教学计划所规定的时限内完成。

（3）书面材料：框架及字数应符合规定。

三、毕业设计的主要分类

（1）VC 毕业设计。

（2）Java 毕业设计。

（3）VB 毕业设计。

（4）Delphi 毕业设计。

（5）NET 毕业设计。

（6）计算机毕业设计。

（7）机械毕业设计。

（8）工艺毕业设计。

（9）模具毕业设计。

（10）VF 毕业设计。

（11）电子毕业设计。

能力讲解

一、毕业设计的基本步骤

1. 确定课题

毕业设计选题是关键。一个良好的课题，能强化理论知识及实践技能，使学生充分发挥其创造力，圆满地完成毕业设计。可从以下几个方面综合考虑毕业设计的课题：

（1）有利于综合学生所学知识。

（2）能结合学科特点。

（3）尽可能联系实际。

（4）有一定的应用价值。

2. 指导设计

在将任务布置给学生后，指导教师要指导学生分析课题，确定设计思路，充分利用技术资料，注重设计方法和合理使用工具书。学生设计时应注重理论与实际的差距，充分考虑设计的可行性。指导教师要注重学生完成任务的质量和速度，及时指出其存在的不足，启发其独立思考。在设计过程中，应指导学生养成良好的安全意识和严谨的工作作风。设计完成后应撰写毕业设计论文，对自己的设计过程作全面的总结。

3. 组织答辩

答辩有助于学生提高应变能力及自信心，为真正走上社会打下坚实的基础，是检查学生毕业设计质量的一场“口试”，主要考查学生的一些专业基础知识和基本理论。答辩的过程实际上也是帮助学生总结的过程。教师要积极引导学生总结在设计过程中积累起来的经验，分析设计效果，找出不足以及改进方法，帮助学生把实践转化成自己的知识和技能。

4. 成绩评定

（1）优秀：能独立完成设计要求所规定的全部内容，设计方案正确、基本概念清楚，有独到的见解或创造性，毕业设计态度认真，设计工程量饱满，在整个毕业设计过程中表现较为突出，毕业设计论文编写条理清晰，内容充实，结构合理。

（2）良好：能较好完成设计要求所规定的全部内容，设计方案分析问题正确、基本概念清楚，毕业设计态度认真，有一定的设计工程量，毕业设计论文编写条理较清晰，内容充实，结构合理。

（3）中等：能完成设计要求规定的全部内容，设计方案基本正确，基本概念清楚，毕业设计态度较为认真，有一定的设计工程量，毕业设计论文编写条理较清晰。

（4）及格：基本完成设计要求规定的内容，设计方案基本合理，基本概念有较清楚的了解，毕业设计态度较认真，毕业设计工程量不充足，毕业设计论文编写符合基本要求。

（5）不及格：未完成设计要求规定的内容，设计方案不合理或有较严重缺陷，基本概念不清楚。毕业设计态度不认真，毕业设计论文编写符合基本要求，毕业设计论文编写不符合基本要求。

毕业设计成绩优秀的人数一般控制在 20%以内，毕业设计成绩不及格的学生，不能毕业。

二、毕业设计的注意事项

1. 注重课题的实用性、教学性

学习的最终目的是为了应用。课题应尽可能地贴近生产实际、生活实际。而注重课题的教学性能使知识承上启下，一方面强化原有知识，另一方面保证了知识的前后连贯性，有助于学生进一步消化原有知识，提高自己。

2. 要考虑学生实际能力的差异

学生不可避免地在理论基础和动手能力方面存在着较大的差异。在分组的时候就应该合理安排，而在布置课题时，基础好的学生和基础差的学生的设计课题应有所不同，尽可能符合每一位学生的实际能力，使每一位学生都能产生强烈的探索欲望，解决问题的迫切心理要求。

3. 指导教师应具备较强的理论知识和丰富的实践经验

毕业设计既涉及理论知识又涉及实际操作技能。因此指导教师既要能从理论上指导，又能给予实践上的帮助。学校应配备足够的指导教师以满足设计的需要。学校也可考虑聘请有经验的技术人员参与这一过程，以提高设计的质量。

毕业设计范例

基于单片机的彩灯设计

[摘 要] 当今时代是一个新技术层出不穷的时代，在电子领域尤其是自动化智能控制领域，传统的分立元件或数字逻辑电路构成的控制系统，正以前所未见的速度被单片机智能控制系统所取代。单片

机具有体积小、功能强、成本低、应用面广等优点，可以说，智能控制与自动控制的核心就是单片机。目前，一个学习与应用单片机的高潮正在工厂、学校及企事业单位大规模地兴起。

随着时代的进步和发展，单片机技术已经普及到我们生活、工作、科研各个领域，已经成为一种比较成熟的技术，本文将介绍一种基于单片机控制的流水灯，主要介绍了利用 AT89C52 制作一简易流水灯的软硬件设计过程，可实现花样流水灯的效果，重点给出了其软件编程的思想方法，以期给单片机学习者以启发。

[关键词] 单片机；数字控制；LED 彩灯；AT89C52

目　录：

分析：这份设计针对实际问题而来，实用性强。

平台链接

致谢词示例

当我写完这篇毕业论文的时候，有一种如释重负的感觉，在经历了找工作的焦灼、写论文的煎熬之后，感觉好像一切都尘埃落定，想起了那句伤感的歌词："Time to say goodbye." 即将给自己的学生时代和校园生活划上一个分号，之所以说它是分号，是因为我对无忧无虑的学生生活还有无比的怀念，对单纯美好的校园生活还有无比的向往。这只是我生命中的一个路口，并不是终点，我始终相信青春不会散场，坚信有一天会重返校园，以学生或老师的身份去延续这种快乐和幸福。

感谢我的母校北师大尤其是艺术与传媒学院所有的老师们，在这片净土读书七载，无形中塑造了我生命的气质、生活的方式，也练就了我乐观的心态和一颗感恩的心。尊敬的导师无论是为人还是为学都是我生活上和学术上的引路人，感激之情无以言表，只能在日后的工作和学习中踏实做人、勤奋做事，做出一番成绩来回报他对我的恩惠。在导师××先生的带领下，十二钗燃烧的那些友情岁月将成为我生命中不可缺少的珍贵礼物。宿舍同学的互帮互助和深厚友谊更是赐予了我研究生生活不可磨灭的记忆，毕业前夕的寝室夜谈更是成了研究生宿舍生活的美好回忆。在这三年中，我收获快乐并且成长：中间夹杂的参与北京大学生电影节的"累并快乐着"，那段忙碌的岁月在最后关头虽然我是以在工作中不幸摔伤而收场，但那些日子，与各地评委老师们和学生评委们结识的情谊成了我人生路上的美丽点缀。当然，还有在中国青少年创意大赛组委会的实习，更是让我感受在高压的工作下团队合作的力量，以及工作被认可和受到赞赏的成就感。

这个论文选题对于我的意义在于它引导我用研究生期间所学的研究方法对一个我喜欢的行业进行摸索和研究，透过现象去挖掘和探讨现象背后的原因。本科时候酷爱电影但阴差阳错地撰写了电视栏目生存策略研究的论文，研究生期间攻读电影学影视文化传播专业却选择了社会学领域的休闲文化空间研究，我的大胆尝试和决定还在于导师××先生对我在学术上的鼓励与宽容，再次对他深表感谢。

在毕业前最后的时光，仍旧要感谢我生命中出现的那些十分重要的师姐师兄、师弟师妹们，以及我结识的朋友们。他们不仅在学术上给予我指点，同时也是我生活中一起同行的人，在交往的过程中我们建立信任、彼此鼓励、互相支持与帮助。

当然，在我求学期间，还要感谢我深爱的父母亲一直以来对我无怨无悔的付出、支持、关爱、尊重和信任，在我学习、生活、感情、工作上遇到困难时，是你们帮我抵御风霜，谢谢你们。我是幸运而幸福的，我知足并且义无反顾地在大家的关爱下坚持自己的信念和理想一路前行。

顺利毕业，真的要感谢的人太多太多（不一一点名，各位就对号入座吧）。你们的关爱及与我一起成长的日子让我心存感激。

摘自：百度知道

自主拓展

1. 社科类的毕业生可以进行毕业设计吗？为什么？
2. 毕业设计中一定要有示意图吗？
3. 毕业设计的过程有哪几个阶段？
4. 仿照上述彩灯设计格式，模拟设计。

第十二章

规章制度文书写作

学习目标

知识目标： 了解常见的几种规章制度文书类型；

熟悉办法、制度、须知、公约等文书的使用场合；

掌握上述几种文书的写作技巧。

能力目标： 能正确无误地写出办法；

所定制度没有缺憾；

须知拟定时没有问题；

能掌握公约的使用技巧。

第一节　规章制度概述

案例导入

机场里那些没有乘坐经历、拿着机票的旅客像无头苍蝇似的到处乱窜，不知下面该做些啥，没人告诉他们去哪里换登机牌，也不知道大件行李可以不随人走，预先托运。安检时，好多人包里的小刀、打火机等物成了丢弃的废品。手里拿着的饮料，不管喝没喝过，一律禁止携带。这么麻烦，为什么不预先让我们知道呢？乘客的疑问，催化出一个《登机须知》。须知中清清楚楚地表明了登机的种种注意事项，旅客一目了然。机场秩序大为好转。

这是规章制度在生活中应用的一个事例。规章制度的妙处在于让生活变得秩序井然。

知识讲解

一、规章制度的概念

规章制度是国家机关、社会团体、企事业单位，为了维护正常的工作、劳动、学习、生活的秩序，保证国家各项政策的顺利执行和各项工作的正常开展，依照法律、法令、政策而制定的具有法规性或指导性与约束力的应用文，是各种行政法规、章程、制度、公约的总称。

规章制度的使用范围极其广泛，大至国家机关、社会团体、各行业、各系统，小至单位、部门、班组。它是国家法律、法令、政策的具体化，是人们行动的准则和依据，因此，规章制度对社会经济、科学技术、文化教育事业的发展，对社会公共秩序的维护，有着十分重要的作用。

二、规章制度的种类

规章制度包括行政法规、章程、制度、公约四大类。不同的类别，反映不同的需要，适用于不同的范围，起着不同的作用。

1. 行政法规类

（1）条例。条例是具有法律性质的文件，是对有关法律、法令作辅助性、阐释性的说明和规定；是对国家或某一地区政治、经济、科技等领域的某些重大事项的管理和处置作出比较全面、系统的规定；是对某机关、组织的机构设置、组织办法、人员配备、任务职权、工作原则、工作秩序和法律责任作出规定或对某类专门人员的任务、职责、义务权利、奖惩作出系统的规定。它的制发者是国家最高权力机关、最高行政机关（国务院各部委和地方人民政府制定的规章不得称“条例”）。例如：《天津市档案管理条例》、《中华人民共和国人民币管理条例》。

（2）规定。规定是为实施贯彻有关法律、法令和条例，根据其规定和授权，对有关工作或事项作出局部的具体的规定。它是法律、政策、方针的具体化形式，是处理问题的法则。主要用于明确提出对国家或某一地区的政治经济和社会发展的某一方面或某些重大事故的管理或限制。规定重在强制约束性。它的制发者是国务院各部委、各级人民政府及所属机构。例如：《南池村村容和环境卫生管理规定》、《舞厅安全规定》。

（3）办法。办法是对有关法令、条例、规章提出具体可行的实施措施；是对国家或某一地区政治、经济和社会发展的有关工作、有关事项的具体办理、实施提出切实可行的措施。办法重在可操作性。它的制发者是国务院各部委、各级人民政府及所属机构。例如：《设备采购管理办法》、《接待工作管理办法》。

（4）细则。细则是为实施“条例”、“规定”、“办法”作详细、具体或补充的规定，对贯彻方针、政策起具体说明和指导的作用。它的制发者是国务院各部委、各级人民政府及所属机关。例如：《全市国税系统信访工作细则》、《××县县直机关系统党委考评细则》。

2. 章程类

章程是政府或社会团体用以说明该组织的宗旨、性质、组织原则、机构设置、职责范围等的纲领性文件，具有准则性与约束性的作用。它的制发者是政党或社会团体。例如：《中国共产党章程》、《县花卉协会章程》。

3. 制度类

（1）制度。制度是有关单位和部门制定的要求所属人员共同遵守的准则，是机关单位对某项具体工作、具体事项制定的必须遵守的行为规范。它的制发者是机关团体、企事业单位及其部门。例如：《组织部相关工作制度》、《党员谈心制度》。

（2）规则。规则是机关单位为维护劳动纪律和公共利益而制定的要求大家遵守的关于工作原则、方法和手续等的条规。它的制发者是机关团体、企事业单位及其部门。例如：《市委全体会议议事与决策规则》、《南方工业学校图书馆借书规则》。

（3）规程。规程是生产单位或科研机构，为了保证质量，使工作、试验、生产按程序进行而制定的一些具体规定。它的制发者是机关团体、企事业单位及其部门。例如：《电工安全操作规程》、《计算机操作规程》。

（4）守则。守则是机关团体、企事业单位要求其成员遵守的行为准则，它倡导有关人员遵守一定的行为、品德规范。它的制发者是机关团体、企事业单位及其部门。例如：《全国职工守则》、《汽车驾驶员守则》、《高等学校学生守则》。

（5）须知。须知是有关单位、部门为了维护正常秩序，搞好某项具体活动，完成某项工作而制定的具有指导性、规定性的守则。它的制发者是有关单位、部门。例如：《世博会须知》、《旅游须知》。

4. 公约类

公约是人民群众或社会团体经协商决议而制定出的共同遵守的准则。它是人们为了维护公共秩序，经集体讨论，把约定要做到的事情或不应做的事情，应该宣传的事情或必须反对的事情明确写成条文，作为共同遵守的事项。它的制发者是人民群众、社会团体。例如：《居民文明公约》、《北京市各界人民拥军优属公约》。

三、规章制度的重要性

（1）约束性。规章制度明确规定了应该做什么，不应该做什么。它是人们的行为准则，一经生效，有关单位或个人就必须严格遵守或遵照执行。如果违反有关条款，就要受到相应的处罚。

（2）权威性。规章制度的权威性来源于机关单位的权威性。规章制度的作者是法定的，即依法能以自己的名义行使权利与承担义务的组织。规章制度是这些法定作者根据自己的职责和权限制定，是本级机关权力意志的反映。

（3）稳定性。规章制度既然是人们的行为准则，就不宜经常变动和修改，应具有相对稳定性。因此，不能将脱离实际的条文，属于临时性的、个别性的问题，暂还没有条件实行的问题引入规章制度。但并不是说规章制度是一成不变的，在条件成熟的时候或环境发生了变化时，我们应及时修改并完善它。

平台链接

规章制度范例

工作人员健康与安全条例

为保证工作人员健康安全，实验室根据实际情况制定下列安全条例：

第一条　为了规范研究院工作人员个人卫生和健康检查工作，加强职业健康管理，保护职工健康，制定本制度。

第二条　工作人员 2 年必须进行健康检查，根据健康检查资料和个人健康档案，掌握全院职工的健康动态，做到多级预防和医疗救护，确保研究院科研的可持续发展。

第三条　新参加工作的人员必须取得健康证明后上岗，杜绝先上岗后查体的事情发生。

第四条　进入实验室的工作人员应保持良好的个人卫生，穿工作服；实验室的冰箱严禁存放个人食物以及与实验无关的杂物。

第五条　当观察到以下症状时，应暂停进入实验室工作或采取特殊的防护措施：腹泻；手外伤、烫伤；皮肤湿疹、长疖子；耳、眼、鼻溢液；发热；呕吐。

第六条　实验操作台、容器具等要经常清洗，不得有锈蚀，并保持清洁；对排气柜要经常检查，保证排气的畅通，防止泄露。

第七条　对接触有毒有害物质的工作人员，按照国家有关规定，提供保健待遇。

第八条　职工接受职业健康检查应当视同正常出勤。

第九条　不安排孕期、哺乳期的女职工从事对本人和胎儿、婴儿有危害的工作岗位。如发现职业禁忌或者有与所从事职业相关的健康损害的职工，应及时调离原工作岗位，并妥善安置。

第十条　实验室的职业卫生服务机构为湖南中医药大学附二院，实验室人员的年检由该单位执行。

第十一条　配备一位急救员，急救员须参加实验事件培训，包括接触腐蚀化学品、意外食入有毒物品及感染性物质等情况。能及时处理实验室意外事件。

摘自：http://www.docba.cn

自主拓展

1. 用人单位的规章制度主要包括哪些内容？它与一般规章制度的异同是什么？
2. 用人单位的规章制度制定程序是怎样的？

第二节　办 法 写 作

案例导入

人文集团下设多个机构，每年办公用品消耗量都很大。为加强企业专业化、规范化管理，保证日常办公需求，控制费用支出，集团研究决定对所属各单位的办公用品实行集中采购、分级管理的管理办法。凡涉及办公用品事宜均由保卫物业部负责。集团所属各单位办公用品以部室、门店为单位设专人管理，并按照本办法的要求，做好计划编制、物品领用和保管工作。财审部负责核算并制定各单位的预算费用和考核指标。人力资源部根据考核指标对各单位实施考核。办公用品集中采购的范围包括：办公所需低值易耗品、办公用品、电脑、电脑耗材、电脑零部件、飞机票、火车票、邮品、印刷品、牌匾、灯箱、工作服、汽油及集团范围内组织各项活动所需物品等。购置办公用品、维修配件等、500 元以下的由保卫物业部征得板块、门店、部室主管领导同意进行购置。500 元以上的一律写书面请示，相关部室会签后，报总经理审批。有了以上构想后，集团办公室拿出了一份“办公用品集中采购管理办法”，从颁布之日起执行。

由于办法的可操作性强，社会生活中常常使用。

知识讲解

一、办法的概念

办法是应用写作的一种，是国家行政主管部门对贯彻执行某一法令、条例或进行某项工作的方法、步骤、措施等，提出具体规定的法规性公文。

二、办法的分类

根据内容、性质的不同，办法可分为实施文件办法和工作管理办法两种。

能力讲解

办法的结构

办法由首部和正文两部分组成。

1. 首部

首部包括标题、制发时间和依据等项目内容。

（1）标题。由发文机关、事由、文种构成。

（2）制发时间、依据。标题之下用括号注明规定制发的年、月、日和会议；或通过的会议、时间及发布的机关、时间；或批准的机关、时间等。有的办法随“命令”、“令”等文种同时发布，这一项目内容可不再写。

2. 正文

正文一般由依据、规定、说明这三层意思组成，可分章、分条叙述。办法中的各条规定是办法的主体部分，要将具体内容和措施依次逐条写清楚。办法的结尾，一般是交代实施的日期和对实施的说明。

办法在写作格式上，多用条款式行文。一般是先把某个机关或某个会议所决定的事项和内容了解清楚，抓住其主要问题和基本精神，用简洁明晰的文字，采取分段分条分析的形式，对内容进行分析，条款较多时，还可以细分章节。因为办法的内容是经过有关部门或会议作出的决定，取得了一致的意见，所以，写作中应遵照原意，不能有含糊不清、似是而非的提法。未经决定或有分歧的意见，不要写入其中。

办法写作范例

经济合同管理办法

第一章　总则

第一条　为了实现依法治理企业，促进公司对外经济活动的开展，规范对外经济行为，提高经济效益，防止不必要的经济损失，根据国家有关法律规定，特制定本管理办法。

第二条　凡以公司名义对外发生经济活动的，应当签订经济合同。

第三条　订立经济合同，必须遵守国家的法律法规，贯彻平等互利、协商一致、等价有偿的原则。

第四条　本办法所包括的合同有设计、销售、采购、借款、维修、保险等方面的合同，不包括劳动合同。

第五条　除即时清结者外，合同均应采用书面形式，有关修改合同的文书、图表、传真件等均为合同的组成部分。

第六条　国家规定采用标准合同文本的则必须采用标准文本。

第七条　公司由法律顾问根据总经理的授权，全面负责合同管理工作，指导、监督有关部门的合同订立、履行等工作。

第二章　合同的订立

第八条　与外界达成经济往来意向，经协商一致，应订立经济合同。

第九条　订立合同前，必须了解、掌握对方的经营资格、资信等情况，无经营资格或资信的单位不得与之订立经济合同。

第十条　除公司法定代表人外，其他任何人必须取得法定代表人的书面授权委托方能对外订立书面经济合同。

第十一条　对外订立经济合同的授权委托分固定期限委托和业务委托两种授权方式，法定代表人特别指定的重要人员采用固定期限委托的授权方式，其他一般人员均采用业务委托的授权方式。

第十二条　授权委托事宜由公司法律顾问专门管理，须授权人员在办理登记手续，领取、填写授权委托书，经公司法定代表人签字并加盖公章后授权生效。

第十三条　符合以下情况之一的，应当以书面形式订立经济合同：

……

第十四条　经济合同必须具备标的（指货物、劳务、工程项目等），数量和质量，价款或者酬金，履行的期限、地点和方式，违约责任等主要条款方可加盖公章或合同章。经济合同可订立定金、抵押等担保条款。

第十五条　……

第三章　合同的履行

第二十六条　……

第四章　合同的变更和解除

第三十三条　变更或解除合同必须依照合同的订立流程经业务部门、财务部门、法律顾问等相关……

第五章　责任

第四十三条　凡因未按规定处理合同事宜、未及时汇报情况和遗失合同有关资料而给公司造成损失的，追究其经济和行政责任。

第四十四条　因故意或重大过失而给公司造成重大损失的，移送有关国家机关追究其法律责任。

第六章　附则

第四十五条　本办法适用于公司本部和各部门。

第四十六条　本办法解释权归公司总经理。

第四十七条　本办法自下发之日起生效实施。

摘自：公文范文

分析：对经济合同的具体办理、实施提出切实可行的措施，具有很强的可操作性。

平台链接

规定与办法的区别

简单来说，规定是限制，对在规定内的不能违背；办法是手段，对一些事情发生了应该按照办法来做。

"规定"的特点是使用范围广泛，对制定和发布机关的地位无严格限制；所涉及事物和问题不如条例重大，范围相对窄一些；内容详尽具体，针对性强；一般既可是"自主的"规范性公文，也可以是"补充的"规范性公文（内容为依法或根据授权补充其他规范性公文的内容，对其加以细化和完善），也可以是"执行的"规范性公文（直接为有效执行其他规范性公文而制定，自身不创造新的规则，只是对这些公文在何种情况下适用作出具体规定，对有关概念和问题作出精细的解释说明）。但从实际使用情况看，规定更适合作为"自主的"和"补充的"规范性公文。

"办法"比"规定"所涉及的事物和问题的规模要更小一些，性质也相对轻一些；针对性更强，内容也更加详尽、具体而精细，更重直接的可操作性；除了一部分为"自主的"公文外，大部分为"执行的"规范性公文，如各种"实施办法"即均具备这种性质。

自主拓展

1．根据本节的案例内容，完成一篇"办公用品集中采购管理办法"。
2．请草拟一份班费管理办法。

第三节　制度写作

案例导入

石油机械厂要在自己的厂区里面开设一个小卖部以方便职工，小李被委任做第一任部长，需要草拟一份小卖部管理规定。小李从未做过此事，向网络求助。某位大侠见义勇为，帮他列举了8条，其文曰：（1）为方便员工，满足员工生活所需，建立员工小卖部，特此制定本规定以方便管理。（2）员工小卖部是为方便员工购买生活必需品的场所，未经允许，不得带闲杂人员进入购买物品。（3）按照规定时间进入购买，不得影响日常工作。上午 9：00 至 11：30 ；下午 2：00 至 5：00；晚间 6：00 至 9：00。（4）因资源有限，请自觉购买个人所需，不得以其他目的购买。

（5）自觉维护小卖部秩序，不得在购买时嬉闹喧哗，服从工作人员管理。（6）本小卖部遵循“货物售出，概不退换”、“零钱当面点清，离开概不负责”和“如有收到假币，一律没收”的原则。（7）银货两讫。（8）如有意见与建议，请写于意见簿，公司会根据实际情况予以改进。

其实，这份文书存在着诸多问题，文章体例、内容格式都值得商榷。

知识讲解

一、制度的概念

制度是国家机关、社会团体、企事业单位为了建立正常的工作、学习、生产秩序而制定的一种具有法规性与约束力的文件。

制度是国家法律、政策的具体化，具有法规的效力。它对人们有指导和约束作用，是人们行动的准则和依据。

制度的使用范围极广，不论是行政工作、经济活动，还是日常事务、学习、生产、管理等，凡是要求有关人员共同遵守，并按一定程序办理的事情，都可以使用制度这一文种。

二、制度的分类

按制定部门分，有国家制定的制度、企业制定的制度、个人制定的制度；按时间长短分，有长期性的制度、临时性的制度；按内容性质分，有行政工作制度、生产管理制度、学习制度等。

目前在我国的经济管理制度中，又出现了生产岗位责任制和工作岗位责任制等新的制度。岗位责任制度，是责、权、利在一个岗位上的有机结合体，它可以使一个工人或干部明确自己的责任、义务、权利，增强责任感，也便于衡量和检查劳动和工作成果，从而更好地贯彻执行按劳分配原则。

能力讲解

制度的写作

1. 标题

标题基本都是由制作单位名称、制度内容和文种组成。

2. 正文

制度的正文，可根据实际情况，或繁或简。内容较繁的制度，分总则、分则、附则。每一部分均可按内容的多少分列若干章或若干条。总则可用概述或条文的形式来表明订立这种制度的目的、要求、原则和实用范围。分则是正文的主要部分，应分条具体地写明其有关内容及项目。附则说明制定权、修订权或解释权，以及适用对象和生效日期等。内容比较简单的制度，正文可以采用前言加主体的方式写，前言说明制定这一项制度的目的、意义，然后分条写出具体内容。有些制度不必写前言、结语，只写若干条规定性文字即可。

3. 发布或落款

有时可以在标题下注明制定或发布的单位、时间；有时可以在正文下面写上订立制度的单位及发布日期。

制度写作的注意事项：

写制度要明确制定的权限，不能越权随意制定制度，任何单位所订立的制度内容不能同国家的制度、法律、政策和上级的有关规定相抵触，有的制度还须报上级或主管部门核准备案。写制度语言要严谨、周密，条文要具体、切实、简明。

制度写作范例

学校安全管理制度

为提高安全管理效率，确保学校财产不被盗窃和在校师生的平安，特制定以下制度。

一、成立学校安全管理领导小组，建立安全管理网络。

二、加强对师生的安全教育，校长室、总务处、学生处、班主任充分利用各种方法在不同的阶段进行教育，利用橱窗宣传安全知识。

三、总务处须加强对校内消防电气、防盗锅炉、体育器材、校舍道路等设备设施的检查。若有损坏，提出整改意见，报告校长室。

四、学校与各部门、各岗位安全管理责任人签订安全管理责任书，加强其责任意识。若发生责任事故，责任人负主要责任。

五、加强对校大门、宿舍大门的管理。门卫宿务要明确职责，严格遵守门卫制度，严防社会闲杂人员入校滋事生非，偷盗学校师生的财务。若因工作马虎造成事故者，视情节轻重扣罚奖金。

六、加强对食堂管理。承包商要严格履行合同。学校要组织师生经常去食堂检查食品卫生。发现问题责令立即整顿。学校也要履行自己的义务，添置必要的设备，杜绝食物中毒事故发生。

七、适时邀请度假区预防保健所的医护人员来校给师生讲解食品卫生知识、饮食卫生知识以及提高自我保护意识，给食品职工上相关的卫生知识课，以提高食堂职工的卫生意识和改变不良的卫生习惯。

八、学校放假时要组织好车辆，有秩序地上车。班主任要提醒学生注意交通安全。

……

平台链接

制度小案例

对权力制约的制度问题一直是人类头疼的难题。请看下边的这个小故事。

有 7 个人组成了一个小团体共同生活，其中每个人都是平凡而平等的，没有什么凶险祸害之心，但不免自私自利。他们想用非暴力的方式，通过制定制度来解决每天的吃饭问题——要分食一锅粥，但并没有称量用具和有刻度的容器。

大家试验了不同的方法，发挥了聪明才智、多次博弈形成了日益完善的制度。大体说来主要有以下几种：

方法一，拟定一个人负责分粥事宜。很快大家就发现，这个人为自己分的粥最多，于是又换了一个人，总是主持分粥的人碗里的粥越多越好。阿克顿勋爵做的结论是：权力导致腐败，绝对的权力绝对腐败。

方法二，大家轮流主持分粥，每人一天。这样等于承认了个人有为自己多分粥的权力，同时给予了每个人为自己多分的机会。虽然看起来平等了，但是每个人在一周中只有一天吃得饱而且有剩余，其余 6 天都饥饿难挨。认为这种方式导致了资源浪费。

方法三，大家选举一个信得过的人主持分粥。开始这品德尚属上乘的人还能基本公平，但不久他就开始为自己和溜须拍马的人多分。不能放任其堕落和风气败坏，还得寻找新思路。

方法四，选举一个分粥委员会和一个监督委员会，形成监督和制约。公平基本上做到了，可是由于监督委员会常提出多种议案，分粥委员会又据理力争，等分粥完毕时，粥早就凉了。

方法五，每个人轮流值日分粥，但是分粥的那个人要最后一个领粥。令人惊奇的是，在这个制度下，7只碗里的粥每次都是一样多，就像用科学仪器量过一样。每个主持分粥的人都认识到，如果7只碗里的粥不相同，他确定无疑将享有那份最少的。

现代经济学是这么表述的：制度至关紧要，制度是人选择的，是交易的结果。好的制度浑然天成，清晰而精妙，既简洁又高效，令人为之感叹。

摘自：百度空间

自主拓展

下面这则制度在格式上有没有问题？若有的话，请改正过来。

《多功能会议室工作人员安全消防制度》

一、熟悉各类电器设备的性能和用途，正确使用各种器材。

二、每次使用后，认真进行检查，清理现场遗留的烟头、明火及各类易燃物品。

三、工作人员离场前必须关闭所有电器，切断总电源，并按防盗要求关好所有门窗。

四、能正确使用各类消防器材，一旦发生火警情况向119报警。

五、多功能会议室是我厂职工政治、文化活动的重要场所，平时严禁堆放其他物资及易燃品，确保使用安全。

第四节　守则写作

案例导入

大一年级的同学第一次进机房上课，老师站在门口，把大伙儿全部拦住了：“进来之前，请大家先看看贴在门口的《学生信息技术课上机守则》。将该做的做好再进来。”进门前要做什么？有同学念道：第二条，穿鞋套或换鞋进入机房，按规定位置就座，保持安静。“换鞋套、换鞋套。”一位同学大声嚷嚷。老师一把拉住他，叫他看看守则。这下才发现，第一条，排队进入机房，不得拥挤，喧哗吵闹。大家都安静下来，列队进入教室。

这就是守则的约束作用。

知识讲解

一、守则的概念

守则是国家机关、社会团体、企事业单位为维护公共利益和工作秩序，向所属成员发布的行为准则和道德规范。

守则通行于某一系统或某一单位内部，其成员必须共同遵守。如果涉及面广，守则的内容通常比较原则，如《全国职工守则》、《高等学校学生守则》、《国务院工作人员守则》。如果涉及的是具体的工作事务，守则的内容可以详细一些，如《值班人员守则》、《考试巡视员守则》。

守则的制定有三个依据：一是党和国家的方针、政策，二是有关法律、法规，三是全社会共同遵守的道德规范。因此，遵守守则，实际上也就是遵纪守法，就是讲文明、讲道德。

二、守则的作用

守则对其所涉及的成员有约束作用，但守则从整体上说属于职业道德范畴，不是法律和法规，不具有强制力和法律效应。也就是说，如果有人不按守则办事，可能并不违法，但至少是违背了道德准则，会受到人们的批评和谴责。它旨在培养成员按道德规范办事的自觉性，对本系统、本单位、本部门的工作、学习、生活也能起到一定的保证、督促作用。

能力讲解

守则的写法

（一）标题和日期

1. 标题

守则的标题由适用对象加文种组成。如《公安干警守则》、《商业营业员营业守则》、《全国人民代表大会常务委员会组成人员守则》。

2. 日期

有些守则需要在标题下方正中加括号标注日期和发布机关（或通过守则的会议）。如《全国人民代表大会常务委员会组成人员守则》就注明："1993 年 7 月 2 日第八届全国人民代表大会常务委员会第二次会议通过"。

（二）正文

守则的篇幅一般比较短小，多采用通篇分条式写法。如果内容复杂，为了更有条理性，也可采用条例、规定、章程、细则那样的章条式写法，由总则、分则、附则三部分组成，下面再分章，章下再分条，不过这种情况比较少见。

在正文的写作中，条与条之间的划分是否符合逻辑规律，能不能做到条理清楚、层次分明，是写作成败的关键。另外还要注意语言表达的简练、质朴、准确。

守则写作范例

网络公司保密守则

一、为了维护公司的正当利益，明确员工对公司所负的保密义务，特制定本守则。

二、凡本公司员工，在任职期间内应遵守本规定。任职期间包括试用期。

三、员工在与公司签订《试用协议》或《劳动合同》后，应另行与公司签订《保密协议》，员工所涉及的保密范围与个人的工作岗位相关。

四、公司机密是关系公司的发展和利益，在一定时间内只限一定范围的员工知悉的事项。公司机密包括下列事项：

1. 经营发展决策中的秘密事项；
2. 人事决策中的秘密事项；
3. 专有技术及公司开发的项目及经营的网络信息等；
4. 业务的合作条件、贸易条件和招投标项目的标底；
5. 重要的合同、客户资料和贸易渠道；
6. 非对公众公开的财务、证券情况、银行账户账号；
7. 其他公司会议决定或总经理确定应当保守的公司机密事项。

五、公司机密的保密措施：

1. 不在公共场所和亲属朋友面前谈论公司机密；
2. 不在不利于保密的地方存放机密文件、资料；
3. 不在普通电话、明码电报、普通邮局传达机密事项；
4. 不携带机密材料游览、参观、探亲、访友和出入公共场所；
5. 严禁以 E-mail 等形式向外传送涉及公司机密文件及公司开发程序源代码等。

……

分析：全文采用了条款式。条理清楚，层次分明，语言简练。

平台链接

名人守则案例

宝洁公司（Procter & Gamble）董事长兼首席执行官 A. G. Lafley 给自己订立的守则是：

守则 1　管理风险而非避开风险。
守则 2　不要为钱工作，要让钱为你工作。
守则 3　用思考而非感情来面对经济问题。
守则 4　投资才能为你创造财富。
守则 5　提升自己的财务智商。
守则 6　不要说：“我付不起。”要习惯想：“我怎样才付得起？”
守则 7　勿安于现职，掌握有利机会。
守则 8　有了收获就必须再投资。
守则 9　区分财富和人生现金流。
守则 10　破产只是一时，贫穷才是永久，勿失掉勇气。

自主拓展

仿照《学生信息技术课上机守则》，制定一份《大学生宿舍守则》。

学生信息技术课上机守则

一、按照课程规定，排队进入机房，不得拥挤、喧哗吵闹。

二、穿鞋套或换鞋进入机房，按规定位置就座，保持安静。

三、对计算机进行检查，如有问题，立即报告老师。

四、不得频繁地开、关计算机，禁止插拔零部件，禁止使用服务器。

五、不得随便安装、卸载软件，不得随便更改系统设置，不得私自设密码。未经允许不得私自使用其他存储设备（如软盘、光盘等）。

六、保持机房整洁，不得乱涂乱画，不得将食物、饮料等与上课无关的物品带入机房。

七、遵守操作规则，认真操作，不做与课堂内容无关的事情，不浏览不健康的网站，不编辑、发表侮辱他人或反动的信息。

八、下课前，应整理好键盘、鼠标等外部设备，摆放好椅子，登记好上机情况，确保机器已经正常关机的情况下经老师同意，方可离开教室。

九、严格按照《上机守则》进行上机操作，如违反本守则造成设备损坏的，照价赔偿。不接受教师教育，多次违反本守则，情节严重者将交学校政教处严肃处理。

第五节　公约写作

案例导入

09纺织班召开了入学后的第一次班会，选举出临时班委和团支部。其他同学离开教室，这几个临时干部留了下来，讨论如何开展班级工作。有说要加快认识速度的，有说要多搞活动的。张扬提议，应该先订立一个班级公约，让大家有章可循，有据可依。提议得到其他人的认可。于是，你一言我一语，提出许多条该做的事项，比如：穿戴整洁重仪表，进校说声老师好，相互问候有礼貌；课间休息不打闹，文明整洁要做到，课间安全最重要；上课专心勤思考，作业工整按时交，各种课程不可少。公约涉及学校生活的方方面面，全班同学一致通过，并自觉遵照执行。以后09纺织班的工作，几乎都走在年级的前列。

由于公约的约定俗成，大家比较容易做到，所以有较好的约束作用。

知识讲解

一、公约的概念

公约主要是指在一定范围内使用的、带有公共性和督促性的文书。

通常国际上由若干国家共同缔结的多边条约也叫公约，如联合国通过的《公民权利和政治权利国际公约》。这是一种用来维护国际生活的正常秩序和国与国之间的正常关系的国际性文书，不属于我们的讨论范围。

公约是参与制定的单位和个人共同信守的行为规范，它对于维护社会秩序、促进安定团结、加强社会主义精神文明建设有着不可低估的作用。

二、公约的特点

1. 公众约定性

公约不是有关管理部门制定的强制性的法规，而是订约单位或订约人自愿协商缔结的公共约法。它一般产生于社会团体或民众之间，不产生于行政管理部门，有一定的民间特色。它不是正式的法律和法规，对参与者只有道德约束力，没有法律效应。约定性是公约的突出特点之一。

2. 基本原则性

公约的内容一般不涉及具体的行动方法和实施措施，在多数情况下都是一些基本道德准则和精神文明建设的原则要求，不像细则那样详尽具体，因而公约大多短小精悍。

3. 集体监督性

公约是人们互相监督的依据，每个人也都有以公约为准则监督别人的义务。当然，它也是订约人的行为和道德规范，每个人都有履行公约的义务，不得违反。一旦发现有违背公约的行为，大家都有权进行批评和谴责。

4. 长期适用性

制定公约时应该充分考虑到它的长期适用性，订立时，要选择大家共同关心的、有长期意义的原则性事项写入公约。一旦发现原有的公约已经过时，则要讨论制定新的公约来取代它。

5. 一致认同性

制定公约时，每个制定者都拥有“一票否决权”，即参与者中，只要有否决票则公约不能被通过。有弃权票不影响公约的通过。特殊时刻，在有否决票的情况下也可以强制通过，但投否决票者可以选择不加入该公约，如《联合国海洋法公约》，美国就没有加入该公约，所以美国科考船进入中国南海而不受该公约的约束。

三、公约的类型

1. 行业公约

一个行业，为了保护公平竞争，加强本行业的职业道德，以行业协会出面主持制定的公约，就是行业公约。如《银行业协会行业公约》。

2. 部门公约

群众社团、民间组织等部门制定的公约称部门公约。这些部门不是行政管理部门。如爱国卫生委员会制定的卫生公约，消费者协会制定的消费公约等。

3. 民间公约

民间公约即俗称的“村规民约”，是由居委会、村委会或村民小组出面主持制定的公约。如居民公约。

四、订立公约的注意事项

（1）订立公约要充分发扬民主，认真听取各方面意见。

（2）订立的公约要符合国家政策法令，符合群众利益。

（3）行文要力求条理化，便于记忆、执行和检查。

（4）公约写好后，要抄写清楚，张贴在大家容易看到的地方，若有条件还可打印后人手一份。

（5）在实践过程中，如发现不足之处，应及时进行修改、补充。

能力讲解

公约的写法

（一）标题

公约的标题有三种写法：

一是适用人加文种，如《律师公约》。

二是适用范围加文种，如《班级公约》。

三是涉及事项加文种，如《环境卫生公约》。

（二）正文

公约的正文由引言、主体和结尾组成。

1. 引言

引言主要用来写明制定公约的目的、意义，常套用“为了……特制定本公约”的固定格式。

2. 主体

公约通常采用条文式写法，将具体内容一一列出。这部分最重要，一定要做到系统完整，层次清楚，言简意赅，朴实通畅。

3. 结尾

结尾用来写执行要求、生效日期等。如无必要，可免除这一部分内容。

（三）署名与日期

对于有些公约而言，署名是很重要的一项，因为署名就意味着承诺，表明遵守公约的意向，表明愿意为违背公约承担责任。特别是行业公约，这一点显得更为突出。

公约写作范例

校园环境卫生公约

为落实学校的清洁卫生制度，特制定本公约。

一、不随地吐痰，不乱扔果皮纸屑，不玷污墙壁，不乱涂乱画，保持校园、教室美观洁净。

二、大力开展爱国卫生运动，搞好学校环境卫生和学校绿化工作，要求全校各班每周一大扫，每日一小扫。每天必须扫抹讲台、黑板、窗台一次，每周拖地一次，扫抹窗、门一次。

三、学生课桌每天整齐划一，横、竖成直线，人行道、座位的间隔要合理。要经常保持教室窗明几净，空气流通。

四、搞好教室卫生工作，保持经常清洁，做到教室内外不乱贴，讲台物品简洁；投影柜面不要放杂物；小黑板只能整齐摆放于室内固定地方。学习中出现的零小垃圾要入兜或用塑料收集，定时处理。

五、各班卫生区域主要以保持为主，地面清洁，无纸屑果壳。室内课桌整齐，门窗、玻璃、黑板清洁。爱护清卫工具，并放置整齐。充分发挥保洁员的监督作用，确保环境卫生工作的制度落实。

六、上厕所大小便入池，不能污染墙壁，不能在校园内的其他地方大小便。

七、在校园内碰到垃圾要自觉捡起，不能视而不见。看到影响环境卫生的行为要去主动制止。

八、每天放晚学后关好门。

九、住校生寝室要做到门窗、玻璃清洁明亮，室内整洁，床铺上被、帐以及其他物件放置整齐，寝室周围和走廊要保持清洁。

十、养成良好的个人卫生的习惯，勤换衣服，勤洗澡，勤理发，每天早晚两次刷牙，每周须剪指甲、洗头一次。

以上公约互相督促检查，如有违反公约要受适当处罚。

分析：这是一份由学校爱国卫生委员会制定的部门公约。标题属于第二、三种的复合：范围加涉及事项加文种。全文采用条文式结构，要求具体，语言通俗，可操作性强。结尾部分有简单的执行要求。署名与日期省略。

平台链接

国际公约

公约（Convention）是条约的一种，通常指国际间为了政治、经济、文化、技术等重大国际问题而举行国际会议，最后缔结的多方面的条约。公约通常为开放性的，非缔约国可以在公约生效前或生效后的任何时候加入。有的公约由专门召集的国际会议制定。如《万国邮政公约》，是指万国邮政联盟制定的一项有关处理国际邮政业务的基本法则的条约。1874 年 9 月 15 日至 10 月 9 日，由德国、奥地利、匈牙利、比利时、丹麦、埃及、西班牙、美国、法国、英国、希腊、意大利、卢森堡、挪威、荷兰、葡萄牙、罗马尼亚、俄罗斯、塞尔维亚、瑞典、瑞士和土耳其 22 国国家的代表在瑞士伯尔尼举行全权代表大会，签署了第一个国际性的邮政公约，即《伯尔尼条约》，成立邮政总联盟。

1878 年 5 月，邮政总联盟在巴黎举行第二届代表大会，修订了《伯尔尼条约》，改名为《万国邮政公约》，并将邮政总联盟改名为万国邮政联盟，总部设在伯尔尼。1964 年万国邮联第十五届代表大会按照组织条例与业务规定分开的原则，将原《万国邮政公约》分为《万国邮政联盟组织法》、《万国邮政联盟总规则》和《万国邮政公约》（含实施细则）。公约包括适用于国际邮政业务的共同规则和有关函件业务的规定等。

自主拓展

1．根据班级具体情况，拟一份班级公约。

2．结合公约的写作要求，说说你眼中的《上海市民世博文明公约》是怎样的。公约内容是：当好东道主，友善而热情；观博与游览，排队守秩序；驾车及行路，礼让讲文明；维护好环境，垃圾不落地；言语和衣着，礼貌又得体。

附　　录

附录一　普通话水平测试用朗读作品59篇

作品1号

那是力争上游的一种树，笔直的干，笔直的枝。它的干呢，通常是丈把高，像是加以人工似的，一丈以内，绝无旁枝；它所有的丫枝呢，一律向上，而且紧紧靠拢，也像是加以人工似的，成为一束，绝无横斜逸出；它的宽大的叶子也是片片向上，几乎没有斜生的，更不用说倒垂了；它的皮，光滑而有银色的晕圈，微微泛出淡青色。这是虽在北方的风雪的压迫下却保持着倔强挺立的一种树！哪怕只有碗来粗细罢，它却努力向上发展，高到丈许，两丈，参天耸立，不折不挠，对抗着西北风。

这就是白杨树，西北极普通的一种树，然而决不是平凡的树！

它没有婆娑的姿态，没有屈曲盘旋的虬枝，也许你要说它不美丽，——如果美是专指“婆娑”或“横斜逸出”之类而言，那么白杨树算不得树中的好女子；但是它却是伟岸，正直，朴质，严肃，也不缺乏温和，更不用提它的坚强不屈与挺拔，它是树中的伟丈夫！当你在积雪初融的高原上走过，看见平坦的大地上傲然挺立这么一株或一排白杨树，难道你就只觉得树只是树，难道你就不想到它的朴质，严肃，坚强不屈，至少也象征了北方的农民；难道你竟一点儿也不联想到，在敌后的广大土//地上，到处有坚强不屈，就像这白杨树一样傲然挺立的守卫他们家乡的哨兵！难道你又不更远一点想到这样枝枝叶叶靠紧团结，力求上进的白杨树，宛然象征了今天在华北平原纵横决荡用血写出新中国历史的那种精神和意志。

——节选自茅盾《白杨礼赞》

作品2号

两个同龄的年轻人同时受雇于一家店铺，并且拿同样的薪水。

可是一段时间后，叫阿诺德的那个小伙子青云直上，而那个叫布鲁诺的小伙子却仍在原地踏步。布鲁诺很不满意老板的不公正待遇。终于有一天他到老板那儿发牢骚了。老板一边耐心地听着他的抱怨，一边在心里盘算着怎样向他解释清楚他和阿诺德之间的差别。

“布鲁诺先生，”老板开口说话了，“您现在到集市上去一下，看看今天早上有什么卖的。”

布鲁诺从集市上回来向老板汇报说，今早集市上只有一个农民拉了一车土豆在卖。

“有多少？”老板问。

布鲁诺赶快戴上帽子又跑到集上，然后回来告诉老板一共四十袋土豆。

“价格是多少？”

布鲁诺又第三次跑到集上问来了价格。

“好吧，”老板对他说，“现在请您坐到这把椅子上一句话也不要说，看看阿诺德怎么说。”

阿诺德很快就从集市上回来了。向老板汇报说到现在为止只有一个农民在卖土豆，一共四十口袋，价格是多少多少；土豆质量很不错，他带回来一个让老板看看。这个农民一个钟头以后还会弄来几箱西红柿，据他看价格非常公道。昨天他们铺子的西红柿卖得很快，库存已经不//多了。他想这么便宜的西红柿，老板肯定会要进一些的，所以他不仅带回了一个西红柿做样品，而且把那个农民也带来了，他现在正在外面等回话呢。

此时老板转向了布鲁诺，说：“现在您肯定知道为什么阿诺德的薪水比您高了吧！”

——节选自张健鹏、胡足青主编《故事时代》中《差别》

作品3号

我常常遗憾我家门前的那块丑石：它黑黝黝地卧在那里，牛似的模样；谁也不知道是什么时候留在这里的，谁也不去理会它。只是麦收时节，门前摊了麦子，奶奶总是说：这块丑石，多占地面啊，抽空把它搬走吧。

它不像汉白玉那样的细腻，可以刻字雕花，也不像大青石那样的光滑，可以供来浣纱捶布。它静静地卧在那里，院边的槐荫没有庇覆它，花儿也不再在它身边生长。荒草便繁衍出来，枝蔓上下，慢慢地，竟锈上了绿苔、黑斑。我们这些做孩子的，也讨厌起它来，曾合伙要搬走它，但力气又不足；虽时时咒骂它，嫌弃它，也无可奈何，只好任它留在那里了。

终有一日，村子里来了一个天文学家。他在我家门前路过，突然发现了这块石头，眼光立即就拉直了。他再没有离开，就住了下来；以后又来了好些人，都说这是一块陨石，从天上落下来已经有二三百年了，是一件了不起的东西。不久便来了车，小心翼翼地将它运走了。

这使我们都很惊奇！这又怪又丑的石头，原来是天上的啊！它补过天，在天上发过热、闪过光，我们的先祖或许仰望过它，它给了他们光明、向往、憧憬；而它落下来了，在污土里，荒草里，一躺就//是几百年了！

我感到自己的无知，也感到了丑石的伟大；我甚至怨恨它这么多年竟会默默地忍受着这一切！而我又立即深深地感到它那种不屈于误解、寂寞地生存的伟大。

——节选自贾平凹《丑石》

作品4号

在达瑞八岁的时候，有一天他想去看电影。因为没有钱，他想是向爸妈要钱，还是自己挣钱。最后他选择了后者。他自己调制了一种汽水，向过路的行人出售。可那时正是寒冷的冬天，没有人买，只有两个人例外——他的爸爸和妈妈。

他偶然有一个和非常成功的商人谈话的机会。当他对商人讲述了自己的“破产史”后，商人给了他两个重要的建议：一是尝试为别人解决一个难题；二是把精力集中在你知道的、你会的和你拥有的东西上。

这两个建议很关键。因为对于一个八岁的孩子而言，他不会做的事情很多。于是他穿过大街小巷，不停地思考：人们会有什么难题，他又如何利用这个机会？

一天，吃早饭时父亲让达瑞去取报纸。美国的送报员总是把报纸从花园篱笆的一个特制的管子里塞进来。假如你想穿着睡衣舒舒服服地吃早饭和看报纸，就必须离开温暖和房间，冒着寒风，到花园去取。虽然路短，但十分麻烦。

当达瑞为父亲取报纸的时候，一个主意诞生了。当天他就按响邻居的门铃，对他们说，每个月只需付给他一美元，他就每天早上把报纸塞到他们的房门底下。大多数人都同意了，很快他有//了七十多个顾客。一个月后，当他拿到自己赚的钱时，觉得自己简直是飞上了天。

很快他又有了新的机会，他让他的顾客每天把垃圾袋放在门前，然后由他早上运到垃圾桶里，每个月加一美元。之后他还想出了许多孩子赚钱的办法，并把它集结成书，书名为《儿童挣钱的二百五十个主意》。为此，达瑞十二岁时就成了畅销书作家，十五岁有了自己的谈话节目，十七岁就拥有了几百万美元。

——节选自〔德〕博多·费舍尔《达瑞的故事》，刘志明译

作品5号

这是入冬以来，胶东半岛上第一场雪。

雪纷纷扬扬，下得很大。开始还伴着一阵儿小雨，不久就只见大片大片的雪花，从彤云密布的天空中飘落下来。地面上一会儿就白了。冬天的山村，到了夜里就万籁俱寂，只听得雪花簌簌地不断往下落，树木的枯枝被雪压断了，偶尔咯吱一声响。

大雪整整下了一夜。今天早晨，天放晴了，太阳出来了。推开门一看，嗬！好大的雪啊！山川、河流、树木、房屋，全都罩上了一层厚厚的雪，万里江山，变成了粉妆玉砌的世界。落光了叶子的柳树上挂满了毛茸茸亮晶晶的银条儿；而那些冬夏常青的松树和柏树上，则挂满了蓬松松沉甸甸的雪球儿。一阵风吹来，树枝轻轻地摇晃，美丽的银条儿和雪球儿簌簌地落下来，玉屑似的雪末儿随风飘扬，映着清晨的阳光，显出一道道五光十色的彩虹。

大街上的积雪足有一尺多深，人踩上去，脚底下发出咯吱咯吱的响声。一群群孩子在雪地里堆雪人，掷雪球儿。那欢乐的叫喊声，把树枝上的雪都震落下来了。

俗话说，“瑞雪兆丰年”。这个话有充分的科学根据，并不是一句迷信的成语。寒冬大雪，可以冻死一部分越冬的害虫；融化了的水渗进土层深处，又能供应//庄稼生长的需要。我相信这一场十分及时的大雪，一定会促进明年春季作物，尤其是小麦的丰收。有经验的老农把雪比做是“麦子的棉被”。冬天“棉被”盖得越厚，明春麦子就长得越好，所以又有这样一句谚语：“冬天麦盖三层被，来年枕着馒头睡。”

我想，这就是人们为什么把及时的大雪称为“瑞雪”的道理吧。

——节选自峻青《第一场雪》

作品6号

我常想读书人是世间幸福人，因为他除了拥有现实的世界之外，还拥有另一个更为浩瀚也更为丰富的世界。现实的世界是人人都有的，而后一个世界却为读书人所独有。由此我想，那些失去或不能阅读的人是多么的不幸，他们的丧失是不可补偿的。世间有诸多的不平等，财富的不平等，权力的不平等，而阅读能力的拥有或丧失却体现为精神的不平等。

一个人的一生，只能经历自己拥有的那一份欣悦，那一份苦难，也许再加上他亲自闻知的那一些关于自身以外的经历和经验。然而，人们通过阅读，却能进入不同时空的

诸多他人的世界。这样，具有阅读能力的人，无形间获得了超越有限生命的无限可能性。阅读不仅使他多识了草木虫鱼之名，而且可以上溯远古下及未来，饱览存在的与非存在的奇风异俗。

更为重要的是，读书加惠于人们的不仅是知识的增广，而且还在于精神的感化与陶冶。人们从读书学做人，从那些往哲先贤以及当代才俊的著述中学得他们的人格。人们从《论语》中学得智慧的思考，从《史记》中学得严肃的历史精神，从《正气歌》中学得人格的刚烈，从马克思学得人世//的激情，从鲁迅学得批判精神，从托尔斯泰学得道德的执著。歌德的诗句刻写着睿智的人生，拜伦的诗句呼唤着奋斗的热情。一个读书人，一个有机会拥有超乎个人生命体验的幸运人。

——节选自谢冕《读书人是幸福人》

作品7号

一天，爸爸下班回到家已经很晚了，他很累也有点儿烦，他发现五岁的儿子靠在门旁正等着他。

"爸，我可以问您一个问题吗？"

"什么问题？""爸，您一小时可以赚多少钱？""这与你无关，你为什么问这个问题？"父亲生气地说。

"我只是想知道，请告诉我，您一小时赚多少钱？"小孩儿哀求道。"假如你一定要知道的话，我一小时赚二十美金。"

"哦，"小孩儿低下了头，接着又说，"爸，可以借我十美金吗？"父亲发怒了："如果你只是要借钱去买毫无意义的玩具的话，给我回到你的房间睡觉去。好好想想为什么你会那么自私。我每天辛苦工作，没时间和你玩儿小孩子的游戏。"

小孩儿默默地回到自己的房间关上门。

父亲坐下来还在生气。后来，他平静下来了。心想他可能对孩子太凶了——或许孩子真的很想买什么东西，再说他平时很少要过钱。

父亲走进孩子的房间："你睡了吗？""爸，还没有，我还醒着。"孩子回答。

"我刚才可能对你太凶了，"父亲说，"我不应该发那么大的火儿——这是你要的十美金。""爸，谢谢您。"孩子高兴地从枕头下拿出一些被弄皱的钞票，慢慢地数着。

"为什么你已经有钱了还要？"父亲不解地问。

"因为原来不够，但现在凑够了。"孩子回答："爸，我现在有//二十美金了，我可以向您买一个小时的时间吗？明天请早一点儿回家——我想和您一起吃晚餐。"

——节选自唐继柳编译《二十美金的价值》

作品8号

我爱月夜，但我也爱星天。从前在家乡七八月的夜晚在庭院里纳凉的时候，我最爱看天上密密麻麻的繁星。望着星天，我就会忘记一切，仿佛回到了母亲的怀里似的。

三年前在南京我住的地方有一道后门，每晚我打开后门，便看见一个静寂的夜。下面是一片菜园，上面是星群密布的蓝天。星光在我们的肉眼里虽然微小，然而它使我们光明无处不在。那时候我正在读一些天文学的书，也认得一些星星，好像它们就是我的朋友，它们常常在和我谈话一样。

如今在海上，每晚和繁星相对，我把它们认得很熟了。我躺在舱面上，仰望天空。

深蓝色的天空里悬着无数半明半昧的星。船在动，星也在动，它们是这样低，真是摇摇欲坠呢！渐渐地我的眼睛模糊了，我好像看见无数萤火虫在我的周围飞舞。海上的夜是柔和的，是静寂的，是梦幻的。我望着许多认识的星，我仿佛看见它们在对我眨眼，我仿佛听见它们在小声说话。这时我忘记了一切。在星的怀抱中我微笑着，我沉睡着。我觉得自己是一个小孩子，现在睡在母亲的怀里了。

有一夜，那个在哥伦波上船的英国人指给我看天上的巨人。他用手指着：//那四颗明亮的星是头，下面的几颗是身子，这几颗是手，那几颗是腿和脚，还有三颗星算是腰带。经他这一番指点，我果然看清楚了那个天上的巨人。看，那个巨人还在跑呢！

——节选自巴金《繁星》

作品 9 号

假日到河滩上转转，看见许多孩子在放风筝。一根根长长的引线，一头系在天上，一头系在地上，孩子同风筝都在天与地之间悠荡，连心也被悠荡得恍恍惚惚了，好像又回到了童年。

儿时的放风筝，大多是自己的长辈或家人编扎的，几根削得很薄的篾，用细纱线扎成各种鸟兽的造型，糊上雪白的纸片，再用彩笔勾勒出面孔与翅膀的图案。通常扎得最多的是“老雕”、“美人儿”、“花蝴蝶”等。

我们家前院就有位叔叔，擅扎风筝，远近闻名。他扎的风筝不只体形好看，色彩艳丽，放飞得高远，还在风筝上绷一叶用蒲苇削成的膜片，经风一吹，发出“嗡嗡”的声响，仿佛是风筝的歌唱，在蓝天下播扬，给开阔的天地增添了无尽的韵味，给驰荡的童年心带来几分疯狂。

我们那条胡同的左邻右舍的孩子们放的风筝几乎都是叔叔编扎的。他的风筝不卖钱，谁上门去要，就给谁，他乐意自己贴钱买材料。

后来，这位叔叔去了海外，放风筝也渐与孩子们远离了。不过年年叔叔给家乡写信，总不忘提起儿时的放风筝。香港回归之后，他在家信中说到，他这只被故乡放飞到海外的风筝，尽管飘荡游弋，经沐风雨，可那线头儿一直在故乡和//亲人手中牵着，如今飘得太累了，也该要回归到家乡和亲人身边来了。

是的。我想，不光是叔叔，我们每个人都是风筝，在妈妈手中牵着，从小放到大，再从家乡放到祖国最需要的地方去啊！

——节选自李恒瑞《风筝畅想曲》

作品 10 号

爸不懂得怎样表达爱，使我们一家人融洽相处的是我妈。他只是每天上班下班，而妈则把我们做过的错事开列清单，然后由他来责骂我们。

有一次我偷了一块糖果，他要我把它送回去，告诉卖糖的说是我偷来的，说我愿意替他拆箱卸货作为赔偿。但妈妈却明白我只是个孩子。

我在运动场打秋千跌断了腿，在前往医院的途中一直抱着我的，是我妈。爸把汽车停在急诊室门口，他们叫他驶开，说那空位是留给紧急车辆停放的。爸听了便叫嚷道：“你以为这是什么车？旅游车？”

在我生日会上，爸总是显得有些不大相称。他只是忙于吹气球，布置餐桌，做杂务。把插着蜡烛的蛋糕推过来让我吹的，是我妈。

我翻阅照相册时，人们总是问："你爸爸是什么样子的？"天晓得！他老是忙着替别人拍照。妈和我笑容可掬地一起拍的照片，多得不可胜数。

我记得妈有一次教我骑自行车。我叫他别放手，但他却说是应该放手的时候了。我摔倒之后，妈跑过来扶我，爸却挥手要她走开。我当时生气极了，决心要给他点颜色看。于是我马上爬上自行车，而且自己骑给他看。他只是微笑。

我念大学时，所有的家信都是妈写的。他//除了寄支票外，还寄过一封短柬给我，说因为我在草坪上踢足球了，所以他的草坪长得很美。

每次我打电话回家，他似乎都想跟我说话，但结果总是说："我叫你妈来接。"

我结婚时，掉眼泪的是我妈。他只是大声擤了一下鼻子，便走出房间。

我从小到大都听他说："你到哪里去？什么时候回家？汽车有没有汽油？不，不准去。"爸完全不知道怎样表达爱。除非……

会不会是他已经表达了，而我却未能察觉？

——节选自〔美〕艾尔玛·邦贝克《父亲的爱》

作品 11 号

一个大问题一直盘踞在我脑袋里：

世界杯怎么会有如此巨大的吸引力？除去足球本身的魅力之外，还有什么超乎其上而更伟大的东西？

近来观看世界杯，忽然从中得到了答案：是由于一种无上崇高的精神情感——国家荣誉感！

地球上的人都会有国家的概念，但未必时时都有国家的感情。往往人到异国，思念家乡，心怀故国，这国家概念就变得有血有肉，爱国之情来得非常具体。而现代社会，科技昌达，信息快捷，事事上网，世界真是太小太小，国家的界限似乎也不那么清晰了。再说足球正在快速世界化，平日里各国球员频繁转会，往来随意，致使越来越多的国家联赛都具有国际的因素。球员们不论国籍，只效力于自己的俱乐部，他们比赛时的激情中完全没有爱国主义的因子。

然而，到了世界杯大赛，天下大变。各国球员都回国效力，穿上与光荣的国旗同样色彩的服装。在每一场比赛前，还高唱国歌以宣誓对自己祖国的热爱与忠诚。一种血缘情感开始在全身的血管里燃烧起来，而且立刻热血沸腾。

在历史时代，国家间经常发生对抗，好男儿戎装卫国。国家的荣誉往往需要以自己的生命去//换取。但在和平时代，唯有这种国家之间大规模对抗性的大赛，才可以唤起那种遥远而神圣的情感，那就是：为祖国而战！

——节选自冯骥才《国家荣誉感》

作品 12 号

夕阳落山不久，西方的天空，还燃烧着一片橘红色的晚霞。大海，也被这霞光染成了红色，而且比天空的景色更要壮观。因为它是活动的，每当一排排波浪涌起的时候，那映照在浪峰上的霞光，又红又亮，简直就像一片片霍霍燃烧着的火焰，闪烁着，消失了。而后面的一排，又闪烁着，滚动着，涌了过来。

天空的霞光渐渐地淡下去了，深红的颜色变成了绯红，绯红又变成浅红。最后，当这一切红光都消失了的时候，那突然显得高而远了的天空，则呈现出一片肃穆的神色。

最早出现的启明星，在这蓝色的天幕上闪烁起来了。它是那么大，那么亮，整个广漠的天幕上只有它在那里放射着令人注目的光辉，活像一盏悬挂在高空的明灯。

夜色加浓，苍空中的“明灯”越来越多了。而城市各处的真的灯火也次第亮了起来，尤其是围绕在海港周围山坡上的那一片灯光，从半空倒映在乌蓝的海面上，随着波浪，晃动着，闪烁着，像一串流动着的珍珠，和那一片片密布在苍穹里的星斗互相辉映，煞是好看。

在这幽美的夜色中，我踏着软绵绵的沙滩，沿着海边，慢慢地向前走去。海水，轻轻地抚摸着细软的沙滩，发出温柔的//刷刷声。晚来的海风，清新而又凉爽。我的心里，有着说不出的兴奋和愉快。

夜风轻飘飘地吹拂着，空气中飘荡着一种大海和田禾相混合的香味儿，柔软的沙滩上还残留着白天太阳炙晒的余温。那些在各个工作岗位上劳动了一天的人们，三三两两地来到这软绵绵的沙滩上，他们浴着凉爽的海风，望着那缀满了星星的夜空，尽情地说笑，尽情地休憩。

——节选自峻青《海滨仲夏夜》

作品 13 号

生命在海洋里诞生绝不是偶然的，海洋的物理和化学性质，使它成为孕育原始生命的摇篮。

我们知道，水是生物的重要组成部分，许多动物组织的含水量在百分之八十以上，而一些海洋生物的含水量高达百分之九十五。水是新陈代谢的重要媒介，没有它，体内的一系列生理和生物化学反应就无法进行，生命也就停止。因此，在短时期内动物缺水要比缺少食物更加危险。水对今天的生命是如此重要，它对脆弱的原始生命，更是举足轻重了。生命在海洋里诞生，就不会有缺水之忧。

水是一种良好的溶剂。海洋中含有许多生命所必需的无机盐，如氯化钠、氯化钾、碳酸盐、磷酸盐，还有溶解氧，原始生命可以毫不费力地从中吸取它所需要的元素。

水具有很高的热容量，加之海洋浩大，任凭夏季烈日曝晒，冬季寒风扫荡，它的温度变化却比较小。因此，巨大的海洋就像是天然的“温箱”。是孕育原始生命的温床。

阳光虽然为生命所必需，但是阳光中的紫外线却有扼杀原始生命的危险。水能有效地吸收紫外线，因而又为原始生命提供了天然的“屏障”。

这一切都是原始生命得以产生和发展的必要条件。

——节选自童裳亮《海洋与生命》

作品 14 号

读小学的时候，我的外祖母去世了。外祖母生前最疼爱我，我无法排除自己的忧伤，每天在学校的操场上一圈儿又一圈儿地跑着，跑得累倒在地上，扑在草坪上痛哭。

那哀痛的日子，断断续续地持续了很久，爸爸妈妈也不知道如何安慰我。他们知道与其欺骗我说外祖母睡着了，还不如对我说实话：外祖母永远不会回来了。

“什么是永远不会回来呢？”我问着。

“所有时间里的事物，都永远不会回来了。你的昨天过去，它就永远变成昨天，你不能再回到昨天。爸爸以前也和你一样小，现在也不能回到你这么小的童年了；有一天你会长大，你会像外祖母一样老；有一天你度过了你的时间，就永远不会回来了。”爸爸说。

爸爸等于给我一个谜语，这谜语比课本上的“日历挂在墙壁，一天撕去一页，使我心里着急”和“一寸光阴一寸金，寸金难买寸光阴”还让我感到可怕；也比作文本上的“光阴似箭，日月如梭”更让我觉得有一种说不出的滋味。

时间过得那么飞快，使我的小心眼儿里不只是着急，还有悲伤。有一天我放学回家，看到太阳快落山了，就下决心说：“我要比太阳更快地回家。”我狂奔回去，站在庭院前喘气的时候，看到太阳//还露着半边脸，我高兴地跳跃起来，那一天我跑赢了太阳。以后我就时常做那样的游戏，有时和太阳赛跑，有时和西北风比快，有时一个暑假才能做完的作业，我十天就做完了；那时我三年级，常常把哥哥五年级的作业拿来做。每一次比赛胜过时间，我就快乐得不知道怎么形容。

如果将来我有什么要教给我的孩子，我会告诉他：假若你一直和时间比赛，你就可以成功！

——节选自（中国台湾）林清玄《和时间赛跑》

作品 15 号

三十年代初，胡适在北京大学任教授。讲课时他常常对白话文大加称赞，引起一些只喜欢文言文而不喜欢白话文的学生的不满。

一次，胡适正讲得得意的时候，一位姓魏的学生突然站了起来，生气地问：“胡先生，难道说白话文就毫无缺点吗？”胡适微笑着回答说：“没有。”那位学生更加激动了：“肯定有！白话文废话太多，打电报用字多，花钱多。”胡适的目光顿时变亮了。轻声地解释说：“不一定吧！前几天有位朋友给我打来电报，请我去政府部门工作，我决定不去，就回电拒绝了。复电是用白话写的，看来也很省字。请同学们根据我这个意思，用文言文写一个回电，看看空间是白话文省字，还是文言文省字？”胡教授刚说完，同学们立刻认真地写了起来。

十五分钟过去，胡适让同学举手，报告用字的数目，然后挑了一份用字最少的文言电报稿，电文是这样写的：

“才疏学浅，恐难胜任，不堪从命。”白话文的意思是：学问不深，恐怕很难担任这个工作，不能服从安排。

胡适说，这份写得确实不错，仅用了十二个字。但我的白话电报却只用了五个字：

“干不了，谢谢！”

胡适又解释说：“干不了”就有才疏学浅、恐难胜任的意思；“谢谢”既//对朋友的介绍表示感谢，又有拒绝的意思。所以，废话多不多，并不看它是文言文还是白话文，只要注意选用字词，白话文是可以比文言文更省字的。

——节选自陈灼主编《实用汉语中级教程》（上）中《胡适的白话电报》

作品 16 号

很久以前，在一个漆黑的秋天的夜晚，我泛舟在西伯利亚一条阴森森的河上。船到一个转弯处，只见前面黑黢黢的山峰下面一星火光蓦地一闪。

火光又明又亮，好像就在眼前……

“好啦，谢天谢地！”我高兴地说，“马上就到过夜的地方啦！”

船夫扭头朝向后的火光望了一眼，又不以为然地划起桨来。

“远着呢！”

我不相信他的话，因为火光冲破朦胧的夜色，明明就在那儿闪烁。不过船夫是对的，事实上，火光的确还远着呢。

这些黑夜的火光的特点是：驱散黑暗，闪闪发亮，近在眼前，令人神往。乍一看，再划几下就到了……其实却还远着呢！……

我们在漆黑如墨的河上又划了很久。一个个峡谷和悬崖，迎面驶来，又向后移去，仿佛消失在茫茫的远方，而火光却依然停在前头，闪闪发亮，令人神往——依然是这么近，又依然是那么远……

现在，无论是这条被悬崖峭壁的阴影笼罩的漆黑的河流，还是那一星明亮的火光，都经常浮现在我的脑际，在这以前和在这以后，曾有许多火光，似乎近在咫尺，不止使我一人心驰神往。可是生活之河却仍然在那阴森森的两岸之间流着，而火光也依旧非常遥远。因此，必须加劲划桨……

然而，火光啊……毕竟……毕竟就//在前头！

——节选自〔俄〕柯罗连科《火光》，张铁夫译

作品 17 号

对于一个在北平住惯的人，像我，冬天要是不刮风，便觉得是奇迹；济南的冬天是没有风声的。对于一个刚由伦敦回来的人，像我，冬天要能看得见日光，便觉得是怪事；济南的冬天是响晴的。自然，在热带的地方，日光是永远那么毒，响亮的天气，反有点儿叫人害怕。可是，在北方的冬天，而能有温晴的天气，济南真得算个宝地。

设若单单是有阳光，那也算不了出奇。请闭上眼睛想：一个老城，有山有水，全在天底下晒着阳光，暖和安适地睡着，只等春风来把它们唤醒，这是不是理想的境界？小山整把济南围了个圈儿，只有北边缺着点口儿。这一圈小山在冬天特别可爱，好像是把济南放在一个小摇篮里，它们安静不动地低声地说："你们放心吧，这儿准保暖和。"真的，济南的人们在冬天是面上含笑的。他们一看那些小山，心中便觉得有了着落，有了依靠。他们由天上看到山上，便不知不觉地想起：明天也许就是春天了吧？这样的温暖，今天夜里山草也许就绿起来了吧？就是这点幻想不能一时实现，他们也并不着急，因为这样慈善的冬天，干什么还希望别的呢！

最妙的是下点小雪呀。看吧，山上的矮松越发的青黑，树尖上顶//着一髻儿白花，好像日本看护妇。山尖儿全白了，给蓝天镶上一道银边。山坡上，有的地方雪厚点儿，有的地方草色还露着；这样，一道儿白，一道儿暗黄，给山们穿上一件带水纹的花衣；看着看着，这件花衣好像被风儿吹动，叫你希望看见一点儿更美的山的肌肤。等到快日落的时候，微黄的阳光斜射在山腰上，那点薄雪好像忽然害羞，微微露出点粉色。就是下小雪吧，济南是受不住大雪的，那些小山太秀气。

——节选自老舍《济南的冬天》

作品 18 号

纯朴的家乡村边有一条河，曲曲弯弯，河中架一弯石桥，弓样的小桥横跨两岸。

每天，不管是鸡鸣晓月，日丽中天，还是月华泻地，小桥都印下串串足迹，洒落串串汗珠。那是乡亲为了追求多棱的希望，兑现美好的遐想。弯弯小桥，不时荡过轻吟低唱，不时露出舒心的笑容。

因而，我稚小的心灵，曾将心声献给小桥：你是一弯银色的新月，给人间普照光辉；

你是一把闪亮的镰刀，割刈着欢笑的花果；你是一根晃悠悠的扁担，挑起了彩色的明天！哦，小桥走进我的梦中。

我在漂泊他乡的岁月，心中总涌动着故乡的河水，梦中总看到弓样的小桥。当我访南疆探北国，眼帘闯进座座雄伟的长桥时，我的梦变得丰满了，增添了赤橙黄绿青蓝紫。

三十多年过去，我带着满头霜花回到故乡，第一紧要的便是去看望小桥。

啊！小桥呢？它躲起来？河中一道长虹，浴着朝霞熠熠闪光。哦，雄浑的大桥敞开胸怀，汽车的呼啸、摩托的笛音、自行车的叮铃，合奏着进行交响乐；南来的钢筋、花布，北往的柑橙、家禽，绘出交流欢悦图……

啊！蜕变的桥，传递了家乡进步的消息，透露了家乡富裕的声音。时代的春风，美好的追求，我蓦地记起儿时唱//给小桥的歌，哦，明艳艳的太阳照耀了，芳香甜蜜的花果捧来了，五彩斑斓的岁月拉开了！

我心中涌动的河水，激荡起甜美的浪花。我仰望一碧蓝天，心底轻声呼喊：家乡的桥啊，我梦中的桥！

——节选自郑莹《家乡的桥》

作品 19 号

三百多年前，建筑设计师莱伊恩受命设计了英国温泽市政府大厅。他运用工程力学的知识，依据自己多年的实践，巧妙地设计了只用一根柱子支撑的大厅天花板。一年以后，市政府权威人士进行工程验收时，却说只用一根柱子支撑天花板太危险，要求莱伊恩再多加几根柱子。

莱伊恩自信只要一根坚固的柱子足以保证大厅安全，他的“固执”惹恼了市政官员，险些被送上法庭。他非常苦恼，坚持自己原先的主张吧，市政官员肯定会另找人修改设计；不坚持吧，又有悖自己为人的准则，矛盾了很长一段时间，莱伊恩终于想出了一条妙计，他在大厅里增加了四根柱子，不过这些柱子并未与天花板接触，只不过是装装样子。

三百年过去了，这个秘密始终没有被人发现。直到前两年，市政府准备修缮大厅的天花板，才发现莱伊恩当年的“弄虚作假”。消息传出后，世界各国的建筑专家和游客云集，当地政府对此也不加掩饰，在新世纪到来之际，特意将大厅作为一个旅游景点对外开放，旨在引导人们崇尚和相信科学。

作为一名建筑师，莱伊恩并不是最出色的。但作为一个人，他无疑非常伟大，这种//伟大表现在他始终恪守着自己的原则，给高贵的心灵一个美丽的住所，哪怕是遭遇到最大的阻力，也要想办法抵达胜利。

——节选自游宇明《坚守你的高贵》

作品 20 号

自从传言有人在萨文河畔散步时无意发现了金子后，这里便常有来自四面八方的淘金者。他们都想成为富翁，于是寻遍了整个河床，还在河床上挖出很多大坑，希望借助它们找到更多的金子。的确，有一些人找到了，但另外一些人因为一无所得而只好扫兴归去。

也有不甘心落后的，便驻扎在这里，继续寻找。彼得·弗雷特就是其中一员。他在河床附近买了一块没人要的土地，一个人默默地工作。他为了找金子，已把所有的钱都押在这块土地上。他埋头苦干了几个月，直到土地全变成了坑坑洼洼，他失望了——他翻遍了整块土地，但连一丁点儿金子都没看见。

六个月后，他连买面包的钱都没有了。于是他准备离开这儿到别处去谋生。

就在他即将离去的前一个晚上，天下起了倾盆大雨，并且一下就是三天三夜。雨终于停了，彼得走出小木屋，发现眼前的土地看上去好像和以前不一样：坑坑洼洼已被大水冲刷平整，松软的土地上长出一层绿茸茸的小草。

“这里没找到金子，”彼得忽有所悟地说，“但这土地很肥沃，我可以用来种花，并且拿到镇上去卖给那些富人，他们一定会买些花装扮他们华丽的客//厅。如果真是这样的话，那么我一定会赚许多钱。有朝一日我也会成为富人……”

于是他留了下来。彼得花了不少精力培育花苗，不久田地里长满了美丽鲜艳的各色鲜花。

五年以后，彼得终于实现了他的梦想——成了一个富翁。“我是唯一一个找到真金的人！”他时常不无骄傲地告诉别人，“别人在这儿找不到金子后便远远地离开，而我的‘金子’是在这块土地里，只有诚实的人用勤劳才能采集到。”

——节选自陶猛译《金子》

作品 21 号

我在加拿大学习期间遇到过两次募捐，那情景至今使我难以忘怀。

一天，我在渥太华的街上被两个男孩子拦住去路。他们十来岁，穿得整整齐齐，每人头上戴着个做工精巧、色彩鲜艳的纸帽，上面写着“为帮助患小儿麻痹的伙伴募捐”。其中的一个，不由分说就坐在小凳上给我擦起皮鞋来，另一个则彬彬有礼地发问：“小姐，您是哪国人？喜欢渥太华吗？”“小姐，在你们国家有没有小孩儿患小儿麻痹？谁给他们医疗费？”一连串的问题，使我这个有生以来头一次在众目睽睽之下让别人擦鞋的异乡人，从近乎狼狈的窘态中解脱出来。我们像朋友一样聊起天儿来……

几个月之后，也是在街上。一些十字路口处或车站坐着几位老人。他们满头银发，身穿各种老式军装，上面布满了大大小小形形色色的徽章、奖章，每人手捧一大束鲜花，有水仙、石竹、玫瑰及叫不出名字的，一色雪白。匆匆过往的行人纷纷止步，把钱投进这些老人身旁的白色木箱内，然后向他们微微鞠躬，从他们手中接过一朵花。我看了一会儿，有人投一两元，有人投几百元，还有人掏出支票填好后投进木箱。那些老军人毫不注意人们捐多少钱，一直不//停地向人们低声道谢。同行的朋友告诉我，这是为纪念二次大战中参战的勇士，募捐救济残废军人和烈士遗孀，每年一次；认捐的人可谓踊跃，而且秩序井然，气氛庄严。有些地方，人们还耐心地排着队。我想，这是因为他们都知道：正是这些老人们的流血牺牲换来了包括他们信仰自由在内的许许多多。

我两次把那微不足道的一点钱捧给他们，只想对他们说声“谢谢”。

——节选自青白《捐诚》

作品 22 号

没有一片绿叶，没有一缕炊烟，没有一粒泥土，没有一丝花香，只有水的世界，云的海洋。

一阵台风袭过，一只孤单的小鸟无家可归，落到被卷到洋里的木板上，乘流而下，姗姗而来，近了，近了！……

忽然，小鸟张开翅膀，在人们头顶盘旋了几圈儿，“噗啦”一声落到了船上。许是累了？还是发现了“新大陆”？水手撵它它不走，抓它，它乖乖地落在掌心。可爱的小鸟和善良的水手结成了朋友。

瞧，它多美丽，娇巧的小嘴，啄理着绿色的羽毛，鸭子样的扁脚，呈现出春草的鹅黄。水手们把它带到舱里，给它“搭铺”，让它在船上安家落户，每天，把分到的一塑料桶淡水匀给它喝，把从祖国带来的鲜美的鱼肉分给它吃，天长日久，小鸟和水手的感情日趋笃厚。清晨，当第一束阳光射进舷窗时，它便敞开美丽的歌喉，唱啊唱，嘤嘤有韵，宛如春水淙淙。人类给它以生命，它毫不悭吝地把自己的艺术青春奉献给了哺育它的人。可能都是这样？艺术家们的青春只会献给尊敬他们的人。

小鸟给远航生活蒙上了一层浪漫色调。返航时，人们爱不释手，恋恋不舍地想把它带到异乡。可小鸟憔悴了，给水，不喝！喂肉，不吃！油亮的羽毛失去了光泽。是啊，我//们有自己的祖国，小鸟也有它的归宿，人和动物都是一样啊，哪儿也不如故乡好！

慈爱的水手们决定放开它，让它回到大海的摇篮去，回到蓝色的故乡去。离别前，这个大自然的朋友与水手们留影纪念。它站在许多人的头上，肩上，掌上，胳膊上，与喂养过它的人们，一起融进那蓝色的画面……

——节选自王文杰《可爱的小鸟》

作品 23 号

纽约的冬天常有大风雪，扑面的雪花不但令人难以睁开眼睛，甚至呼吸都会吸入冰冷的雪花。有时前一天晚上还是一片晴朗，第二天拉开窗帘，却已经积雪盈尺，连门都推不开了。

遇到这样的情况，公司、商店常会停止上班，学校也通过广播，宣布停课。但令人不解的是，唯有公立小学，仍然开放。只见黄色的校车，艰难地在路边接孩子，老师则一大早就口中喷着热气，铲去车子前后的积雪，小心翼翼地开车去学校。

据统计，十年来纽约的公立小学只因为超级暴风雪停过七次课。这是多么令人惊讶的事。犯得着在大人都无须上班的时候让孩子去学校吗？小学的老师也太倒霉了吧？

于是，每逢大雪而小学不停课时，都有家长打电话去骂。妙的是，每个打电话的人，反应全一样——先是怒气冲冲地骂，然后满口道歉，最后笑容满面地挂上电话。原因是，学校告诉家长：

在纽约有许多百万富翁，但也有不少贫困的家庭。后者白天开不起暖气，供不起午餐，孩子的营养全靠学校里免费的中饭，甚至可以多拿些回家当晚餐。学校停课一天，穷孩子就受一天冻，挨一天饿，所以老师们宁愿自己苦一点儿，也不能停课。//

或许有家长会说：何不让富裕的孩子在家里，让贫穷的孩子去学校享受暖气和营养午餐呢？

学校的答复是：我们不愿让那些穷苦的孩子感到他们是在接受救济，因为施舍的最高原则是保持受施者的尊严。

——节选自（中国台湾）刘墉《课不能停》

作品 24 号

十年，在历史上不过是一瞬间。只要稍加注意，人们就会发现：在这一瞬间里，各种事物都悄悄经历了自己的千变万化。

这次重新访日，我处处感到亲切和熟悉，也在许多方面发觉了日本的变化。就拿奈良的一个角落来说吧，我重游了为之感受很深的唐招提寺，在寺内各处匆匆走了一遍，庭院依旧，但意想不到还看到了一些新的东西。其中之一，就是近几年从中国移植来的“友谊之莲”。

在存放鉴真遗像的那个院子里，几株中国莲昂然挺立，翠绿的宽大荷叶正迎风而舞，显得十分愉快。开花的季节已过，荷花朵朵已变为莲蓬累累。莲子的颜色正在由青转紫，看来已经成熟了。

我禁不住想：“因”已转化为“果”。

中国的莲花开在日本，日本的樱花开在中国，这不是偶然。我希望这样一种盛况延续不衰。可能有人不欣赏花，但决不会有人欣赏落在自己面前的炮弹。

在这些日子里，我看到了不少多年不见的老朋友，又结识了一些新朋友。大家喜欢涉及的话题之一，就是古长安和古奈良。那还用得着问吗，朋友们缅怀过去，正是瞩望未来。瞩目于未来的人们必将获得未来。

我不例外，也希望一个美好的未来。

为//了中日人民之间的友谊，我将不浪费今后生命的每一瞬间。

——节选自严文井《莲花和樱花》

作品 25 号

梅雨潭闪闪的绿色招引着我们，我们开始追捉她那离合的神光了。揪着草，攀着乱石，小心探身下去，又鞠躬过了一个石穹门，便到了汪汪一碧的潭边了。

瀑布在襟袖之间，但是我的心中已没有瀑布了。我的心随潭水的绿而摇荡。那醉人的绿呀！仿佛一张极大极大的荷叶铺着，满是奇异的绿呀。我想张开两臂抱住她，但这是怎样一个妄想啊。

站在水边，望到那面，居然觉着有些远呢！这平铺着、厚积着的绿，着实可爱。她松松地皱缬着，像少妇拖着的裙幅；她滑滑的明亮着，像涂了“明油”一般，有鸡蛋清那样软，那样嫩；她又不杂些儿尘滓，宛然一块温润的碧玉，只清清的一色——但你却看不透她！

我曾见过北京什刹海拂地的绿杨，脱不了鹅黄的底子，似乎太淡了。我又曾见过杭州虎跑寺近旁高峻而深密的“绿壁”，丛叠着无穷的碧草与绿叶的，那又似乎太浓了。其余呢，西湖的波太明了，秦淮河的也太暗了。可爱的，我将什么来比拟你呢？我怎么比拟得出呢？大约潭是很深的，故能蕴蓄着这样奇异的绿；仿佛蔚蓝的天融了一块在里面似的，这才这般的鲜润啊。

那醉人的绿呀！我若能裁你以为带，我将赠给那轻盈的//舞女，她必能临风飘举了。我若能挹你以为眼，我将赠给你那善歌的盲妹，她必明眸善睐了。我舍不得你，我怎舍得你呢？我用手拍着你，抚摩着你，如同一个十二三岁的小姑娘。我又掬你入口，便是吻着她了。我送你一个名字，我从此叫你“女儿绿”，好吗？

第二次到仙岩的时候，我不禁惊诧于梅雨潭的绿了。

——节选自朱自清《绿》

作品 26 号

我们家的后园有半亩空地，母亲说：“让它荒着怪可惜的，你们那么爱吃花生，就开辟出来种花生吧。”我们姐弟几个都很高兴，买种，翻地，播种，浇水，没过几个月，居然收获了。

母亲说："今晚我们过一个收获节，请你们父亲也来尝尝我们的新花生，好不好？"我们都说好。母亲把花生做成了好几样食品，还吩咐就在后园的茅亭里过这个节。

晚上天色不太好，可是父亲也来了，实在很难得。

父亲说："你们爱吃花生么？"

我们争着答应："爱！"

"谁能把花生的好处说出来？"

姐姐说："花生的味美。"

哥哥说："花生可以榨油。"

我说："花的价钱便宜，谁都可以买来吃，都喜欢吃。这就是它的好处。"

父亲说："花生的好处很多，有一样最可贵：它的果实埋在地里，不像桃子、石榴、苹果那样，把鲜红嫩绿的果实高高地挂在枝头上，使人一见就生爱慕之心。你们看它矮矮地长在地上，等到成熟了，也不能立刻分辨出来它有没有果实，必须挖出来才知道。"

我们都说是，母亲也点点头。

父亲接下去说："所以你们要像花生，它虽然不好看，可是很有用，不是外表好看而没有实用的东西。"

我说："那么，人要做有用的人，不要做只讲体面，而对别人没有好处的人了。"

父亲说："对。这是我对你们的希望。"

我们谈到夜深才散。花生做的食品都吃完了，父亲的话却深深地印在我的心上。

——节选自许地山《落花生》

作品 27 号

我打猎归来，沿着花园的林阴路走着。狗跑在我前边。

突然，狗放慢脚步，蹑足潜行，好像嗅到了前边有什么野物。

我顺着林阴路望去，看见了一只嘴边还带黄色、头上生着柔毛的小麻雀。风猛烈地吹打着林阴路上的白桦树，麻雀从巢里跌落下来，呆呆地伏在地上，孤立无援地张开两只羽毛还未丰满的小翅膀。

我的狗慢慢向它靠近。忽然，从附近一棵树上飞下一只黑胸脯的老麻雀，像一颗石子似的落到狗的眼前。老麻雀全身倒竖着羽毛，惊恐万状，发出绝望、凄惨的叫声，接着向露出牙齿、大张着的狗嘴扑去。

老麻雀是猛扑下来救护幼雀的。它用身体掩护着自己的幼儿……但它整个小小的身体因恐怖而战栗着！它小小的声音也变得粗暴嘶哑。它在牺牲自己！

在它看来，这狗是多么庞大的怪物啊！然而它还是不能站在自己高高的、安全的树枝上……一种比它的理智更强烈的力量，使它从那儿扑下身来。

我的狗站住了，向后退了退……看来，它也感到了这种力量。

我赶紧唤住惊慌失措的狗，然后我怀着崇敬的心情，走开了。

是啊，请不要见笑。我崇敬那只小小的、英勇的鸟儿，我崇敬它那种爱的冲动和力量。

爱，我想，比//死和死的恐惧更强大。只有依靠它，依靠这种爱，生命才能维持下去，发展下去。

——节选自〔俄〕屠格涅夫《麻雀》，巴金译

作品 28 号

那年我六岁。离我家仅一箭之遥的小山坡旁，有一个早已被废弃的采石场，双亲从来不准我去那儿，其实那儿风景十分迷人。

一个夏季的下午，我随着一群小伙伴偷偷上那儿去了。就在我们穿越了一条孤寂的小路后，他们却把我一个人留在原地，然后奔向“更危险的地带”了。

等他们走后，我惊慌失措地发现，再也找不到要回家的那条孤寂的小道了。像只无头的苍蝇，我到处乱钻，衣裤上挂满了芒刺。太阳已经落山，而此时此刻，家里一定开始吃晚餐了，双亲正盼着我回家……想着想着，我不由得背靠着一棵树，伤心地呜呜大哭起来……

突然，不远处传来了声声柳笛。我像找到了救星，急忙循声走去。一条小道边的树桩上坐着一位吹笛人，手里还正削着什么。走近细看，他不就是被大家称为“乡巴佬”的卡廷吗？

“你好，小家伙儿，”卡廷说，“看天气多美，你是出来散步的吧？”

我怯生生地点点头，答道：“我要回家了。”

“请耐心等上几分钟，”卡廷说，“瞧，我正在削一支柳笛，差不多就要做好了，完工后就送给你吧！”

卡廷边削边不时把尚未成形的柳笛放在嘴里试吹一下。没过多久，一支柳笛便递到我手中。我俩在一阵阵清脆悦耳的笛音//中，踏上了归途……

当时，我心中只充满感激，而今天，当我自己也成了祖父时，却突然领悟到他用心之良苦！那天当他听到我的哭声时，便判定我一定迷了路，但他并不想在孩子面前扮演“救星”的角色，于是吹响柳笛以便让我能发现他，并跟着他走出困境！就这样卡廷先生以乡下人的纯朴，保护了一个小男孩强烈的自尊。

——节选自唐若水译《迷途笛音》

作品 29 号

在浩瀚无垠的沙漠里，有一片美丽的绿洲，绿洲里藏着一颗闪光的珍珠。这颗珍珠就是敦煌莫高窟。它坐落在我国甘肃省敦煌市三危山和鸣沙山的怀抱中。

鸣沙山东麓是平均高度为十七米的崖壁。在一千六百多米长的崖壁上，凿有大小洞窟七百余个，形成了规模宏伟的石窟群。其中四百九十二个洞窟中，共有彩色塑像两千一百余尊，各种壁画共四万五千多平方米。莫高窟是我国古代无数艺术匠师留给人类的珍贵文化遗产。

莫高窟的彩塑，每一尊都是一件精美的艺术品。最大的有九层楼那么高，最小的还不如一个手掌大。这些彩塑修改鲜明，神态各异。有慈眉善目的菩萨，有威风凛凛的天王，还有强壮勇猛的力士……

莫高窟壁画的内容丰富多彩，有的是描绘古代劳动人民打猎、捕鱼、耕田、收割的情景，有的是描绘人们奏乐、舞蹈、演杂技的场面，还有的是描绘大自然的美丽风光。其中最引人注目的是飞天。壁画上的飞天，有的臂挎花篮，采摘鲜花；有的反弹琵琶，轻拨银弦；有的倒悬身子，自天而降；有的彩带飘拂，漫天遨游；有的舒展着双臂，翩翩起舞。看着这些精美动人的壁画，就像走进了//灿烂辉煌的艺术殿堂。

莫高窟里还有一个面积不大的洞窟——藏经洞。洞里曾藏有我国古代的各种经卷、文书、帛画、刺绣、铜像等共六万多件。由于清朝政府腐败无能，大量珍贵的文物被外国强盗掠走。仅存的部分经卷，现在陈列于北京故宫等处。

莫高窟是举世闻名的艺术宝库。这里的每一尊彩塑、每一幅壁画、每一件文物，都是中国古代人民智慧的结晶。

——节选自小学《语文》第六册中《莫高窟》

作品 30 号

其实你在很久以前并不喜欢牡丹，因为它总被人作为富贵膜拜。后来你目睹了一次牡丹的落花，你相信所有的人都会为之感动：一阵清风徐来，妖艳鲜嫩的盛期牡丹忽然整朵整朵地坠落，铺撒一地绚丽的花瓣。那花瓣落地时依然鲜艳夺目，如同一只奉上祭坛的大鸟脱落的羽毛，低吟着壮烈的悲歌离去。

牡丹没有花谢花败之时，要么烁于枝头，要么归于泥土，它跨越委顿和衰老，由青春而死亡，由美丽而消遁。它虽美却不吝惜生命，即使告别也要展示给人最后一次的惊心动魄。

所以在这阴冷的四月里，奇迹不会发生。任凭游人扫兴和诅咒，牡丹依然安之若素。它不苟且、不俯就、不妥协、不媚俗，甘愿自己冷落自己。它遵循自己的花期自己的规律，它有权利为自己选择每年一度的盛大节日。它为什么不拒绝寒冷？

天南海北的看花人，依然络绎不绝地涌入洛阳城。人们不会因牡丹的拒绝而拒绝它的美。如果它再被贬谪十次，也许它就会繁衍出十个洛阳牡丹城。

于是你在无言的遗憾中感悟到，富贵与高贵只是一字之差。同人一样，花儿也是有灵性的，更有品位之高低。品位这东西为气为魂为//筋骨为神韵，只可意会。你叹服牡丹卓尔不群之姿，方知品位是多么容易被世俗忽略或是漠视的美。

——节选自张抗抗《牡丹的拒绝》

作品 31 号

森林涵养水源，保持水土，防止水旱灾害的作用非常大。据专家测算，一片十万亩面积的森林，相当于一个两百万立方米的水库，这正如农谚所说的：“山上多栽树，等于修水库。雨多它能吞，雨少它能吐。”

说起森林的功劳，那还多得很。它除了为人类提供木材及许多种生产、生活的原料之外，在维护生态环境方面也是功劳卓著，它用另一种“能吞能吐”的特殊功能孕育了人类。因为地球在形成之初，大气中的二氧化碳含量很高，氧气很少，气温也高，生物是难以生存的。大约在四亿年之前，陆地才产生了森林。森林慢慢将大气中的二氧化碳吸收，同时吐出新鲜氧气，调节气温：这才具备了人类生存的条件，地球上才最终有了人类。

森林，是地球生态系统的主体，是大自然的总调度室，是地球的绿色之肺。森林维护地球生态环境的这种“能吞能吐”的特殊功能是其他任何物体都不能取代的。然而，由于地球上的燃烧物增多，二氧化碳的排放量急剧增加，使得地球生态环境急剧恶化，主要表现为全球气候变暖，水分蒸发加快，改变了气流的循环，使气候变化加剧，从而引发热浪、飓风、暴雨、洪涝及干旱。

为了//使地球的这个“能吞能吐”的绿色之肺能恢复健壮，以改善生态环境，抑制全球变暖，减少水旱等自然灾害，我们应该大力造林、护林，使每一座荒山都绿起来。

——节选自《中考语文课外阅读试题精选》中《“能吞能吐”的森林》

作品 32 号

朋友即将远行。

暮春时节，又邀了几位朋友在家小聚，虽然都是极熟的朋友，却是终年难得一见，偶尔电话里相遇，也无非是几句寻常话。一锅小米稀饭，一碟大头菜，一盘自家酿制的泡菜，一只巷口买回的烤鸭，简简单单，不像请客，倒像家人团聚。

其实，友情也好，爱情也好，久而久之都会转化为亲情。

说也奇怪，和新朋友会谈文学、谈哲学、谈人生道理等等，和老朋友却只话家常，柴米油盐，细细碎碎，种种琐事。很多时候，心灵的契合已经不需要太多的言语来表达。

朋友新烫了个头，不敢回家见母亲，恐怕惊骇了老人家，却欢天喜地来见我们，老朋友颇能以一种趣味性的眼光欣赏这个改变。

年少的时候，我们差不多都在为别人而活，为苦口婆心的父母活，为循循善诱的师长活，为许多观念、许多传统的约束力而活。年岁逐增，渐渐挣脱外在的限制与束缚，开始懂得为自己活，照自己的方式做一些自己喜欢的事，不在乎别人的批评意见，不在乎别人的诋毁流言，只在乎那一份随心所欲的舒坦自然。偶尔，也能够纵容自己放浪一下，并且有一种恶作剧的窃喜。

就让生命顺其自然，水到渠成吧，犹如窗前的//乌桕，自生自落之间，自有一份圆融丰满的喜悦。春雨轻轻落着，没有诗，没有酒，有的只是一份相知相属的自在自得。

夜色在笑语中渐渐沉落，朋友起身告辞，没有挽留，没有送别，甚至也没有问归期。

已经过了大喜大悲的岁月，已经过了伤感流泪的年华，知道了聚散原来是这样的自然和顺理成章，懂得这点，便懂得珍惜每一次相聚的温馨，离别便也欢喜。

——节选自（中国台湾）杏林子《朋友和其他》

作品 33 号

我们在田野散步：我，我的母亲，我的妻子和儿子。

母亲本不愿出来的。她老了，身体不好，走远一点儿就觉得很累。我说，正因为如此，才应该多走走。母亲信服地点点头，便去拿外套。她现在很听我的话，就像我小时候很听她的话一样。

这南方初春的田野，大块小块的新绿随意地铺着，有的浓，有的淡，树上的嫩芽也密了，田里的冬水也咕咕地起着水泡。这一切都使人想着一样东西——生命。

我和母亲走在前面，我的妻子和儿子走在后面。小家伙突然叫起来："前面是妈妈和儿子，后面也是妈妈和儿子。"我们都笑了。

后来发生了分歧，母亲要走大路，大路平顺；我的儿子要走小路，小路有意思。不过，一切都取决于我。我的母亲老了，她早已习惯听从她强壮的儿子；我的儿子还小，他还习惯听从他高大的父亲；妻子呢，在外面，她总是听我的。一霎时我感到了责任的重大。我想找一个两全的办法，找不出；我想拆散一家人，分成两路，各得其所，终不愿意。我决定委屈儿子，因为我伴同他的时日还长。我说："走大路。"

但是母亲摸摸孙儿的小脑瓜，变了主意："还是走小路吧。"她的眼随小路望去：那里有金色的菜花，两行整齐的桑树，//尽头一口水波粼粼的鱼塘。"我走不过去的地方，你就背着我。"母亲对我说。

这样，我们在阳光下，向着那菜花、桑树和鱼塘走去。到了一处，我蹲下来，背起了母亲；妻子也蹲下来，背起了儿子。我和妻子都是慢慢地，稳稳地，走得很仔细，好像我背上的同她背上的加起来，就是整个世界。

——节选自莫怀戚《散步》

作品 34 号

地球上是否真的存在“无底洞”？按说地球是圆的，由地壳、地幔和地核三层组成，真正的“无底洞”是不应存在的，我们所看到的各种山洞、裂品、裂缝，甚至火山口也都只是地壳浅部的一种现象。然而中国一些古籍却多次提到海外有个深奥莫测的无底洞。事实上地球上确实有这样一个“无底洞”。

它位于希腊亚各斯古城的海滨。由于濒临大海，大涨潮时，汹涌的海水便会排山倒海般地涌入洞中，形成一股湍湍的急流。据测，每天流入洞内的海水量达三万多吨。奇怪的是，如此大量的海水灌入洞中，却从来没有把洞灌满。曾有人怀疑，这个“无底洞”会不会就像石灰岩地区的漏斗、竖井、落水洞一类的地形。然而从十二世纪三十年代以来，人们就做了多种努力企图寻找它的出口，却都是枉费心机。

为了揭开这个秘密，一九五八年美国地理学会派出一支考察队，他们把一种经久不变的带色染料溶解在海水中，观察染料是如何随着海水一起沉下去。接着又察看了附近海面以及岛上的各条河、湖，满怀希望地寻找这种带颜色的水，结果令人失望。难道是海水量太大把有色水稀释得太淡，以致无法发现？//

至今谁也不知道为什么这里的海水会没完没了地“漏”下去，这个“无底洞”的出口又在哪里，每天大量的海水究竟都流到哪里去了？

——节选自罗伯特·罗威尔《神秘的“无底洞”》

作品 35 号

我在俄国见到的景物再没有比托尔斯泰墓更宏伟、更感人的了。

完全按照托尔斯泰的愿望，他的坟墓成了世间最美的、给人印象最深刻的坟墓。它只是树林中的一个小小长方形土丘，上面开满鲜花——没有十字架，没有墓碑，没有墓志铭，连托尔斯泰这个名字也没有。

这位比谁都感到受自己的声名所累的伟人，却像偶尔被发现的流浪汉，不为人知的士兵，不留名姓地被人埋葬了。谁都可以踏进他最后的安息地，围在四周稀疏的木栅栏是不关闭的——保护列夫·托尔斯泰得以安息的没有任何别的东西，唯有人们的敬意；而通常，人们却总是怀着好奇，去破坏伟人墓地的宁静。

这里，逼人的朴素禁锢住任何一种观赏的闲情，并且不容许你大声说话。风儿俯临，在这座无名者之墓的树木之间飒飒响着，和暖的阳光在坟头嬉戏；冬天，白雪温柔地覆盖这片幽暗的圭土地。无论你在夏天还是冬天经过这儿，你都想象不到，这个小小的、隆起的长方体里安放着一位当代最伟大的人物。

然而，恰恰是这座不留姓名的坟墓，比所有挖空心思用大理石和奢华装饰建造的坟墓更扣人心弦。在今天这个特殊的日子//里，到他的安息地来的成百上千人中间，没有一个有勇气，哪怕仅仅从这幽暗的土丘上摘下一朵花留作纪念。人们重新感到，世界上再没有比托尔斯泰最后留下的、这座纪念碑式的朴素坟墓，更打动人心的了。

——节选自〔奥〕茨威格《世间最美的坟墓》，张厚仁译

作品 36 号

我国的建筑，从古代的宫殿到近代的“一向”住房，绝大部分是对称的，左边怎么

样，右边怎么样。苏州园林可绝不讲究对称，好像故意避免似的。东边有了一个亭子或者一道回廊，西边决不会来一个同样的亭子或者一道同样的回廊。这是为什么？我想，用图画来比方，对称的建筑是图案画，不是美术画，而园林是美术画，美术画要求自然之趣，是不讲究对称的。

苏州园林里都有假山和池沼。

假山的堆叠，可以说是一项艺术而不仅是技术。或者是重峦叠嶂，或者是几座小山配合着竹子花木，全在乎设计者和匠师们生平多阅历，胸中有丘壑，才能使游览者攀登的时候忘却苏州城市，只觉得身在山间。

至于池沼，大多引用活水。有些园林池沼宽敞，就把池沼作为全园的中心，其他景物配合着布置。水面假如成河道模样，往往安排桥梁。假如安排两座以上的桥梁，那就一座一个样，决不雷同。

池沼或河道的边沿很少砌齐整的石岸，问题高低屈曲任其自然。还在那儿布置几块玲珑的石头，或者种些花草。这也是为了取得从各个角度看都成一幅画的效果。池沼里养着金鱼或各色鲤鱼，夏秋季节荷花或睡莲开//放，游览者看“鱼戏莲叶间”，又是入画的一景。

——节选自叶圣陶《苏州园林》

作品 37 号

一位访美中国女作家，在纽约街头遇到一位卖花的老太太。老太太穿着破旧，身体虚弱，但脸上的神情却是那样祥和兴奋。女作家挑了一朵花，说：“看起来，你很高兴。”老太太面带微笑地说：“是的，一切都这么美好，我为什么不高兴呢？”“对烦恼，你倒真能看得开。”女作家又说了一句。没料到，老太太的回答更令女作家大吃一惊：“耶稣在星期五被钉上十字架时，是全世界最糟糕的一天，可三天后就是复活节。所以，当我遇到不幸时，就会等待三天，这样一切就恢复正常了。”

“等待三天”，多么富于哲理的话语，多么乐观的生活方式。它把烦恼和痛苦抛下，全力去收获快乐。

沈从文在“文革”期间，陷入了非人的境地。可他毫不在意，他在咸宁时给他的表侄、画家黄永玉写信说：“这里的荷花真好，你若来……”身陷苦难却仍为荷花的盛开欣喜赞叹不已，这是一种趋于澄明的境界，一种旷达洒脱的胸襟，一种面临磨难坦荡从容的气度，一种对生活童子般的热爱和对美好事物无限向往的生命情感。

由此可见，影响一个人快乐的，有时并不是困境及磨难，而是一个人的心态。如果把自己浸泡在积极、乐观、向上的心态中，快乐必然会//占据你的每一天。

——节选自韩如意《态度创造快乐》

作品 38 号

泰山极顶看日出，历来被描绘成十分壮观的奇景。有人说：登泰山而看不到日出，就像一出大戏没有戏眼，味儿终究有点寡淡。

我去爬山那天，正赶上个难得的好天，万里长空，云彩丝儿都不见。素常，烟雾腾腾的山头，显得眉目分明。同伴们都欣喜地说：“明儿早准可以看见日出了。”我也是抱着这种想头，爬上山去。

一路上从山脚往上爬，细看山景，我觉得挂在眼前的不是五岳独尊的泰山，却像一幅规模惊人的青绿山水画，从下面倒展开来。最先露出在画卷的是山根底那座明朝建筑岱宗坊，慢慢地便现出王母池、斗母宫、经石峪……山是一层比一层深，一叠比一叠奇，层层叠叠，不知还会有多深多奇。万山丛中，时而点染着极其工细的人物。王母池旁边吕祖殿里有不少尊明塑，塑着吕洞宾等一些人，姿态神情是那样有生气，你看了，不禁会脱口赞叹说："活啦。"

画卷继续展开，绿荫森森的柏洞露面不太久，便来到对松山。两面奇峰对峙着，满山峰都是奇形怪状的老松，年纪怕都上千岁了，颜色竟那么浓，浓得好像要流下来似的。来到这儿你不妨权当一次画里的写意人物，坐在路旁的对松亭里，看看山色，听听流//水和松涛。

一时间，我又觉得自己不仅是在看画卷，却又像是在零零乱乱翻着一卷历史稿本。

——节选自杨朔《泰山极顶》

作品 39 号

育才小学校长陶行知在校园看到学生王友用泥块砸自己班上的同学，陶行知当即喝止了他，并令他放学后到校长室去。无疑，陶行知是要好好教育这个"顽皮"的学生。那么他是如何教育的呢？

放学后，陶行知来到校长室，王友已经等在门口准备挨训了。可一见面，陶行知却掏出一块糖果送给王友，并说："这是奖给你的，因为你按时来到这里，而我却迟到了。"王友惊疑地接过糖果。

随后，陶行知又掏出一块糖果放到他手里，说："这第二块糖果也是奖给你的，因为当我不让你再打人时，你立即就住手了，这说明你很尊敬我，我应该奖你。"王友更惊疑了，他眼睛睁得大大的。

陶行知又掏出第三块糖果塞到王友手里，说："我调查过了，你用泥块砸那些男生，是因为他们不守游戏规则，欺负女生；你砸他们，说明你很正直善良，且有批评不良行为的勇气，应该奖励你啊!"王友感动极了，他流着泪后悔地喊道："陶……陶校长你打我两下吧！我砸的不是坏人，而是自己的同学啊……"

陶行知满意地笑了，他随即掏出第四块糖果递给王友，说："为你正确地认识错误，我再奖给你一块糖果，只可惜我只有这一块糖果了。我的糖果//没有了，我看我们的谈话也该结束了吧!"说完，就走出了校长室。

——节选自《教师博览·百期精华》中《陶行知的"四块糖果"》

作品 40 号

享受幸福是需要学习的，当它即将来临的时刻需要提醒。人可以自然而然地学会感官的享乐，人却无法天生地掌握幸福的韵律。灵魂的快意同器官的舒适像一对孪生兄弟，时而相傍相依，时而南辕北辙。

幸福是一种心灵的震颤。它像会倾听音乐的耳朵一样，需要不断地训练。

简而言之，幸福就是没有痛苦的时刻。它出现的频率并不像我们想象的那样少。人们常常只是在幸福的金马车已经驶过去很远时，才捡起地上的金鬃毛说，原来我见过它。

人们喜爱回味幸福的标本，却忽略它披着露水散发清香的时刻。那时候我们往往步履匆匆，瞻前顾后不知在忙着什么。

世上有预报台风的，有预报蝗虫的，有预报瘟疫的，有预报地震的。没有人预报幸福。其实幸福和世界万物一样，有它的征兆。

幸福常常是朦胧的，很有节制地向我们喷洒甘霖。你不要总希望轰轰烈烈的幸福，它多半只是悄悄地扑面而来。你也不要企图把水龙头拧得更大，那样它会很快地流失。你需要静静地以平和之心，体验它的真谛。

幸福绝大多数是朴素的。它不会像信号弹似的，在很高的天际闪烁红色的光芒。它披着本色外衣，亲//切温暖地包裹起我们。

幸福不喜欢喧嚣浮华，它常常在暗淡中降临。贫困中相濡以沫的一块糕饼，患难中心心相印的一个眼神，父亲一次粗糙的抚摸，女友一个温馨的字条……这都是千金难买的幸福啊。像一粒粒缀在旧绸子上的红宝石，在凄凉中愈发熠熠夺目。

——节选自毕淑敏《提醒幸福》

作品 41 号

在里约热内卢的一个贫民窟里，有一个男孩子，他非常喜欢足球，可是又买不起，于是就踢塑料盒，踢汽水瓶，踢从垃圾箱里拣来的椰子壳。他在胡同里踢，在能找到的任何一片空地上踢。

有一天，当他在一处干涸的水塘里猛踢一个猪膀胱时，被一位足球教练看见了。他发现这个男孩儿踢得很像那么回事，就主动提出要送给他一个足球。小男孩儿得到足球后踢得更卖劲了。不久，他就能准确地把球踢进远处随意摆放的一个水桶里。

圣诞节到了，孩子的妈妈说："我们没有钱买圣诞礼物送给我们的恩人，就让我们为他祈祷吧。"

小男孩儿跟随妈妈祈祷完毕，向妈妈要了一把铲子便跑了出去。他来到一座别墅前的花园里，开始挖坑。

就在他快要挖好坑的时候，从别墅里走出一个人来，问小孩儿在干什么，孩子抬起满是汗珠的脸蛋儿，说："教练，圣诞节到了，我没有礼物送给您，我愿给您的圣诞树挖一个树坑。"

教练把小男孩儿从树坑里拉上来，说，我今天得到了世界上最好的礼物。明天你就到我的训练场去吧。

三年后，这位十七岁的男孩儿在第六届足球锦标赛上独进二十一球，为巴西第一次捧回了金杯。一个原来不//为世人所知的名字——贝利，随之传遍世界。

——节选自刘燕敏《天才的造就》

作品 42 号

记得我十三岁时，和母亲住在法国东南部的耐斯城。母亲没有丈夫，也没有亲戚，够清苦的，但她经常能拿出令人吃惊的东西，摆在我面前。她从来不吃肉，一再说自己是素食者。然而有一天，我发现母亲正仔细地用一小块碎面包擦那给我煎牛排用的油锅。我明白了她称自己为素食者的真正原因。

我十六岁时，母亲成了耐斯市美蒙旅馆的女经理。这时，她更忙碌了。一天，她瘫在椅子上，脸色苍白，嘴唇发灰。马上找来医生，做出诊断：她摄取了过多的胰岛素。直到这时我才知道母亲多年一直对我隐瞒的疾痛——糖尿病。

她的头歪向枕头一边，痛苦地用手抓挠胸口。床架上方，则挂着一枚我一九三二年赢得耐斯市少年乒乓球冠军的银质奖章。

啊，是对我的美好前途的憧憬支撑着她活下去，为了给她那荒唐的梦至少加一点真实的色彩，我只能继续努力，与时间竞争，直至一九三八年我被征入空军。巴黎很快失陷，我辗转调到英国皇家空军。刚到英国就接到了母亲的来信。这些信是由在瑞士的一个朋友秘密地转到伦敦，送到我手中的。

现在我要回家了，胸前佩戴着醒目的绿黑两色的解放十字绶//带，上面挂着五六枚我终身难忘的勋章，肩上还佩戴着军官肩章。到达旅馆时，没有一个人跟我打招呼。原来，我母亲在三年半以前就已经离开人间了。

在她死前的几天中，她写了近二百五十封信，把这些信交给她在瑞士的朋友，请这个朋友定时寄给我。就这样，在母亲死后的三年半的时间里，我一直从她身上吸取着力量和勇气——这使我能够继续战斗到胜利那一天。

——节选自〔法〕罗曼·加里《我的母亲独一无二》

作品 43 号

生活对于任何人都非易事，我们必须有坚韧不拔的精神。最要紧的，还是我们自己要有信心。我们必须相信，我们对每一件事情都具有天赋的才能，并且，无论付出任何代价，都要把这件事完成。当事情结束的时候，你要能问心无愧地说："我已经尽我所能了。"

有一年的春天，我因病被迫在家里休息数周。我注视着我的女儿们所养的蚕正在结茧，这使我很感兴趣。望着这些蚕执著地、勤奋地工作，我感到我和它们非常相似。像它们一样，我总是耐心地把自己的努力集中在一个目标上。我之所以如此，或许是因为有某种力量在鞭策着我——正如蚕被鞭策着去结茧一般。

近五十年来，我致力于科学研究，而研究，就是对真理的探讨。我有许多美好快乐的记忆。少女时期我在巴黎大学，孤独地过着求学的岁月；在后来献身科学的整个时期，我丈夫和我专心致志，像在梦幻中一般，坐在简陋的书房里艰辛地研究，后来我们就在那里发现了镭。

我永远追求安静的工作和简单的家庭生活。为了实现这个理想，我竭力保持宁静的环境，以免受人事的干扰和盛名的拖累。

我深信，在科学方面我们有对事业而不是//对财富的兴趣。我的唯一奢望是在一个自由国家中，以一个自由学者的身份从事研究工作。

我一直沉醉于世界的优美之中，我所热爱的科学也不断增加它崭新的远景。我认定科学本身就具有伟大的美。

——节选自〔波兰〕玛丽·居里《我的信念》，剑捷译

作品 44 号

我为什么非要教书不可？是因为我喜欢当教师的时间安排表和生活节奏。七、八、九三个月给我提供了进行回顾、研究、写作的良机，并将三者有机融合，而善于回顾、研究和总结正是优秀教师素质中不可缺少的成分。

干这行给了我多种多样的"甘泉"去品尝，找优秀的书籍去研读，到"象牙塔"和实际世界里去发现。教学工作给我提供了继续学习的时间保证，以及多种途径、机遇和挑战。

然而，我爱这一行的真正原因，是爱我的学生。学生们在我的眼前成长、变化。当

教师意味着亲历“创造”过程的发生——恰似亲手赋予一团泥土以生命，没有什么比目睹它开始呼吸更激动人心的了。

权利我也有了：我有权利去启发诱导，去激发智慧的火花，去问费心思考的问题，去赞扬回答的尝试，去推荐书籍，去指点迷津。还有什么别的权利能与之相比呢？

而且，教书还给我金钱和权利之外的东西，那就是爱心。不仅有对学生的爱，对书籍的爱，对知识的爱，还有教师才能感受到的对“特别”学生的爱。这些学生，有如冥顽不灵的泥块，由于接受了老师的炽爱才勃发了生机。

所以，我爱教书，还因为，在那些勃发生机的“特//别”学生身上，我有时发现自己和他们呼吸相通，忧乐与共。

——节选自〔美〕彼得·基·贝得勒《我为什么当老师》

作品 45 号

中国西部我们通常是指黄河与秦岭相连一线以西，包括西北和西南的十二个省、市、自治区。这块广袤的土地面积为五百四十六万平方公里，占国土总面积的百分之五十七；人口二点八亿，占全国总人口的百分之二十三。

西部是华夏文明的源头。华夏祖先的脚步是顺着水边走的：长江上游出土过元谋人牙齿化石，距今约一百七十万年；黄河中游出土过蓝田人头盖骨，距今约七十万年。这两处古人类都比距今约五十万年的北京猿人资格更老。

西部地区是华夏文明的重要发源地。秦皇汉武以后，东西方文化在这里交汇融合，从而有了丝绸之路的驼铃声声，佛院深寺的暮鼓晨钟。敦煌莫高窟是世界文化史上的一个奇迹，它在继承汉晋艺术传统的基础上，形成了自己兼收并蓄的恢弘气度，展现出精美绝伦的艺术形式和博大精深的文化内涵。秦始皇兵马俑、西夏王陵、楼兰古国、布达拉宫、三星堆、大足石刻等历史文化遗产，同样为世人所瞩目，成为中华文化重要的象征。

西部地区又是少数民族及其文化的集萃地，几乎包括了我国所有的少数民族。在一些偏远的少数民族地区，仍保留//了一些久远时代的艺术品种，成为珍贵的“活化石”，如纳西古乐、戏曲、剪纸、刺绣、岩画等民间艺术和宗教艺术。特色鲜明、丰富多彩，犹如一个巨大的民族民间文化艺术宝库。

我们要充分重视和利用这些得天独厚的资源优势，建立良好的民族民间文化生态环境，为西部大开发做出贡献。

——节选自《中考语文课外阅读试题精选》中《西部文化和西部开发》

作品 46 号

高兴，这是一种具体的被看得到摸得着的事物所唤起的情绪。它是心理的，更是生理的。它容易来也容易去，谁也不应该对它视而不见失之交臂，谁也不应该总是做那些使自己不高兴也使旁人不高兴的事。让我们说一件最容易做也最令人高兴的事吧，尊重你自己，也尊重别人，这是每一个人的权利，我还要说这是每一个人的义务。

快乐，它是一种富有概括性的生存状态、工作状态。它几乎是先验的，它来自生命本身的活力，来自宇宙、地球和人间的吸引，它是世界的丰富、绚丽、阔大、悠久的体现。快乐还是一种力量，是埋在地下的根脉。消灭一个人的快乐比挖掘掉一棵大树的根要难得多。

欢欣，这是一种青春的、诗意的情感。它来自面向着未来伸开双臂奔跑的冲力，它来自一种轻松而又神秘、朦胧而又隐秘的激动，它是激情即将到来的预兆，它又是大雨过后的比下雨还要美妙得多也久远得多的回味……

喜悦，它是一种带有形而上色彩的修养和境界。与其说它是一种情绪，不如说它是一种智慧、一种超拔、一种悲天悯人的宽容和理解，一种饱经沧桑的充实和自信，一种光明的理性，一种坚定//的成熟，一种战胜了烦恼和庸俗的清明澄澈。它是一潭清水，它是一抹朝霞，它是无边的平原，它是沉默的地平线。多一点儿、再多一点儿喜悦吧，它是翅膀，也是归巢。它是一杯美酒，也是一朵永远开不败的莲花。

——节选自王蒙《喜悦》

作品 47 号

在湾仔，香港最热闹的地方，有一棵榕树，它是最贵的一棵树，不光在香港，在全世界，都是最贵的。

树，活的树，又不卖，何言其贵？只因它老，它粗，是香港百年沧桑的活见证，香港人不忍看着它被砍伐，或者被移走，便跟要占用这片山坡的建筑者谈条件：可以在这儿建大楼盖商厦，但一不准砍树，二不准挪树，必须把它原地精心养起来，成为香港闹市中的一景。太古大厦的建设者最后签了合同，占用这个大山坡建豪华商厦的先决条件是同意保留这棵老树。

树长在半山坡上，计划将树下面的成千上万吨山石全部掏空取走，腾出地方来盖楼，把树架在大楼上面，仿佛它原本是长在楼顶似的。建设者就地造了一个直径十八米、深十米的大花盆，先固定好这棵老树，再在大花盆底下盖楼，光这一项就花了两千三百八十九万港币，堪称是最昂贵的保护措施了。

太古大厦落成之后，人们可以乘滚动扶梯一次到位，来到太古大厦的顶层。出后门，那儿是一片自然景色。一棵大树出现在人们面前，树干有一米半粗，树冠直径足有二十多米，独木成林，非常壮观，形成一座以它为中心的小公园，取名叫“榕圃”。树前面//插着铜牌，说明缘由。此情此景，如不看铜牌的说明，绝对想不到巨树根底下还有一座宏伟的现代大楼。

——节选自舒乙《香港：最贵的一棵树》

作品 48 号

我们的船渐渐地逼近榕树了。我有机会看清它的真面目：是一棵大树，有数不清的丫枝，枝上又生根，有许多根一直垂到地上，伸进泥土里。一部分树枝垂到水面，从远处看，就像一棵大树斜躺在水面上一样。

现在正是枝繁叶茂的时节。这棵榕树好像在把它的全部生命力展示给我们看。那么多的绿叶，一簇堆在另一簇的上面，不留一点儿缝隙。翠绿的颜色明亮地在我们的眼前闪耀，似乎每一片树叶上都有一个新的生命在颤动，这美丽的南国的树！

船在树下泊了片刻，岸上很湿，我们没有上去。朋友说这里是“鸟的天堂”，有许多鸟在这棵树上做窝，农民不许人去捉它们。我仿佛听见几只鸟扑翅的声音，但是等到我的眼睛注意地看那里时，我却看不见一只鸟的影子，只有无数的树根立在地上，像许多根木桩。地是湿的，大概涨潮时河水常常冲上岸去。“鸟的天堂”里没有一只鸟，我这样想到。船开了，一个朋友拨着船，缓缓地流到河中间去。

第二天，我们划着船到一个朋友的家乡去，就是那个有山有塔的地方。从学校出发，我们又经过那“鸟的天堂”。

这一次是在早晨，阳光照在水面上，也照在树梢上。一切都//显得非常光明。我们的船也在树下泊了片刻。

起初四周围非常清静。后来忽然起了一声鸟叫。我们把手一拍，便看见一只大鸟飞了起来，接着又看见第二只，第三只。我们继续拍掌，很快地这个树林就变得很热闹了。到处都是鸟声，到处都是鸟影。大的，小的，花的，黑的，有的站在枝上叫，有的飞起来，在扑翅膀。

——节选自巴金《鸟的天堂》

作品 49 号

有这样一个故事。

有人问：世界上什么东西的气力最大？回答纷纭得很，有的说“象”，有的说“狮”，有人开玩笑似地说：是“金刚”，金刚有多少气力，当然大家全不知道。

结果，这一切答案完全不对，世界上气力最大的，是植物的种子。一粒种子所可以显现出来的力，简直是超越一切。

人的头盖骨，结合得非常致密与坚固，生理学家和解剖学者用尽了一切的方法，要把它完整地分出来，都没有这种力气。后来忽然有人发明了一个方法，就是把一些植物的种子放在要剖析的头盖骨里，给它以温度与湿度，使它发芽，一发芽，这些种子便以可怕的力量，将一切机械力所不能分开的骨骼，完整地分开了。植物种子力量之大，如此如此。

这，也许特殊了一点儿，常人不容易理解，那么，你看见过笋的成长吗？你看见过被压在瓦砾和石块下面的一棵小草的生成吗？它为着向往阳光，为着达成它的生之意志，不管上面的石块如何重，石与石之间如何狭，它必定要曲曲折折地，但是顽强不屈地透到地面上来，它的根往土壤钻，它的芽往地面挺，这是一种不可抗拒的力，阻止它的石块，结果也被它掀翻，一粒种子的力量的大，//如此如此。

没有一个人将小草叫做“大力士”，但是它的力量之大，的确是世界无比。这种力，是一般人看不见的生命力。只要生命存在，这种力就要显现。上面的石块，丝毫不足以阻挡。因为它是一种“长期抗战”的力；有弹性，能屈能伸的力；有韧性，不达目的不止的力。

——节选自夏衍《野草》

作品 50 号

著名教育家班杰明曾经接到一个青年人的求教电话，并与那个向往成功、渴望指点的青年人约好了见面的时间和地点。

待那位青年如约而至时，班杰明的房门敞开着，眼前的景象却令青年人颇感意外——班杰明的房间里乱七八糟、狼藉一片。

没等青年人开口，班杰明就招呼道：“你看我这房间，太不整洁了，请你在门外等候一分钟，我收拾一下，你再进来吧。”一边说着，班杰明就轻轻地关上了房门。

不到一分钟的时间，班杰明就又打开了房门并热情地把青年人让进客厅。这时，青年人的眼前展现出另一番景象——房间内的一切已变得井然有序，而且有两杯刚刚倒好的红酒，在淡淡的香水气息里还漾着微波。

可是，没等青年人把满腹的有关人生和事业的疑难问题向班杰明讲出来，班杰明就非常客气地说道："干杯。你可以走了。"

青年人手持酒杯一下子愣住了，既尴尬又非常遗憾地说："可是，我……我还没向您请教呢……"

"这些……难道还不够吗？"班杰明一边微笑着，一边扫视着自己的房间，轻言细语地说："你进来又有一分钟了。"

"一分钟……一分钟……"青年人若有所思地说，"我懂了，您让我明白了一分钟的时间可以做许//多事情，可以改变许多事情的深刻道理。"

班杰明舒心地笑了。青年人把杯里的红酒一饮而尽，向班杰明连连道谢后，开心地走了。

其实，把握好生命中的每一分钟，也就是把握了理想的人生。

——节选自纪广洋《一分钟》

作品 51 号

小学的时候，有一次我们去海边远足，妈妈没有做便饭，给了我十块钱买午餐。好像走了很久，很久，终于到海边了，大家坐下来便吃饭，荒凉的海边没有商店，我一个人跑到防风林外面去，级任老师要大家把吃剩的饭菜分给我一点儿。有两三个男生留下一点儿给我，还有一个女生，她的米饭拌了酱油，很香。我吃完的时候，她笑眯眯地看着我，短头发，脸圆圆的。

她的名字叫翁香玉。

每天放学的时候，她走的是经过我们家的一条小路，带着一位比她小的男孩儿，可能是弟弟。小路边是一条清澈见底的小溪，两旁竹阴覆盖，我总是远远地跟在她后面。夏日的午后特别炎热，走到半路她会停下来，拿手帕在溪水里浸湿，为小男孩儿擦脸。我也在后面停下来，把肮脏的手帕弄湿了擦脸，再一路远远跟着她回家。

后来我们家搬到镇上去了，过几年我也上了中学。有一天放学回家，在火车上，看见斜对面一位短头发、圆圆脸的女孩，一身素净的白衣黑裙。我想她一定不认识我了。火车很快到站了，我随着人群挤向门口，她也走近了，叫我的名字。这是她第一次和我说话。

她笑眯眯的，和我一起走过月台。以后就没有再见过//她了。

这这篇文章收在我出版的《少年心事》这本书里。

书出版后半年，有一天我忽然收到出版社转来的一封信，信封上是陌生的字迹，但清楚地写着我的本名。

信里面说她看到了这篇文章心情非常激动，没想到在离开家乡，漂泊异地这么久之后，会看见自己仍然在一个人的记忆里，她自己也深深记得这其中的每一幕，只是没想到越过遥远的时空，竟然另一个人也深深记得。

——节选自苦伶《永远的记忆》

作品 52 号

在繁华的巴黎大街的路旁，站着一个衣衫褴褛、头发斑白、双目失明的老人。他不像其他乞丐那样伸手向过路行人乞讨，而是在身旁立一块木牌，上面写着："我什么也看不见！"街上过往的行人很多，看了木牌上的字都无动于衷，有的还淡淡一笑，便姗姗而去了。

这天中午，法国著名诗人让·彼浩勒也经过这里。他看看木牌上的字，问盲老人："老人家，今天上午有人给你钱吗？"

盲老人叹息着回答："我，我什么也没有得到。"说着，脸上的神情非常悲伤。

让·彼浩勒听了，拿起笔悄悄地在那行字的前面添上了"春天到了，可是"几个字，就匆匆地离开了。

晚上，让·彼浩勒又经过这里，问那个盲老人下午的情况。盲老人笑着回答说："先生，不知为什么，下午给我钱的人多极了！"让·彼浩勒听了，摸着胡子满意地笑了。

"春天到了，可是我什么也看不见！"这富有诗意的语言，产生这么大的作用，就在于它有非常浓厚的感情色彩。是的，春天是美好的，那蓝天白云，那绿树红花，那莺歌燕舞，那流水人家，怎么不叫人陶醉呢？但这良辰美景，对于一个双目失明的人来说，只是一片漆黑。当人们想到这个盲老人，一生中竟连万紫千红的春天//都不曾看到，怎能不对他产生同情之心呢？

——节选自小学《语文》第六册中《语言的魅力》

作品 53 号

有一次，苏东坡的朋友张鹗拿着一张宣纸来求他写一幅字，而且希望他写一点儿关于养生方面的内容。苏东坡思索了一会儿，点点头说："我得到了一个养生长寿古方，药只有四味，今天就赠给你吧。"于是，东坡的狼毫在纸上挥洒起来，上面写着："一曰无事以当贵，二曰早寝以当富，三曰安步以当车，四曰晚食以当肉。"

这哪里有药？张鹗一脸茫然地问。苏东坡笑着解释说，养生长寿的要诀，全在这四句里面。

所谓"无事以当贵"，是指人不要把功名利禄、荣辱过失考虑得太多，如能在情志上潇洒大度，随遇而安，无事以求，这比富贵更能使人终其天年。

"早寝以当富"，指吃好穿好、财货充足，并非就能使你长寿。对老年人来说，养成良好的起居习惯，尤其是早睡早起，比获得任何财富更加宝贵。

"安步以当车"，指人不要过于讲求安逸、肢体不劳，而应多以步行来替代骑马乘车，多运动才可以强健体魄，通畅气血。

"晚食以当肉"，意思是人应该用已饥方食、未饱先止代替对美味佳肴的贪吃无厌。他进一步解释，饿了以后才进食，虽然是粗茶淡饭，但其香甜可口会胜过山珍；如果饱了还要勉强吃，即使美味佳肴摆在眼前也难以//下咽。

苏东坡的四味"长寿药"，实际上是强调了情志、睡眠、运动、饮食四个方面对养生长寿的重要性，这种养生观点即使在今天仍然值得借鉴。

——节选自蒲昭和《赠你四味长寿药》

作品 54 号

人活着，最要紧的是寻觅到那片代表着生命绿色和人类希望的丛林，然后选一高高的枝头站在那里观览人生，消化痛苦，孕育歌声，愉悦世界！

这可真是一种潇洒的人生态度，这可真是一种心境爽朗的情感风貌。

站在历史的枝头微笑，可以减免许多烦恼。在那里，你可以从众生相所包含的甜酸苦辣、百味人生中寻找你自己，你境遇中的那点痛苦，也许相比之下，再也难以占据一席之地，你会较容易地获得从不悦中解脱灵魂的力量，使之不致变得灰色。

人站得高些，不但能有幸早些领略到希望的曙光，还能有幸发现生命的立体的诗篇。每一个人的人生，都是这诗篇中的一个词、一个句子或者一个标点。你可能没有成为一个美丽的词，一个引人注目的句子，一个惊叹号，但你依然是这生命的立体诗篇中的一个音节、一个停顿、一个必不可少的组成部分。这足以使你放弃前嫌，萌生为人类孕育新的歌声的兴致，为世界带来更多的诗意。

最可怕的人生见解，是把多维的生存图景看成平面。因为那平面上刻下的大多是凝固了的历史——过去的遗迹；但活着的人们，活的却是充满着新生智慧的，由不断逝去的"现在"组成的未来。人生不能像某些鱼类躺着游，人生也不能像某些兽类爬着走，而应该站着向前行，这才是人类应有的生存姿态。

——节选自〔美〕本杰明·拉什《站在历史的枝头微笑》

作品 55 号

中国的第一大岛、台湾省的主岛台湾，位于中国大陆架的东南方，地处东海和南海之间，隔着台湾海峡和大陆相望。天气晴朗的时候，站在福建沿海较高的地方，就可以隐隐约约地望见岛上的高山和云朵。

台湾岛形状狭长，从东到西，最宽处只有一百四十多公里；由南至北，最长的地方约有三百九十多公里。地形像一个纺织用的梭子。

台湾岛上的山脉纵贯南北，中间的中央山脉犹如全岛的脊梁。西部为海拔近四千米的玉山山脉，是中国东部的最高峰。全岛约有三分之一的地方是平地，其余为山地。岛内有缎带般的瀑布，蓝宝石似的湖泊，四季常青的森林和果园，自然景色十分优美。西南部的阿里山和日月潭，台北市郊的大屯山风景区，都是闻名世界的游览胜地。

台湾岛地处热带和温带之间，四面环海，雨水充足，气温受到海洋的调剂，冬暖夏凉，四季如春，这给水稻和果木生长提供了优越的条件。水稻、甘蔗、樟脑是台湾的"三宝"。岛上还盛产鲜果和鱼虾。

台湾岛上还是一个闻名世界的"蝴蝶王国"。岛上的蝴蝶共有四百多个品种，其中有不少是世界稀有的珍贵品种。岛上还有不少鸟语花香的蝴//蝶谷，岛上居民利用蝴蝶制作的标本和艺术品，远销许多国家。

——节选自《中国的宝岛——台湾》

作品 56 号

对于中国的牛，我有着一种特别尊敬的感情。

留给我印象最深的，要算在田垄上的一次"相遇"。

一群朋友郊游，我领头在狭窄的阡陌上走，怎料迎面来了几只耕牛，狭道容不下人和牛，终有一方要让路。它们还没有走近，我们已经预计斗不过畜牲，恐怕难免踩到稻田泥水里，弄得鞋袜又泥又湿了。正踟蹰的时候，带头的一只牛，在离我们不远的地方停下来，抬起头看看，稍迟疑一下，就自动走下田去，一队耕牛，跟住它全走离阡陌，从我们身边经过。

我们都呆了，回过头来，看着深褐色的牛队，在路的尽头消失，忽然觉得自己受了很大恩惠。

中国的牛，永远沉默地为人做着沉重的工作。在大地上，在晨光或烈日下，它拖着沉重的犁，低头一步又一步，拖出了身后一列又一列松土，好让人们下种。等到满地金黄或农闲时候，它可能还得担当搬运负重的工作，或终日绕着石磨，朝同一方向，走不计程的路。

在它沉默的劳动中，人便得到应得的收成。

那时候，也许，它可以松一肩重担，站在树下，吃几口嫩草。偶尔摇摇尾巴，摆摆耳朵，赶走飞附身上的苍蝇，已经算是它最闲适的生活了。

中国的牛，没有成群奔跑的习//惯，永远诚诚实实的，默默地工作，平心静气，这就是中国的牛。

——节选自小思《中国的牛》

作品 57 号

不管我的梦想能否成为事实，说出来总是好玩儿的：

春天，我将要住在杭州。二十年前，旧历的二月初，在西湖我看见了嫩柳与菜花，碧浪与翠竹。由我看到的那点儿春光，已经可以断定，杭州的春天必定会教人整天生活在诗与图画之中。所以，春天我的家应当是在杭州。

夏天，我想青城山应当算作最理想的地方。在那里，我虽然只住过十天，可是它的幽静已拴住了我的心灵。在我所看见过的山水中，只有这里没有使我失望。到处都是绿，目之所及，那片淡而光润的绿色都在轻轻地颤动，仿佛要流入空中与心中似的。这个绿色会像音乐，涤清了心中的万虑。

秋天，一定要住北平。天堂是什么样子，我不知道，但是从我的生活经验去判断，北平之秋便是天堂。论天气，不冷不热。论吃的，苹果、梨、柿子、枣儿、葡萄，每样都有若干种。论花草，菊花种类之多，花式之奇，可以甲天下。西山有红叶可见，北海可以划船——虽然荷花已残，荷叶可还有一片清香。衣食住行，在北平的秋天，是没有一项不使人满意的。

冬天，我还没有打好主意，成都或者相当的合适，虽然并不怎样和暖，可是为了水仙，素心腊梅，各色的茶花，仿佛就受一点儿寒//冷，也颇值得去了。昆明的花也多，而且天气比成都好，可是旧书铺与精美而便宜的小吃远不及成都那么多。好吧，就暂这么规定：冬天不住成都便住昆明吧。

在抗战中，我没能发国难财。我想，抗战胜利以后，我必能阔起来。那时候，假若飞机减价，一二百元就能买一架的话，我就自备一架，择黄道吉日慢慢地飞行。

——节选自老舍《住的梦》

作品 58 号

我不由得停住了脚步。

从未见过开得这样盛的藤萝，只见一片辉煌的淡紫色，像一条瀑布，从空中垂下，不见其发端，也不见其终极，只是深深浅浅的紫，仿佛在流动，在欢笑，在不停地生长。紫色的大条幅上，泛着点点银光，就像迸溅的水花。仔细看时，才知道那是每一朵紫花中的最浅淡的部分，在和阳光互相挑逗。

这里除了光彩，还有淡淡的芳香。香气似乎也是浅紫色的，梦幻一般轻轻地笼罩着我。忽然记起十多年前，家门外也曾有过一大株紫藤萝，它依傍一株枯槐爬得很高，但花朵从来都稀落，东一穗西一串伶仃地挂在树梢，好像在察言观色，试探什么。后来索性连那稀零的花串也没有了。园中别的紫藤花架也都拆掉，改种了果树。那时的说法是，花和生活腐化有什么必然关系。我曾遗憾地想：这里再看不见藤萝花了。

过了这么多年，藤萝又开花了，而且开得这样盛，这样密，紫色的瀑布遮住了粗壮的盘虬卧龙般的枝干，不断地流着，流着，流向人的心底。

花和人都会遇到各种各样的不幸，但是生命的长河是无止境的。我抚摸了一下那小小的紫色的花舱，那里满装了生命的酒酿，它张了帆，在这//闪光的花的河流上航行。它是万花中的一朵，也正是由每一个一朵，组成了万花灿烂的流动的瀑布。

在这浅紫色的光辉和浅紫色的芳香中，我不觉加快了脚步。

——节选自宗璞《紫藤萝瀑布》

作品 59 号

在一次名人访问中，被问及上个世纪最重要的发明是什么时，有人说是电脑，有人说是汽车，等等。但新加坡的一位知名人士却说是冷气机。他解释，如果没有冷气，热带地区如东南亚国家，就不可能有很高的生产力，就不可能达到今天的生活水准。他的回答实事求是，有理有据。

看了上述报道，我突发奇想，为什么没有记者问：“20 世纪最糟糕的发明是什么？”其实二〇〇二年十月中旬，英国的一家报纸就评出了“人类最糟糕的发明”。获此“殊荣”的，就是人们每天大量使用的塑料袋。

诞生于上个世纪三十年代的塑料袋，其家族包括用塑料制成的快餐饭盒、包装纸、餐用杯盘、饮料杯、酸奶杯、雪糕杯等等。这些废弃物形成的垃圾，数量多、体积大、重量轻、不降解，给治理工作带来很多技术难题和社会问题。

比如，散落在田间、路边及草丛中的塑料餐盒，一旦被牲畜吞食，就会危及健康甚至导致死亡。填埋废弃塑料袋、塑料餐盒的土地，不能生长庄稼和树木，造成土地板结。而焚烧处理这些塑料垃圾，则会释放出多种化学有毒气体，其中一种称为二噁英的化合物，毒性极大。

此外，在生产塑料袋、塑料餐盒的//过程中使用的氟利昂，对人体免疫系统和生态环境造成的破坏也极为严重。

——节选自林光如《最糟糕的发明》

附录二　普通话水平测试用命题说话话题

1. 我的愿望（或理想）
2. 我的学习生活
3. 我尊敬的人
4. 我喜爱的动物（或植物）
5. 童年的记忆
6. 我喜爱的职业
7. 难忘的旅行
8. 我的朋友
9. 我喜爱的文学（或其他）艺术形式
10. 谈谈卫生与健康
11. 我的业余生活
12. 我喜爱的季节（或天气）
13. 学习普通话的体会
14. 谈谈服饰
15. 我的假日生活
16. 我的成长之路
17. 谈谈科技发展与社会生活
18. 我知道的风俗
19. 我和体育
20. 我的家乡（或熟悉的地方）
21. 谈谈美食
22. 我喜爱的节日
23. 我所在的集体（学校、机关、公司等）
24. 谈谈社会公德（或职业道德）
25. 谈谈个人修养
26. 我喜爱的明星（或其他知名人士）
27. 我喜爱的书刊
28. 谈谈对环境保护的认识
29. 我向往的地方
30. 购物（消费）的感受

附录三　江苏省计算机辅助普通话水平测试有关评分细则

一、读单音节字词、读多音节词语、朗读短文三项由国家语言文字工作部门认定的计算机辅助普通话水平测试系统评定分数。

二、命题说话项由测试员评定分数。本测试项要求应试人按照选定的题目连续说话，3 分钟内所说的所有音节均为评分依据。

1．语音标准程度，共 25 分。分六档。

一档：没有语音错误，扣 0 分；错误 1 次、2 次，扣 1 分；错误 3 次、4 次，扣 2 分。

二档：语音错误在 5～7 次之间，有方音但不明显，扣 3 分；语音错误 8 次、9 次，有方音但不明显，扣 4 分。

三档：语音错误在 5～7 次之间，但方音明显，扣 5 分；语音错误 8 次、9 次，但方音明显，扣 6 分。语音错误在 10～15 次之间，有方音但不明显，扣 5 分、6 分。

四档：语音错误在 10～15 次之间，方音比较明显，扣 7 分、8 分。

五档：语音错误在 16～30 次之间，方音明显，扣 9 分、10 分、11 分。

六档：语音错误超过 30 次，方音重，扣 12 分、13 分、14 分。

语音错误（包括同一音节反复出错），按出现次数累计。

2．词汇、语法规范程度，共 10 分。

词汇、语法不规范指：使用了典型的方言词、典型的方言语法以及明显的病句。

词汇、语法不规范，每出现 1 次，扣 0.5 分。最多扣 4 分。

3．自然流畅程度，共 5 分。分三档。

一档：语言自然流畅，扣 0 分。

二档：语言基本流畅，口语化较差，类似背稿子。有所表现，扣 0.5 分；明显，扣 1 分。

三档：语言不连贯，语调生硬。程度一般的，扣 2 分；严重的，扣 3 分。

4．说话时间不足 3 分钟，视程度扣 1～6 分。

缺时 15 秒以下，不扣分；

缺时 16 秒～30 秒，扣 1 分；

缺时 31 秒～45 秒，扣 2 分；

缺时 46 秒～1 分钟，扣 3 分；

缺时 1 分 01 秒～1 分 30 秒，扣 4 分；

缺时 1 分 31 秒～2 分钟，扣 5 分；

缺时 2 分 01 秒～2 分 29 秒，扣 6 分。

说话时间不足 30 秒（含 30 秒），本测试项成绩记为 0 分。

5．离题、内容雷同，视程度扣 4 分、5 分、6 分。

“离题”是指应试人所说内容完全不符合或基本不符合规定的话题。完全离题，扣6分；基本离题，视程度扣4分、5分。

直接或变相使用《普通话水平测试纲要》中的60篇朗读短文，扣6分；其他内容雷同情况，视程度扣4分、5分。

本测试项可以重复扣分，但最多扣6分。

6．无效话语，酌情扣1～6分。

“无效话语”是指测试员无法据此作出评分的内容。包括：①重复相同或大体相同的内容；②经常重复相同语句；③口头禅频密；④简单重复。

无效话语在三分之一以下，视程度扣1、2、3分；无效话语在三分之一以上，视程度扣4、 5、6分。

有效话语不足30秒（含30秒），本测试项成绩记为0分。

参 考 文 献

[1] 丁晓昌．应用文写作[M]．武汉：武汉大学出版社，1994.

[2] 于成鲲．现代应用文[M]．第 2 版．上海：复旦大学出版社，2003.

[3] 艾明．商务文书现用现查[M]．呼和浩特：内蒙古人民出版社，2001.

[4] 《实用文体写作大全》编委会．实用文体写作大全[M]．北京：华文出版社，2003.

[5] 郝维．应用文写作教程[M]．北京：商务印书馆，2004.

[6] 张绪平．汉语读写教程[M]．上海：上海教育出版社，2005.

[7] 国家语言文字工作委员会普通话培训测试中心．普通话水平测试实施纲要[M]．北京：商务印书馆，2004.

[8] 江苏省语言文字工作委员会普通话培训测试中心．普通话水平测试培训用书[M]．北京：商务印书馆，2005.

[9] 张波．口才训练教程[M]．北京：机械工业出版社，2003.